Digitale Medien: Zusammenarbeit in der Bildung

Waxmann Verlag GmbH
Steinfurter Straße 555, 48159 Münster
info@waxmann.com

Josef Wachtler, Martin Ebner, Ortrun Gröblinger,
Michael Kopp, Erwin Bratengeyer, Hans-Peter Steinbacher,
Christian Freisleben-Teutscher, Christine Kapper
(Hrsg.)

Digitale Medien: Zusammenarbeit in der Bildung

Waxmann 2016
Münster • New York

Bibliografische Informationen der Deutschen Nationalbibliothek
Die Deutsche Nationalbibliothek verzeichnet diese Publikation in der Deutschen Nationalbibliografie; detaillierte bibliografische Daten sind im Internet über http://dnb.d-nb.de abrufbar.

Medien in der Wissenschaft, Band 71

ISSN 1434-3436
ISBN 978-3-8309-3490-5
ISBN-A 10.978.38309/34905

Der Volltext ist online unter www.waxmann.com/buch3490 abrufbar.
Die Einzelbeiträge und zugehörige Dateien sind unter http://2016.gmw-online.de abrufbar und kommentierbar.

www.waxmann.com
info@waxmann.com

Umschlaggestaltung: Pleßmann Design, Ascheberg
Umschlagfoto: © rawpixel – Fotolia.com
Satz: Stoddart Satz- und Layoutservice, Münster

Gedruckt auf alterungsbeständigem Papier,
säurefrei gemäß ISO 9706

Printed in Germany

Inhalt

1. Full Paper

2. Short Paper & Educamp Beiträge

3. Poster

Josef Wachtler, Martin Ebner, Ortrun Gröblinger, Michael Kopp, Erwin Bratengeyer, Hans-Peter Steinbacher, Christian Freisleben-Teutscher, Christine Kapper

Editorial

Der Begriff „Neue Medien" ist den Teenagerjahren entwachsen. Vieles, was vor 15 Jahren darunter verstanden wurde, ist mittlerweile selbstverständlicher Teil unseres täglichen Arbeits- und Privatlebens. Auch sind viele ehemals „gehypte" Medien heute nicht mehr relevant. Den digitalen Wandel und seine Dynamik zu beobachten, kritisch zu hinterfragen, aktiv zu gestalten und wissenschaftlich zu begleiten ist eine zentrale Aufgabe der Gesellschaft für Medien in der Wissenschaft e.V., kurz GMW.

Eine europäische Fachtagung an einem deutschen, schweizerischen oder österreichischen Veranstaltungsort stellt den jährlichen Höhepunkt der Aktivitäten der GMW dar. In diesem Jahr stand die Tagung unter dem Motto „Digitale Medien: Zusammenarbeit in der Bildung".

Als Veranstalter traten die Leopold-Franzens-Universität Innsbruck gemeinsam mit dem Forum Neue Medien in der Lehre Austria auf. Letzteres versteht sich als der österreichweite Dachverband für den Einsatz von Medien in der Hochschullehre und verfolgt in Österreich ähnliche Ziele wie die GMW in Deutschland. Die gemeinsame Ausrichtung der Tagung ist ein Novum. So werden Synergien bestmöglich genutzt.

Themenbereiche der Tagung

Neue Medien, technologiegestütztes Lehren und Lernen, E-Learning: Welchen Begriff Sie dafür auch verwenden wollen – an der Produktion und dem Einsatz dieser sind sehr häufig die unterschiedlichsten Disziplinen beteiligt. Im Call for Papers haben wir uns daher auf die Zusammenarbeit in der Bildung konzentriert und zu Einreichungen zu dieser Materie aufgerufen. Die Schnittstellen zwischen verschiedenen Institutionen, Lernenden, Lehrenden, wissenschaftlichen Disziplinen und Technologien stellten das zentrale Thema der Tagung dar. Wir wollten die technologiegestützte Zusammenarbeit bei der Gestaltung von Bildungsangeboten in all ihrer Vielfalt in den Mittelpunkt stellen und riefen daher zu Beiträgen auf, die folgende Inhalte adressierten:

- Zusammenarbeit (kooperativ und kollaborativ) zwischen Lehrenden und Lernenden bzw. anderen Gruppierungen zu Bildungszwecken

- Zusammenarbeit zwischen unterschiedlichen wissenschaftlichen Fachbereichen im Lehr- und Lernbereich
- Zusammenarbeit zwischen Wissenschaftlerinnen und Wissenschaftlern in der bzw. für die Forschung
- Zusammenarbeit zwischen unterschiedlichen Institutionen (Bildungseinrichtungen, Vereinen, Unternehmen, etc.) im Lehr- und Lernbereich
- Zusammenarbeit unterschiedlicher technischer Systeme und Produkte zum Zweck des Lehrens und Lernens
- Zusammenarbeit in der Bildung über regionale und nationale Grenzen hinweg

Die sehr hohe Anzahl an Einreichungen zeigte, dass wir durchaus den Puls der Zeit getroffen haben, und so bedanken wir uns nach der Durchführung eines sorgfältigen Peer-Review-Prozesses bei allen Autorinnen und Autoren, die mit insgesamt

- 19 Full Papers
- 20 Short Papers
- 9 Workshops
- 10 Posters und
- einem Educamp Beitrag

die Konferenz aktiv mitgestalteten. Aktiv bedeutet auch, dass wir erstmals eine Vielzahl an verschiedenen Veranstaltungsformaten anbieten konnten, die vielfältige Möglichkeiten der Präsentation erlaubten. Neben dem klassischen Frontalvortrag wurden Flipped-Conference-Vorträge, Knowledge Cafes, Gallery Walks und das schon bewährte Educamp angeboten.

Danksagung

An der Vorbereitung und Durchführung einer so großen und renommierten Veranstaltung sind sehr viele Personen beteiligt, denen unser Dank gilt. Nur durch ihr engagiertes Mitwirken konnten wir die Tagung erfolgreich durchführen.

Sehr herzlich bedanken wir uns beim Steering Committee, welches die wissenschaftliche Leitung unterstützte, und zwar bei der Erstellung des Call for Papers, bei der Auswahl der finalen Beiträge und auch bei der Vergabe des Best Paper Awards. Das Committee der GMW 2016 bestand (in alphabetischer Reihenfolge) aus folgenden Personen:

- Claudia Bremer (Goethe-Universität Frankfurt)
- Martin Ebner (Technische Universität Graz; Leitung)
- Beat Döbeli Honegger (PH Schwyz)

- Klaus Himpsl-Gutermann: (Pädagogische Hochschule Wien)
- Sandra Hofhues (Universität Köln)
- Kurt Hofmann (Fachhochschule Kufstein)
- Petra Missomelius (Universität Innsbruck)
- Christoph Rensing (Technische Universität Darmstadt)
- Sandra Schön (Salzburg Research GmbH)
- Eva Seiler (Universität Zürich)

Großer Dank gebührt auch dem Vorstand der GMW, welcher uns mit der Organisation der Konferenz betraute. Bei allen Mitarbeiterinnen und Mitarbeitern der Universität Innsbruck, die im Zuge der Tagung beteiligt waren, bedanken wir uns ebenfalls sehr herzlich. Unseren Dank möchten wir auch allen Gutachterinnen und Gutachtern aussprechen. Die genaue Liste finden Sie auf der Tagungswebseite (http://gmw2016.at). Ohne deren Engagement wäre eine qualitativ hochwertige Tagung nicht möglich gewesen.

Sabine Hueber

Design-Based-Research als Methode zur Erforschung von innovativen Szenarien wissenschaftlicher Zusammenarbeit

Zusammenfassung

Aktuell wird ein wissenschaftlicher Diskurs darüber geführt, inwieweit Forschungsdaten und Forschungsprozesse frei zugänglich gemacht werden sollen. Der Begriff „Open Science“ ist Bestandteil der Europäischen Förderlandschaft. Eine mehrheitlich anerkannte Definition scheint sich bisher aber nicht durchgesetzt zu haben. Aktuelle Publikationen (vgl. z.B. Fecher et al. 2015, Heise 2016) zeigen auf, dass offenere Formen der Wissenserschließung und Wissensentwicklung bislang nur sehr zaghaft zur Anwendung kommen. Wie die Öffnung der Wissenschaften konkret umgesetzt werden soll, muss noch weiter erforscht und ausgehandelt werden. Es stellen sich soziale und ethische Fragen. Es wird in dieser Publikation geschichtlich hergeleitet, wie das Prioritätsrecht in den Wissenschaften entstanden ist, und wie seine Kommerzialisierung Änderungen an dem über Jahre gewachsenen sozialen System der Wissenschaften erschwert. Ein Vergleich mit Open-Source-Communities zeigt: Sozialer Status scheint in Teilhabekulturen nicht unweigerlich dadurch bestimmt zu werden, ob ein Communitymitglied ein Artefakt zuerst entdeckt oder die Entdeckung zuerst bewiesen hat. Gegenstand dieser Publikation ist die Entwicklung eines Forschungsdesigns mit dem Ziel herauszufinden, ob und in wie weit sich die beschriebenen Erkenntnisse aus den Open-Source-Teilhabekulturen auf die Wissenschaften übertragen lassen. Dabei spielt eine Rolle, wie und an welcher Stelle in der Wissensproduktion Inhalte öffentlich gemacht werden können, als wie praktikabel und sinnvoll sich dies erweist, welche Herausforderungen im Prozess entstehen, welche unterschiedlichen Haltungen die Forscher dazu entwickeln und welche Kompetenzen sie benötigen. Da offene Forschungsformen und Wissenschafts-Kollaborationen noch nicht weit verbreitet sind, scheint ein empirisch-analytischer Forschungsansatz nicht sinnvoll. Design-Based-Research (DBR) wird zur Erforschung innovativer Lösungen im Hinblick auf ein zu erreichendes Ziel vorgestellt. Um Vermischungen zwischen Handlungsbezug und Forschungsbezug zu vermeiden, wird zwischen der Entwicklung eines Handlungsmodells und dessen Erforschung differenziert. (vgl. Reinmann 2014)

1 Online-Kollaborationen nicht wissenschaftlicher Communities

In nichtwissenschaftlichen Communities wird offene Kollaboration und Kooperation in Form einer „Kultur des Teilens" gelebt. Am Beispiel einer Open-Source-Community beschreiben Bergquist und Ljungberg in „The power of gifts" Online-Kollaboration wie folgt: „Internet technology makes exchange open. Anybody can get hold of the products. It must work this way when the idea is to spread the products in order to make it possible for as many as possible to take part in the development process and add some of their expertise to the ongoing project". (Bergquist/Ljungberg 2001) „Community", so die Autoren, sei ein lose zusammengefügtes Netzwerk aus Einzelpersonen die keinen organisationalen Strukturen unterlägen. Wirtschaftliche Interessen oder Managemententscheidungen spielten im Communityhandeln eine untergeordnete Rolle. Die Autoren beschreiben die in der Community geteilten Artefakte ihrem Wesen nach als immateriell. Würden sie weggegeben, wären sie für die Gebenden weiterhin vorhanden, denn sie ließen sich beliebig vervielfältigen. Daher bestehe auch keine Verpflichtung, für ein Geschenk eine materielle Leistung zurück zu erhalten (z.B. Geld oder Arbeitszeit). Wohl aber gäbe es eine moralische Verpflichtung der Community gegenüber in Form von Solidarität. Das Bewusstsein über die Immaterialität von digitalen Artefakten wie beispielsweise Programmcode führe zu einer selbstorganisierten und kooperativen Arbeitsatmosphäre. In Open-Source-Communities entwickelten sich verschiedene Praktiken der Zusammenarbeit, die dazu führten, dass sich die Entwicklungszyklen von Software verkürzten und die Qualitätssicherung ausgeprägt sei. Dabei sei Vertrauen ein wesentliches Element der virtuellen Zusammenarbeit. Vertrauen käme u.a. dadurch zum Ausdruck, dass Fehler als etwas angesehen würden, das dazu beitragen könne die Qualität des gemeinschaftlich erstellten Produktes zu verbessern. Raymond beschreibt das soziale Element der Wertschätzung in Onlinecommunities: „Interestingly enough, you will quickly find that if you are completely and self-deprecatingly truthful about how much you owe other people, the world at large will treat you like you did every bit of the invention yourself and are just being becomingly modest about your innate genius". (Raymond 2001) Artefakte in Open-Source-Communities werden unter so genannten Creative-Commons-Lizenzen veröffentlicht. Hier spielt zwar auch die Namensnennung der Urheber eine gewisse Rolle, die Artefakte können aber von anderen Personen weiterverwendet und beliebig umgestaltet werden. Raymond beschreibt am konkreten Beispiel, wie ein Communitymitglied ein Artefakt (in diesem Fall ein Softwareprodukt) vom Urheber übernimmt und weiterführt. Er dokumentiert, wie die Weiterentwicklung des bestehenden Artefaktes bewirkt, dass dieses nach mehreren Änderungen des Sourcecodes, die unter Beteiligung unterschiedlicher Personen durchgeführt wurden, in ein völlig neues Artefakt überführt wird. (ebd.) Die Namensnennung des originären Urhebers scheint dadurch ihre Relevanz verloren zu haben. Raymonds Beobachtung kann als Indiz dafür aufgefasst werden, dass sozialer Status in Teilhabekulturen möglicherweise nicht dadurch bestimmt wird, ob ein Communitymitglied ein Artefakt zuerst entdeckt oder die Entdeckung zuerst bewiesen hat. Stattdessen scheinen Werte wie Engagement und Kooperationsbereitschaft eine Rolle zu spielen. Wertschätzung scheint eng verknüpft mit der Bereitschaft, sich unentgeltlich und uneigennützig an gemeinschaftlichen Aktivitäten der Community zu beteiligen, unabhängig von der Originalität, die dem Beitrag beigemessen wird. Raymond sowie Bergquist und Ljungberg stellen jeweils in ihren Publikationen einen Bezug zwischen der Kultur in Open-Source-Communities und der akademischer Forschung her. Auch das Design-Based-Research Collective verdeutlicht anschaulich, wie sich Wissenschaft ohne Prioritätsrecht organisieren ließe. Das Team aus zehn Wissenschaftlern, von jeweils unterschiedlichen renommierten Universitäten in den USA tritt als Kollektiv auf und übernimmt die gemeinschaftliche Urheberschaft einer Publikation. Diese wird nicht mit dem Namen eines Wissenschaftlers und dem Kürzel „et al." zitiert, sondern mit der Kollektivbezeichnung. (Design-Based-Research Collective 2003) Ein politischer Akt, der aber als Einzelfall zu werten ist, wie die folgenden Ausführungen zeigen.

2 Das Prioritätsrecht in den Wissenschaften und seine Folgen

Um sich den Unterschieden zwischen wissenschaftlichen Communities und Open-Source-Commmunities weiter zu nähern, erfolgt ein kurzer Exkurs in die Wissenschaftsgeschichte. Soziale Konflikte rund um die Feststellung und Anerkennung seitens der wissenschaftlichen Gemeinschaft, welcher Wissenschaftler eine Entdeckung für sich allein verbuchen könne, so Merton, seien geschichtlich gewachsen. Prioritätsstreitigkeiten während der letzten drei Jahrhunderte wissenschaftlicher Entwicklung wären immer da gewesen und würden andauern. Das Peer-Review-System habe eine Gatekeeperfunktion und sorge dafür, dass die Regeln der wissenschaftlichen Gemeinschaft eingehalten würden. Diese äußerten sich in den Attributen: Universalität, Uneigennützigkeit, Bescheidenheit, organisierter Skeptizismus, Kommunismus geistigen Eigentums und Originalität. Das Prioritätsrecht sei eng verknüpft mit dem Attribut der Originalität desjenigen, der eine wissenschaftliche Entdeckung zuerst nachweisen könne. Das Peer-Review-System wirke bei Streitigkeiten im Zusammenhang mit dem Prioritätsrecht als regulierende Instanz. Es sei daher eine wesentliche Basis von Wissenschaft als sozialer Institution. (vgl. Merton 1973) Heute befände sich das Peer-Review-System in einer Krise, so Bargheer. Das Verhältnis zwischen Autoren und Verwertern wissenschaftlicher Publikationen sei ein eine Schieflage geraten. In der Publikationskrise würde die wissenschaftliche Gemeinschaft aus dem Zentrum der Wertschöpfungskette gerückt und trage nun den Großteil der finanziellen Last, ohne einen damit korrespondierenden Nutzen oder Einflussmöglichkeiten zu haben. Die Vormachtstellung von Verlagen beruhe auf drei Säulen: dem Urheberrecht, der redaktionellen Themenbündelung und dem Peer-Review. (Bargheer 2006) Die Publikationskrise wird von Heise beschrieben als ein Auseinanderdriften von Interessen zwischen der privatwirtschaftlichen Nutzung wissenschaftlicher Erkenntnisse und der ursprünglichen Aufgabe von Wissenschaft, neues, überprüfbares Wissen zu produzieren und zu verbreiten. (Heise 2016) Die Begutachtung durch Fachkollegen solle zwar inhaltliche Mängel, redundante Forschung oder Plagiate aufdecken, das Verfahren selbst bliebe aber unveröffentlicht. Das derzeitige Peer-Review-System wirke verzögernd auf den Publikationsprozess, stehe wegen menschlicher Schwächen in der öffentlichen Kritik, genieße aber weiterhin hohe Anerkennung als Qualitätsprüfung. Die Wissenschaften seien geprägt durch Hierarchien, gesteuert von einer oder mehreren Eliten. Die heute meistzitierten Autoren würden morgen erst zu Peers werden, was bedeute, dass die Entscheidungskritierien für Annahme von Publikationen von tradierten Vorstellungen bestimmt sei. Im Review-System ginge es nur noch darum, wie professionell wissenschaftliche Leistungen daherkämen, ob ausreichend Geld vorhanden sei, wer wessen Forschungstraditionen teile, als wie renommiert bestimmte Journale zu bewerten seien und an wen Ehrentitel vergeben würden. (de Vries 2001) Nowotny bringt es auf den Punkt: „‚Knowledge‘ is now regarded not as a public good, but rather as ‚intellectual property‘, which is produced, accumulated, and traded like other goods and services in the Knowledge Society“. (Nowotny et al. 2003, S. 185) Werte unterliegen stetigem Wandel. Merton selbst beschreibt die Evolution der Wissenschaften als Ergebnis „jahrhundertelanger Arbeit“, die niemals enden würde. Eine Entwicklung von Rivalitätsstreitigkeiten, bis hin zu einem hoch entwickelten sozialen System mit ausgeklügelten Regulierungsmechanismen, bis hin zu Phänomenen unserer Zeit: Verwerter haben sich den Wunsch nach Originalität, Anerkennung der Eigenleistung und das damit verbundene Prioritätsrecht zunutze gemacht und Schritt für Schritt das Peer-Review-System kommerzialisiert. Für Wissenschaftler besteht nach wie vor ein hoher Anreiz, in den renommierten Journalen zu publizieren. Peers fühlen sich geehrt, wenn ihnen diese Aufgabe zugetragen wird. Die Eingebundenheit in ein kommerziell geprägtes System, in dem die Verwerter eine Vormachtstellung innehaben, wird billigend in Kauf genommen. Anreize für neue Wege in den Wissenschaften gibt es kaum. Scheliga/Friesike betonen, individuelle und kollektive Interessenslagen seien zu unterscheiden. Diese müssten sich nicht immer decken: Ein soziales Dilemma. (vgl. Scheliga/Friesike 2014)

3 Neue Handlungsentwürfe: Ansätze und Herausforderungen

Zu Mertons Zeiten gab es das Internet noch nicht. Heute wäre ein völlig freies und interaktives Gefüge wissenschaftlicher Information denkbar, so de Vries. Publikationen im Internet brächten einen Mehrwert durch die Schnelligkeit der Informationsverbreitung, eine höhere Reichweite, erweiterte Suchfunktionen sowie die Möglichkeit zusätzliche Hypertexte auf einfachem Wege zu verlinken (z.B. Quellenangaben, Quellendokumente, Forschungsdaten, etc.). Es seien weiterhin zu nennen: die einfache Möglichkeit neue Dokumentenversionen zu erstellen sowie Fehler schneller zu erkennen und zu verbessern. Die Interaktivität des Mediums ermögliche den Austausch zwischen Autor und Leser in Echtzeit. Publikationen könnten mit Medien wie Video oder Ton angereichert werden. (de Vries 2001) Tacke charakterisiert den „Open Scientist" als eine Person, die Einsicht in ihren gesamten Forschungsprozess gäbe. Im Selbstversuch berichtet er über die Handhabung von Peer-Kommentaren aus dem Internet beim Schreiben eines wissenschaftlichen Artikels. Die Spanne der Zusammenarbeit reicht von ersten Ideensammlungen bis hin zum Peer-Review des fertigen Textes. Die Partizipation unterschiedlicher Zielgruppen wie beispielsweise Fachkollegen, Studierende oder Amateure solle befürwortet werden. Dies könne zu einer Wissenskonstruktion führen, die verschiedene Perspektiven mit einbezöge. (vgl. Tacke 2011) Das Internet als Medium hätte das Potenzial, Peer-Review-Prozesse viel effizienter und angemessener zu begleiten als herkömmliche Workflows es könnten. Das revolutionäre an dem Ansatz sei die Möglichkeit, bereits beim Verfassen von Publikationen, mithilfe einer „Peer-Kommentarfunktion" öffentlich zu interagieren. (de Vries 2001) Selbstversuche im Internet zeigen, dass öffentliche Forschungstätigkeiten tatsächlich funktionieren, aber auch welche Schwierigkeiten dabei auftreten können. Heise macht nicht nur den Produktionsprozess eines wissenschaftlichen Artikels, sondern seine komplette Doktorarbeit bereits während der Produktion frei zugänglich. Um die Doktorarbeit nicht zu gefährden, sieht er sich gezwungen, die technisch mögliche Peer-Kommentarfunktion zu deaktivieren. (vgl. Heise 2016) Ist der Wissenschaftler nicht in der Lage, die Originalität seiner Arbeit zu beweisen, und Peer-Kommentare könnten die Originalität der Eigenleistung gefährden, steht ihm auch kein Prioritätsrecht zu. Der, wie de Vries schreibt, revolutionäre Ansatz offener Peer-Kommentare bleibt demnach bis auf weiteres problematisch in der Umsetzung. Ansätze mit revolutionärem Potenzial lassen sich besonders schwer umsetzen. Nicht nur die Verwendung von Peer-Kommentarfunktionen, sondern auch die Veröffentlichung von Forschungsdaten scheint sich der allgemeinen Umsetzung nachhaltig zu entziehen. Forschungsergebnisse verweisen auf ein von den Forschern selbst angenommenes Eigentumsrecht (was im Prioritätsrecht zum Ausdruck käme) sowie auf die Notwendigkeit, dieses zu kontrollieren (was durch die Furcht vor Datenmissbrauch zum Ausdruck käme). Auch wenn Altruismus – und die damit verbundene Idee etwas zum Gemeingut

Wissen beizutragen – bei einigen Forschern eine Rolle spiele, so scheine bei der Mehrheit ein adäquater Anreiz zum Datentausch zu fehlen. (Fecher et al. 2015) Aktuelle Publikationen zeigen, dass die Öffnung wissenschaftlicher Information den Möglichkeiten weit hinterherhinkt. (de Vries 2001, Nowotny 2003, Scheliga/Friesike 2014, Fecher et al. 2015, Heise 2016) Fecher et al. schlagen Gesetzesänderungen sowie Guidelines zur Handhabe von Daten vor. Ebenso sehen sie die Notwendigkeit zur Vermittlung „einer Kultur des Teilens“. (Fecher et al. 2015) Heise plädiert für weitere Experimente, wie die offene Ausarbeitung sowie die Erarbeitung von Handlungsempfehlungen für das offene Verfassen wissenschaftlicher Arbeiten. (vgl. Heise 2016) Er resümiert, es fehle an einfachen Diensten und Applikationen zur wissenschaftlichen Texterstellung und Datenverwaltung. Zur Umsetzung offener Forschungsformen seien Programmierkenntnisse erforderlich. Er erweitert das nötige Kompetenzspektrum um Kenntnisse zu Webtechnologien, Quellcodes und Datenbanken. Es seien zusätzlich die rechtlichen Herausforderungen zu kennen und diesbezügliche Unsicherheiten abzuwägen. Gebraucht würden technische, rechtliche und konzeptionelle Standards bei der offenen Erstellung wissenschaftlicher Qualifizierungstexte und bei der Veröffentlichung von Forschungsdaten, ebenso wie standardisierte und erprobte Prozessdarstellungen. (ebd.)

4 Design-Based-Research: erst entwickeln, dann erforschen

Die genannten Forschungsergebnisse liefern erste Ergebnisse zur Klärung der in Frage kommenden Parameter, die einen Einfluss auf die Öffnung der Wissenschaften haben. Doch lassen sich diese nur schwer durch herkömmliche empirische Methoden differenzierter abbilden, da offene Formen der Wissenserschließung und Wissensentwicklung bisher ja nur in geringem Maße unter Realbedingungen zur Umsetzung kommen. Eine entwicklungsbasierte Herangehensweise scheint daher sinnvoll. Der Fokus soll zunächst auf die Sozialwissenschaften begrenzt werden, da in technischen Bereichen aufgrund von teils sehr hohen Budgets andere Voraussetzungen gegeben sind. Es wird davon ausgegangen, dass die Entwicklung, Erprobung und Erforschung neuer Handlungsmodelle in den Sozialwissenschaften dazu beitragen kann, die Voraussetzungen zur Umsetzung öffentlicher Praktiken in der Wissenschaft im Rahmen der folgenden Aspekte noch besser zu (er)klären:

- Prozessualer Aspekt (Evaluation eines kollaborativ durchgeführten Prozesses)
- Technischer Aspekt (Spezifikation benötigter Funktionalitäten)
- Motivationaler Aspekt (Beschreibung interindividueller Einstellungen)
- Ermöglichender Aspekt (Beschreibung benötigter Handlungskompetenzen)
- Sozialer Aspekt (Beschreibung relevanter sozialer Praktiken)
- Kontextualer Aspekt (Ableiten von kulturellen Elementen, Normen, Werten)
- Metrischer Aspekt (Ableiten von Messgrößen für einen neuen Impact-Faktor)

Nach Meinung der Autorin muss ein Handlungsmodell zur Durchführung von öffentlich-kollaborativen Praktiken in der Wissenschaft in allen Entwicklungsstadien vor einem möglichst breiten Publikum zur Diskussion gestellt und auf Basis der gewonnenen Erkenntnisse immer wieder optimiert werden, so auch im Rahmen dieser Publikation. Der entwicklungsbasierte Ansatz wird u.a. auch deshalb gewählt, weil er iteratives Vorgehen ermöglicht und so einen Spielraum schafft, öffentliche Feedbacks in das Setting einzuarbeiten. Nach Euler entstand Design-Based-Research (DBR) als Reaktion auf die Kritik an der mangelnden praktischen Anwendung von Befunden aus der empirisch-analytisch ausgerichteten Lehr- und Lernforschung. (Euler 2014) Das Design-Based-Research Collective schreibt dazu: Tradierte Forschungsansätze versuchten in einem sich über einen längeren Zeitraum wiederholenden Setting, nacheinander unterschiedliche Interventionen anzuwenden, um dann zu überprüfen, welche der getesteten Interventionen zum gewünschten Ziel führe. Eine einzige Intervention bestünde aber aus einer Vielzahl von Einzelentscheidungen von Designern, Forschern, und Lehrenden. Der Versuch in solchen komplexen Settings die für das Ergebnis relevanten Parameter eindeutig zu entziffern, führe zu Schwierigkeiten. Die präzise Wiederholbarkeit des Settings sei aufgrund der Komplexität nahezu unmöglich. Für die Untersuchung emergenter Phänomene müssten daher neue Forschungsansätze herangezogen werden. (Design-Based-Research Collective 2003) Euler fasst den neuen Forschungsansatz wie folgt zusammen:

- Die Gestaltung und Entwicklung von neuen didaktischen Handlungskonzepten verzahnt sich mit Forschungs- bzw. Erkenntnisgewinnungsinteressen.
- Die Entwicklungen stützen sich auf verfügbare Theorien, d.h. die innovativen Praxisentwicklungen erfolgen theoriebasiert.
- Forschung und Entwicklung werden als ein zirkulärer, iterativer Prozess konzipiert; Bildungsforschung und -praxis wirken kooperativ zusammen, wobei die Interessen und Ziele klar getrennt bleiben und die Handlungsschwerpunkte variieren können.
- Die Erkenntnisgewinnung zielt nicht nur auf situationsspezifische, sondern auch auf generalisierbare Befunde.
- Die Forschungsprozesse beanspruchen eine Bindung an Gütekriterien und Qualitätsstandards.

Ergebnis seien theoretisch fundierte Praxislösungen. (Euler 2014) Design-Based-Research verzahne innovative Problemlösungen mit dem Erwerb wissenschaftlichen Wissens: „I attempt to engineer innovative educational environments and simultaneously conduct experimental studies of those innovations“. (Brown 1992) Der Ansatz unterliege den gleichen Forschungsmethoden die auch in anderen Forschungsparadigmen Anwendung fänden wie „thick descriptive datasets“ (in die u.a. auch die Herangehensweise und Haltung des Forschers sowie der Kontext in dem das Forschungssetting stattfindet mit einbezogen wird), systematische Analysen der Daten mit sorgfältig definierten Messinstrumenten sowie einem durchdachten Prozess des „consensus building" im Rahmen verschiedener möglicher Interpretationen der Forschungsdaten. Dabei könne neben anderen Mixed Methods u.a. auch die Methode der Triangulation von unterschiedlichen Datenquellen und Datenformen zur Anwendung kommen, um erwartete bzw. unerwartete Wirkungszusammenhänge zwischen Interventionen und Prozessergebnissen zu untersuchen. Das Design-Based-Research Collective betont, DBR dürfe keinesfalls ein Euphemismus für eine „alles ist möglich"-Forschung oder allzu vereinfachte Interventionen werden. Es sei wichtig, die Grenzen von DBR zu kennen. Um sich möglichst objektiven Ergebnissen anzunähern, müssten Forscher abwechselnd zwei Rollen einnehmen, die des Anwalts sowie die des Kritikers ihres eigenen Vorhabens. Die Herausforderung läge darin, das Setting so flexibel zu gestalten, dass einerseits im konkreten Anwendungskontext brauchbare Innovationen umgesetzt würden und andererseits ein Beitrag zur allgemeinen theroetischen Diskurs geleistet werden könne. Die Validität der Ergebnisse könne durch Forschungspartnerschaften oder alternativ durch mehrere Iterationen nachgewiesen werden. Fortlaufende Iterationen führten zu einem sich weiterentwickelnden Abgleich zwischen Theorie, Design, Praxis und den vorgenommenen Messungen. (Design-Based-Research Collective 2003) Euler liefert eine Prozessdarstellung von DBR: Problem spezifizieren, Feld beobachten und Literatur recherchieren, Design entwickeln und verfeinern, Design testen und formativ evaluieren, Designprinzipien ableiten. Dieser Prozess wird so lange wiederholt, bis das Gesamtkonzept in sich stimmig ist. Dann wird eine summative Evaluation durchgeführt. (Euler 2014) Abschließend scheint es noch einmal wichtig den Unterschied herauszuarbeiten, zwischen dem geplanten DBR-Forschungsansatz zur Erforschung kollaborativer Wissensproduktion und der Entwicklung eines Instructional-Design zur Etablierung offener Forschungsformen und Wissenschafts-Kollaboration. Reinmann beschreibt die Unterschiede zwischen Design-Based-Research und Instructional-Design wie folgt: die Entwicklung selbst würde in den wissenschaftlichen Prozess zwar integriert und könne so als ein Bestandteil von Forschung angesehen werden, müsse aber dennoch ganz klar von der Wissenschaft getrennt betrachtet werden. (vgl. Reinmann 2014)

5 Ausblick

Das zu erforschende Problem wurde charakterisiert durch die zaghafte Umsetzung von offenen Forschungsformen und Wissenschafts-Kollaborationen wie z.B. Open-Access oder Peer-Kommentaren. Eine Literaturrecherche wurde durchgeführt. Dabei wurde im Prioritätsrecht ein als relevant einzustufender Parameter erkannt. Weitere theoretische Fokussierungen müssen folgen. Es wird angestrebt, globale und onlinebasierte Kooperationsformen möglichst ausgiebig und offen zu nutzen. Dabei wird die Hypothese aufgestellt, dass sich die Qualität von wissenschaftlichen Beiträgen durch offene Forschungsformen und Wissenschafts-Kollaborationen verbessern lässt. Der mögliche Grad an Offenheit ist noch genauer zu differenzieren. Die Spanne reicht von Forschungskooperationen, die lediglich systemintern offen kooperieren und solchen, die sofort und ohne Peer-Review alle entstandenen Artefakte der gesamten Forschungs-Community zur Verfügung stellen. Realitätsnahe Formen offener Wissenserschließung und Wissensentwicklung können nur unter Einbeziehung möglichst weiter Teile der Wissenschaftscommunity ausgehandelt werden. Daher ist es erforderlich, das Forschungsvorhaben in allen Entwicklungsstadien öffentlich zu präsentieren und umfangreiches Feedback einzuholen. Der Forschungsansatz wirft derzeit noch ungelöste Fragen auf. Die genaue Reihenfolge eines DBR-Forschungsprojektes sei nicht exakt planbar und übersteige den üblichen Zeitrahmen heutiger Forschungsprojekte. (vgl. McKenney/Reeves 2012, Reinmann 2014) Die lange Zeitspanne kann zwar durch Forschungspartnerschaften verringert werden, doch müssen Forschende die designbasiert und öffentlich-kollektiv forschen mit Emergenz-Effekten umgehen. Es stellt sich die Frage, wie ein solches Projekt konkret ausgestattet sein muss, um Machbarkeit in einem vordefinierten zeitlichen und inhaltlichen Rahmen zu gewährleisten. Die Grenzen und Potenziale öffentlich-kollaborativer Forschungstätigkeiten sollen daher insbesondere vor diesem Hintergrund ausgiebig diskutiert und erprobt werden. Als ein Erfolgsfaktor wird die Frage angenommen, ob sich genügend Mitstreiter für konkrete Umsetzungen neuer Handlungsentwürfe finden. Denn in der Tat scheint das Dilemma zwischen dem Wunsch nach individueller Sichtbarkeit und Community-Interessen (vgl. Scheliga/Friesike 2014) noch nicht aufgelöst zu sein. Es wird die Hypothese vertreten, dass Forscher die öffentlich-kollaborative Methoden zur Wissensproduktion anwenden viel schneller viel größere Erfolge erzielen können als Einzelpersonen. Den gemeinschaftlichen Erfolg wiederum können alle Beteiligten für sich verbuchen. Als Voraussetzung zur Umsetzung offener Forschungspartnerschaften wird angesehen, dass Forschern die Vorteile, aber auch die Nachteile neuer Handlungsentwürfe bekannt sind. Sie sollten über (Medien-)Kompetenzen in Form von fundiertem Handlungswissen der bereits genannten Aspekte verfügen (prozessual, technisch, sozial, motivational, ermöglichend, kontextual und metrisch), um für sich selbst abzuwägen welche Haltung sie in Bezug auf offene Forschungsformen und Wissenschafts-Kollaborationen einnehmen wollen. Derzeit scheint der Impact-Faktor von A-Journal-Publikationen im Gegensatz zu offenen Veröffentlichungsformaten eine anerkanntere Messgröße für wissenschaftlichen Erfolg zu sein, doch dies kann sich – wenn nur ausreichend viele Forscher die neuen Wege beschreiten – schnell umkehren. Dann lassen sich mit Daten gängiger Suchmaschinen neue Messgrößen für wissenschaftlichen Erfolg etablieren, die das Potenzial haben klassische Metriken mittelfristig zu ersetzen.

Literatur

Bargheer, Margo (2006): *Open Access und Universitätsverlage: Auswege aus der Publication Crisis?* Hg. v. Svenja Hagenhoff. Universität Göttingen. Göttingen (Internetökonomie der Medienbranche).

Bergquist, Magnus; Ljungberg Jan (2001): The Power of Gifts: Organizing Social Relationships in Open Source Communities. In: *Information Systems Journal 11* (4), S. 305–320.

Brown, Ann L. (1992): Design Experiments: Theoretical and Methodological Challenges in Creating Complex Interventions in Classroom Settings. In: *The Journal of the Learning Sciences* (2), S. 141–178.

Design-Based-Research Collective (2003): Design-Based-Research: An Emerging Paradigm for Educational Inquiry. In: *Educational Researcher 32* (1), S. 5–8.

Euler, Dieter (2014): Design Research. A Paradigm under Development. In: Dieter Euler und Peter F. E. Sloane (Hrsg.): *Design-Based-Research.* Stuttgart: Franz Steiner Verlag (Zeitschrift für Berufs- und Wirtschaftspädagogik, Beiheft 27), S. 15–41.

Fecher, Benedikt; Friesike, Sascha; Hebing, Marcel (2015): What Drives Academic Data Sharing? In: *PloS one 10* (2).

Heise, Christian (2016): *Von Open Access zu Open Science: Zum Wandel digitaler Kulturen der wissenschaftlichen Kommunikation.* doi: https://zenodo.org/record/31247

McKenney, Susan.; Reeves, Thomas (2012): *Conducting Educational Design Research.* New York: Routledge.

Merton, Robert K. (1973): *The Sociology of Science. Theoretical and Empirical Investigations.* Chicago: University of Chicago Press.

Nowotny, Helga; Scott, Peter; Gibbons, Michael (2003): ‚Mode 2' Revisited: The New Production of Knowledge. In: *Minerva 41* (3), S. 179–194.

Raymond, Eric (2001): *The Cathedral and the Bazaar. Musings on Linux and Open Source by an Accidental Revolutionary.* Rev. ed. Beijing [u.a.]: O'Reilly.

Reinmann, Gaby (2014): Welchen Stellenwert hat die Entwicklung im Kontext von Design Research? In: Dieter Euler und Peter F. E. Sloane (Hrsg.): *Design-Based-Research.* Stuttgart: Franz Steiner Verlag (Zeitschrift für Berufs- und Wirtschaftspädagogik, Beiheft 27), S. 63–76.

Scheliga, Katja; Friesike, Sascha (2014): Putting Open Science into Practice: A Social Dilemma? In: *First Monday*, Volume 19, Number 9, 1 September 2014. doi: http://dx.doi.org/10.5210/fm.v19i9.5381

Tacke, Oliver (2011): Open Science 2.0: How Research and Education Can Benefit from Open Innovation and Web 2.0. In: Theo J. Bastiaens, Ulrike Baumöl und Bernd J. Krämer (Hrsg.): *On Collective Intelligence.* Berlin, Heidelberg: Springer.

Vries, Jaap de (2001): Peer Review: The Holy Cow of Science. Hg. Einar H. Fredriksson. IOS Press. Amsterdam, Washington DC, In: *A Century of Science Publishing: A Collection of Essays.* S. 231–244.

Alexandra Totter[1], Felix M. Schmitz[1], Dominik Petko

Online-Reflexion mittels Weblogs: Ein disziplinübergreifender Ansatz zum Umgang mit Belastung in der berufspraktischen Ausbildung angehender Lehrpersonen und Mediziner/innen

Zusammenfassung

Die berufspraktische Ausbildung angehender Lehrpersonen und Medizinerinnen bzw. Mediziner bietet eine wichtige Gelegenheit, theoretisch erworbenes Wissen mit praktischen Erfahrungen zu verknüpfen. Allerdings zeigen Studien, dass sich Studierende beider Disziplinen während ihrer Praktika auch überfordert, hilflos und zu wenig unterstützt fühlen. In diesem Beitrag wird ein disziplinübergreifender Ansatz zur Online-Reflexion in Form geführten Weblogschreibens vorgestellt, der konkret bei möglichen Belastungen im Praktikum ansetzt und Bewältigungsprozesse initiiert. Es wird dabei der Frage nachgegangen, wie diese Online-Reflexionen charakterisiert sind. Es wurden dazu Blogbeiträge von 141 angehenden Lehrpersonen und von 146 Medizinstudierenden analysiert. Die Ergebnisse deuten darauf hin, dass sich Weblogschreiben zur gesundheitsförderlichen Reflexion belastender Erlebnisse disziplinübergreifend einsetzen lässt. Dabei zeigen sich jedoch auch Unterschiede im Schreibverhalten und in der Beschaffenheit der Reflexionsbeiträge.

1 Einleitung

Die berufspraktische Ausbildung in Form von Praktika in Schulen und Spitälern ist wichtiger Bestandteil des Lehrplans angehender Lehrpersonen und Medizinerinnen bzw. Mediziner. Berufspraktika bilden die Schnittstelle zwischen Theorie und Praxis und liefern den Studierenden eine zentrale Plattform, sich auf ihre Aufgaben im Berufsfeld vorzubereiten (Hascher, 2012). Neben der didaktischen (und ethischen) Notwendigkeit solcher Medizin- und Schulpraktika sind diese aber auch mit einem hohen Maß an Belastung für die Auszubildenden assoziiert. So haben angehende Lehrpersonen eine Vielzahl an Herausforderungen zu bewältigen, z.B. Disziplinarprobleme der Schülerinnen und Schüler, Forderungen von Eltern, administrative Aufgaben und die Beurteilung des selbstgestalteten Unterrichts durch Ausbildende (Chaplain 2008). In den Ausbildungsspitälern werden die temporär zugeteilten Medizinstudierenden im Rahmen ihrer Praktika mit einem hohen Arbeitspensum,

1 Gleichberechtigte Erstautorin & Erstautor: A. Totter und F. M. Schmitz.

teilweise beträchtlicher Verantwortung, wenig Schlaf und einem neuen Lern- und gar Lebensstil konfrontiert (Gordon et al., 1986). Schwerwiegende Patientenschicksale (Sen et al., 2010) sind weitere belastende Erfahrungen, die zu einem erlebten Kontrollverlust bei den Auszubildenden führen können. Zusammenfassend werden sowohl Medizinstudierende als auch angehende Lehrpersonen mit vielen Herausforderungen konfrontiert, wenn sie ihr theoretisches Wissen in der komplexen Schul- und Spitalrealität anwenden und gleichsam ihrem Klientel (Patienten, Schülerinnen und Schüler) gerecht zu werden versuchen (Heitzmann & Messner 2001; Booth 1995). Konsequenterweise bedarf es effizienter Unterstützungsmaßnahmen zum Umgang mit Belastung für Praktikantinnen und Praktikanten (vgl. Tyssen et al., 2000).

2 Theoretischer und praktischer Hintergrund

2.1 Gesundheitsfördernde Effekte traditioneller schriftlicher Reflexion

Forschungsbeiträge zeigen, dass reflexives Schreiben in Form angeleiteter Tagebucheinträge (sog. „Journaling“) mit positiven Effekten für die Autorin bzw. den Autor assoziiert ist (Petko et al., 2015). Sgoutas-Emch und Johnson (1998) setzen betreutes Journaling erfolgreich zur Stress- und Angstreduktion in unterschiedlichen Kontexten ein. Erklärungen für gesundheitsfördernde Effekte schriftlicher Reflexion liefert Pennebaker (2004), der das individualisierbare Tempo und die Möglichkeit des Anknüpfens an manifestierte Gedankengänge in späteren Phasen der Bewältigung zu den Stärken schriftlicher Reflexion zählt. Während des reflexiven Schreibens werden, gezielt oder beiläufig, kognitive und emotionale Strategien angewendet (Peterkin & Prettyman, 2009). Auf kognitiver Seite kann die Autorin bzw. der Autor durch den vergleichsweise langsamen Reflexionsprozess belastende Situationen tiefgreifend analysieren und Lösungen für das Problem ableiten. Auf emotionaler Ebene kann durch eine Fokussierung auf das Positive in der belastenden Situation ein Perspektivenwechsel erfolgen (vgl. Kaluza, 2011). Traditionelle Ansätze schriftlicher Reflexion eignen sich demnach, persönlich bedeutsame Belastung zu verringern. Die dadurch zum Tragen kommenden kognitiven und emotionalen Bewältigungsstrategien lehnen sich an das psychologische Stressmodell von Lazarus (1999) an.

2.2 Erweiterte Möglichkeiten durch Online-Reflexion mittels Weblogs

Durch die rasche Entwicklung und Verbreitung internetbasierter Schreibprogramme ist es heutzutage möglich, gängige Formen schriftlicher Reflexion um neue „Features" der „Online-Reflexion“ (Ross, 2012) zu erweitern. So können Schilderungen belastender Erlebnisse und die Überlegungen und Gefühle dazu schnell sowie zeit- und ortsunabhängig erfasst, gespeichert und mit anderen (anonym) geteilt werden (Lepore et al., 1996). Die Leserschaft hat die Option, auf das Berichtete mit Feedback (umgehend) zu reagieren. Solches Feedback kann für die Autorin oder den Autor auf emotionaler Ebene (durch Empathie, Anerkennung, Solidarität) sowie auf kognitiver Ebene (durch konkrete Vorschläge zur Problemlösung) unterstützend sein (Nückles, Renkl & Fries, 2005). Prominente internetbasierte Schreibwerkzeuge sind Weblogs. Weblogs sind chronologisch strukturierte Webseiten, die für die Veröffentlichung persönlicher oder institutioneller Beiträge (Posts) eingesetzt werden. Posts sind üblicherweise tagebuchartig geführte Einträge, die ein bestimmtes Thema behandeln und die um Kommentare anderer ergänzt werden können. Weblogs werden in der berufspraktischen Ausbildung angehender Lehrpersonen und Medizinstudierender primär eingesetzt, um reflexives Lernen zu fördern (Wopereis, Sloep & Poortman, 2010; Fischer et al., 2011). Forschung, die das Potenzial von Online-Reflexion mittels Weblogs zum Umgang mit Belastung im Praktikum systematisch untersucht, fehlt bislang (Petko et al., 2015).

3 Fragestellung

Die Pädagogische Hochschule Zürich und das Institut für Medizinische Lehre der Universität Bern entwickelten einen Ansatz zur Online-Reflexion im Rahmen der berufspraktischen Ausbildung Studierender der Medizin und Lehrerausbildung. Die Online-Reflexion wurde durch angeleitetes Weblogschreiben initiiert. Im Rahmen dieses Beitrages wird folgender Fragestellung nachgegangen: *Welche Charakteristika weisen geführte Blogbeiträge zum Umgang mit Belastung in der berufspraktischen Ausbildung angehender Lehrpersonen, Medizinerinnen und Mediziner auf?*

4 Methode

4.1 Stichproben und Design

An der Pädagogischen Hochschule Zürich wurde eine Kohorte von 181 Studierenden des Studiengangs Primarstufe aufgefordert, während des vierwöchigen Praktikums im zweiten Studienjahr (zu insgesamt 16 Arbeitstagen) zu bloggen. N=141 Studierende (117 Frauen, 22 Männer, 2 Enthaltungen) zwischen 20 und 48 Jahren (M=24.0, s=3.3) nahmen aktiv an der Studie teil. Circa die Hälfte der Partizipierenden (n=77) erhielt zusätzlich den Auftrag, ihre Posts gegenseitig zu kommentieren. Am Institut für Medizinische Lehre der Universität Bern wurde eine 196 Medizinstudierende umfassende Kohorte aufgefordert, an der Feldstudie teilzunehmen. N=146 Medizinstudierende des vierten Studienjahrs (91 Frauen, 53 Männer, 2 Enthaltungen) zwischen 21 und 39 Jahren (M=24.5, s=2.3) verfassten während ihres ersten Blockpraktikums (zu 20 Arbeitstagen) Posts. Auch hier hatte ungefähr die Hälfte der Partizipierenden (n=75) die Möglichkeit, Peer-Feedback zu erhalten und zu geben.

4.2 Blogging Tool

Das Blogging Tool der Pädagogischen Hochschule Zürich basierte auf einer Wordpress-Vorlage (www.wordpress.org). Das Instituts für Medizinische Lehre der Universität Bern verwendete eine Eigenentwicklung (objektorientiert mit PHP5 und Mysql Datenbank), die auch für eine Bedienung auf Mobilgeräten ausgerichtet war (dank Bootstrap 3 Framework). In beiden Blogging Tools gab es neben der Eingabemaske für Studierende ein Administrator-Backend für das Monitoring der Eingaben und den Datenexport

4.3 Instruierender Workshop

Vor Beginn der jeweiligen Praktika wurden die Studierenden zu Workshops eingeladen. Zunächst wurden problemorientierte Bewältigungsstrategien (Belastungssituationen analysieren und gegebenenfalls verändern) und emotionsorientierte Strategien (Sichtweise belastungsmindernd verändern) vorgestellt, exemplarisch angewendet und diskutiert. Die Strategien basieren auf dem Programm zur Stressbewältigung von Kaluza (2011). Im Anschluss erfolgte die Einführung in die Blogging Tools. Die Studierenden wurden instruiert, Posts an möglichst jedem Tag ihres Praktikums zu schreiben und gegebenenfalls Peer-Feedback zu geben. Konkret sollten belastende oder herausfordernde Situationen im Praktikum geschildert und problem- bzw. emotionsorientiert reflektiert werden (Leitfragen in Tab. 1 waren in den Blogging Tools einsehbar). Im letzten Teil des Workshops wurden u.a. Fragen zum anstehenden Praktikum geklärt.

Tab. 1: Leitfragen für den Einsatz der Bewältigungsstrategien

Problemorientierte Leitfragen	Emotionsorientierte Leitfragen
1. Problemanalyse: Was war heute im Praktikum eine Herausforderung oder Belastung? Welche Gründe haben dazu geführt?	1. Situationsbeschreibung: Was habe ich heute im Praktikum als Herausforderung oder Belastung erlebt? Wie denke ich darüber?
2. Ideensammlung: Welche Möglichkeiten habe ich, wenn die Situation erneut auftritt? Welche davon passen zu mir?	2. Denkweisen ausprobieren: Wie könnte man das anders sehen? Was ist das Gute an der Situation?
3. Problemlösestrategie: Wie werde ich mich das nächste Mal verhalten, was sind meine konkreten Handlungsschritte?	3. Neue Sichtweise: Wie sehe ich die Situation jetzt?

4.4 Analyseverfahren

Um die Online-Reflexion der Studierenden über die Institutionen und Disziplinen hinweg hinreichend charakterisieren zu können, wurde ein Bewertungsraster entwickelt, das sowohl niedriginferente als auch hochinferente Dimensionen beinhaltet. Das Ziel des niedriginferenten Ratings war die präzise Charakterisierung der Blogbeiträge anhand eindeutiger Dimensionen (z.B. Stressor geschildert: ja/nein). Durch das hochinferente Rating wurden skalierbare Qualitäten der Blogbeiträge extrahiert (z.B. Grad der Reflexionstiefe, vgl. hierzu Rakoczy & Pauli, 2006). Im Vorfeld der eigentlichen Analyse wurde ein Rater-Training durchgeführt, sodass eine solide Inter-Rater-Übereinstimmung sowohl für die niedriginferenten binären Kodierungen (*Cohen's Kappa* > .80) als auch die hochinferenten ordinalskalierten Ratings (*Kendall's W* > .70) erzielt werden konnte.

5 Ergebnisse

5.1 Wie oft und in welchem Umfang wird gebloggt?

Fast alle Posts der Studierenden thematisierten im Verhältnis zur Gesamtanzahl der Beiträge das Praktikum. Aus den Daten in Tab. 2 kann abgeleitet werden, dass grundsätzlich nicht auf täglicher Basis gebloggt wurde. Medizinstudierende bloggten im Verhältnis zur Dauer des Praktikums häufiger als angehende Lehrpersonen. Letztere verfassten im Durchschnitt aber längere Beiträge.

Tab. 2: Kennzahlen zur Blogfrequenz und Bloglänge getrennt nach Disziplin

	Angehende Lehrpersonen		**Medizinstudierende**	
	Posts	***Zeichen***	***Posts***	***Zeichen***
Summe	765[i]	500240	1528[ii]	615702
Mittelwert (s)	5.5 (4.0)	654 (446.2)	10.5 (6.8)	403 (348.5)
Minimum	1	13	1	10
Maximum	16	3000	23	3173

[i] 757 Posts davon haben das Praktikum thematisiert
[ii] 1492 Posts davon haben das Praktikum thematisiert

5.2 Wie oft und in welcher Intensität wird Stress beschrieben?

In den meisten Posts aller Studierenden wurden Stressoren (Faktoren mit Belastungspotenzial) berichtet (Abb. 1 links). Bei Medizinstudierenden scheint es häufiger zu persönlich bedeutsamen Stressreaktionen gekommen zu sein: In fast 40% der Beiträge war hier hoher Stress auszumachen (Abb. 1 rechts).

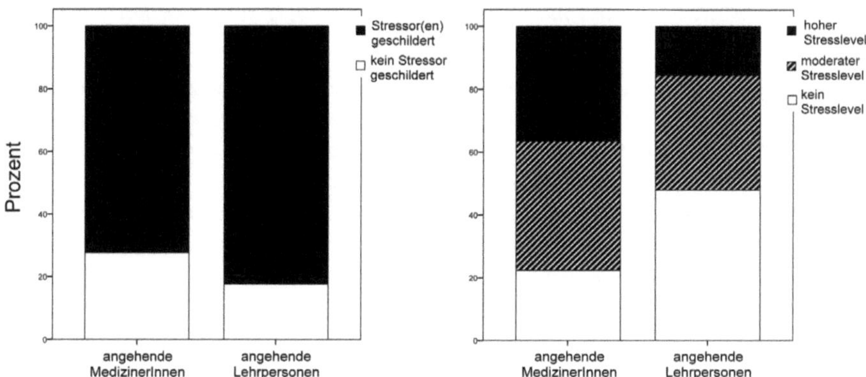

Abb. 1: Verteilungen der Posts mit/ohne aufgeführte Stressoren (links) sowie Intensität des geschilderten Stresses (Stresslevel, rechts).

Beispiel für die Nennung von Stressor ohne geschilderten Stress (angehende Lehrperson): *„Die Jungs versuchen es immer noch mit allen Mitteln, mich aus dem Konzept zu bringen. Da ich aber sowohl von der Schulleitung, den anderen Lehrpersonen als auch dem Schulsozialarbeiter Rückendeckung habe, ziehe ich meine Linie wie gehabt durch und lasse sie sich die Zähne ausbeissen. Die einen haben momentan wegen einiger Strafen (Hausaufgaben vergessen/nicht gemacht oder Material nicht dabei) etwas mehr zu tun. Aber ich fühle mich nach wie vor nicht gestresst im Schulalltag."*

Beispiel für die Nennung von Stressor mit geschildertem Stress (Medizinstudierende(r)): *„In der Nacht auf heute ist eine Patientin von uns gestorben. Obwohl es für sie wahrsch. eher eine Erlösung war, hat es mich echt mitgenommen. Krass finde ich auch, dass man die Angehörigen bisher nicht finden und kontaktieren konnte ..."*

5.3 Welche Bewältigungsstrategien werden eingesetzt?

Schilderten Studierende in den Posts Stress, so wurde i.d.R. auch mindestens eine der initiierten Bewältigungsstrategien dokumentiert (Abb. 2). Angehende Lehrpersonen wandten mehrheitlich eine problemorientierte Strategie an. Medizinstudierende schilderten hingegen in fast jedem zweiten Post Elemente sowohl emotions- als auch problemorientierter Strategien.

Beispiel für die Dokumentation einer problemorientierten Strategie (angehende Lehrperson): *„Ich werde in meiner eigenen Klasse das Abgeben der Hausaufgaben ritualisieren. Direkt am Morgen, das eine in das Fächlein, das* *andere in das. Zudem muss man einfach top organisiert sein, um den Überblick halbwegs zu behalten.“*

Beispiel für die Dokumentation beider Strategien (Medizinstudierender): *„Am ersten Arbeitstag auf der Gynäkologie konnte ich bereits ein Austrittsgespräch mit einer jungen Mutter führen. Dabei fiel mir von Anfang an auf, dass diese nicht „glücklich“ darüber ist, dass sie einem Mann z.T. intime Antworten geben soll [...] Ich sehe es nicht als persönlichen Angriff, wenn jemand nicht will, dass er von einem Mann befragt/untersucht wird. Ich werde [künftig] von Anfang an Fragen, ob es in Ordnung ist, wenn ich das Gespräch führe. Aber immer mit Gelassenheit reagieren ;-)“*

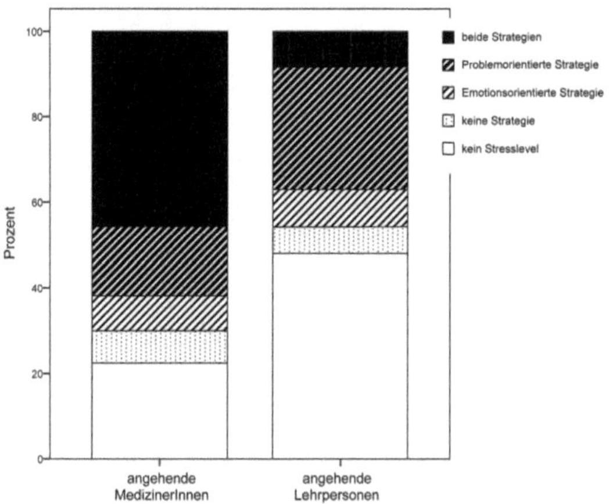

Abb. 2: Verteilung der in den Posts geschilderten Bewältigungsstrategien.

5.4 Wie wird über die geschilderten Erlebnisse reflektiert?

Fast alle Posts kennzeichneten sich durch ein gewisses Maß an Reflexion über die (belastenden) Erlebnisse im Praktikum (Abb. 3). Angehende Lehrpersonen reflektierten in ihren Posts primär deskriptiv: Sie beschrieben z.B. den Inhalt und den Ablauf einer Lektion oder das Classroom Management. Medizinstudierende reflektieren vergleichsweise oft vertieft: Sie stellten z.B. Perspektivenwechsel an, schilderten eigene Schlussfolgerungen oder machten Bezüge zwischen Theorie und Praxis.

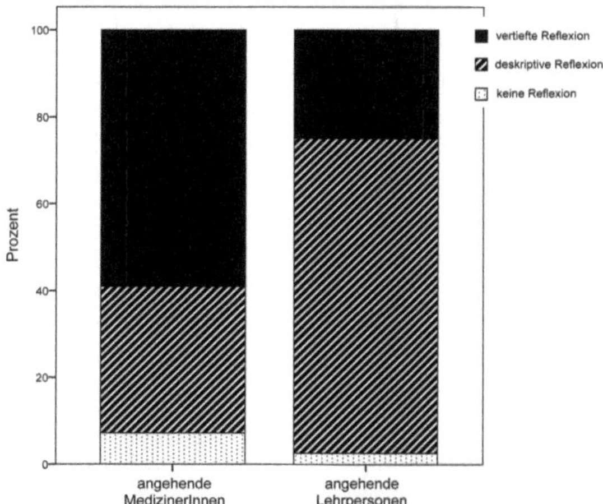

Abb. 3: Prozentuale Verteilung der Reflexionstiefe beider Studierendengruppen.

Beispiel für deskriptive Reflexion (angehende Lehrperson): *„Wenn ich die SuS [Schülerinnen und Schüler] in der jeweiligen Halbklasse (1. & 3. Klasse) unterrichte, läuft alles super. Sobald ich die 1. & 3. Klässler aber gemeinsam unterrichten soll scheint es manchmal so, als wollen die 3. Klässler vor den 1. Klässlern eine „Show" abziehen und benehmen sich z.T. ziemlich mühsam/ kindisch ..."*

Beispiel für vertiefte Reflexion (Medizinstudierende(r)): *„Zuschauen bei einer peinlichen Anamnese durch Oberarzt. Wir haben relativ gute Kommunikationsskills erlernt, und es ist zum Teil schwierig im Interesse des Patienten zu handeln (in diesem Fall zu reden/erklären/fragen) ohne die Autorität des Arztes zu verletzen/in Frage zu stellen ..."*

5.5 Wie oft wird (hilfreiches) Peer-Feedback gegeben?

Gut ein Drittel (133 von 370) der kommentierbaren Posts angehender Lehrpersonen wurde von Peers kommentiert. Diese Feedbacks umfassten im Schnitt 400 Zeichen (s=445.3). Die angehenden Medizinerinnen und Mediziner gaben häufiger Feedback: Rund jeder zweite Post (360 von 758) wurde hier kommentiert. Im Schnitt waren diese Feedbacks aber kürzer (M=171 Zeichen, s=200.2) als die der angehenden Lehrpersonen. 83% der Kommentare der Medizinstudierenden wurden als unterstützend bewertet. Bei den angehenden Lehrpersonen waren praktisch alle Feedbacks unterstützend (99.6%).

Beispiel für unterstützendes Feedback (Medizinstudierende(r)): *„Hey, ich verstehe dich sehr gut, ich finde wir sind in einer völlig neuen Situation mit der wir uns zuerst anfreunden müssen. Leider zählt jetzt halt, wer sich mehr traut, der profitiert mehr. Darum, looooos stell Fragen und wenn sie völlig gestresst oder genervt sind, dann sagen sie das schon. Oder du sagst ‚Um welche Zeit hast du 10min für meine Fragen Zeit‘ oder so etwas in der Art. Es ist sicher eine schwierige Situation mit den vielen neuen AAs [Assistenzärztinnen und -ärzte], aber du darfst nicht untergehen. Jetzt genieß dein Wochenende und vielleicht kannst du dich nächste Woche an einen erfahreneren AA dranhängen.“*

6 Diskussion und Ausblick

Es wurde der Versuch unternommen, Weblogschreiben für Studierende der Medizin und Lehrerausbildung so zu initiieren und anzuleiten, dass über Belastungen in der berufspraktischen Ausbildung gesundheitsförderlich reflektiert werden kann. Zu diesem Zweck wurde ein disziplinübergreifender Ansatz zur Online-Reflexion eingesetzt. Die Analyse der Blogbeiträge zeigt, dass die erlebte Intensität der Belastung zwischen den Disziplinen variiert. In den Beiträgen der Medizinstudierenden wurde im Vergleich zu angehenden Lehrpersonen oft hoher subjektiver Stress beschrieben. Eine denkbare Erklärung für dieses Ergebnis könnte das belastungsinduzierende Potenzial bestimmter Situationen sein, die v.a. im Spital erlebt werden (z.B. der Tod von Menschen). Angehende Lehrpersonen haben im Unterschied zu Medizinstudierenden im Praktikum eine stabile Arbeitsumgebung (gleiche Kinder, Räumlichkeiten, etc.), weshalb bestimmte Stressoren wiederholt auftreten können (Chaplain, 2008). Sie scheinen problemorientierte Bewältigungsstrategien im Sinne konkreter Handlungsschritte vor diesem Hintergrund zu bevorzugen, während Medizinstudierende den wechselnden Bedingungen (neue Fälle, Aufgaben, etc.) durch den flexiblen Einsatz beider, emotions- und problemorientierter Strategien Rechnung tragen dürften. Angehende Lehrpersonen reflektierten primär deskriptiv, während Medizinstudierende tendenziell vertieft reflektierten. Über die Gründe für diesen Unterschied lässt sich vorläufig nur spekulieren. Eventuell ist die unterschiedliche Reflexionstiefe auf den höheren Stress der Medizinstudierenden zurückzuführen, während die angehenden Lehrpersonen aufgrund ihres niedrigeren Stresses möglicherweise auch weniger Anlass zur Reflexion hatten. Ein weiterer Befund zeigt sich in der Nutzung des schriftlichen Feedbacks, das aufgrund der hohen Unmittelbarkeit eigentlich einen Hauptvorteil von Weblogs im Vergleich zu herkömmlichen Tagebüchern darstellt. Schriftliches Feedback als eine Form der Unterstützung zum Umgang mit Belastung erfolgte „nur“ in rund einem Drittel der möglichen Fälle. Dieses Ergebnis zeigt sich auch in bisherigen Studien (Wopereis, Sloep & Poortman, 2010, Deng & Yuen, 2009). Wechselseitig Beträge schreiben, lesen *und*

Feedback geben im Sinne des reflexiven Dialogs von Deng & Yuen (2011) ist noch nicht sehr verbreitet. Die Ergebnisse zeigen zusammenfassend, dass der vorgestellte Online-Reflexions-Ansatz zum Umgang mit Belastung im Praktikum einerseits disziplinübergreifend angewendet werden kann. Andererseits ermöglicht das entwickelte Analyseverfahren Vergleiche zwischen Blogverhalten und Blogbeschaffenheit zwischen mehreren Disziplinen. Basierend auf den hier präsentierten Charakteristika der Weblogbeiträge angehender Lehrpersonen und Medizinstudierender soll im nächsten Schritt eine vertiefte inhaltliche Analyse und Kategorisierung der genannten Stressoren erfolgen, um zu verstehen, wie bestimmte Stressoren mit Belastungsintensität zusammenhängen. Darüber hinaus sind weitere Auswertungen möglich, die über rein inhaltsanalytische Analyse der Blogpostings hinausgehen. Dabei müssen die Auswertungen in einen erweiterten Zusammenhang mit den subjektiven Einschätzungen der Studierenden aus den Begleitbefragungen gebracht werden. Solche differenziellen Auswertungen könnten die Gründe für die unterschiedliche Reflexionstiefe von Studierenden unterschiedlicher Fachdisziplinen näher klären.

Funding: Das Forschungsprojekt wurde durch den Schweizerischen Nationalfonds (100019_146054) finanziell unterstützt.

Literatur

Booth, M. (1995). Training of Doctors in Hospitals: A Comparison with Teacher Education. *Journal of Education for Teaching, 21*(2), 145–162.

Chaplain R. P. (2008). Stress and Psychological Distress among Trainee Secondary Teachers in England. *Educational Psychology: An International Journal of Experimental Educational Psychology, 28*(2), 195–209.

Deng, L. & Yuen, H. K. (2009). Value of Blogs in Preservice Teacher Education. Paper presented at the 17th International Conference on Computers in Education, Hong Kong.

Deng, L. & Yuen, H. K. (2011). Towards a Framework for Educational Affordances of Blogs. *Computers & Education, 56*, 441–451.

Fischer, M. A., Haley, H. L., Saarinen, C. L. & Chretien, K. C. (2011). Comparison of Blogged and Written Reflections in Two Medicine Clerkships. *Medical education, 45*(2), 166–175.

Gordon, G. H., Hubbell, F. A., Wyle, F. A. & Charter, R. A. (1986). Stress During Internship. *Journal of general internal medicine, 1*(4), 228–231.

Hascher, T. (2012). Lernfeld Praktikum – Evidenzbasierte Entwicklungen in der Lehrer/innenbildung. *Zeitschrift für Bildungsforschung, 2*(2), 109–129.

Heitzmann, A., Messner, H. (2001). Die berufspraktische Ausbildung von Lehrpersonen. *Beiträge zur Lehrerbildung 19*(1), 5–16.

Kaluza, G. (2011). *Stressbewältigung. Trainingsmanual zur psychologischen Gesundheitsförderung.* 2., vollständig überarbeitete Auflage. Berlin, Heidelberg: Springer-Verlag.

Lazarus, R. S. (1999). *Stress and Emotion: A New Synthesis*. New York: Springer Publishing Company.

Lepore, S. J., Silver, R. C., Wortman, C. B. & Wayment, H. A. (1996). Social Constraints, Intrusive Thoughts, and Depressive Symptoms Among Bereaved Mothers. *Journal of personality and social psychology*, *70*(2), 271.

Nückles, M., Renkl, A. & Fries, S. (2005). Wechselseitiges Kommentieren und Bewerten von Lernprotokollen in einem Blended Learning Arrangement. *Unterrichtswissenschaft, 33*(3), 227–243.

Pennebaker, J. W. (2004). Theories, Therapies, and Taxpayers: On the Complexities of the Expressive Writing Paradigm. *Clinical Psychology: Science and Practice, 11*, 138–142.

Peterkin, A. D., & Prettyman, A. A. (2009). Finding a Voice: Revisiting the History of Therapeutic Writing. *Medical Humanities, 35*, 80–88.

Petko, D., Egger, N., Schmitz, F. M., Totter, A., Hermann, T. & Guttormsen, S. (1985). Coping Through Blogging: A Review of Studies on the Potential Benefits of Weblogs for Stress Reduction. *Journal of Psychosocial Research on Cyberspace*, *9*(2), 5.

Rakoczy, K., Pauli, C. (2006). Hoch inferentes Rating: Beurteilung der Qualität unterrichtlicher Prozesse. In Klieme, E., Pauli, C., Reusser, K. (Hrsg.). *Dokumentation der Erhebungs- und Auswertungsinstrumente zur schweizerisch-deutschen Videostudie „Unterrichtsqualität, Lernverhalten und mathematisches Verständnis". Teil 3. Videoanalysen* (S. 206–233). Frankfurt, Main: GFPF (Materialien zur Bildungsforschung; 15).

Ross, J. (2012). Just What is Being Reflected in Online Reflection? New Literacies for New Media Learning Practices. In *Exploring the Theory, Pedagogy and Practice of Networked Learning* (S. 191–207). New York: Springer.

Sen, S., Kranzler, H. R., Krystal, J. H., Speller, H., Chan, G., Gelernter, J. & Guille, C. (2010). The Stress of Internship and Interactions With Stress Reply.*Archives of General Psychiatry*, *67*(6), 568–569.

Sgoutas-Emch, S. A., & Johnson, C. J. (1998). Is Journal Writing an Effective Method of Reducing Anxiety Towards Statistics? *Journal of Instructional Psychology, 25*(1), 49–58.

Wopereis, I., Sloep, P., Poortman, S. (2010). Weblogs as Instruments for Reflection on Action in Teacher Education. *Interactive Learning Environments, 18*(3), 245–261.

Tyssen, R., Vaglum, P., Grønvold, N. T. & Ekeberg, Ø. (2000). The Impact of Job Stress and Working Conditions on Mental Health Problems Among Junior House Officers. A Nationwide Norwegian Prospective Cohort Study. *Medical education, 34*(5), 374–384.

Sandra Schön, Martin Ebner, Sebastian Horndasch, Hannes Rothe

Booksprints im Hochschulkontext: Drei erfolgreiche Beispiele für das gemeinsame Schreiben in kurzen Zeiträumen

Zusammenfassung

Das gemeinsame Schreiben in kurzen Zeiträumen in sogenannten „Booksprints" hat vor allem durch digitale Technologien an Fahrt gewonnen. Plattformen zur virtuellen Kooperation und Kommunikation sowie schließlich auch zur Online-Veröffentlichung ermöglichen einen gemeinsamen, räumlich verteilten und parallelisierten Veröffentlichungsprozess, welcher Absprachen und Übergänge teils drastisch verkürzt. Gerade im Bereich der Hochschulen gibt es jedoch nur wenige Beispiele für Booksprints. In der folgenden vergleichenden Fallstudie werden drei erfolgreiche Beispiele miteinander verglichen: eine beim E-Learning-Tag in Koblenz in drei Stunden erstellte Textsammlung zu persönlichen Erinnerungen an Lieblings-Lernmedien (Auwärter u.a., 2013), die Überarbeitung des Lehrbuchs „Lernen und Lehren mit Technologien" in sieben Tagen, an dem sich mehr als 250 Mitwirkende beteiligten (L3T 2.0, Ebner & Schön, 2013) sowie ein dreitägiger Booksprint mit der Sammlung von innovativen Fallbeispielen zu neuartigen Geschäftsmodellen des Hochschulforums Digitalisierung (Bremer u.a., 2015). Eine Darstellung der Lessons Learned bzw. Empfehlungen für Nachahmer/innen schließt den Beitrag ab.

1 Booksprints – gemeinsames Schreiben in knapper Frist

Die Idee der „Büchersprints" oder auch „Booksprints" (von engl. *book sprint*) wurde entwickelt, um Dinge, die sonst gerne liegen bleiben und nicht verschriftlicht werden, als Gruppe anzugehen: Gemeinsam am runden Tisch treffen sich so Expertinnen und Experten für einige Tage und schreiben Dokumentationen zu Software-Codes oder Handbücher für Software-Anwendungen (Kean, 2012). Diese „Sprints", im Sinne eng getakteter, kollaborativer Arbeitsprozesse sind in anderen Kontexten längst üblich und diesen entlehnt. Zennaro u.a. (2013) legen insbesondere die Verwandtschaft zur agilen Softwareentwicklung nach SCRUM dar, in welcher Sprints ein zentrales Element darstellen (Schwaber & Beedle, 2002).

Bislang werden Booksprints selten im Kontext von Hochschulen durchgeführt. Mögliche Gründe könnten darin liegen, dass eine ausführliche Qualitätssicherung und eine intensive Beschäftigung mit den Themen nur schwer in einem Booksprint realisiert werden können. Dennoch zeigten Einzelfälle, dass dies möglich zu sein scheint. Die nachfolgende Studie widmet sich daher der Frage: Wie gelingt es, in kurzen Zeiträumen im Kontext von Hochschulen gemeinsam Texte zu veröffentlichen?

2 Drei Booksprints

Im Folgenden werden im Rahmen einer vergleichenden Fallstudie drei erfolgreiche Booksprints aus dem Hochschulkontext aus den vergangenen drei Jahren gegenübergestellt. Aufgrund der explorativen Natur der Forschungsfrage, welche einen expliziten Bezug zu einem gegenwärtig in der Entwicklung befindlichen Forschungsobjekt aufweist, eignet sich diese Methode nach Yin (2013) in besonderer Weise. Als Datenbasis konnte bei den zwei älteren Fallstudien auf die umfangreiche Dokumentation zurückgegriffen werden (vgl. Ebner u.a., 2014). Weiterhin wurden öffentliche Informationen verwendet sowie Daten, die sich aus der Rolle der Autor/inn/en ergeben, die an allen drei Fällen in leitender Rolle aktiv waren.

Die Fälle umfassen (1) eine Textsammlung zu persönlichen Erinnerungen an Lieblings-Lernmedien beim E-Learning-Tag in Koblenz, die in drei Stunden erstellt wurde, (2) die siebentägige Überarbeitung des Lehrbuchs „Lernen und Lehren mit Technologien", bei der mehr als 250 Mitwirkende beteiligt waren (L3T 2.0) sowie (3) einen dreitägigen Booksprint zur Sammlung von innovativen Fallbeispielen zu neuartigen Geschäftsmodellen des Hochschulforums Digitalisierung. Im Folgenden werden die einzelnen Fälle eingeführt.

2.1 In drei Stunden zur Textsammlung rund um Lieblings-Lern-Content

Im Rahmen der „Koblenzer E-Learning-Tage" (KELT11) wurde am 10.06.2013 ein dreistündiger Booksprint durchgeführt. Ziel war es, „ein (kleines) E-Book mit dem Arbeitstitel ‚Lernmaterialien, die mich inspirier(t)en – Mein Lieblings-Lern-Content'" (so in der Einladung) zu erstellen. Der Booksprint fand am Nachmittag als Abschluss der Veranstaltung statt. Als Unterlagen für die Teilnehmer/innen, die teils an Pinnwänden aushingen, teils gedruckt erhältlich waren, wurden Prozessabläufe dargestellt und Aufgaben beschrieben. Auch gab es vorbereitete virtuelle Schreibräume (Etherpads), die gemeinsam und zeitgleich von den Autor/inn/en, Gutachter/inne/n, Lektor/inn/en und Layout-

Verantwortlichen genutzt und eingesehen werden konnten. Gestartet wurde der Booksprint jedoch zunächst mit einer Begrüßung, einer Einstimmung und organisatorischen Erläuterungen (vgl. Tabelle 1).

Tab. 1: Ablaufplan des Booksprints bei den Koblenzer E-Learning-Tagen

Phase	**Aktivität**	**Hilfsmittel und Technik**
Kick-Off	Vorstellung des Vorhabens, Organisatorisches; Verteilung der Aufgaben (20 Min.)	Aufgaben und Stellenbezeichnungen sowie Informationen und Hilfsmittel werden vorgestellt und verteilt.
Lern- und Entwurfsphase	Einarbeiten in Aufgaben bzw. Textskizze (20 Min.)	Weitergehende Informationen, Ablaufdiagramme und Tipps für alle Beteiligten, u.a. an Pinnwänden und ausgedruckt.
Produktionsphase	Umsetzung (20 Min.)	(a) Zentrales Etherpad mit allen Informationen und Links zu anderen Etherpads (b) Google-Doc, freigeschaltet zum Beobachten der Entwicklung des finalen Dokuments (c) Webpage mit dem finalen PDF

Die Aufgabenbeschreibung sowie der Ablaufplan beschreiben detailliert, wer welche Aufgaben hat und wie die Prozesse voneinander abhängen. Zudem wurde auf einer Pinnwand der Projektfortschritt festgehalten: Wo stehen die einzelnen Kapitel? Wie ist die Lage (dargestellt mit „Wetterkarten“)? Alle Beteiligten wussten dabei, dass der Booksprint auch als ein Testdurchlauf für die später durchgeführte Aktion von L3T 2.0 geplant war und beteiligten sich abschließend an der Diskussion über Verbesserungsmöglichkeiten.

Nicht alle der 23 Teilnehmer/innen hatten eigene Laptops dabei, dafür wurden jedoch Geräte vom Team vor Ort ausgeben. Die Texte wurden selbst in Etherpads, einem offen zugänglichen Werkzeug für gemeinsame Texte geschrieben, die finale Layoutierung des Beitrags erfolgte mit Hilfe von Google-Doc, die Veröffentlichung in einem Wordpress-Weblog. Nach etwas mehr als drei Stunden wurde das kleine Buch mit neun persönlichen Geschichten zu Lernmaterialien veröffentlicht; inklusive Beschreibung, PR-Text, offener Lizenz und allen weiteren Angaben (vgl. Auwärter u.a., 2013). Das komplette E-Book wurde unter einer CC-BY-Lizenz veröffentlicht. Eine genaue Beschreibung und Lessons Learned des Booksprints wurde im Rahmen der Projektevaluation von L3T 2.0 veröffentlicht (Ebner u.a. 2013). So gab es z.B. Koordinationsschwierigkeiten durch das immer zugängliche Etherpad. Obwohl „formal“ Kapitel an andere Prozessbeteiligte weitergegeben wurden, haben u.a. die Autorinnen und Autoren, aber auch Lektor/innen weiter an den Texten gearbeitet, soweit sie Zugriff darauf hatten. So haben es auf einmal Kommentare u.ä. in die Endversion geschafft, die zwischenzeitlich in „finalisierten“ Versionen nicht mehr standen.

2.2 In drei Tagen zur Sammlung von innovativen Fallbeispielen

Mit drei Tagen hat sich die Themengruppe „Neue Geschäftsmodelle, Technologien & Lebenslanges Lernen" des Hochschulforums Digitalisierung[1] mehr Zeit genommen. Die Zielsetzung war dabei, mit Hilfe von ausgewiesenen Expertinnen und Experten des Hochschulforums eine Sammlung von Fallbeispielen zu neuen Geschäftsmodellen für innovative Themen der technologiegestützten Lehre zu erstellen. Die Themen wie auch die Fallbeispiele selbst wurden dabei im kleinen Kreis festgelegt. Dabei spielten zum einen Kriterien wie die Diversität und Innovation bei den Fallbeispielen eine Rolle, es wurde zum anderen auch bedacht, ob genügend einschlägige Informationen und Literatur dazu online verfügbar sind. Zwölf Personen werden als Autorinnen und Autoren genannt, jedoch waren nur sechs davon an mindestens zwei Tagen anwesend, drei Personen waren nur online aktiv und eine weitere war erst im Nachgang, bei der Überarbeitung der Beiträge, involviert. Dies ist wohl auch das Charakteristikum dieses Booksprints: Er war von vornherein als intensives, gemeinsames Schreiben und Reviewen angedacht, die finale Überarbeitung wurde dann aber im Nachgang von mehreren Personen übernommen, auch die Veröffentlichung erfolgte erst einige Wochen später.

Technisch wurde beim Booksprint mit vorstrukturierten Google-Docs gearbeitet, bei denen alle Mitmacher/innen freigeschaltet wurden. Alle arbeiteten an den eigenen Rechnern (Laptops). Der bereitgestellte Drucker wurde dabei nicht genutzt. Nach einer Vorstellung der Zielsetzung, der Vorarbeiten sowie des Ablaufs des Booksprints wurde mit der Arbeit begonnen. Dabei wurde zunächst mit einer kleineren Zahl von Themen begonnen, zu denen es jeweils galt, Einführungstexte zu schreiben sowie 3 bis 5 Fallbeispiele nach einer vorgegebenen Struktur. Wer welche Texte schreibt bzw. begutachtet, konnten die Beteiligten auf Zuruf bzw. mit Hilfe der Moderation und einem zentralen Whiteboard absprechen (vgl. Abb. 2). Für die virtuell mitschreibenden Autor/inn/en gab es keine Visualisierung, da ursprünglich nicht mit diesem Szenarium geplant wurde. Als klar war, dass die „kleine" Variante der geplanten Texte möglich schien, wurde eine erweiterte Fassung angepeilt und die Themen bzw. Zahl der Fallbeispiele pro Thema erhöht (in gelb, blau und grün markiert, siehe Abb. 2).

Da beim gemeinsamen Schreiben auch ein gelungener sozialer Austausch wichtig ist und dem gemeinsamen Feiern von Erfolgen Raum gegeben werden sollte, wurden drei Pakete für die drei (Zwischen-)Ziele vorbereitet. Die Nachbereitung der Beiträge war zeitintensiv, so wurden einzelne Fallstudien erst nach den

---

1 Das Hochschulforum Digitalisierung ist eine unabhängige nationale Plattform, die von Stifterverband, Hochschulrektorenkonferenz und Centrum für Hochschulentwicklung betrieben wird. Ziel des Hochschulforums ist es, die Diskussion zur Digitalisierung der Hochschullehrer mit Hilfe von etwa 70 Expertinnen und Experten voranzutreiben.

drei Tagen angefertigt, und redaktionelle Anpassungen waren notwendig. Die Veröffentlichung erfolgte daher erst zeitlich versetzt.

2.3 In sieben Tagen zur Neuauflage eines Lehrbuchs (L3T 2.0)

Hinter „L3T“ verbirgt sich das „Lehrbuch für Lernen und Lehren mit Technologien“, das im Frühjahr 2011 online geschaltet wurde: Mehr als 100 Autorinnen und Autoren hatten sich an dem Vorhaben beteiligt, erstmals ein frei zugängliches und verwendbares Lehrbuch für das dynamische, interdisziplinäre Fachgebiet des technologiegestützten Lernens zu schreiben (Ebner & Schön, 2011). Wie es gelang, die Mitmacher/innen zusammenzubringen und in welcher Weise es rund um die PDF-Version des Buches weitere Ergänzungen zum ehrenamtlichen Projekt gab, beispielsweise Apps, wurde ausführlich beschrieben (vgl. Alimucaj u.a., 2012). Inzwischen gibt es L3T in einer zweiten, völlig überarbeiteten Auflage (Ebner & Schön, 2013). Sie entstand unter herausfordernden Rahmenbedingungen: In nur sieben Werktagen wurde das Lehrbuch im Projekt „L3T 2.0“, also in Form eines Booksprints komplett überarbeitet und erweitert (vgl. Ebner u.a., 2014).

Für die sieben Tage wurde schon vergleichsweise früh folgende Abbildung zu den Abläufen skizziert (vgl. Abb. 1). Dargestellt werden dabei wesentliche „Hauptbelastungen“. Da etliche Autor/inn/en schon im Vorfeld ihre Beiträge eingereicht und überarbeitet hatten, konnten vom ersten Tag an auch die Lektor/inn/en und Illustrator/inn/en (sowie natürlich die Autor/inn/en und Reviewer/innen) zum Einsatz kommen. Plangemäß war am zweiten Tag der erste Beitrag für das Layout bereit.

Während also zahlreiche Aktivitäten schon vorher gestartet waren, als sie in diesem Plan der sieben Tage dargestellt wurden, war äußerste Disziplin bei den „Enddaten“ gefragt: Ein Projekt dieser Art kann Verzögerungen nicht mehr wettmachen.

Im Unterschied zu dem bisher beschriebenen Booksprint fand die Hauptarbeit nicht in einer zentralen Räumlichkeit statt, sondern war komplett virtuell verteilt, wobei mit neun sog. L3T-Camps in Österreich und Deutschland die Möglichkeit bestand, sich zu treffen – einige der Mitmacher/innen fuhren gezielt am letzten Tag in eines der Camps, um auf den gemeinsamen Erfolg anzustoßen.

Zu den eher „traditionellen“ Aufgaben und Rollen bei L3T gehören die Autor/inn/en, die Gutachter/innen, die Lektor/inn/en und die Illustrator/inn/en. Die sog. Layouter/innen übertragen die Beiträge in einen eigenen programmierten L3T-Editor, der eine html-, eine epub- sowie eine PDF-Ausgabe (komplett und einzelne Beiträge) generieren konnte. Neben den traditionellen qualitätssichernden Maßnahmen bei der Lehrbucherstellung gab es, einige Serviceleistungen

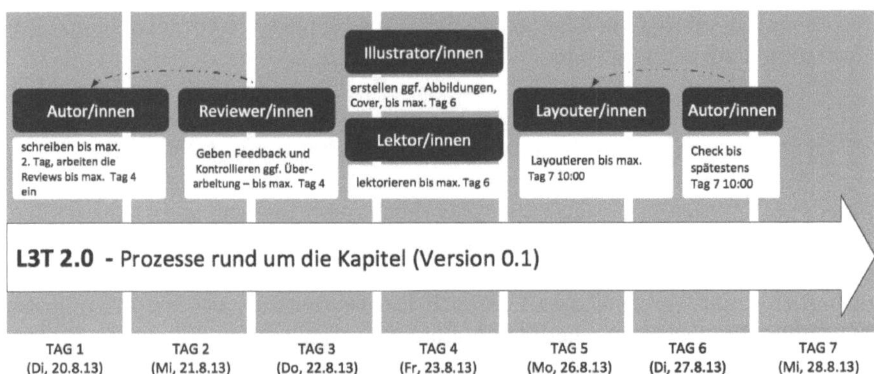

Abb. 1: L3T 2.0: Prozesse rund um die Kapitel in den 7 Tagen

rund um die Lehrbucherstellung: Der L3T-Literatur-Service organisierte Originalliteratur, wenn zum Beispiel die korrekte Seitenzahl für ein Zitat fehlte. Die Lektorats-Hotline diente Autorinnen und Autoren sowie den Lektorinnen und Lektoren bei allen Unsicherheiten. Juristische Auskünfte, insbesondere um die eingesetzte CC-BY-SA-Lizenz und die damit verbundenen Auswirkungen auf die Illustrationserstellung, gab es auch in Form einer „Lizenz-Hotline". „L3T-Nachweis und -Archivierung" hieß ein weiterer Service, der sich um die langfristige Archivierung bemühte. „Checker/innen" kontrollierten gezielt gendergerechte Formulierung in den Beiträgen bzw. die bibliographischen Angaben. Spontan in den sieben Tagen entwickelt wurden die „Literatur-Detektive", die fragwürdige bzw. lückenhafte Zitationen und Zitatangaben kontrollierten oder ergänzten. Dann gab es ein Team, das die Cover-Fotos für jedes Kapitel erstellte und auswählt. Wie auch bei der Erstausgabe gibt es bei der Neuauflage von L3T eine Reihe von URLs, die mit Hilfe eines Social-Bookmarking-Services und einheitlichen Tags eingepflegt wurden.

Neben der unmittelbaren Lehrbucherstellung gab es insbesondere durch die räumliche Verteilung einigen Bedarf an Kommunikations- und Community-Angeboten, die ebenso gestaltet werden mussten. Eine Journalistin hatte so als „mobilen Reporterin" den Auftrag in den sieben Tagen alle L3T-Camps zu besuchen und von dort zu berichten. Täglich wurde um 9.00 Uhr live L3T TV ausgestrahlt und war später als Aufzeichnung anzusehen. Die Ausstrahlung erfolgte vom Basiscamp in Graz, aber es gab auch Live-Schaltungen zu den L3T-Camps, vorbereitete Videos und Trailer. Im Rahmen der Evaluation wurde am dritten Tag Feedback eingeholt und fortlaufend um Kritik gebeten. Die Aufgabe des Wohlfühl-Managements bestand ergänzend darin, proaktiv dafür zu sorgen, im Projekt ein kooperatives, offenes Klima und eine angenehme Atmosphäre zu schaffen.

Neben dem L3T-Editor gab es mehrere technische Hilfsmittel zur Unterstützung bei der Koordination und Kooperation. So konnten alle Beteiligten über die Homepage jeweils per Webcam parallel in bis zu drei Camps „sehen" und auch die über das System stattfindenden Gespräche zwischen den Camps verfolgen, dazu gab es eine Kooperation mit einem Videokonferenzanbieter (visicon). Im Weblog zum Projekt fanden (und finden) sich alle aktuellen Informationen. In welchem Prozessschritt sich die einzelnen Kapitel gerade befanden und wer ggf. dafür zuständig ist, wurde in Trello.org, einem Online-Projektmanagementtool verwaltet, dabei waren alle Einträge öffentlich zugänglich. Mit Hilfe eines Infogramm-Tools wurde regelmäßig der Projektfortschritt dargestellt. Die Texte wurden in unterschiedlichen Formaten und mit Hilfe unterschiedlicher Tools (u.a. Google Doc) angefertigt.

Am siebten Tag wurde das Buch am frühen Nachmittag online gestellt, in einer Live-Übertragung und -Schaltungen in alle Camps wurde auf den Erfolg angestoßen und Grußworte vom Fördergeber (netidee.at) sowie der Schirmherrin, der Österreichischen UNESCO-Kommission, verlesen. Durch eine Kooperation mit epubli, war das Buch sofort nach Veröffentlichung über die Verlagsseiten zu bestellen. Das Buch steht dabei unter einer offenen Lizenz (CC BY-SA), alle Mitmacher/innen sind im Weblog genannt – es sind insgesamt 220. Das Projekt hat am 1.3.16, wegen des ungewöhnlichen Vorgehens und auch aufgrund der intensiven Nutzung (im Februar 2016 500.000 Kapitel-Downloads) einen OER-Award in der Kategorie „Leuchturmprojekt" erhalten.

3 Organisation der Booksprints im Vergleich

Viel Wert bei den hier dargestellten Booksprints im Kontext von Hochschulen wurde insbesondere auf Begutachtungsprozesse bzw. Qualitätssicherung gelegt. Im Folgenden möchten wir wesentliche Merkmale der Booksprints vergleichend darstellen (Tab. 2).

Tab. 2: Die Booksprints im Vergleich

Aspekt	Textsammlung (Auwärter u.a. 2013)	Fallbeispiele (Bremer u.a. 2015)	Lehrbuch (Ebner & Schön 2013)
Planung	Themenwahl, Bereitstellung von Etherpads, zentrales Dokument, Webspace	Detailplanung, v.a. inhaltlich: Vorauswahl von Themen, Gliederung der Fallbeispiele, Vorbereitung der Google Docs (u.a. Gliederungen)	Detailplanung über mehrere Monate hinweg, mit mehreren Camp-Leiter/inne/n und Verantwortlichen
Zahl der Beteiligten	23 Personen (2 Personen für Vorbereitung, ca. 3 Arbeitstage)	12 Personen (3 Personen für Vorbereitung, ca. eine Arbeitswoche)	220 Personen (ca. 12 P. für Vorbereitung und Tool-Entwicklung, mehrere Arbeitswochen)
Raum	Ein Raum mit Laptops und WLAN	Ein Raum mit WLAN und online beteiligte Einzelautor/inn/en	9 L3T-Camps mit WLAN, mehrheitlich jedoch online Beteiligte
Dauer	3 Stunden	3 Tage	7 (Werk-)Tage
Organisation	Autor/inn/en, Lektor/inn/en, Layouter/inn/en, Herausgeber/inn/en	Autor/inn/en und Reviewer/innen, in flexibler Rollenzuteilung	Zahlreiche Rollen, Aufgaben, koordinative Rollen, auch ungewöhnliche wie L3T-TV
Nachbereitung	keine	u.a. Zusammenführung, Redaktion, Lektorat, Feedback d. Arbeitsgruppe	PR, Projektevaluation
Technik	Etherpad, Weblog, Google Doc (für finales Dokument)	Google Doc, eigene Laptops, zentrales Whiteboard	Eigener Editor, Google Hangout für TV, Videokonferenztool (Visicon), PM-Tool (Trello), Weblog u.a.
Ergebnis	9 kurze Texte und ein Editorial, online zugänglich (CC BY)	PDF mit 86 Seiten, online zugänglich (CC BY-SA)	60 Kapitel als pdf/epub/html und in Print (CC BY-SA), 576 Seiten im PDF/Druck

4 Lessons Learned bzw. Empfehlungen für Nachahmer/innen

Aus den Erfahrungen der drei Fallstudien leiten sich verschiedene „Lessons Learned“ ab, die auch Empfehlungen für Nachahmer/innen darstellen können:

- „Zuviel“ Vorbereitung und Planung gibt es nicht; wenn etwas nicht passt, ist Flexibilität gefragt.

- Die Aufgaben müssen in überschaubare Einheiten aufgeteilt sein; einzelne Textabschnitte sollten in nicht mehr als einem Sechstel (!) der Gesamtarbeitszeit anzufertigen sein.
- Der letzte Textbeitrag muss, wenn keine Nacharbeit geplant ist, muss mit ausreichend Zeitabstand vor dem Finale geschrieben sein.
- Vertrauen zu den Verantwortlichen und Commitment mit dem gemeinsamen Ziel, u.a. die gewählte Lizenz für die Veröffentlichung, sind wichtig, um Debatten zu vermeiden.
- Transparenz des Verfahrens, Orientierung dabei, was es zu tun gibt und welche Aufgaben anstehen, sollte für *alle* Mitwirkenden gegeben und möglich sein.
- Bereitschaft zur intensiven Kommunikation und Moderation. Diese muss mitunter von zentralen Akteuren übernommen werden (Rothe und Noffke, 2014).
- Gerade beim Schreiben von Texten sind erfahrene Schreiber/innen wichtig.
- Möglichkeiten der Mitwirkung für Personen mit eingeschränkt verfügbarer Zeit sind hilfreich.
- Soziale Aspekte und das Wohlfühlen aller Beteiligten sind wichtig, gerade wenn es sich um freiwillige Aktivitäten handelt und die Beteiligten sich nicht (gut) kennen.
- Ein gemeinsames, für alle spannendes Ziel, z.B. offen lizenzierte Bildungsmaterialien zu entwickeln, d.h. Materialien, die später auch genutzt werden können, etwas Neues auszuprobieren (Booksprint) und Autor/in bzw. namentlich genannte Mitmacher/in bei einem größeren Werk zu sein.
- Am Ende gibt es notwendigerweise einen „Flaschenhals" und nur noch einzelne sind mit der Finalisierung beschäftigt, hier können entsprechende Aktivitäten für andere vorgesehen werden.

Trotz dieser Empfehlungen gehen wir davon aus, dass es für Booksprints keine „Bauanleitungen" oder „Rezepte" gibt (vgl. Schaffert & Wieden-Bischof, 2009). Unsere Empfehlungen führen nicht zwangsläufig zu einem erfolgreichen Booksprint, sondern sind Rahmenbedingungen, die einen erfolgreichen Verlauf positiv beeinflussen können. Gerade bei der Setzung der Ziele und der Visualisierung von Prozessen können auch Erfahrungen mit Anreizsystemen einfließen (Schön u.a., 2012). Gleichzeitig fordern solche Experimente, beispielsweise auch ein im April 2016 von 99 Autorinnen und Autoren veröffentlichter Fachbeitrag (Al Lily u.a., 2016), der allerdings nicht in Form eines Booksprints geschrieben wurde, dazu heraus, über die tradierten Prozesse an Hochschulen nachzudenken.

Aus unserer Sicht lohnt es sich, hier zu experimentieren und zu investieren: Booksprints sind, bei guter Organisation und den richtigen Mitwirkenden, erfolgreiche und spannende Unternehmungen – auch im Kontext von Hochschulen.

Literatur

Al Lily, A., Foland, J., Stoloff, D., Gogus, A., Erguvan, I., Awshar, M., u.a. (2016). Academic Domains as Political Battlegrounds: A Global Enquiry by 99 Academics in the Fields of Education and Technology. In: *Information Development.* doi:10.1177/0266666916646415.

Alimucaj, A., Böckle, M., Ebner, M., Grossegger, M., Kaltenbeck, J., Kaltenbeck, P., Kroell, C., Leingartner, M., Lienhardt, C., Lorenz, A., Rossegger, B., Schön, S. und Solic, G. (2012). *L3T – ein innovatives Lehrbuchprojekt im Detail: Gestaltung, Prozesse, Apps und Finanzierung.* BOD: Norderstedt, frei zugänglich unter http://o3r.eu (2016-02-14)

Auwärter, A., Dahn, I., Ebner, M. & Schön, S. (2013). *Lernmaterialien, die mich inspirier(t)en. Mein Lieblings-Lern-Content.* URL: https://sansch.wordpress.com/2013/06/11/buch-sprint-in-3-stunden-mit-23-personen-jetzt-online-lernmaterialien-die-mich-inspirierten/ (2016-02-29)

Bremer, C., Göcks, M., Granow, R., Grella, C., Horndasch, S., Janoschka, O., Klöpper, H., Meinel, C., Pongratz, H., Robes, J., Schön, S., Spörer, F. & Thillosen, A. (2015). *Neue Kooperations- und Finanzierungsmodelle in der Hochschullehre. Ausgewählte Beispiele zu den Innovationsthemen Online-Kurse für viele (MOOCs), offene Bildungsressourcen (OER), Makerspaces und andere Innovationsräume sowie digitale Badges.* Berlin: hochschulforum digitalisierung, URL: http://hochschulforumdigitalisierung.de/sites/default/files/dateien/ThGrI_NeueGeschaeftsmodelle.web_.pdf (2016-02-17)

Ebner, M., Frey, J., Hübner, A., Noffke, M., Rothe, H. & Schön, S. (2014). *Wie man ein offenes Lehrbuch in sieben Tagen mit mehr als 200 Mitmacher/innen neu auflegt: – Über die kooperative Erstellung der Neuauflage des Lehrbuchs für Lernen und Lehren mit Technologien (L3T 2.0).* Band 7 der Reihe „Beiträge zu offenen Bildungsressourcen“, BOD: Norderstedt, frei zugänglich unter http://o3r.eu (2016-02-14)

Ebner, M. & Schön, S. (2011, Hrsg.). *Lehrbuch für Lernen und Lehren mit Technologien.* Softcover Version: epubli, Hardcover Version: BOD, frei zugänglich unter: http://l3t.eu (2016-02-15)

Ebner, M. & Schön, S. (2013, Hrsg.). *Lehrbuch für Lernen und Lehren mit Technologien* (überarbeitete und erweiterte Ausgabe). Hardcover Version: Berlin: epubli, frei zugänglich unter: http://l3t.eu (2016-02-15)

Kean, M. (2012). Open Source Publishing, ‘Book Sprints’ and Possible Futures. In: *Junctures: The Journal for Thematic Dialogue*, 15.

Rothe, H., & Noffke, M. (2014). Die (Selbst-) Organisation einer Online-Community beim offenen Buchsprint L3T 2.0. In: M. Ebner, J. Frey, A. Hübner, M. Noffke, H. Rothe und S. Schön (Hrsg.), *Wie man ein offenes Lehrbuch in sieben Tagen mit mehr als 200 Mitmacher/innen neu auflegt: – Über die kooperative Erstellung der Neuauflage des Lehrbuchs für Lernen und Lehren mit Technologien* (L3T 2.0). (S. 55–62). BOD: Norderstedt, frei zugänglich unter http://o3r.eu.

Schaffert, S. & Wieden-Bischof, D. (2009). *Erfolgreicher Aufbau von Online-Communitys. Konzepte, Szenarien und Handlungsempfehlungen.* Salzburg: Salzburg Research. URL: http://www.slideshare.net/snml/erfolgreicher-aufbauvon-onlinecommunitys-konzepte-szenarien-und-handlungsempfehlungen (2016-03-01)

Schwaber, K., & Beedle, M. (2002). *Agile Software Development with Scrum.* Upper Saddle River, NJ: Prentice Hall.

Schön, S., Ebner, M., Rothe, H., Steinmann, R. & Wenger, F. (2013). *Macht mit im Web! Anreizsysteme zur Unterstützung von Aktivitäten bei Community- und Content-Plattformen.* Salzburg: Salzburg Research.

Yin, R. K. (2013). *Case Study Research: Design and Methods. Essential Guide to Qualitative Methods in Organizational Research* (5th ed., Vol. 5). Thousand Oaks, California: Sage Publications

Zennaro, M., Canessa, E., Fonda, C., Belcher, M., & Flickenger, R. (2007). Book Sprint: A New Model for Rapid Book Authoring and Content Development. *International Journal of the Book, 4*(1).

Christine Michitsch, Udo Nackenhorst

Transmedia Learning – Digitale Bildungsprozesse mithilfe journalistischer Konzepte professionalisieren

Zusammenfassung

Die Digitalisierung verändert viele Bereiche unserer Gesellschaft grundlegend – und das seit Jahren. Haben sich bereits in vielen Branchen neue Prozesse herausgebildet und etabliert, geschieht dies in der Bildung nur langsam. So gibt es auch 2016 noch Hochschulen, an denen der Einsatz oder die Weiterentwicklung von digitalen Bildungsangeboten durch Unwissenheit oder die Macht der Gewohnheit gebremst werden.[1] Die Vorteile, aber auch die Nachteile, die digitales Lehren und Lernen mit sich bringen, sind zumeist ausgemacht, die einzelnen Methoden und Tools beschrieben, doch fällt es schwer, sie in den einzelnen Bildungsprozessen ziel- und sinngerecht anzuwenden.[2] Hier fehlt es häufig an didaktischen und/oder medialen Konzepten, an Nachhaltigkeit und Professionalität. Doch wie kann dieser Herausforderung begegnet werden? Die Antwort steckt im zentralen Gedanken der *24. Europäischen Jahrestagung der Gesellschaft für Medien und Wissenschaft*: in der Interdisziplinarität. Dieser Flipped-Conference-Talk bringt die digitale Bildung mit Prinzipien des transmedialen Journalismus zusammen und zeigt so konkrete Herangehensweisen auf, um die Qualität und den Nutzen von E-Learning-Angeboten nachhaltig zu steigern.

1 Der steinige Weg der digitalen Bildung

Der Begriff des E-Learnings hat in seiner Geschichte zahlreiche Erwartungen geweckt – und mindestens genauso viele nicht erfüllt.[3] Nach der ersten Euphorie über die synchrone und asynchrone „Nutzung computer- und netzgestützter Informations- und Kommunikationsmedien in Lernprozessen“[4] wurde Lehrenden schnell klar, dass digitale Bildungsprozesse zumeist nur dann nachhaltig funktionieren, wenn ein schlüssiges didaktisches Konzept vorliegt, ein hoher (Betreuungs-, Zeit-, Kosten-, …)Aufwand investiert wird und/oder im Sinne des Blended Learning eine Einbindung in Strukturen der Präsenzlehre

1 Vgl. Stifterverband für die Deutsche Wissenschaft e.V. (2015): 15.
2 Siehe dazu Iberer (2010): 15ff.
3 Vgl. ebd.
4 Zinth & Schütz (2010): 96.

erfolgt.[5] Nun vollzieht sich der nächste Paradigmenwechsel in der Lehre, „befeuert durch Forschungsergebnisse, die die mangelnde Verbindung zwischen den Anforderungen der Arbeitswelt des 21. Jahrhunderts und den Kenntnissen von [...] Absolventen aufdecken."[6]

Das passive Konsumieren von Bildungsangeboten scheint überholt zu sein.[7] Lernende wollen stärker als Akteure verstanden werden, die Themen in ihrer Komplexität aktiv aufarbeiten. Im Hochschulkontext sind Veranstaltungen jedoch häufig so vielschichtig, dass Studierenden aktivierendes Lernen schwer fällt, da sie „bei der Fokussierung auf inhaltliche Tiefe und notwendige Differenzierungen"[8] die Lerninhalte nur mühsam mit ihren Erfahrungen verknüpfen, reflektieren und transferieren können. Um dieser Hürde zu begegnen, werden Veränderungsprozesse vorangetrieben, die versuchen, traditionelle Lehr- und Lernkonzepte sowie ihre Technologien weiterzuentwickeln und an die zunehmende Digitalisierung der Gesellschaft anzupassen. Trotz dieser Bemühungen ist die Copy-Paste-Mentalität im Bereich der digitalen Bildung aber nicht aufgebrochen. So zeichnet sich die breite Masse der E-Learning-Angebote durch einen stark distributiven Charakter aus.[9] Klassische Lehrinhalte werden häufig aus Unwissenheit oder Zeit- und Kostengründen 1:1 in digitale Lernarrangements übertragen, ohne auf die Stärken der jeweiligen Medien und Darstellungsformen einzugehen, die Angebote intelligent miteinander zu vernetzen und so ein ganzheitliches und interaktives Bildungskonzept zu entwickeln. Auch kommunikative Formen oder personalisierte Angebote – als eigentliche Stärke von Online-Medien – sind unterrepräsentiert.[10]

Betrachtet man das Feld der Mediendidaktik als bildungswissenschaftliche Disziplin, kann man ausmachen, wo entscheidende Defizite vorliegen: Es fehlt an geeigneten Methoden[11], um digitale Bildungsmedien *professionell* und *userzentriert* zu konzipieren sowie *nachhaltig* in der Praxis zu implementieren. Denn: „Die Mediendidaktik beruht zunächst auf Erkenntnissen der empirischen Lehr-Lernforschung [...] über das Lernen und Lehren mit Medien. Für die Ziel- und Inhaltsbestimmungen von Lernangeboten sind [...] Bezüge zur Allgemeinen Pädagogik und zur Allgemeinen Didaktik herzustellen"[12]. Um digitale Bildungskonzepte zu entwickeln, bedarf es darüber hinaus linguistischer, medien- und kommunikationswissenschaftlicher Grundlagen sowie Ansätze aus dem Interaction und Interface Design, die sich mit Interaktionsszenarien

5 Vgl. Iberer (2010): 15ff.
6 NMC (2016): 10.
7 Vgl. Wyrsch (2009): 214f.
8 Ebd.: 212.
9 Siehe dazu Zinth & Schütz (2010): 95ff.
10 Vgl. Dräger & Müller-Eiselt (2015): 30ff.
11 Dieser Beitrag versteht die Methodik als Teilgebiet der Didaktik.
12 Kerres (2005): 2.

und der Usability von digitalen Produkten befassen.[13] Die gestaltungsorientierte Perspektive der Mediendidaktik impliziert zunächst einen Fokus auf diese Gesichtspunkte, konzentriert sich aber vielmehr auf die „Gestaltung der Lern- und Erfahrungshorizonte, die dem Medium eingeschrieben sind, und damit ‚hinter' der Benutzeroberfläche verborgen sind"[14]. Wie jedoch sollen Inhalt und Methode die Nutzer_innen erreichen, wenn der Zugang zu beidem nicht auch im Fokus der Betrachtungen liegt und zielgruppen-, bedürfnis- sowie mediengerecht dargeboten wird? Das ist ein Phänomen, mit dem der Journalismus bereits seit Jahren im Zuge der digitalen Transformationsprozesse kämpft.

2 Vom Journalismus lernen

So sehr der Erfolg oder das Scheitern von E-Learning-Szenarien von didaktischen Rahmenbedingungen abhängen, so sehr fehlt es an einer Weiterentwicklung dieses Gedankens.[15] Nicht nur die einzelnen Lehr- oder Lernmethoden sind entscheidend, es geht auch um die Usability der digitalen Angebote, das sich ändernde Mediennutzungsverhalten der Zielgruppe, das Moderieren und Fördern von Interaktions- und Kommunikationsprozessen oder das Storytelling – all diese Schlagwörter wurden bisher kaum bedacht, obwohl sie zum Erfolg medial gestützter Lernarrangements entscheidend beitragen.

Auch Journalisten stehen in diesem Zusammenhang vor neuen Herausforderungen. Im Zuge des medialen Wandels wird bereits seit Jahren ein neues Konzept definiert, „das interaktive und partizipative Social-Media-Anwendungen und damit User Generated Content gezielt mit dem Leistungsvermögen des professionellen Journalismus und der klassischen Massenmedien kombiniert, um Themen und Inhalte aus dem Publikum für öffentliche Diskurse bereitzustellen"[16]. Um ihre Zielgruppen zu erreichen, bilden Journalisten neue Darstellungsformen im Netz heraus, vernetzen ihre Inhalte im Sinne eines „transmedialen Storytellings"[17], beziehen die Aktivitäten der User_innen ein, gestalten interaktive Angebote und organisieren sowie moderieren die Nutzerkommunikation.[18]

Diese Prinzipien können auch auf Bildungsangebote übertragen werden, um digitale Lehr- und Lernprozesse zu professionalisieren. Doch was Verlagshäuser

13 Siehe dazu: Cooper, Reimann & Cronin (2010): 27f.

14 Kerres & de Witt (2011): 5.

15 Vgl. Iberer (2010): 15ff.

16 Michitsch (2011): 54f.

17 „Transmedia Storytelling bezeichnet das Erzählen einer Geschichte über verschiedene Medienformen. Gemeint ist dabei [...], dass verschiedene Elemente einer Geschichte auf verschiedene Medien verteilt werden und erst im Zusammenspiel dieser Elemente die gesamte Geschichte entsteht" (Gosch (2011).

18 Vgl. Hooffacker (2015): 8.

oder Rundfunkanstalten im Zuge der zunehmenden Digitalisierung schmerzlich lernen mussten, ist in Bildungskontexten nicht einmal annähernd angekommen. Dabei vereinen die Systeme Journalismus und Bildung einen zentralen gemeinsamen Nenner: den Vermittlungsgedanken.[19] So sind Tools der (Medien-)Didaktik und des Journalismus eng miteinander verschränkt. Fragen sich beispielsweise (Online-)Journalisten: „Wie strukturiere ich das Thema? Welche Formen und Formate setze ich ein? Wie bekomme ich Spannung und Abwechslung auf die Seiten“[20], sind ebendiese Fragen auch für nachhaltige digitale Bildungskonzepte essentiell. Hinzu kommen wichtige Überlegungen, welche Inhalte über welches Format am zielführendsten vermittelt werden können. Wo bieten sich beispielsweise Audioslideshows, Videotutorials, interaktive Informationsgrafiken, Foren-Diskussionen, Self-Assessments, Online-Dossiers oder Web-Documentaries an? Und: Wie können diese zielgruppengerecht und im Sinne der Usability aufbereitet sowie mit anderen Lernarrangements vernetzt werden? Geht es um die reine Information, um Hintergrundwissen, Erfahrungen oder Kontexte? All dies können unterschiedliche mediale Formate unterschiedlich gut vermitteln.

An dieser Stelle lohnt der Blick zu neuen digitalen Konzepten wie dem Reportage-Tool Pageflow[21] oder ThingLink[22], einem Dienst, der zusätzliche Inhalte in Bilder und Videos einbettet und diese interaktiv gestaltet. Im Journalismus sind diese Angebote bereits etabliert und bergen auch Potenziale für *transmediale Bildungsprozesse* – Prozesse, die durch das intelligente Vernetzen verschiedener Formate und Medien ein Thema in einer vollkommen neuen Informationstiefe darstellen können. Gerade bei komplexen wissenschaftlichen Zusammenhängen ist dies ein klarer Vorteil.[23]

Unabdingbar ist zudem, den Lernenden und sein Mediennutzungsverhalten stärker in den Fokus der Betrachtungen zu rücken. Ein kleiner Exkurs soll veranschaulichen, warum gerade dies so wichtig ist. Die *ARD/ZDF-Onlinestudie* stellte 2015 erneut heraus, dass das Internet immer mehr zur „Universalplattform für *fast* alle Alltagsbereiche“[24] des Lebens wird. Insbesondere Nutzer_innen mit mobilen Anwendungen bewegen sich *intensiv* im Netz. „Während die Gesamtbevölkerung dem Internet durchschnittlich 108 Minuten pro Tag widmet, sind es bei den Nutzern mobiler Endgeräte, wie Smartphones und Tablets, mit insgesamt 158 Minuten zurzeit 50 Minuten mehr. Gleiches gilt für die Nutzungsfrequenz: So liegt die tägliche Internetnutzung bei den mobilen

19 Vgl. Sowada (2013): 75.
20 Hooffacker (2015): 14.
21 Das Entwicklungslabor des Mitteldeutschen Rundfunks stellte Handlungsempfehlungen für die Arbeit mit Pageflows zusammen, die auch für den Einsatz des Tools im Bildungskontext hilfreich sein können. Siehe dazu: Mitteldeutscher Rundfunk (2015).
22 Siehe dazu: https://www.thinglink.com/.
23 Vgl. Michitsch (2014).
24 Frees & Koch (2015).

Anwendern mit rund 90 Prozent unverkennbar höher als bei den stationären Anwendern mit 59 Prozent.“[25] Und: „Heutzutage werden bereits mehr Tablets als Notebooks vertrieben“[26]. Besonders ausgeprägt sind diese Entwicklungen bei den 14- bis 29-Jährigen; derjenigen Zielgruppe also, zu der derzeitige oder künftige Studierende gehören und für die E-Learning-Angebote konzipiert werden.

Was bedeuten diese Ergebnisse der *ARD/ZDF-Onlinestudie* für den Journalismus und kann man aus ihnen ebenso Handlungsempfehlungen für digitale Medien in der Bildung ableiten? Man kann. Der Erwartungshorizont der Zielgruppe hat sich durch das alltägliche Medienkonsumverhalten verändert. Ein großes Potenzial nicht nur für journalistische Angebote – sondern auch für das E-Learning – liegt in der mobilen Verfügbarkeit und der Interaktivität; jedoch nur dann, wenn entsprechende Hürden im Vorfeld ausgeräumt worden sind.

Beispielsweise

- die *technischen Herausforderungen:* Sind die Angebote responsiv, das heißt, kann ich überhaupt alles in einer guten Qualität auf dem jeweiligen Endgerät abbilden?
- die *inhaltlichen Herausforderungen*: Sind die einzelnen Artikel oder Kapitel und Lektionen im Sinne des Micro-Learnings aufgebaut und setzen verstärkt auf visuelle Methoden oder zerstören zu komplexe Strukturen, lange Lektionen und unübersichtliche Texte die Motivation, das Angebot mobil zu nutzen?
- die *Usability*: Wie navigiere ich? Wurden Touch-Gesten bedacht? Welche Faktoren beeinträchtigen meine Verweildauer?
- die *Partizipationsmöglichkeiten*: Kann ich mich beteiligen? Kann ich mit anderen Nutzer_innen kommunizieren, diskutieren, debattieren?
- …

Diese Aufzählung lässt sich mühelos erweitern. Im Kern geht es jedoch immer um die Frage, ob die jeweiligen (Lehr-)Inhalte lediglich digitalisiert oder ob sie primär für das entsprechende Medium konzipiert wurden und sich in einem sinnhaften Gefüge befinden.

3 Neue Lehr- und Lernkultur herausbilden

Nutzt man die Schnittmengen, die journalistische und didaktische Konzepte bilden, kann man den Horizont und das Konzept des Blended Learnings im Sinne eines „Transmedia Learnings“ nachhaltig erweitern, professionalisieren, Veränderungsprozesse in der Lehre vorantreiben sowie Innovationskulturen

25 ARD/ZDF-Onlinestudie (2015).
26 BITKOM (2014): 8.

befördern. Es geht um die „Interdependenz von Zielen, Inhalten, Methoden und Medien“[27] und den Fokus auf ein studierendenzentriertes Lernen. Dabei konkurrieren Präsenz- und Online-Formate nicht miteinander oder schließen einander aus. Sie sind vielmehr feste und etablierte Bestandteile eines didaktischen Gesamtkonzepts, das man auch als Storyboard verstehen kann. Im Mittelpunkt stehen die Stärken des jeweiligen Formats und folgende Fragestellungen: Welche Kompetenzen sollen wie vermittelt werden? Welche Rolle übernehmen Lehrender und Lernender? Wofür eignet sich die klassische Vorlesung? Wofür der Online-Kurs? Wie ergänzen und vernetzen sich beide? Wie werden digitale Medien *professionell* und *zielgruppengerecht* erstellt und wie fließen diese in Präsenz- *und* Online-Angebote ein, um beide Formate zu bereichern? Wie können digitale Lernplattformen nachhaltige Learning-Communities bilden? Und: Wie werden all diese einzelnen Bestandteile wieder zusammengeführt?

Um diese Ansätze in der Hochschullehre zu verankern, bedarf es neben medialer Kompetenz einer interdisziplinären Zusammenarbeit von verschiedenen Professionen, die ihre jeweiligen Expertisen und ihr spezifisches Fachwissen engagiert und motiviert bündeln. Dieser Beitrag soll mit einem Beispiel aus der Praxis enden, in dem gezeigt wird, wie ebendiese Kollaborationen zu neuen didaktischen Blickwinkeln führen können:

Am Institut für Baumechanik und Numerische Mechanik der Leibniz Universität Hannover (IBNM) ist mit der Erstautorin dieses Beitrages seit nunmehr zwei Jahren eine Journalistin und Mediendidaktikerin stark in die Konzeption, Implementierung und Evaluation von ingenieurwissenschaftlichen Lehrveranstaltungen eingebunden. Seit 2014 betreut sie unter anderem ein E-Portfolio-Projekt (siehe Abb. 1), in dessen Rahmen Studierende ihr Studier-, Lern- und Mediennutzungsverhalten reflektieren, um daraus konkrete Bedürfnisse und Anforderungen an Lehrveranstaltungen und Lernszenarien abzuleiten. Diese Kenntnisse nutzt das IBNM wiederum, um neue Lehr- und Lernformate zu konzipieren.

Die Abbildung 2 zeigt das daraus entwickelte Design – oder das Storyboard – des sich in der Studieneingangsphase befindenden Moduls Baumechanik A. Das transmediale Konzept dieser Grundlagenveranstaltung verschränkt ingenieurwissenschaftliche, journalistische und (medien-)didaktische Kompetenzen miteinander. Es fußt auf dem Verständnis des Hochschullehrenden als „Lerncoach“, der professionell aufbereitete digitale Lernformate in die Präsenzlehre integriert, um das selbstgesteuerte Lernen der Studierenden und ihre Interaktion untereinander nachhaltig zu fördern.

Die breite Masse der Lerninhalte wird über einen Online-Kurs auf der Lernplattform Ilias vermittelt, dabei wird der Inhalt auch aus journalistischen Gesichtspunkten aufbereitet und großer Wert auf eine onlinegerechte und akti-

27 Kammerl (2010): 25.

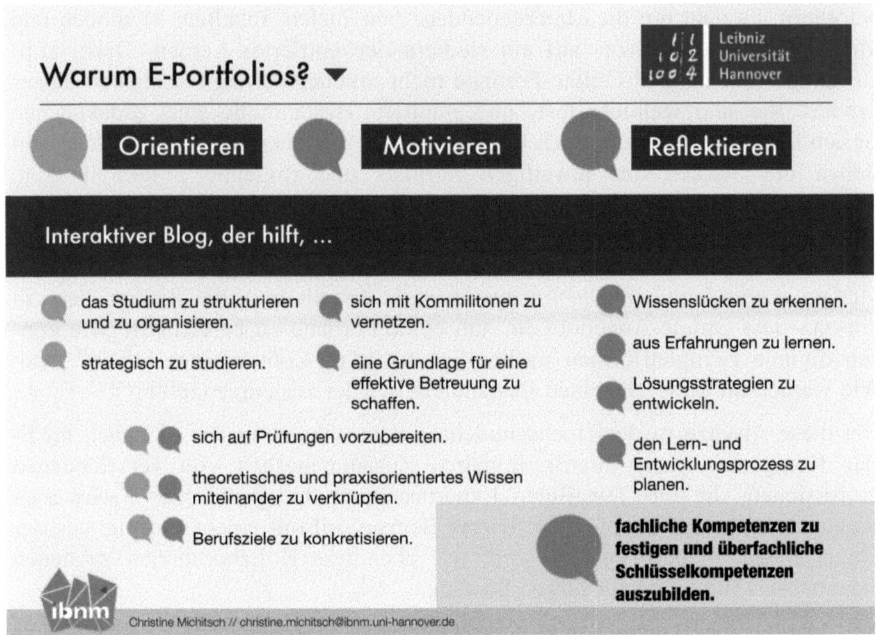

Abb. 1: Ziele der E-Portfolio-Arbeit am IBNM

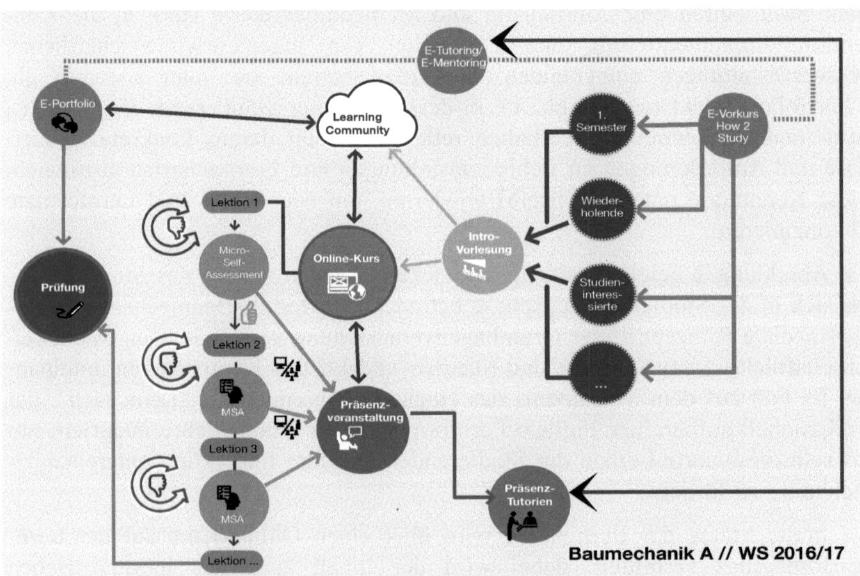

Abb. 2: Veranstaltungsdesign des Grundlagenmoduls Baumechanik A am IBNM

vierende Kommunikation gelegt. Ebenso elektronische Micro-Self-Assessments helfen Studierenden und Lehrenden kontinuierlich dabei, Wissenslücken zu definieren und Probleme beim Verstehen des Lernstoffes auszumachen. Diese werden dann im Sinne des Inverted Classrooms[28] in den einzelnen Präsenzveranstaltungen thematisiert. Darüber hinaus sollen Methoden der E-Portfolio-Arbeit die Studierenden anregen, nachhaltige Learning Communities zu organisieren und zu moderieren sowie im Peer-Mentoring fachliche Kompetenzen zu festigen und überfachliche Schlüsselkompetenzen auszubilden.

Nun gilt es, diese Erfahrungen aus der Praxis in theoretische Zusammenhänge zurückzuführen, um genau die in diesem Beitrag angesprochenen Desiderate im Bereich der Mediendidaktik ein Stück weit aufarbeiten zu können.

Literatur

ARD/ZDF-Onlinestudie (2015): *Knapp 80 Prozent der Deutschen sind online – User nutzen Internet häufiger und vielfältiger*, ard-zdf-onlinestudie.de, http://www.ard-zdf-onlinestudie.de/index.php?id=541, 20160229.

BITKOM (2014): *Sieben gute Gründe für mobiles Lernen. Whitepaper des BITKOM-Arbeitskreises Learning Solutions*, bitcom.org, https://www.bitkom.org/Publikationen/2014/Studien/Sieben-gute-Gruende-fuer-mobiles-Lernen/BITKOM-Whitepaper-Sieben-gute-Gruende-fuer-mobiles-Lernen.pdf, 20160229.

Bremer, C., Krömker, D. & Voss, S. (2010): Wirtschaftlichkeits- und Wirksamkeitsanalysen sowie Vorgehensmodelle zur Einführung und Umsetzung von E-Learning an Hochschulen. In Holten, R. & Nittel, D. (Hrsg.): *E-Learning in Hochschule und Weiterbildung. Einsatzchancen und Erfahrungen*. Bielefeld: wbv, 61–80.

Cooper, A., Reimann, R. & Cronin, D. (2010): *About Face: Interface- und Interaction-Design*. Heidelberg, München, Landsberg, Frechen, Hamburg: mitp.

Dräger, J. & Müller-Eiselt, R. (2015): *Die digitale Bildungsrevolution. Der radikale Wandel des Lernens und wie wir ihn gestalten können*. München: DVA Sachbuch.

Frees, B. & Koch, W. (2015): *Internetnutzung: Frequenz und Vielfalt nehmen in allen Altersgruppen zu, Ergebnisse der ARD/ZDF-Onlinestudie 2015*, ard-zdf-onlinestudie.de, http://www.ard-zdf-onlinestudie.de/index.php?id=535, 20160229.

Gosch, M. (2011): *Transmedia Storytelling oder: Geschichte in Horkruxen*, story-4good.com, http://story4good.com/transmedia-storytelling/, 20160229.

Handke, J. & Sperl, A. (Hrsg.) (2012): *Das Inverted Classroom Model. Begleitband zur ersten deutschen ICM Konferenz*. Münster: Oldenbourg.

Holten, R. & Nittel, D. (2010): Auf dem Weg zu einer interdisziplinären Forschungskultur? In Holten, R. & Nittel, D. (Hrsg.): *E-Learning in Hochschule und Weiterbildung. Einsatzchancen und Erfahrungen*. Bielefeld: wbv, 9–17.

Hooffacker, G. (2015): *Online-Journalismus: Texten und Konzipieren für das Internet. Ein Handbuch für Ausbildung und Praxis*. Wiesbaden: Springer VS.

Iberer, U. (2010): Vom E-Learning zum Blended Learning: Aktuelle Entwicklung und didaktische Chancen virtueller Lehr- und Lernformen. In *Theo-Web. Zeitschrift*

28 Siehe dazu Handke & Sperl (2012).

für Religionspädagogik 9, H.1, 15–27, http://www.theo-web.de/zeitschrift/ausgabe-2010-01/04.pdf, 20160226.

Kammerl, R. (2010): Theoretische und empirische Aspekte zur Integration von E-Learning-Diensten an Hochschulen. In Holten, R. & Nittel, D. (Hrsg.): *E-Learning in Hochschule und Weiterbildung. Einsatzchancen und Erfahrungen.* Bielefeld: wbv, 19–33.

Kerres, M. (2005): Gestaltungsorientierte Mediendidaktik und ihr Verhältnis zur Allgemeinen Didaktik. In Dieckmann, B. & Stadtfeld, P. (Hrsg.): *Allgemeine Didaktik im Wandel*. Bad Heilbrunn: Klinhardt Verlag, http://mediendidaktik.uni-due.de/sites/default/files/mdidaktikkerres_0.pdf, 20160513.

Kerres, M., & de Witt, C. (2011). *Zur (Neu-) Positionierung der Mediendidaktik: Handlungs- und Gestaltungsorientierung in der Medienpädagogik*. In Moser, H., Grell, P. & Niesyto, H. (Hrsg.): *Medienbildung und Medienkompetenz. Beiträge zu Schlüsselbegriffen der Medienpädagogik*, Vorabdruck, http://mediendidaktik.uni-due.de/sites/default/files/kerres-dewitt-v1.pdf, 20160229.

Michitsch, C. (2011): *Europäischer Journalismus 2.0. Social Media als Multiplikator für europäische Öffentlichkeit*. Saarbrücken: VDM Verlag Dr. Müller.

Michitsch, C. (2012): Europäischer Journalismus 2.0. Crossmedia als Multiplikator europäischer Öffentlichkeit. In Michitsch, C, Goutrié, C. & Wuschig, I. (Hrsg.): *Think Cross – Change Media. Crossmedia im Jahr 2012. Eine Standortbestimmung.* Norderstedt: Books on Demand.

Michitsch, C. (2014): *Crossmediale Wissenschaftskommunikation – Kommunikation, die Wissen schafft*. Vortrag auf der interdisziplinären Fachkonferenz Think Cross – Change Media vom 20. bis zum 22. März 2014 in Magdeburg.

netzwerk recherche (2011): *nr-Werkstatt: Online-Journalismus Zukunftspfade und Sackgassen*, netzwerkrecherche.org, http://netzwerkrecherche.org/wp-content/uploads/2014/07/nr-werkstatt-18-online-journalismus.pdf, 20160229.

NMC (2016): *Horizon Report. 2016 Higher Education Edition (Hochschulausgabe)*, The New Media Consortium, http://www.mmkh.de/fileadmin/dokumente/Publikationen/2016-nmc-horizon-report-he-DE.pdf, 20160513.

Sowada, M. (2013): *Medienkompetenz als Rettungsanker der Bildung? Pädagogik und Journalismus vor neuen Aufgaben in der Wissensgesellschaft*. Hamburg: Diplomica-Verlag.

Stifterverband für die Deutsche Wissenschaft e.V. (2015): *Wir schaffen Wissen. Bericht 14–15,* stifterverband.org, https://www.google.de/url?sa=t&rct=j&q=&esrc=s&source=web&cd=1&ved=0ahUKEwiag4i25pLLAhWoF5oKHb49CjkQFggkMAA&url=http%3A%2F%2Fwww.stifterverband.org%2Fdownload%2Ffile%2Ffid%2F53&usg=AFQjCNEjMuKyKAxk9EDj5xdmDl6fcDKNuQ, 20160226.

Wyrsch, A. (2009). Fallstudien im Netz – eine Möglichkeit zur angeleiteten Lernreflexion. *Beiträge zur Lehrerinnen- und Lehrerbildung, 27*(2), 212–220, bzl-online.ch, http://www.bzl-online.ch/archivdownload/artikel/BZL_2009_2_212-220.pdf, 20160512.

Zinth, C. & Schütz, J. (2010): E-Learning in der Hochschulpraxis. Wie Lehren und Lernen nicht auf der (virtuellen) Strecke bleiben. In Holten, R. & Nittel, D. (Hrsg.): *E-Learning in Hochschule und Weiterbildung. Einsatzchancen und Erfahrungen.* Bielefeld: wbv, 95–106.

Martin Ebner, Anja Lorenz, Sandra Schön, Andreas Wittke

Offene Lizenzen als Treiber für neuartige Kooperationen und Innovationen in der Bildung

Zusammenfassung

Offene Lizenzen erlauben nicht nur die Nutzung, sondern auch die Modifikation von Texten, Programmen und Bildern – oder eben auch von Bildungsressourcen, die als „offene Bildungsressourcen" derzeit große Aufmerksamkeit erhalten (Bundesministerium für Bildung und Forschung, 2015). In diesem Beitrag werden die unmittelbaren Folgen der offen Lizenzierung, nämlich die damit verbundenen weiträumigen Nutzungsmöglichkeit, dargestellt und demonstriert, dass die offenen Lizenzen auch als ein Treiber für Kooperationen und Innovationen in der Bildung betrachtet werden können. Die Produktion und Nutzung der offenen Bildungsressourcen unterscheidet sich von traditionellen, proprietären Arbeits- und Produktionsweisen u. a. in Bezug auf Finanzierung, Entwicklung, Qualitätssicherung und Nutzung. Anhand der Rolle von OER für Open Educational Practice und mehreren Projekten (L3T 2.0, „Gratis Online Lernen", dem Schulbuch-O-Mat-Projekt, dem MOOChub sowie COER16) wird dies dargestellt.

1 Offene Lizenzen und offene Bildungsressourcen (OER)

OER hat sich in den letzten Jahren, auch im deutschsprachigen Raum, als Abkürzung für Open Educational Resources etabliert. Darunter werden Materialien für Lernende und Lehrende verstanden, welche kostenlos im Web zugänglich sind und über eine entsprechende Lizenzierung zur Verwendung und auch zur Modifikation freigegeben sind (Geser 2007; Mruck et al. 2011). In den letzten Jahren wird darüber hinaus davon ausgegangen, dass die Lizenzen sog. „offene" bzw. „freie" Lizenzen sein müssen (vgl. UNESCO, 2012). Auch wenn es durchaus noch weitere Lizenzmodelle gibt, hat sich das sogenannte Creative-Commons-Lizenzmodell etabliert, wobei nicht alle Lizenzen die eben genannten Bedingungen der Offenheit erfüllen (vgl. Ebner u. a., 2015). Wird der Definition von Offenheit der Open Knowledge Foundation Deutschland (o. J.) gefolgt, trifft dies nur für die Lizenzvarianten „CC BY" bzw. „CC BY-SA" zu, und beispielsweise nicht für Lizenzmodelle, bei denen die Veränderung ausgeschlossen wird (CC BY-ND). Auch gemeinfreie Ressourcen bzw. solche, die mit Hilfe von CC0 als gemeinfrei veröffentlicht worden sind, entsprechen den Anforderungen der Definition. Ausgeschlossen sind auch Lizenzmodelle, die Einschränkungen in der Nachnutzung zur Folge haben, beispielsweise bei denen die kommerzielle Nutzung verhindert werden soll (CC BY-NC, CC BY-NC-SA, vgl. auch Klimpel, 2012).

Offene Bildungsressourcen nach dieser Definition sind also kostenlos nutzbar und modifizierbar – damit sind sie auch einfach in ganz unterschiedlichen Bildungskontexten und -szenarien einsetzbar. Das an sich ist als eine Innovation zu werten, setzt ja das Urheberrecht im deutschsprachigen Europa teils deutliche Grenzen bei den Einsatzmöglichkeiten von herkömmlichen, proprietären Bildungsressourcen. Gleichzeitig verändern OER auch maßgeblich die Spielregeln und tradierten Vorgehensweisen der Entwicklung und Nutzung von Bildungsmaterialien, so unsere Hypothese für diesen Beitrag. Wir zeigen, wie in unterschiedlichen Beispielen rund um OER ganz neuartige Kooperationen und auch Innovationen entstehen, bei denen die offene Lizenzierung maßgeblich ist.

2 Vorgehen und Fragestellung

Offene Lizenzen ermöglichen nicht nur die Nutzung und Modifikation von Lern- und Lehrmedien, sondern können auch die Basis für höchst ungewöhnliche Kooperationen und Innovationen sein, wie sie (derzeit) nicht in proprietär umgesetzten Projekten, z.B. bei Verlagen, möglich erscheinen. Die Auswahl der nachfolgend dargestellten Projekte ist dabei so gewählt, dass ganz unterschiedliche Aspekte rund um Kooperation und/oder Innovation dargestellt werden. Bei der Präsentation wird begründet, warum offene Lizenzen mit- oder maßgeblich verantwortlich für Kooperation und Innovation sind. Zunächst werden wir jedoch eine kurze Übersicht über das traditionelle Geschäfts- und Nutzungsmodell von Bildungsressourcen sowie den Begriff der Innovation geben.

3 Traditionelles Geschäfts- und Nutzungsmodell von Bildungsressourcen und damit verbundene Kooperationen als mögliche Innovationsfelder

Das traditionelle Geschäfts- und Nutzungsmodell für Bildungsressourcen unterscheidet sich in den Bildungssektoren, da im deutschsprachigen Europa die Lehrmittelfreiheit in Schulen dafür sorgt, dass neben den Eltern auch andere für die Finanzierung der Ressourcen aufkommen. Dennoch sind wesentliche Parameter ähnlich. In der Regel wird die Erstellung von Bildungsressourcen durch Verlage vorfinanziert, indem Kosten für Autor/innen sowie weitere Beteiligte bis zum Vertrieb übernommen werden. Im Hochschulbereich werden i.d.R. etablierte Expertinnen und Experten mit dem Schreiben eines Lehrwerks beauftragt, das diese dann mit anderen gemeinsam konzipieren und sich auch um eine Begutachtung (Peer Review) bemühen. Das Layout und Lektorat obliegt dann in der Regel dem Verlag, welcher sich auch um das Marketing und den Vertrieb der Bücher kümmert. Die Bücher können im Rahmen von Lehrveranstaltungen (nur) unter bestimmten Voraussetzungen genutzt werden, z.B. wenn die Studierenden die Lehrwerke kaufen oder sog. Privatkopien anfertigen. Weitaus mehr Bildungsressourcen im Hochschulkontext entstehen auf Initiative der Lehrenden und werden häufig als Kopiervorlage, oder auch im Lernmanagementsystem oder sonstigen Webseiten zur Verfügung gestellt und können dann von anderen im Rahmen der Privatnutzung bzw. im Rahmen des Zitatrechts in der Lehre eingesetzt werden.

Abb. 1: Entwicklung und Nutzung von Bildungsressourcen, eigene Darstellung.

Durch die offene Lizenzierung von OER entstehen nicht nur weitergehend nutzbare Ressourcen, sondern auch neuartige Kooperationen und innovative Entwicklungen. Im Rahmen einer engeren betriebswirtschaftlichen Perspektive wird unter Innovation eine neuartige Entwicklung verstanden, die auch marktwirtschaftlichen Erfolg hat, d.h. verkauft wird. In einem breiteren Verständnis werden unter Innovationen auch Erneuerungen verstanden, die eine Verbesserung darstellen. So beschreiben Howaldt und Schwarz (2010) eine „soziale Innovation" als „Neukonfiguration sozialer Praktiken in bestimmten Handlungsfeldern (…), mit dem Ziel, Probleme oder Bedürfnisse besser zu lösen bzw. zu befriedigen, als dies auf der Grundlage etablierter Praktiken möglich ist" (Howaldt & Schwarz 2010, S. 89). Es ist noch nicht hinreichend geklärt, ob die im Folgenden dargestellten Verfahren der Entwicklung und Nutzung von Bildungsressourcen einem solchen Verständnis einer „Verbesserung" entspricht – neuartige Veränderung und Entwicklung sind es aber in jedem Fall.

4 Neuartige Kooperationen und Innovationen: Ausgewählte Aspekte und Beispiele

Im folgenden Abschnitt möchten wir anhand einzelner, allgemeiner Aspekte und konkreter Projekte unsere eingangs aufgestellte These belegen, dass die offene Lizenzierung von Bildungsressourcen neuartige Kooperationen und Innovationen ermöglicht.

4.1 OER als Grundlage für offene Bildungspraktiken (Open Educational Practices)

Die Diskussion und Entwicklung von offenen Bildungsressourcen war von Anfang an, also seit Beginn der 2000er Jahre, eine Debatte um die Möglichkeiten offener Bildung, d.h. um Lernszenarien, bei denen Lernende Lernziele und Lernorganisation (mit-)bestimmen und (mit-)gestalten können (vgl. Geser, 2007). Solche offene Bildungspraktiken wie die (E-)Portfoliomethode, Projekt- und Gruppenarbeit ist zum einen auf (im Internet) zugängliche offene Ressourcen angewiesen, zum anderen ermöglicht die Lizenzierung auch die Modifikation der Ressourcen, d.h. Lernende können mit Hilfe von OER bestehende Ressourcen weiterentwickeln und im Internet veröffentlichen bzw. im Internet mit anderen vernetzt weiterentwickeln. Die Nutzung der Ressourcen ist im Falle von OER also breit angelegt und ermöglicht nicht nur den Lehrenden Nutzungsmöglichkeiten, sondern auch den Lernenden.

Die Verbindung von Open Educational Practices und OER ist nicht zwangsläufig, d.h. OER führen nicht per se zu partizipativen, offenen Lernszenarien, können diese aber unterstützen (vgl. Lane & McAndrew, 2010; Lane & van Dorp, 2011).

4.2 L3T 2.0: Im Massen-Booksprint zum offenen Lehrbuch

Hinter L3T verbirgt sich das „Lehrbuch für Lernen und Lehren mit Technologien“, das im Frühjahr 2011 online geschaltet wurde. Mehr als 130 Autorinnen und Autoren hatten sich an dem Vorhaben beteiligt, erstmals ein frei zugängliches und verwendbares Lehrbuch für das dynamische, interdisziplinäre Fachgebiet des technologiegestützten Lernens zu schreiben (Ebner & Schön, 2011). Wie es gelang, die Mitmacher/innen zusammenzubringen und in welcher Weise es rund um die PDF-Version des Buches weitere Ergänzungen zum ehrenamtlichen Projekt, beispielsweise Apps, gab, wurde dabei ausführlich beschrieben (vgl. Alimucaj, 2012). Inzwischen gibt es das Lehrbuch in einer zweiten, völlig überarbeiteten Auflage (Ebner & Schön, 2013) und diese zweite Auflage entstand unter spannenden Rahmenbedingungen. In nur sieben Werktagen wurde das Lehrbuch im Projekt „L3T 2.0“ in Form eines Booksprint komplett überarbeitet und erweitert (vgl. Ebner u. a., 2014). Beim Booksprint, der in der Veröffentlichung des Werkes als pdf-, html- und epub-Version sowie der Printversion im Buchhandel erfolgreich endete, haben 220 Personen mitgemacht. Diese arbeiteten virtuell zusammen, zahlreiche Rollen und Aufgaben wurden verteilt und koordiniert, mit neun L3T-Camps, davon acht in E-Learning-Einrichtungen in Deutschland gab es auch Möglichkeiten zum gemeinsamen Arbeiten im physischen Raum. Die Gastgeber der L3T-Camps, u. a. das MMKH, die FU Berlin und e-teaching.org, waren schon eng in die Vorbereitung eingebunden, ohne dass eine entsprechende Finanzierung aus Projektmitteln möglich schien. Die Lust am Neuen, am gemeinsamen Erproben neuartiger Zusammenarbeit sowie die Schaffung einer offenen Bildungsressource mit großem Nutzen für die deutschsprachige E-Learning-Landschaft schien hier maßgeblich. Auch für die vielen Einzelpersonen war die Erstellung von offen lizenzierten Materialien wichtig, so die Antworten bei der Befragung der Mitmacher/innen (vgl. Hübner & Schön, 2014). Mehr als die Hälfte geben an „von Anfang an bereit gewesen zu sein, die eigene Arbeit unter einer offenen Lizenz zu veröffentlichen“, bei den drei Fragen rund um die Lizenz wählten mehr als ein Drittel die Option „weiß nicht“. Diese wurde in der Evaluation so interpretiert, dass für etliche die Frage der Lizenz nicht ausschlaggebend für die Beteiligung war; eine Frage zur Motivation bei der Teilnahme wurde jedoch nicht gestellt.

4.3 „Gratis Online Lernen“ – Ein Online-Kurs mit mehr als 55 Kooperationspartner/inne/n

Massive Open Online Courses (kurz MOOCs) richten sich überwiegend an ein akademisch interessiertes und entsprechend vorgebildetes Publikum. Mit dem Kurs „Gratis Online Lernen“ wurde bei der Zielgruppendefinition davon abgewichen, indem gerade Anfänger/innen des Online-Lernens angesprochen wurden und ein (auch sprachlich) einfacher Einstieg versprochen wurde.

Der kostenlose, achtwöchige Online-Kurs unterstützte Interessierte beim Einstieg in das selbstorganisierte Lernen mit kostenlosen Angeboten im Internet. Inhaltlich gibt der Kurs eine Einführung in das selbstgesteuerte Lernen und auch wie man erfolgreich im Internet sucht und fragwürdige (Lern-)Angebote erkennt (z.B. Geschäftsmodelle hinterfragt). Zudem konnten auch Formen des kollaborativen Arbeitens erprobt werden. Der Kurs führt also in das selbstinitiierte und -gesteuerte Lernen mit Hilfe des Internets und entsprechender Angebote ein und geht auf Herausforderungen ein. Der Kurs wurde erstmals von Oktober bis Dezember 2014 durchgeführt und Einheit für Einheit freigeschaltet. Bei der Gestaltung der acht Einheiten, insbesondere bei den Lernvideos und dem Arbeitsheft, wurde Wert darauf gelegt, Einsteiger/inne/n ohne Vorwissen eine gute Einführung zu geben, so wurde z.B. auf englische Vokabeln verzichtet bzw. diese systematisch eingeführt (z.B. „E-Learning"). Ende Dezember 2014 hatten sich 849 Personen für den Kurs angemeldet, und 115 davon (14%) hatten bereits eine Teilnahmebestätigung erhalten, weil sie alle Quizze zu den Einheiten erfolgreich abgelegt hatten. Bezogen auf die Anzahl der registrierten Teilnehmerinnen, die im Kurs erkennbar aktiv waren, also min. ein Quiz ausgefüllt haben, erhöht sich die Erfolgsquote sogar auf über 30%. Bis zum Mai 2015 haben sich auch nach der offiziellen Kurslaufzeit die Anmeldezahlen auf mehr als 1.000 erhöht, so dass sich das Angebot als den bis Ende 2014 größten deutschsprachigen Volksbildungskurs bezeichnen lässt.

Alle Materialien, also insbesondere die Lernvideos sowie das 28-seitige begleitende Arbeitsheft stehen unter einer offenen Lizenz (CC BY). Veranstaltet wurde der Online-Kurs auf der Plattform imoox.at (Kooperationsprojekt der Universität Graz sowie der TU Graz), die sich auf OER-Kurse spezialisiert hat. Für die Plattform hat die Österreichische UNESCO Kommission die Schirmherrschaft übernommen (Kopp & Ebner, 2015).

Entwickelt und durchgeführt wurde der Kurs von vier Kernpartnern (BIMS e.V., TU Graz, Verband Österreichischer Volkshochschulen und Salzburg Research). Weitere Einrichtungen und Akteure in Österreich und Deutschland unterstützten den Kurs, indem sie als Ausgabestelle für das gedruckte (kostenlose) Arbeitsheft fungierten. Es gab 32 Ausgabestellen in Österreich und Deutschland, das Heft konnte auch selbst gedruckt werden oder wurde per Freiumschlag verschickt. Zum Teil wurden dort auch begleitende Präsenz- und Online-Veranstaltungen angeboten (12 Akteure und Akteurinnen boten offene Treffs für Lerner/innen in Deutschland und Österreich an). Zudem gab es mehrere geschlossene und nicht öffentlich beworbene Angebote für existierende Nutzergruppen.

Nicht zuletzt die Entwicklung aller Kursmaterialien als offene Bildungsressourcen sowie die intensive Suche nach Kooperationspartnern hat die Kernpartnerschaft durch zahlreiche Akteure und Akteurinnen unkompliziert erweitert. So gab es unter anderem bei einem Pongauer Seniorenstammtisch (Leitung Johann Weilharter), in einem Wiener Seminarhotel (Hotel Karolinenhof), in einem Jugendtreff in Hannover sowie bei der Volkshochschule in Hamburg Präsenzangebote für Teilnehmer/innen. Darüber hinaus hat die Virtuelle PH in Österreich mit Lehrer/inne/n ein Begleit- und Reflexionsangebot für den Online-Kurs angeboten; durch ein Deutsch-als-Fremdsprache-Netzwerk mit begleitenden Online-Treffen wurde das Publikum international. Aus vielen Ländern beteiligten sich Deutschlehrer/innen am Kurs und nutzen ihn als Einstieg für das Lernen im Web bzw. in einem MOOC. Etliche begleitende Angebote wurden nicht über die Kursseiten für die Öffentlichkeit zugänglich, sondern waren nur für geschlossene Gruppen gedacht und so nahmen auch komplette Schulklassen teil (z.B. von einer Salzburger Schule). „Gratis Online Lernen" erhielt im

Dezember 2015 den Österreichischen Staatspreis für Erwachsenenbildung in der Kategorie „Digital Literacy".

4.4 Per Crowdfunding zum ersten offenen Schulbuch: Das Biologie-Schulbuch des Schulbuch-O-Mat-Projekts

Mindestens zwei Aspekte beim Schulbuch-O-Mat-Projekt sind innovativ und weichen vom üblichen Entwicklungsprozess ab. Zum einen ist es das erste deutschsprachige größere OER-Projekt, das sich durch Crowdfunding finanzierte, zum anderen sind auch Schüler/innen bei der (Fort-)Entwicklung eingebunden.

Das Projekt „Schulbuch-O-Mat" hatte sich zur Zielsetzung gemacht, bis Ende Juli 2013 das erste frei zugängliche deutschsprachige Schulbuch zu veröffentlichen (vgl. Ebner u.a. 2014). Im Rahmen einer Crowdfunding-Kampagne bei Startnext wurde zunächst bis zum 13. Januar 2013 ein Basiskapital gesammelt. Dort wurde das Projektziel folgendermaßen beschrieben: „Wir wollen das erste offene und freie elektronische Schulbuch Deutschlands publizieren ohne Verlage, ohne Urheberrecht, alles frei zu verwenden und zu kopieren (unter CC BY). Als Pilotprojekt ist ein Biologiebuch für die Klassenstufe 7/8 geplant, das im Schuljahr 2013/2014 vorliegen soll."[1] Das Crowdfunding-Ziel (10.000 Euro) wurde durch Zusammenwirken von 239 Personen erreicht, so dass die beiden Initiatoren Hans Hellfried Wedenig, Medienproduzent und Berater, und Heiko Przyhodnik, Biologie- und Sportlehrer, mit Unterstützung eines kleinen Kreises beginnen konnten, den Auftrag zu erfüllen. Für die gemeinschaftliche Online-Erstellung des Biologie-Schulbuches setzte das Team auf das Autorensystem LOOP von oncampus, der E-Learning-Tochter der FH Lübeck. Das Online-Tool für die Erstellung von akademischen Inhalten wurde in Kooperation mit oncampus auf die Bedürfnisse des Schulbuch-O-Mats angepasst.

Da die Unterstützer/innen, die sich in der Antragsphase gemeldet hatten, wider Erwarten nicht aktiv wurden, haben die Projektleiter einen Plan entwickelt, der es ihnen möglich machte, mit einem kleinen Team fristgerecht eine erste Version des Schulbuches veröffentlichen zu können. Das Schulbuch basiert nun auf ins Deutsche übertragenes englischsprachigen Material einer Plattform der US-amerikanischen Foundation CK-124, das unter der Lizenz CC BY-NC-SA veröffentlicht steht. Die Abbildungen wurden selbst erstellt und stehen unter der Lizenz CC BY-SA.

Die Projektgruppe Schulbuch-O-Mat bereitete für den Herbst 2013 einen Ansatz für die weitere Anreicherung mit Inhalten vor, der als Vorgabe für Projektunterricht verwendet werden kann. Unterstützt von der Medienanstalt

1 http://www.startnext.de/schulbuch-o-mat (2013-10-03)

Berlin-Brandenburg (mabb) wurden von der Projektgruppe Schulbuch-O-Mat im Herbst 2013 „Schulbuch-Hacking-Tage" durchgeführt. Dabei konnten Schulklassen systematisch mit ihren Lehrkräften eigene Beiträge wie Videos, kleine Texte oder Fotos zu selbstgewählten Themen des OER-Schulbuches produzieren. Die Redaktion und ein integriertes Revisisonsystems gewährleistet dabei, dass nur geeignete Materialien übernommen werden – dass Schüler/innen bei der Entwicklung von Bildungsressourcen eingebunden werden, scheint bei traditionellen Schulbüchern undenkbar.

4.5 Der MOOChub: Zwei Online-Kurs-Anbieter kooperieren

Wenn sich zwei Online-Kurs-Anbieter auf OER (bzw. CC-lizenzierte Kurse) festgelegt haben, was sollte sie daran hindern, zu kooperieren? Diese Überlegung hat die beiden MOOC-Plattformen mooin aus Lübeck und iMooX aus Graz dazu gebracht, offiziell gemeinsam aufzutreten. Seit Mai 2015 werden auf beiden Plattformen die Angebote des jeweils anderen Partners verlinkt und somit deren Sichtbarkeit erhöht. Dieser simple „Bannertausch" hat bereits Erfolg: 2015 kamen etwa 8% der externen Referrer auf mooin über einen Link von iMooX und umgekehrt (Ebner et al., 2016).

4.6 COER16: Der gleiche Online-Kurs zu offenen Bildungsressource auf zwei Kursplattformen

COER16 (Course zu OER) ist schließlich ein Beispiel dafür, wie die offenen Lizenzen zu einer Weiternutzung und -entwicklung der Materialien führen kann. Der COER13 war der erste offene deutschsprachige Kurs zu offenen Bildungsressourcen. Als Kooperationsprojekt unter der Leitung von eteaching.org gestartet wurde er als sog. cMOOC nach dem konnektivistischen Modell angelegt und im Vordergrund stand die Produktion eigener OER (Arnold et al., 2014). Der offen lizenzierte Kurs mit seinen Materialien wurde im März 2016 mit einem OER-Award in der Rubrik „OER über OER" ausgezeichnet. Im Jahr 2015 wurden ausgewählte Materialien, v. a Videos ausgewählt, erweitert und auf der imoox.at-Plattform als sog. xMOOC angeboten und durchgeführt. Dieser Kurs wird nun im Mai 2016 erstmals parallel auf den zwei Kursplattformen des MOOChub – imoox.at und mooin – kostenlos angeboten. Neben den Überarbeitungen, die allgemein und durch die Portierung auf mooin nötig sind, wird der Kurs auch weiter ergänzt. So wurden auf dem OER-Festival Interviews mit OER-Akteuren aus verschiedensten Bereichen geführt, sodass der Kurs nicht einfach nur wiederholt, sondern auch erweitert und aktuell gehalten wird.

In einer Zeit, in der Alleinstellungsmerkmale gewahrt bleiben, erstaunt dies. Allerdings scheint es nur eine folgerichtige Entscheidung bei OER zu sein. Die Übernahme der Kursmaterialien ist per Definition erlaubt und so steht auch einer parallelen Durchführung nichts im Wege. Dadurch gelangen wertvolle Erkenntnisse in die Praxis offener Lernarrangements.

5 Diskussion: OER sind „mehr" als offen lizenzierte Bildungsressourcen

Natürlich gibt es im Kontext der technologiegestützten Lehre auch weitere innovative Entwicklungen, die nicht mit offenen Lizenzierungen einhergehen. Beispiele dafür sind proprietäre MOOC-Plattformen oder auch interaktive Hörsaalsysteme. Unser Fokus in diesem Beitrag war jedoch die Entstehung und Nutzung von Bildungsressourcen. Und hier scheinen die tradierten Geschäftsmodelle und Nutzungsszenarien rund um Bildungsressourcen im Vergleich mit OER geradezu starr.

Wie wir mit den verschiedenen Beispielen illustriert haben, ist die offene Lizenzierung auch Basis für neuartige Kooperationen und Innovationen rund um die Erstellung von Bildungsressourcen. In einer Zeit, in der gerade an das Bildungssystem hohe Erwartungen an Innovationen und Kooperationen gestellt werden, ist OER eben auch mehr als „nur" offen lizenzierte Bildungsressourcen. Sie sind offensichtlich Treiber für Neues.

Literatur

Arnold, P., Kumar, S., Thillosen, A. & Ebner, M. (2014). Offering cMOOCs collaboratively: The COER13 experience from the convenor's perspective, In: *eLearning Papers*, *37*, S. 63–68

Bundesministerium für Bildung und Forschung. (2015). *Bericht der Arbeitsgruppe aus Vertreterinnen und Vertretern der Länder und des Bundes zu Open Educational Resources (OER). Berlin: Bundesministerium für Bildung und Forschung.* Abgerufen von http://www.bildungsserver.de/pdf/Bericht_AG_OER_2015-01-27.pdf

Ebner, M., Muuß-Merholz, J., Schön, M. & Schön, S. (2015). Bildungsbereichsübergreifende Entwicklungen. In: M. Ebner, E. Köpf, J. Muuß-Merholz, M. Schön, S. Schön und N. Weichert (Hrsg.), *Ist-Analyse zu freien Bildungsmaterialien (OER). Die Situation von freien Bildungsmaterialien (OER) in Deutschland in den Bildungsbereichen Schule, Hochschule, berufliche Bildung und Weiterbildung im Juni 2015*, Band 10 der Reihe „Beiträge zu offenen Bildungsressourcen", Norderstedt: BOD, frei zugänglich unter http://o3r.eu

Ebner, M., Schön, M., Schön, S. und Vlaj, G. (2014). *Die Entstehung des ersten offenen Biologieschulbuchs: Evaluation des Projekts "Schulbuch-O-Mat", Diskussion und Empfehlungen für offene Schulbücher*. Band 6 der Reihe „Beiträge zu offenen Bildungsressourcen“, Norderstedt: BoD, frei zugänglich unter http://o3r.eu

Ebner, M., Lorenz, A., Lackner, E., Kopp, M., Kumar, S, Schön, S., Wittke, A. (2016). How OER enhance MOOCs – A Perspective from German-Speaking Europe. *Open Education: from OERs to MOOCs*. Springer Lecture Notes. Im Druck.

Geser, G. (2007). Open Educational Practices and Resources. OLCOS Roadmap 2012. Salzburg: Salzburg Research. URL: http://www.olcos.org/cms/upload/docs/olcos_roadmap.pdf (2015-05-05)

Howaldt, J. & Schwarz, M. (2010). Soziale Innovation – Konzepte, Forschungsfelder und -perspektiven. In: J. Howaldt & H. Jacobsen (Hrsg.), *Soziale Innovation. Auf dem Weg zu einem postindustriellen Innovationsparadigma*, Wiesbaden, S. 87–108.

Hübner, A. & Schön, S. (2013). Abschlussbefragung der Teilnehmer/innen. In: Ebner, M., Frey, J., Hübner, A., Noffke, M., Rothe, H. & Schön, S. (Hrsg.), *Wie man ein offenes Lehrbuch in sieben Tagen mit mehr als 200 Mitmacher/innen neu auflegt: – Über die kooperative Erstellung der Neuauflage des Lehrbuchs für Lernen und Lehren mit Technologien (L3T 2.0)*. Band 7 der Reihe „Beiträge zu offenen Bildungsressourcen“, Norderstedt: BOD, frei zugänglich unter http://o3r.eu, S. 72–85

Klimpel, P. (2012). Folgen, Risiken und Nebenwirkungen der Bedingung „nicht-kommerziell – NC“. Berlin: Creative Commons Deutschland, iRights.info, Wikimedia Deutschland. URL: http://irights.info/wp-content/uploads/userfiles/CC-NC_Leitfaden_web.pdf (2015-05-27)

Kopp, M., Ebner, M. (2015) *iMooX – Publikationen rund um das Pionierprojekt*. Weinitzen: Verlag Mayer.

Lane, A. and Van Dorp, K. J. (2011). Open Educational Resources and Widening Participation in Higher Education: Innovations and Lessons from Open Universities. In: *EDULEARN11, the 3rd annual International Conference on Education and New Learning Technologies*, 04–05 July 2011, Barcelona. http://oro.open.ac.uk/29201/

Lane, A. & McAndrew, P. (2010). Are Open Educational Resources Systematic or Systemic Change Agents for Teaching Practice? In: *British Journal of Educational Technology, Special Issue: Learning objects in progress, Volume 41*, Issue 6, 952–962.

Mruck, K., Mey, G., Schön, S., Idensen, H. & Purgathofer, P. (2013). Offene Lehr- und Forschungsressourcen. Open Access und Open Educational Resources. In: Schön, Sandra & Ebner, Martin (Hrsg.) *Lernen und Lehren mit Technologien (L3T). Ein interdisziplinäres Lehrbuch*, Berlin: epubli. URL: http://l3t.eu (2015-05-05)

Open Knowledge Foundation Deutschland (o.J.). *Definition: Offenes Wissen, Version v.1.1.* URL: http://opendefinition.org/od/1.1/de/ (2015-05-05)

Anita Holdener, Silke Bellanger, Seraina Mohr

„Digitale Kompetenz“ als hochschulweiter Bezugsrahmen in einem Strategieentwicklungsprozess

Zusammenfassung

Um die Herausforderungen der Digitalisierung erfolgreich zu meistern und den digitalen Transformationsprozess innerhalb der Hochschule aktiv mitzugestalten, ist eine hohe *Digitale Kompetenz* der Hochschulangehörigen zentral. Aus dieser Erkenntnis heraus nutzte eine interdisziplinäre und abteilungsübergreifende Arbeitsgruppe der Hochschule Luzern ein *Digital Literacy*-Framework, um für die Entwicklung einer hochschulweiten digitalen Strategie zentrale Eckpfeiler zu definieren. Das Framework diente als Gemeinschaftsperspektive und Referenz mit dem die unterschiedlichen Akteure spezifisch für ihre Bereiche und ihre Zielgruppen Handlungsempfehlungen formulieren konnten, die in den Strategieentwicklungsprozess der Hochschule einflossen.

1 Hochschulen im digitalen Wandel

Die Digitalisierung hat einen tiefgreifenden technischen, sozialen und kulturellen Transformationsprozess eingeleitet, der auch Hochschulen vor neue Herausforderungen stellt. Vor allem Fachhochschulen, die ihre Ausbildungsangebote auf eine Arbeitswelt ausrichten, deren Anforderungen sich aufgrund der digitalen Transformation laufend neu definieren, sind herausgefordert, ihre Profile immer wieder zu reflektieren und anzupassen.

Der vorliegende Praxisbericht beschreibt, wie verschiedene Akteure der Hochschule Luzern in einer fach- und abteilungsübergreifenden Arbeitsgruppe zusammenarbeiteten, um für die gesamte Hochschule den Themenbereich „Digitalisierung“ als einen strategischen Schwerpunkt für die kommenden Jahre zu definieren. Aufgrund der verschiedenen Sichtweisen und Erfahrungen der Gruppenmitglieder musste zunächst ein integratives Konzept gefunden werden, um auf dieser Basis für die gesamte Hochschule einen Vorschlag formulieren zu können. Die damit verbundenen Effekte waren einerseits charakteristisch für Kooperationsprozesse, zeigten andererseits auch die Herausforderungen auf, innerhalb des Hochschulkontextes das Thema Digitalisierung unter den beteiligten Akteuren aus Lehre, Forschung und Hochschulmanagement kooperativ zu adressieren.

1.1 Ausgangslage

Die Hochschule Luzern ist mit rund 10.000 Studierenden relativ klein. Sie ist ein Verbund von aktuell fünf, zukünftig sechs verschiedenen Departementen mit den fachlichen Studien- und Forschungsschwerpunkten Technik & Architektur, Wirtschaft, Design & Kunst, Soziale Arbeit, Musik und Informatik. Die einzelnen Departemente haben einerseits unabhängige Leitungen, Dienstleistungs- und Verwaltungseinheiten und sind stark von ihren jeweiligen Lehr-, Lern- und Forschungskulturen geprägt. Andererseits werden die Departemente in einer Dachorganisation als Gesamthochschule geleitet, inklusive der Setzung von strategischen Lehr- und Forschungsschwerpunkten. Neben der Gesamthochschulleitung sind die IT-Abteilung, das Personal- und Rechnungswesen, die Marketing- und Kommunikationsabteilung, das Zentrum für Lernen und Lehren mit Hochschuldidaktik und Neuen Lernmedien, die Hochschuldienste sowie das Hochschulmanagement zentrale Anlaufstellen für alle Departemente.

Zu Beginn des Strategieentwicklungsprozesses lag keine hochschulweite Strategie oder Vision zur Digitalisierung vor. Aufgrund diverser Prozesse und Projekte auf unterschiedlichen Ebenen zeichnete sich aber ab, dass der digitale Transformationsprozess einzelne Bereiche der Hochschule bereits erfasst hatte, z.B. in Form des laufenden Ausbaus der digitalen Arbeits-, Lehr- und Forschungsinfrastruktur. Mit Hilfe von Innovationsoffensiven wurde in zahlreichen Projekten gezielt der digitale Einsatz von Technologien gefördert und Konzepte wie „Blended Learning“ unterstützt. Die Hochschulbibliotheken hatten bereits 2011 Lernziele für Informationskompetenz formuliert und boten entsprechende Angebote für Dozierende, Forschende und Studierenden an. Eine Verankerung von digitalen Kompetenzen in die Lehrpläne hatte aber bisher nicht stattgefunden, ebenso fehlten verbindlich festgelegte Anforderungen an Mitarbeitende und Dozierende.

Um den digitalen Veränderungsprozess explizit zu gestalten, hatte die Hochschulleitung „Digitalisierung“ seit 2014 als einen bedeutsamen Entwicklungs- und Wettbewerbsfaktor identifiziert und den Themenbereich auf die Agenda ihres Strategieentwicklungsprozesses 2016–2019 gesetzt. Entsprechend setzte die Hochschulleitung im November 2014 zwei Arbeitsgruppen ein, um in ihrem Auftrag „die vielfältigen digitalen Aktivitäten an der Hochschule zu sichten, zu bündeln und Grundlagen für den Strategieprozess Digitalisierung zu erarbeiten.“ (Brandenberger, 2015, S. 1) Die eine Arbeitsgruppe konzentrierte sich auf den technisch, administrativen Bereich, die zweite Arbeitsgruppe auf Aus- und Weiterbildung sowie Forschung. Der vorliegende Bericht beleuchtet die Auseinandersetzung und Ergebnisse der zweiten Arbeitsgruppe.

1.2 Herausforderungen der Arbeitsgruppe

Die Arbeitsgruppe setzte sich aus Personen der Hochschule zusammen, die in die bisherigen digitalen Lehr- und Forschungsprojekte involviert gewesen waren: Dozierende verschiedener Departemente, Vertreter und Vertreterinnen aus den Bibliotheken, dem Zentrum für Lernen und Lehren sowie dem Hochschulmanagement. Es war eine fach- und abteilungsübergreifende Arbeitsgruppe, die aufgrund von inhaltlicher Erfahrung und Expertise und nicht aufgrund von Leitungs- und Entscheidungsverantwortlichkeiten zusammengestellt wurde. Die zentrale Herausforderung der Arbeitsgruppe bestand darin, ein geeignetes Instrument zu finden, um in einem ersten Schritt die verschiedenen Aktivitäten aus den unterschiedlichen Bereichen der Hochschule in einem gemeinsamen Bezugsrahmen abbilden und analysieren zu können. Eine weitere Schwierigkeit war, die Einschätzungen und Perspektiven der verschiedenen Mitglieder der Arbeitsgruppe zusammenzuführen und eine gemeinsame Ausgangsbasis für die weitere strategische Diskussion zu erlangen.

Im Vorfeld hatten bereits Kooperationen zwischen den Bibliotheken, dem Zentrum für Lernen und Lehren sowie dem Hochschulmanagement und einzelnen Dozierenden bestanden. Zumeist hatte sich die Zusammenarbeit bislang aber auf die arbeitsteilige Realisierung von Veranstaltungen und Webangeboten konzentriert.

Eine gemeinsame strategische Haltung bzgl. Digitalisierung war von den Projektmitgliedern bislang nicht entwickelt worden. Ebenfalls fehlte es an einer organisatorischen Koordination der verschiedenen Funktionsbereiche unter einer einheitlichen Perspektive, die auch die zukünftige Zusammenarbeit vor dem Hintergrund der Digitalisierung hätte vorstrukturieren können. Zudem brachten alle Gruppenmitglieder ihre jeweiligen unterschiedlichen fach- und bereichsspezifischen Diskussionszusammenhänge mit.

Die fachliche Auseinandersetzung entspann sich daher besonders entlang der Frage, wie Digitalisierung zu einem strategischen Thema und Ziel für die gesamte Hochschule werden könnte, ob entsprechende Maßnahmen eher Top-down oder Bottom-up erfolgen sollten, sich am Arbeitsalltag der einzelnen Mitarbeitenden, den fachspezifischen Themen im Gebiet der Digitalisierung oder an Ausbildungs- und Forschungszielen der Hochschule im Bereich überfachliche Kompetenzen orientieren sollte. Als ein gemeinsamer Nenner sowohl für die verschiedenen Prozesse in der Hochschule als auch die Anliegen der verschiedenen Mitglieder der Arbeitsgruppe kristallisierte sich das Konzept der *Digital Literacy* (dt.: Digitale Kompetenz[1]) als operabel heraus.

---

1 Die deutsche Übersetzung „Digitale Kompetenz“ ist nicht präzise. Vor allem im Bildungskontext werden mit dem Begriff „Kompetenz“ in erster Linie Wissen und

2 Digitale Kompetenz als Bezugsrahmen

Digitale Kompetenz wird mittlerweile unter vielen Experten und Expertinnen aus Politik, Bildung und Wirtschaft als wichtige Schlüsselqualifikation angesehen (Horizon Report, 2015; Ruoss, 2015; Murray & Pérez, 2014; European Commission, 2013; JISC 2012; Davis, Fidler & Gorbis, 2011). Daraus ergab sich für die Arbeitsgruppe die Überlegung, dass Digitale Kompetenz von Hochschulangehörigen ein zentrales Moment einer Digitalisierungsstrategie sein muss. Denn gemäß dem Dreistufen-Modell von Martin (2008, S. 151–176) wird nur dann eine digitale Transformation ausgelöst, wenn die angeeigneten Kompetenzen eine innovative und kreative Nutzung von digitalen Technologien ermöglichen und so zu spürbaren Veränderungen führen.[2]

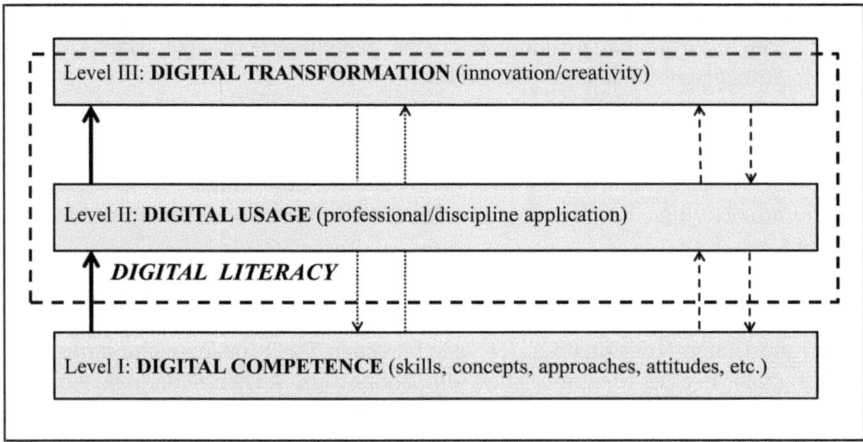

Abb. 1: "Levels of Digital Literacy" nach Martin (2008, S. 167)

Viele Hochschulangehörige nutzen digitale Technologien zwar in ihrem Alltag, jedoch meist oberflächlich, ohne vertiefte, kritische oder kreative Auseinandersetzung oder substantiellen Änderungen der Lehr- und Forschungspraktiken, die von einem Kulturwandel im Kontext digitaler Transformation im Hochschulwesen zeugen würden.[3]

Fertigkeiten assoziert, diese sind zwar Bestandteil von *Digital Literacy*, jedoch umfasst der Begriff weit mehr.

2 "The ultimate stage is that of digital transformation and is achieved when the digital usages which have been developed enable innovation and creativity and stimulate significant change within the professional or knowledge domain. This change could happen at the individual level or at that of the group or organization." Martin, S. 173.

3 Siehe dazu auch das SAMR-Modell von Puentedura: http://www.hippasus.com/rrpweblog/archives/2014/10/29/SAMRForLeadership_BeyondTheBasics.pdf, 31.01.2016.

Für die Arbeitsgruppe bot sich Digitale Kompetenz zudem aus folgenden Gründen als hilfreicher Ausgangspunkt für die weitere Arbeit an: Die Kompetenzprofile konnten als Entwicklungsziel zunächst überfachlich und unabhängig von Organisationsstrukturen betrachtet werden. Somit ergab sich ein Referenzrahmen, der es erlaubte, die heterogene Aktivitäten und Perspektiven der unterschiedlichen Abteilungen und Akteure innerhalb der Hochschule geordnet im Hinblick auf ein gewünschtes Ziel hin zu dokumentieren und auszuwerten. Das Digitale-Kompetenz-Modell fungierte zudem als Sortierungs- und Argumtenationsgrundlage innerhalb der AG selbst, mit dem die verschiedenen Ansichten innerhalb der Arbeitsgruppe verknüpft werden konnten. Denn die Mitglieder der AG brachten diverse Referenzmodelle für die inhaltliche Bestimmung von Digitaler Kompetenz ins Spiel.

Um den Begriff „Digitale Kompetenz" (engl.: *digital literacy*) sind vor allem im angelsächsischen Raum zahlreiche und teilweise recht unterschiedliche Konzepte und Modelle entstanden. Um die Vielschichtigkeit des Begriffs zu unterstreichen sprechen Lankshear & Knobel (2008, S. 1–16) von *digital literacies* in der Pluralform. Aktuelle Modelle umfassen nicht nur Fertigkeiten zur Anwendung von Computertechnologie, sondern auch Informations- und Medienkompetenz. Andere Modelle bauen auf einer soziokulturellen Perspektive auf und sehen Digitale Kompetenz als ein Mittel zur gesellschaftlichen Mitgestaltung und Veränderung. Søby spricht gar von digitaler „Bildung" (Søby, 2003) als ganzheitlichem Ansatz persönlicher Entwicklung und reflexiver Auseinandersetzung.

Durch die vielfältigen Tätigkeitsfelder und fachlichen Backgrounds brachten die Mitglieder der Arbeitsgruppe ganz unterschiedliche Modelle und Konzepte von Digitaler Kompetenz mit. Diese standen teilweise in inhaltlicher Nähe aber auch Differenz zueinander und machten eine Verständigung nicht einfach. Die Bibliotheken der Hochschule Luzern operierten mit dem Konzept der „Informationskompetenz", das im Bibliothekswesen der Nullerjahre zu einem Standard geworden war. Sie hatten bereits 2011 einmal für die gesamte Hochschule Learning Outcomes zu Informationskompetenz formuliert und auf Ebene der Gesamthochschule verabschiedet.[4] Es hatte sich nicht zuletzt aufgrund internationaler Debatten zu Informationskompetenz (ACRL, 2015) jedoch gezeigt, dass nach der ersten Formulierung inhaltlich und auch angesichts des Dienstleistungsprofils der Bibliotheken, eine Aktualisierung mit Blick auf den aktuellen Diskurs notwendig war. Unter Dozierenden wurde teilweise das von der Mozilla Foundation vorgeschlagene Web-Literacy-Modell (Belshaw, Hilliger, 2015) genutzt, um daraus operable Szenarien für den Unterricht ableiten zu können. Das Zentrum für Lernen und Lehren war stark von der Auseinandersetzung

4 Siehe dazu: Baumann & Bellanger. (2011). Achtung, fertig, LOS!? Vortrag auf der Jahrestagung der Fachhochschulbibliotheken, Locarno 17./18. Juni 2011. https://blog.hslu.ch/ikwerkzeugkasten/files/2015/07/Achtung-fertig-LOS_Baumann-Bellanger_HSLU_17.-18.6.2011.pdf, 24.02.2016.

mit dem Konzept der „Medienkompetenz“ (Baacke, 1973) geprägt, ein Begriff, der gerade im Vergleich zum angelsächsischen Diskurs im digitalen Kontext etwas veraltet wirkte, obwohl er in letzter Zeit, wie im Fall von Reinmann, Hartung & Florian (2013), um neue Betrachtungsweisen erweitert wurde.

Angesichts dieser unterschiedlichen Einschätzungen einigte sich die Arbeitsgruppe auf folgende Anforderungen: Das Modell sollte in einen akademischen Kontext passen und in erster Linie eine konzeptuelle und nicht operative Funktion erfüllen. Zudem war es wichtig, dass dem Modell ein Verständnis von digitaler Kompetenz zugrunde lag, das mehr als eine Auflistung von praktischen und kognitiven Fähigkeiten war. Grund für diese Anforderung waren die Erfahrungen, die im Vorfeld gemacht wurden und gezeigt haben, dass ohne ein gemeinsames Modell die Koordination in der Hochschule kaum möglich werden würde, die Ausformulierung angesichts der verschiedenen Anspruchsgruppen und Fachbereiche aber nicht zu spezifisch sein durfte.

Nach der Sichtung von unterschiedlichen Modellen fiel der Entscheid auf das Digital-Literacy-Framework der britischen Organisation Joint Information Systems Commitee (JISC) (JISC, 2013), die den Einsatz digitaler Technologien in Lehre und Forschung fördert, entsprechende Diskussionen anstößt und Projekte durchführt. Das Framework diente bereits an verschiedenen Universitäten Großbritanniens als Grundlage strategischer Entwicklungen und umfasst sieben Bereiche:

- ICT-Kompetenz (*ICT Literacy*)
- Informationskompetenz (*Information Literacy*)
- Medienkompetenz (*Media Literacy*)
- Kommunikation und Kollaboration (*Communication and Collaboration*)
- Digitales Lernen und Lehren (*Learning Skills*)
- Digitale Wissenschaft (*Digital Scholarship*)

In Anlehnung an das übernommene Framework von JISC wurde Digitale Kompetenz folgendermaßen definiert: „Digitale Kompetenz umfasst alle Fähigkeiten, welche ein Individuum befähigen, in einer digitalen Gesellschaft zu leben, lernen und zu arbeiten. Digitale Kompetenz umfasst mehr als reine Computeranwender-kenntnisse; sie beinhaltet eine breite Palette von Verhaltensweisen, Strategien und Identitäten, die in einem bestimmten digitalen Umfeld wichtig sind. Im Hochschulumfeld bedeutet Digitale Kompetenz eine Vielzahl von akademischen und beruflich relevanten Aktivitäten, die durch sich laufend verändernde Technologien unterstützt werden.“

Um das Framework möglichst lesbar und verständlich zu machen, wurde die englischen Bezeichnungen für die weitere Diskussion übersetzt und mit Bezügen auf die Hochschule Luzern ergänzt:

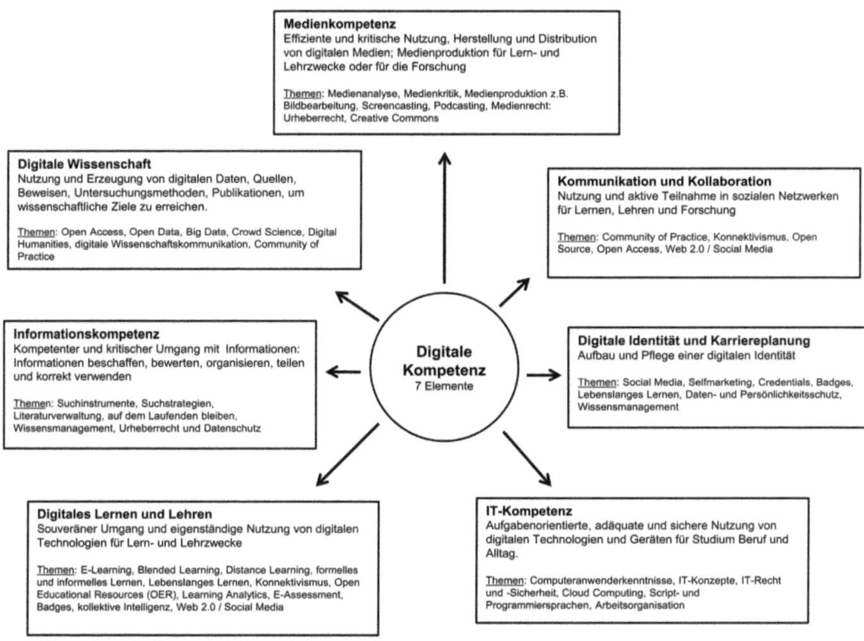

Abb. 2: Digital Literacy-Framework der Arbeitsgruppe (2015)

Die Entscheidung fiel damit in gewisser Weise auf ein Meta-Kompetenzmodell, das die bisherigen Kompetenzdiskussionen und -formulierungen integrierte sowie die verschiedenen Tätigkeitsfelder der Hochschule adressierte. Eine detaillierte inhaltliche Definition von digitaler Kompetenz für die verschiedenen Bereiche wurde mit dem Modell von JISC jedoch nicht vorgenommen.

2.1 Verwendung des Frameworks

Das Framework diente in einem ersten Schritt als Folie, um für die sieben Bereiche die wichtigsten aktuellen Aktivitäten in Forschung, Ausbildung und Weiterbildung der Hochschule Luzern zu beschreiben.

Diese erste Analyse legte facettenreich die Herausforderungen im Umgang mit dem digitalen Wandel im Umfeld der Hochschule offen: Viele Projekte gründeten auf Eigeninitiativen, hatten einen innovativen Charakter und wiesen flache Organisationsstrukturen auf. Zahlreiche Akteure hatten sich im Verlaufe der letzten Jahre ein spezialisiertes Fachwissen im Bereich der Digitalisierung angeeignet, ihre Fähigkeiten blieben jedoch über das eigene Team hinaus oft wenig bekannt. Durch die teilweise schlechte Sichtbarkeit der Projekte und die fehlende Verankerung hatten die meisten Aktivitäten keine weitergehenden institutionellen Effekte. Beim genaueren Hinschauen wurde auch klar, dass die Wirkung der Projekte dann am größten war, wenn sie strategisch verankert und längerfristig finanziert waren. Die vielen sehr heterogenen Bottom-up-Initiativen konnten zwar grundsätzlich positiv gewertet werden, für eine bessere Verankerung, größere Sichtbarkeit und nachhaltige Wirkung der Aktivitäten wäre aber unbedingt eine klare Top-down-Strategie nötig gewesen.

Nicht zuletzt durch die Feststellung, dass die Aktivitäten in den Departementen und Instituten ganz unterschiedlich stark unterstützt und gefördert wurden, zeigte sich, dass der Umgang mit den Herausforderungen der Digitalisierung besonders eine Frage der „Kultur" ist. Eine erfolgreiche digitale Transformation erfordert nicht nur entsprechende Kompetenzen, ebenso wichtig sind passende Rahmenbedingungen innerhalb der Organisation, z.B. eine gut ausgebaute digitale Infrastruktur, aber auch kollektiv verinnerlichte Werte, Normen und Einstellungen, die das Verhalten im Umgang mit digitalen Technologien innerhalb von Fachbereichen oder Teams prägen.

Aufbauend auf die Analyse wurden Empfehlungen formuliert und strategische Ziele abgeleitet. Zwei Hauptstoßrichtungen flossen schließlich in die Dachstrategie der Hochschule:

1. Verbesserung der Digitalen Kompetenz der Mitarbeitenden und Studierenden
2. Aufbau, Stärkung und Pflege einer hochschulweiten digitalen Kultur

Die Ausdifferenzierung und Operationalisierung dieser zwei Stoßrichtungen ist in der Strategieperiode 2016–2019 vorgesehen.

3 Fazit

Das erarbeitete Framework war in verschiedener Hinsicht hilfreich: Es diente den involvierten Akteuren als gemeinsames „mentales Modell", das sicherstellte, dass alle vom gleichen Verständnis von Digitaler Kompetenz ausgehen. Mit Hilfe des Frameworks entstand eine gemeinsame Perspektive, auf deren Hintergrund die verschiedenen Akteure sich verständigen konnten. Dies war sowohl für die Arbeitsgruppe, aber auch für die Entscheidungsgremien wie die Hochschulleitung wichtig. Das Framework ist selbsterklärend und erforderte kein fachspezifisches Wissen. Diese Einfachheit wurde von den Mitgliedern der Hochschulleitung sehr geschätzt. Es erleichterte zudem die Kommunikation zwischen Arbeitsgruppe und Entscheidungsgremien.

Das Framework bildete den kleinsten gemeinsamen Nenner, um die verschiedenen Perspektiven, Ansprüche und Anforderungen zusammenzubringen. Das gemeinsame Verständnis war für die Arbeitsgruppe Grundlage für

Analyse und Diskussion und führte in einem nächsten Schritt zu sehr spezifischen Fragestellungen, zum Beispiel, welchen Einfluss dies auf die Gestaltung der Curricula und auch auf die Funktionen der einzelnen Abteilungen und Servicestellen hat. Daraus entstanden ein Katalog an Empfehlungen und Vorschlägen, die nun in einem nächsten Schritt operationalisiert werden müssen. Voraussetzung dafür ist allerdings die Weiterentwicklung des Frameworks. In zwei Fällen ist dies bereits geschehen: Für ein Personalentwicklungsprojekt wurden die Kompetenzbereiche des Frameworks ausdifferenziert und priorisiert, um damit ein klares Anforderungsprofil der digitalen Kompetenzen von administrativen Mitarbeitenden zu erstellen. Dozierende des Departements Wirtschaft nutzten das Framework, um eine breitangelegte Befragung zur Einschätzung von vorhandenen und als wichtig eingestuften digitalen Kompetenzen von Studierenden, Dozierenden sowie Fachkräften ausgewählter Firmen zu starten.

Es hat sich zudem gezeigt, dass das Reden über das Framework bei einzelnen Akteuren an den Departementen die Diskussion um Digitale Kompetenz weiter befeuert hat, zu einer Diffusion des Themas führte und die Kulturentwicklung weiter in Gang setzte.

Die Gruppenzusammensetzung, die sich nicht aufgrund von Funktionen, sondern aufgrund von Erfahrung und Fachwissen im Zusammenhang mit digitalen Projekten ergab, war fruchtbar, hat aber auch die Komplexität des Themas aufgezeigt. Je nach beruflichem Kontext, nach Funktion oder Zugehörigkeit präsentierten sich die Schwerpunkte und entsprechend auch die Prioritäten anders. Durch die enge Zusammenarbeit wurden aber auch die Gemeinsamkeiten offensichtlich, so dass für zukünftige Projekte ein grösserer Austausch und mehr Zusammenarbeit angestrebt werden.

All diese Facetten machen deutlich, dass die digitale Transformation, nicht nur eine Aufgabe persönlicher Kompetenzentwicklung ist, sondern die Organisation als Ganzes betrifft und aus diesem Grund als ein hochschulweites Entwicklungsprojekt angegangen werden muss.

Mit dem Framework konnte ein Bezugsrahmen geschaffen werden, der Orientierung Rund um das Thema Digitale Kompetenz bietet, darüber hinaus aber auch als Ausgangspunkt für weitere Entwicklungsschritte genutzt werden kann. Somit ist es ein wichtiger Beitrag an die Mitgestaltung einer hochschulweiten digitalen Kultur, die den Humus für weiterführende transformative Veränderungsprozesse bildet.

Literatur

Association of College & Research Libraries (2015). *Framework for Information Literacy for Higher Education.* http://www.ala.org/acrl/standards/ilframework, 24.02.2016.

Baacke, D. (1973/1980). *Kommunikation und Kompetenz. Grundlegung einer Didaktik der Kommunikation und ihrer Medien* (3. Aufl.). München: Juventa.

Belshaw, D. & Hilliger, L. (2015). *Web Literacy Map.* https://wiki.mozilla.org/Learning/WebLiteracyStandard, 24.02.2016.

Brandenberger, A. (2015). *Grundlagen für den Strategieprozess Digitalisierung* (S. 1) Projektauftrag Hochschulleitung.

European Commission. (2013). *Pillar VI: Enhancing Digital Literacy, Skills and Inclusion. Digital Agenda for Europe.* https://ec.europa.eu/digital-agenda/en/our-goals/pillar-vi-enhancing-digital-literacy-skills-and-inclusion, 07.02.2016.

Davis, A., Fidler, D. & Gorbis, M. (2011). *Future Work Skills 2020.* Institute for the Future for University of Phoenix Research Institute (IFTF). http://www.iftf.org/uploads/media/SR-1382A_UPRI_future_work_skills_sm.pdf, 08.02.2016.

JISC. (2012). *Developing Digital Literacies: Briefing Paper.* http://www.jisc.ac.uk/media/documents/publications/briefingpaper/2012/Developing_Digital_Literacies.pdf, 01.02.2016.

JISC. (2013). *Developing Digital Literacies: Overview.* https://www.jisc.ac.uk/guides/developing-digital-literacies, 31.01.2016.

Lankshear, C. & Knobel, M. (2008). Digital Literacies-Concepts, Policies and Practices. In C. Lankshear & M. Knobel (Hrsg.), *Digital Literacies: Concepts, Policies & Practices* (S. 1–16). New York: Peter Lang.

Martin, A. (2008). Digital Literacy and the „Digital Society“. In C. Lankshear & M. Knobel (Hrsg.), *Digital Literacies: Concepts, Policies & Practices* (S. 151–176). New York: Peter Lang.

Murray, M. C. & Pérez, J. (2014). Unraveling the Digital Literacy Paradox: How Higher Education Fails at the Fourth Literacy. *Issues in Informing Science and Information Technology, 11,* 85–100. http://iisit.org/Vol11/IISITv11p085-100Murray0507.pdf, 31.01.2016.

Reinmann, G., Hartung, S. & Florian, A. (2013). *Akademische Medienkompetenz im Schnittfeld von Lehren, Lernen, Forschen und Verwalten.* http://gabi-reinmann.de/wp-content/uploads/2013/07/AkademischeMedienkompetenz_Reinmann_Hartung_Florian.pdf, 06.02.2016.

Ruoss, S. (2015). *Digital Switzerland 2015.* Zürich: Hochschule für Wirtschaft Zürich.

Søby, M. (2003). *Digital Competence: From ICT Skills to Digital "Bildung".* Oslo: ITU, University of Oslo.

Nina Grünberger, Claudia Kuttner, Helge Lamm

Situiert. Partizipativ. Adaptiv.

Kollaboration in pädagogischer Forschung und Praxis im Projekt „MediaMatters!"

Zusammenfassung

Während bisher häufig vom digitalen Wandel und der Implementierung bzw. Etablierung digitaler Tools, bildungstechnologischer Strategien und entsprechender Potenziale oder Gefahren für Lernen die Rede war, findet heute der Mediatisierungsbegriff zunehmend Eingang in den Diskurs. Dieser bezieht sich auf eine mediale Durchziehung aller Lebens- und so auch Lern- und Bildungsbereiche. Eine solche Konstituierung der gegenwärtigen Lebenswelt legt ein poststrukturalistisches (Medien-)Bildungsverständnis nahe, welches erlaubt, Subjekt, Welt und mediale Artefakte in einem anderen Verhältnis als bisher zu denken, und impliziert neue Formen des Zusammenarbeitens von Forschung und Praxis. Anhand des Forschungs- und Entwicklungsprojektes „MediaMatters!" werden methodologische und methodische Implikationen für eine *situierte, partizipative* und *adaptive* Kollaborationsstruktur zwischen Akteuren pädagogischer Forschung und (schulischer) Praxis sowie die dadurch eröffneten Möglichkeiten und Schwierigkeiten expliziert.

1 Einleitung

Noch vor einigen Jahren wurde über den digitalen Wandel debattiert, vor möglichen Gefahren gewarnt, Potenziale digitaler Tools gelobt und Visionen zukünftigen Lernens skizziert. Gegenwärtig findet der Begriff der Mediatisierung zunehmend Eingang in den wissenschaftstheoretischen und forschungspraktischen Diskurs und eröffnet einen grundlegenderen Blick auf Leben – und damit auf Lern- und Bildungsprozesse – angesichts aktueller sozio-kultureller Herausforderungen im Übergang von der ‚Industrie- zur Wissensgesellschaft' und gegenwärtig hin zur ‚Netzwerkgesellschaft' (vgl. Castells 2004). Dabei bezieht sich ‚Mediatisierung' nicht auf die Ebene der Implementierung oder Etablierung digitaler Medien in unterschiedliche Lebenskontexte, sondern thematisiert eine umfängliche und unhintergehbare mediale Präfigurierung aller

Lebensbereiche[1]. Ein solches Verständnis einer mediatisierten Lebenswelt fordert ebenso wie gesellschaftliche Implikationen der ‚Netzwerkgesellschaft' dazu auf, das Verhältnis von Individuum und Gesellschaft bzw. Welt, Individuum und Medien – und damit auch Bildung – neu, vornehmlich poststrukturalistisch zu denken (vgl. bspw. Jörissen & Marotzki 2009; Koller 2012). Dies verlangt wiederum nach einer besonderen Form der Zusammenarbeit in pädagogischen Forschungs- und Entwicklungsprojekten.

Ausgehend von diesem (Medien-)Bildungsverständnis als Grundlage für Entwicklungsprozesse von Schulkultur expliziert der vorliegende Beitrag die implizierten Besonderheiten der Zusammenarbeit aller Akteure im Spannungsfeld pädagogischer Forschung und Praxis. Dies erfolgt entlang der Vorstellung des Forschungs- und Entwicklungsprojektes „MediaMatters!"[2]. Obgleich dieses im Schulkontext verortet ist, zeigt das Forschungsdesign viele Anschlussmöglichkeiten für andere (pädagogische) Kontexte, insbesondere für die Frage der Zusammenarbeit der Akteure, die bei „MediaMatters!" von drei Leitprämissen getragen ist: Das Projekt versteht sich als *situiert*, *partizipativ* und *adaptiv*. – Der vorliegende Beitrag stellt die Frage, wie diesen Leitprämissen im Rahmen eines Forschungs- und Entwicklungsprojektes methodologisch und methodisch Rechnung getragen werden kann und welche Schwierigkeiten und Möglichkeiten sich daraus ergeben (können). Dem wird in mehreren Schritten nachgegangen: Zunächst wird das (Medien-)Bildungsverständnis des Projektes dargelegt, ehe darauf aufbauend der methodologische Kontext abgesteckt wird und methodische Konsequenzen für die Umsetzung, insbesondere hinsichtlich der Gestaltung der Zusammenarbeit, formuliert werden.

2 Medienbildung: Bildung in einer mediatisierten Lebenswelt

Der Mediatisierung entsprechend hat sich in den vergangenen Jahren der *Medienbildung*sbegriff etabliert, der sich unter Berücksichtigung der Eigenständigkeit der Begriffe *Medien* und *Bildung* insbesondere auf die konsequent gedachte Verbindung der beiden Begriffe bezieht (vgl. Moser, Grell, & Niesyto 2011; im Überblick: Iske 2015) und von manchen Vertreter*innen explizit bildungstheoretisch gedacht wird. Diese gehen davon aus, alle Bildungsprozesse sind medial präfiguriert und Medienbildung muss – qua ihres Anspruchs, einer mediatisierten Lebenswelt zu entsprechen – über eine technokratische Förderung von Medienkompetenz(en) hinausgehen. Mit Orientierung

1 Der Ausgangspunkt der Mediatisierungsdebatte liegt u.a. bei Krotz (2001) . Zur näheren Bestimmung der Mediatisierung siehe u.a. Jörissen (2016, 233) sowie Iske (2016, 259). Darüber hinaus findet in ähnlicher Form der Medialisierungsbegriff Verwendung (vgl. u.a. Hug 2014).

2 Europa-Universität Flensburg (http://mediamatters-sh.de).

an der strukturalen Medienbildungstheorie von Jörissen und Marotzki (2009) hat sich ein poststrukturalistisches Medienbildungsverständnis entwickelt, welches Subjekt wie auch Welt nicht als autonome, geschlossene Einheiten versteht. Ein umfassendes, relationales und stetig veränderliches strukturelles Netz wird vorgestellt, in dem Subjekt und Welt jeweils ein Element darstellen. Dadurch wird das starr dichotome Verhältnis von Subjekt und Welt bzw. Subjekt und Objekt aufgelöst. In Konsequenz kann das medienpädagogische Ziel nicht mehr ein Subjekt als autonomer, selbstbestimmter und kritisch-kreativer Akteur im Umgang mit und in Medien sein. Im Zentrum steht dann das Verständnis eines Subjekts unter historischen Bedingungen als Element eines verwobenen Netzwerks. Diesem Verständnis folgend sind pädagogische Institutionen ebenso Teil dieses Netzwerks. Konsequenterweise kann Bildung nicht mehr als Prozess im Umgang *mit* Medien, sondern muss im Medium gedacht werden.

Dieses Medienbildungsverständnis hat Folgen für die Ausgestaltung pädagogischer Projekte. Im Forschungs- und Entwicklungsprojekt „MediaMatters!“ liegt der Fokus auf der Institution Schule. Anspruch und Ziel werden durch die Bezeichnung als Forschungs- und Entwicklungsprojekt explizit: Es gilt, in einem Netzwerk von Schulen schulkulturelle Veränderung zur Vergegenwärtigung von Bildung wissenschaftlich zu begleiten, nachzuzeichnen und gleichermaßen durch Gestaltungsimpulse intentional anzuregen. Die Reflexion der schulischen Wandlungsprozesse ebenso wie eine kritisch-reflexive Gestaltung und Bewusstmachung der Zusammenarbeit aller Akteure sind Teil des Projektes. Hierzu gehören auch die Entwicklung eines Rollenverständnisses und eine kritische Reflexion desselben durch die Projektmitarbeitenden, die zugleich Forschende und Entwickelnde sind. Zu klären ist etwa die Frage nach Distanz(ierung) und Transparenz. Auf der Ebene der Entwicklung stellt sich zudem die Frage nach der Ausgestaltung der Kollaboration der beteiligten Akteure entlang der Leitprämissen des Projektes: *situiert*, *adaptiv* und *partizipativ*. Demnach orientieren sich der Forschungs- und Entwicklungsanspruch an den Bedarfen, Denkhorizonten und Handlungsvollzügen der schulischen Partner, die den Möglichkeitsraum für Veränderungen, Forschungsfragen und methodische Zugänge rahmen. Die Forschenden zeigen Gestaltungsoptionen und Spielräume zwar auf, die Aushandlung dieser Räume erfolgt aber auf Basis transparenter, wechselseitiger Kommunikation aller Beteiligten (Projektmitarbeitende, schulische Akteure und deren Netzwerke) ‚auf Augenhöhe‘.

3 Methodologische Verortung und Implikationen

Gewinnbringend für die Einlösung des Anspruchs, Veränderung von Schule in einer ‚Netzwerkgesellschaft‘ zu rekonstruieren *und* mitzugestalten, ist die Orientierung an Theoriediskursen sowie an methodischen und methodologischen Ansätzen mit ähnlichem Anspruch. In thematischer Hinsicht findet das Projekt in den Diskursen um Schulentwicklung, Schulkultur und Medienbildung Anknüpfungspunkte. Schulentwicklung zielt in einer Trias von Personal-, Unterrichts- und Organisationsentwicklung auf die „Entfaltung einer förderlichen Schulkultur und eines entwicklungsorientierten schuleigenen Programms der einzelnen Schule" (Holtappels & Rolff 2010, 76) – und das im Spannungsfeld von Interessen der Einzelschule und des (politischen) Bildungssystems. Insofern sich „MediaMatters!" gleichermaßen von einer rein normativen und ausschließlich deskriptiven Schulentwicklungsforschung abgrenzt, wird hier Schulentwicklung als ‚schulische Praxis' im stetigen handelnden Vollzug verstanden. In Konsequenz ist Schulkultur als soziales Gefüge zu denken, das in Form sozialer Praktiken innerhalb einer bestimmten symbolischen Ordnung figuriert und als solches rekonstruiert und beschrieben werden kann. Schulen werden vor diesem Hintergrund als „symbolische Ordnungen von Diskursen, Interakten, Praktiken und Artefakten" (Helsper 2008, 63) gefasst. Mit Blick auf das oben skizzierte Medienbildungsverständnis und eine umfassende Mediatisierung geht es in „MediaMatters!" nicht nur darum, „Potentiale komplexer medialer Architekturen im Hinblick auf Bildungs- und Subjektivierungsprozesse" (Jörissen 2011, 230) sichtbar und nutzbar zu machen, sondern auch den Widerstreit symbolischer Ordnungen und Orientierungen hinsichtlich grundlegender, Schule konstituierender Dimensionen wie Wissen, Zeit, Raum und sozialer Praxen zu beschreiben (vgl. Jörissen & Münte-Goussar 2015). Die Entdichotomisierung von Selbst und Welt sowie die Gleichwertigkeit aller Akteure bergen hierbei fruchtbare methodologische Implikationen für das Projekt. „MediaMatters!" versteht sich als zugleich rekonstruierend und konstituierend, intendierend und entwickelnd. Wenngleich das Projekt hinsichtlich seines Entwicklungscharakters intentionale Züge aufweist und die Projektmitarbeitenden in diesem Sinne immer auch gestaltend auftreten, geht es beim Rekonstruieren der Transformationsprozesse darum, sich von diesen Intentionen weitestgehend frei zu machen. Daraus sowie aus der Verbindung von Forschungs- und Entwicklungspraxis und der Zusammenarbeit aller Akteure auf Augenhöhe ergeben sich Spannungen, die auch in anderen methodologischen Diskursen mit ähnlichen Ansprüchen hinsichtlich der Gestaltungs-, der Theorie-Praxis- sowie der Kollaborationsfrage verhandelt werden. Entsprechende Anregungen bieten etwa Überlegungen der Praxeologie, Konzepte des Design-Based Research, der Ethnographie, der Aktionsforschung sowie der gestaltungsorientierten Bildungsforschung.[3]

Trotz poststrukturalistischer Perspektive folgt das Forschungssetting von „MediaMatters!" weder einer Foucault'schen Diskursanalyse noch der Akteur-

3 Aufgrund des Entwicklungscharakters sowie der Verknüpfung von Medien und Lernprozessen kann hier auch der Ansatz der entwicklungsorientierten Bildungsforschung etwa nach Reinmann & Sesink (2014) angeführt werden. Differenten Verständnissen des Wissenschaft-Praxis-Verhältnisses, der Normativitätsfrage und der Rollen-Konstituierung im Forschungsprozess geschuldet, scheint dieser für „MediaMatters!" weniger fruchtbar.

Netzwerk-Theorie (Latour 2010), die beide einen rekonstruierenden Fokus einnehmen. Näher liegt eine Orientierung an der *Praxeologie*, die gleichermaßen Theorie und Forschungsprogrammatik ist und deren Verständnis von und Fokussierung auf soziale Praktiken sowie das Einbeziehen „technischer und medialer Artefakte" (Reckwitz 2003, 282) für „MediaMatters!" anschlussfähig sind. Die Praxeologie geht von „Wissensformen einer Praktik oder eines Komplexes von Praktiken" aus (ebd., 292), von denen Akteure durch Enkulturation in jedem Moment wissen, welche anzuwenden sind. Durch die im vorliegenden Projekt fokussierte Mediatisierung der Lebenswelt kommt es zu einem Mehr an Kontingenzen und Ambivalenzen sowie einem Legitimationsverlust bisher als angemessen geltender sozialer Praxen. Der Entwicklungsprozess in „MediaMatters!" bietet die Chance, diesbezüglich kollaborativ eine mögliche Antwort auszuhandeln. Im schulkulturellen Entwicklungsprozess soziale Praxen und deren Bedingungen zu rekonstruieren, legt eine Beschäftigung mit Forschungsansätzen der Ethnographie nahe. Schulkultur, so die Annahme, lässt sich nur über einen längeren Zeitraum hinweg und aus der spezifischen Kultur heraus adäquat beschreiben. Als Konsequenz müssen sich Forschende im Zuge der Erhebung mit der gewählten Umwelt und den je spezifischen Akteuren handelnd in Beziehung setzen und notwendigerweise einen Umgang für das Miteinander-Agieren im Feld finden. Anders als in der Ethnographie verfolgt „MediaMatters!" auch innerhalb der Forschung einen expliziten Partizipationsanspruch. Hinweise für den Umgang mit diesem Spannungsfeld liefern Ansätze der schulischen Aktionsforschung (Altrichter & Posch 2007), bei der Akteuren eine aktive Rolle im Forschungsprozess zukommt – allerdings dergestalt, dass sie ihre Rollen verlassen und zu Forschenden werden. Im Unterschied dazu werden sie in „MediaMatters!" in ihrer ursprünglichen Rolle angesprochen. Zudem folgen die Akteure keinem Forschungs- und Innovationsplan, der vorab von außenstehenden Forschenden entwickelt, sondern *gemeinsam* erarbeitet wurde. Als fruchtbar hat sich die Orientierung an Ansätzen des Design-Based Research erwiesen, deren Ziel die Entwicklung von Modellen zur Anregung nachhaltiger Veränderungsprozesse bei grundlegenden (pädagogischen) Problemstellungen ist (vgl. Bell 2004, 245; The Design-Based Research Collective 2003, 7). Ausgangspunkt dieser Prozesse ist eine wissenschaftstheoretische Auseinandersetzung, in deren Anschluss Wissenschaft und Praxis gleichwertig behandelt werden und auf Augenhöhe zusammenarbeiten. In diesem Zusammenhang zu klären ist, wessen Interesse für das Ob und Wie des Entwicklungsprozesses ausschlaggebend ist und ob dieser von außen angeleitet wurde oder aus dem Kontext selbst hervorgeht (Bell 2004, 245). Die Forschenden sind dabei „change agents" (ebd., 249), die den Transformationsprozess mit theoretisch-wissenschaftlichem Wissen begleiten. Darüber hinaus wird das komplexe Zusammenwirken der unterschiedlichen Akteure und materiellen Artefakte betont, was ebenso bei „MediaMatters!" im Fokus steht. Tulodziecki et al. (2013, 205) legen einen Ansatz zur gestaltungsorientierten Bildungsforschung im Sinne einer „praxis- und theorieorientierten Entwicklung und Evaluation von Konzepten für unterrichtliches Handeln" vor und beziehen sich dabei anbindend und abgrenzend auf die zuvor genannten Ansätze. Dabei definieren sie den Gestaltungsaspekt als „integrativen Bestandteil von Forschung und Wissensgenerierung", der im gesamten Forschungsprozess eine zentrale Rolle spielt (Tulodziecki, Grafe, & Herzig 2013, 231). Um das Theorie-Praxis-Problem zu überwinden, gilt es, beide Perspektiven zunächst angemessen zu berücksichtigen, was durch ein enges Zusammenarbeiten von Akteuren aus Praxis und Wissenschaft erfolgen kann. Die Einschränkung, dass dies aufgrund „forschungspraktische[r] Bedingungen" (ebd., 233) – vornehmlich Ressourcenfragen – nicht immer eingelöst werden könne, bestätigt sich zwar in „MediaMatters!", wird jedoch über eine klare Definition von Ansprechpartner*innen und Zeitstrukturen sowie ein realistisches Verhandeln von Kompetenz- und Verantwortungsbereichen zu überwinden versucht. So bedarf es „nicht immer eines (aufwändigen) Zusammenfindens verschiedener Personen" (ebd., 234), wenngleich es auch Ziel des Ansatzes ist, dass die entwickelten Methoden einem größeren Kreis an Praktikern*innen in der Zusammenarbeit mit Forschenden zur Verfügung gestellt werden.

Der Versuch der Verbindung von Theorie und Praxis ist der Pädagogik immer schon konstituierend eingeschrieben (ebd., 227) und zeigt sich als nicht zu überwindendes Paradoxon. Die hier aufgeführten Ansätze folgen alle einem ähnlichen Anspruch wie „MediaMatters!" – insbesondere dem, die Dichotomie von Praxis und Wissenschaft bzw. Forschung zu überwinden. Große Unterschiede ergeben sich jedoch hinsichtlich der Dauer, Reichweite und Ausgestaltung der Zusammenarbeit der Akteure. In „MediaMatters!" werden Akteure aus Wissenschaft und Praxis in ihrer Expertise tatsächlich als gleichwertig verstanden.

4 Kollaborationen im Netzwerk – Methodische Implikationen

Vor dem Hintergrund des eingenommenen (Medien-)Bildungsverständnisses und der methodologischen Verortung des Projektes soll im Folgenden das Zusammenwirken der Akteure im Spannungsfeld von pädagogischer Institution – hier Schule – und mediatisierter Lebenswelt expliziert werden.

Ausgehend vom beschriebenen Anspruch von „MediaMatters!" müssen wissenschaftliche und schulische Akteure im Projekt als gleichwertig verstanden werden. Deren Begegnung kann und muss auf Augenhöhe erfolgen. Alle Akteure werden – unter Beibehaltung ihrer spezifischen Rolle – sowohl als Expert*innen ihres Kontexts und ihrer konkreten Situation als auch als aktiv Einbringende in den Forschungsprozess verstanden. Die Akteure werden nicht nur als Informationsquellen zur wissenschaftlichen Analyse herangezogen, sondern konsequent zur reflexiven Bezugnahme auf den Ist-Stand der umfänglichen Aufgabe ‚Medienbildung' angesprochen. Im Entwicklungsprozess werden die Akteure kontinuierlich sowohl hinsichtlich ihrer Schule als auch bezogen auf das Netzwerk zur aktiven Beteiligung angeregt.

Es sei betont, dass es nicht Ziel des Projektes ist, die Differenz der Akteure aufzulösen, sondern der Erfolg des Projektes gerade in der Begegnung der Akteure sowie in der Wahrnehmung und Einbeziehung ihrer Unterschiedlichkeit liegt. Qua der Eigenheit der Rollenverständnisse kommt den Projektmitarbeitenden aufgrund ihrer Aufgaben und damit verbundenen Erwartungen gegenüber anderen Akteuren eine besondere Position zu. In Konsequenz kann der Anspruch der Augenhöhe hier nie gänzlich eingelöst werden. Versteht man unter ‚Augenhöhe' aber die individuelle Bezugnahme eines Akteurs – hier einer Person – auf andere Akteure, kann man dem Anspruch zumindest potenziell gerecht werden.

Kollaboration wird in „MediaMatters!" in unterschiedlicher Weise gefördert und gestärkt. So finden etwa quartalsweise Netzwerktreffen und einmal im Jahr die Flensburg Winter School statt, zu der neben zahlreichen explizit schulischen Akteuren stets auch Expert*innen aus Forschung und Praxis sowie weitere Interessierte eingeladen sind. Darüber hinaus gibt es eine Website, die nicht nur der Präsentation des Projektes dient, sondern eine Visualisierung und damit eine Manifestierung des Netzwerkes im virtuellen Raum darstellt. Dies soll einen ubiquitären und zeitlich uneingeschränkten Zugang zu Ressourcen des Netzwerks sowie einen Einblick in die Kollaboration bieten. Über einen Newsletter werden aktuelle Informationen aus dem Netzwerk verschickt. In Summe ist die Entstehung und das Bestehen dieses Netzwerks möglich, weil mit den dargelegten Maßnahmen ein Raum zur Artikulation des eigenen Standpunkts, zur Reflexion der eigenen Position – auch oder gerade in der Differenz zu anderen Positionen – offeriert wird. Damit und indem die schulischen Akteure die eigene Haltung zu Schule im Kontext einer mediatisierten Welt in Interviews, im persönlichen Austausch im Rahmen von Netzwerktreffen und anderen Veranstaltungen sowie im Zuge der Formulierung von Textbausteinen für die Website verbalisieren, wird ihnen ein weiterer Lernanlass geboten. Das gilt auch für andere Personen und Schulen des engeren „MediaMatters!"-Netzwerks sowie für Akteure aus Schulverwaltung und -politik, denen diese Veräußerungen zugänglich werden. Helsper (2008, 71) spricht von Schulkultur als „Sinnordnung", hervorgebracht durch eine „handelnde Auseinandersetzung der schulischen Akteure mit den übergreifenden Strukturproblemen". Analog dieser Definition kann das „MediaMatters!"-Netzwerk dadurch charakterisiert werden, dass es durch die ‚handelnde Auseinandersetzung' aller Akteure erst *besteht* und sich *ausformt*. Obgleich diese Maßnahmen zur Entwicklung und Stabilisierung eines lebendigen Netzwerks vergleichsweise trivial wirken, impliziert ihre situative, partizipative und adaptive Ausgestaltung weitreichende Herausforderungen und bietet dann eben durch den Anspruch der Augenhöhe eine vertrauensvolle Basis für die Forschungs- und Entwicklungsziele.

Aus dem beschriebenen Kollaborationsanspruch ergeben sich Konsequenzen, die es sorgsam im Forschungsprozess zu berücksichtigen gilt. Schwierigkeiten bestehen insbesondere hinsichtlich des Wahrnehmens des Forschungsanspruchs und dort vor allem bei der Wahrung von Distanz und Transparenz: Über die netzwerk-umfassenden Entwicklungsprozesse hinaus werden ausgewählte Schulen aus dem Netzwerk als Fallstudien erforscht. Die Datenerhebung erfolgt u.a. mittels leitfadengestützter Interviews mit Lehrenden, Schüler*innen und Eltern sowie über Beobachtungen von Lehr-Lern-Begegnungen. Inwiefern können bzw. müssen die Forscher*innen- und Entwickler*innen-Rolle bei der Datengenerierung getrennt werden? Potenziert wird diese Herausforderung durch mögliche Vorerfahrungen, die konkrete Erwartungen an die jeweiligen Rolleninhaber*innen evozieren. Den leitenden Prämissen des Projektes und insbesondere dem Anspruch des Partizipativen soll auch im Forschungsprozess Rechnung getragen werden. Dies erfolgt etwa durch die Interpretation und Diskussion von (Zwischen-)Ergebnissen im Dialog mit schulischen Vertreter*innen wie auch die weitere gemeinsame Ausgestaltung des Forschungsprozesses. Bei diesem Vorgehen zeigt sich der Umgang mit Transparenz, von der ein zu hohes Maß für den Forschungsprozess hinderlich sein kann (z.B. Wolff 2007, 346), als Schwierigkeit. Verständigung braucht es daher hinsichtlich der Frage, wie sich dies mit dem Anspruch vereinbaren lässt, alle Akteure – insbesondere zur Schaffung einer gemeinsamen Entscheidungsgrundlage – zu jeder Zeit über den Ist-Stand des Projektes zu informieren. Die von den schulischen Akteuren im Forschungsprozess gewonnenen Einsichten können dann in den Schulentwicklungsprozess einfließen, was wiederum in den Fokus der „MediaMatters!“-Forschung rücken kann.

Im Entwicklungsprozess zentral ist neben dem Austausch auf personaler Ebene auch die Vernetzung und Kooperation der Netzwerk-Beteiligten in und über Medien. Als Konsequenz des skizzierten Medienbildungsverständnisses und des Netzwerkgedankens scheint es nur logisch, dass auch mediale Artefakte (u.a. technische Infrastruktur, Online-Lernräume) in den Forschungsfokus rücken. Herausforderungen ergeben sich hierbei zusätzlich hinsichtlich der Methodenwahl zur Erfassung von Kollaborationsstrukturen und in Bezug auf eine adäquate Verschränkung der Ergebnisse mit dem weiteren Datenmaterial.

Derart partizipative Forschungsprozesse werfen einmal mehr zentrale Rollenfragen auf, insofern es sich hierbei um *gemeinsame* entwicklungsfördernde Maßnahmen handelt und oben genannte Aushandlungsprozesse als Erhebungsmomente im Untersuchungsdesign angelegt sind, die ein gewisses Maß an Distanz verlangen.

5 Conclusio

Projekte konsequent *situiert, partizipativ* und *adaptiv* zu gestalten sowie einem Forschungs- *und* Entwicklungsanspruch gerecht werden zu wollen, birgt methodische und methodologische (sowie ökonomische) Herausforderungen. Es ergeben sich aber ebenso Potenziale für die Ausgestaltung der Kollaboration unterschiedlicher Akteure. Unabhängig vom spezifischen Kontext gilt es, in partizipativen Projekten einen Artikulationsraum für inhaltliche und netzwerkbezogene Fragen zu schaffen. Im Sinne des strukturalen Gefüges ist Kollaboration auf Augenhöhe in jedem Sinne wesentlich. Erst diese ermöglicht ein funktionierendes Netzwerk und ist gleichermaßen bedeutsamer Faktor im Forschungsprozess. Dies schließt nicht nur die Zusammenarbeit der Forschenden untereinander und mit den schulischen Akteuren, sondern auch die forschende Kollaboration aller Akteure ein: Das meint etwa das Einladen schulischer Akteure zu Diskussionen von und einem Verhalten zu (vorläufigen) Forschungsergebnissen.

Der „MediaMatters!"-Forschungsansatz ist die logische Konsequenz des vertretenen (Medien-)Bildungsverständnisses und eine mögliche und nachhaltige Antwort auf die Aufgabe ‚Medienbildung'. Darüber hinaus kann dieser Entwurf Implikationen für andere Projekte mit forschendem und entwickelndem Anspruch insbesondere hinsichtlich der Gestaltung der Zusammenarbeit der Akteure eröffnen. Obgleich das vorgestellte Projekt auf Langfristigkeit und Nachhaltigkeit abgestellt ist, ergeben sich auch kurzfristig Lern- und Entwicklungsanlässe.

Literatur

Altrichter, H. & Posch, P. (2007). *Lehrerinnen und Lehrer erforschen ihren Unterricht: Unterrichtsentwicklung und Unterrichtsevaluation durch Aktionsforschung.* 4., überarb. u. erw. Aufl. Bad Heilbrunn: Klinkhardt.

Bell, P. (2004). On the Theoretical Breadth of Design-Based Research in Education. *Educational Psychologist 39* (4), S. 243–253.

Castells, M. (2004). *Der Aufstieg der Netzwerkgesellschaft. (Das Informationszeitalter I)*. Opladen: Leske + Budrich.

Helsper, W. (2008). Schulkulturen – die Schule als symbolische Sinnordnung. *Zeitschrift für Pädagogik 54* (1), S. 63–80.

Holtappels, H. G. & Rolff, H.-G. (2010). Einführung: Theorien der Schulentwicklung. In T. Bohl, W. Helsper, H. G. Holtappels & C. Schelle (Hrsg.). *Handbuch Schulentwicklung: Theorie – Forschungsbefunde – Entwicklungsprozesse – Methodenrepertoire*, S. 73–79. Bad Heilbrunn: Klinkhardt.

Hug, T. (2014). Unbestimmtheitsrelationen in der Bildungsforschung – Kritische Anmerkungen zum begrifflichen Bestimmungsversuch von Krassimir Stojanov. In F. Benseler, B. Blanck, R. Keil & W. Loh (Hrsg.). *Erwägen Wissen Ethik (EWE). Forum für Erwägungskultur*, 25/2, S. 261–264. Stuttgart: Lucius & Lucius.

Iske, S. (2015). Medienbildung. In F. von Gross, D. M. Meister, & U. Sander (Hrsg.), *Medienpädagogik – ein Überblick*, S. 247–273. Weinheim: Beltz Juventa.

Iske, S. (2016). Medienbildung im Kontext digitale Personenprofile. In D. Verständig, J. Holze & R. Biermann (Hrsg.) *Von der Bildung zur Medienbildung* S. 256–280. Wiesbaden: Springer VS.

Jörissen, B. (2011). „Medienbildung" – Begriffsverständnisse und -reichweiten. In H. Moser, P. Grell & H. Niesyto (Hrsg.). *Medienbildung und Medienkompetenz. Beiträge zu Schlüsselbegriffen der Medienpädagogik*, S. 211–235. München: kopaed.

Jörissen, B. (2016). Zur bildungstheoretischen Relevanz netzwerktheoretischer Diskurse. In D. Verständig, J. Holze & R. Biermann (Hrsg.), *Von der Bildung zur Medienbildung*, S. 231–255. Wiesbaden: Springer VS.

Jörissen, B. & Marotzki, W. (2009). *Medienbildung – Eine Einführung*. Bad Heilbrunn: UTB.

Jörissen, B. & Münte-Goussar, S. (2015). Medienbildung als Schulentwicklung. Oder: Wie man ein trojanisches Pferd zähmt. *COMPUTER+UNTERRICHT*, Nr. 99, S. 4–9.

Koller, H.-C. (2012). *Bildung anders denken – Einführung in die Theorie transformatorischer Bildungsprozesse*. Stuttgart: Kohlhammer.

Krotz, F. (2001). *Die Mediatisierung kommunikativen Handelns*. Wiesbaden: WestdtVerl.

Latour, B. (2010). *Eine neue Soziologie für eine neue Gesellschaft: Einführung in die Akteur-Netzwerk-Theorie*. Frankfurt am Main: Suhrkamp.

Moser, H., Grell, P., & Niesyto, H. (Hrsg.). (2011). *Medienbildung und Medienkompetenz: Beiträge zu Schlüsselbegriffen der Medienpädagogik*. München: kopaed.

Reckwitz, A. (2003). Grundelemente einer Theorie sozialer Praktiken. *Zeitschrift für Soziologie 4* (32), S. 282–301.

Reinmann, G. & Sesink, W. (2014). Begründungslinien für eine entwicklungsorientierte Bildungsforschung. In A. Hartung, B. Schorb, H. Niesyto, H. Moser & P. Grell (Hrsg.), *Jahrbuch Medienpädagogik 10. Methodologie und Methoden medienpädagogischer Forschung*, S. 75–89. Wiesbaden: Springer VS.

The Design-Based Research Collective. (2003). Design-Based Research: An Emerging Paradigm for Educational Inquiry. *Educational Researcher 32* (1), S. 5–8.

Tulodziecki, G., Grafe, S. & Herzig, B. (2013). *Gestaltungsorientierte Bildungsforschung und Didaktik. Theorie – Empirie – Praxis*. Bad Heilbrunn: Klinkhardt.

Wolff, S. (2007). Wege ins Feld und ihre Varianten. In U. Flick, E. von Kardorff & I. Steinke (Hrsg.) *Qualitative Forschung. Ein Handbuch*, S. 334–349. Reinbek: Rowohlt.

Tanja Jadin

Community Building unter Lehrpersonen zum kompetenzorientierten Einsatz neuer Medien im Unterricht

Zusammenfassung

In Österreich gibt es verschiedene Fort- und Weiterbildungsangebote für Lehrerinnen und Lehrer. Neben diesen gibt es auch zahlreiche Initiativen zur Vernetzung und zur Förderung von innovativen Unterrichtskonzepten. Eine solche Initiative ist das IMST-Themenprogramm „Kompetenzorientierter Unterricht mit neuen Medien“. Dieses zielt darauf ab, Lehrpersonen bei der Durchführung von Schulprojekten unter Einsatz digitaler Medien zu unterstützen. Im Rahmen der Begleitforschung wurde der Frage nachgegangen, wie die Vernetzung und der Austausch unter Lehrpersonen zum kompetenzorientierten Unterricht gefördert werden kann. Die Ergebnisse aus den Fokusgruppen, Interviews und qualitativer Befragung zeigen, dass eine Verbesserung der Vernetzung im Sinne eines *Community Building* nur mit einem ganzheitlichen Konzept möglich erscheint.

1 Einleitung

Lehrerinnen und Lehrer stehen neben der täglichen Berufstätigkeit vor der Herausforderung sich weiterzubilden, sich zu vernetzen und auszutauschen. Die Vernetzung unter den Lehrenden kann als *Community of Practice* (CoP) angesehen werden. CoP zeichnen sich durch eine Domäne sowie durch eine Gemeinschaft und eine Praxis aus (Wenger, McDermott & Snyder, 2002). In diesem Sinne tauschen sich Lehrende im Bereich des Einsatzes digitaler Medien im Rahmen einer gemeinschaftlichen Praxis aus. Diese Communities sind informell durch unterschiedliche Interaktionsmöglichkeiten, Rahmenbedingungen, ein Set von Tools, Ideen und Dokumente, welche geteilt werden, geprägt (Wenger, McDermott & Snyder, 2002).

Das Konzept der CoP (Wenger, 1998) sieht Lernen als soziales Phänomen bzw. multidimensionales Konzept, das aus verschiedenen Hauptkomponenten besteht. Dabei geht es einerseits um Erfahrungsaustausch, aber auch um Austausch von Ressourcen und Rahmenbedingungen sowie Perspektiven, um die Zusammenarbeit aufrecht zu erhalten (*Practice*). Essentiell sind aber die Teilhabe an der Community und das Einbringen eigener Kompetenzen in diese. Zusätzlich findet eine Veränderung der eigenen Identität im Lernprozess statt (Wenger, 1998). Für die Entwicklung einer CoP sollen laut Wenger,

McDermott & Snyder (2002) verschiedene Designprinzipien verfolgt werden. Die Entwicklung der Community sollte einen evolutionären Charakter einnehmen, verschiedene Stufen der Partizipation anbieten, private wie öffentliche Communityräume zulassen, den Wert und die Relevanz für die Communityarbeit nicht aus den Augen verlieren, eine Mischung zwischen gewohnten und neuen, innovativen Ereignissen und Vernetzungsmöglichkeiten sowie die Aktivitäten innerhalb der Community für die Mitglieder machbar und gestaltbar anbieten. Hervorzuheben sei zudem der Grad der Partizipation, welcher bei CoP eine entscheidende Rolle einnimmt und auch für Lehrende bei der Vernetzung bedeutsam ist. So können diese von den „newcomers", bis zu den „oldtimers", „full participants" bis zu den „legitimate peripheral participants" variieren (Lave, 1991, S. 68). Diese verschiedenen Ebenen der Partizipation sind im Kontext der Weiterbildung und Vernetzung unter Lehrenden anwendbar.

In Österreich existieren verschiedene Initiativen und Förderprogramme zur Integration digitaler Medien in den Unterricht. IMST (Innovationen Machen Schulen Top) ist eine Initiative des Bundesministeriums für Bildung und Frauen (BMBF) zur Weiterentwicklung und Unterstützung des österreichischen Schulunterrichts. Dieses Förderprogramm bietet vier Themenprogramme an, eines davon ist das Themenprogramm „Kompetenzorientiertes Lernen mit digitalen Medien". Lehrerinnen und Lehrer werden über ein Jahr bei ihren Schulprojekten von Lehrenden der Pädagogischen Hochschule der Diözese Linz begleitet und unterstützt. Im Rahmen der wissenschaftlichen Begleitforschung an der FH OÖ (Fakultät für Informatik, Kommunikation und Medien) wurden ausgewählte Forschungsfragen gemeinsam bearbeitet.

2 Methode

Für den Projektzeitraum der IMST Projekte 2013–2015 ging das wissenschaftliche Team der Frage nach, wie die Lehrenden über IMST hinaus hinsichtlich Community Building noch besser unterstützt werden können. Im Zentrum dieser Begleitforschung standen Probleme und Schwierigkeiten, die für das Wachstum der Community hinderlich sind bzw. Lehrpersonen davon abhalten, sich zu engagieren und zu vernetzen. Außerdem war es das Ziel, den Nutzen der Vernetzung und Weiterbildung derer, die bereits Teil der Community sind, festzustellen.

2.1 Untersuchungsdesign

Zur Beantwortung der Fragestellung wurde eine qualitative Untersuchung durchgeführt, beginnend mit einer Fokusgruppe. Danach folgten vier Experteninterviews. Abschließend sollten die Lehrenden einige Fragen über Ihre Erfahrungen und Wünsche bzgl. Vernetzung von Lehrenden beantworten. Alle Ergebnisse wurden mittels zusammenfassende Inhaltsanalyse nach Mayring (2015) ausgewertet.

An der Fokusgruppe nahmen vier Lehrer und zwei Lehrerinnen teil (Alter: 39–59). In der Fokusgruppe wurden folgende Aspekte thematisiert: Bisherige Erfahrungen mit den diversen Möglichkeiten der Vernetzung über kompetenzorientierten Unterricht unter Einsatz von neuen Medien; Arten der Vernetzung, die genutzt werden; fördernde und hemmende Faktoren der Vernetzung bisher einerseits aus der Perspektive der individuellen Unterstützung und andererseits als Teil der Unterrichtsentwicklung.

Für die Experteninterviews wurden gezielt Personen mit speziellen Funktionen ausgewählt (zwei weiblich, zwei männlich). Diese reichen von der Betreuung einer Online-Plattform (IT@VS) und einer Facebook-Gruppe über Koordinationsfunktionen am BMBF bis zur Organisation von Seminaren an der PH OÖ.

Im Rahmen der Zwischen- bzw. Abschlussberichte im Jahr 2015 wurden die Lehrenden in Form von offenen Fragen gebeten, ihre Erfahrungen und Erwartungen bzgl. Vernetzung und Austauschmöglichkeiten anzugeben. Von 31 Personen gaben 27 (15 weiblich und 12 männlich) ihre Berichte ab.

3 Ergebnisse

3.1 Ergebnisse aus der Fokusgruppe

Neben IMST werden Moodle, Facebook, Seminare und Workshops als wichtige Vernetzungsmöglichkeiten genannt. Für längere Veranstaltungen (z.B. zweitägiger Workshop) wäre man eher bereit, sich überregional zu treffen. Für kürzere Treffen (weniger als ein Tag) werden Videokonferenzen vorgeschlagen, da sie zweckdienlich und weniger zeitaufwändig sind. Die Art der Zusammenarbeit bestimme, welches Medium gewählt werden soll. Angemerkt wurde, dass für oberflächliche Konversationen eher Videokonferenzen verwendet werden könnten, persönliche Erfahrungen sollten eher im vertrauten Rahmen eines persönlichen Gesprächs ausgetauscht werden.

Es werden auch informelle Treffen (Beispiel Weihnachtsmarkt) oder Gruppen und Gruppenaktivitäten genannt, wie z.B. der gemeinsame Besuch der Kantine oder Rauchpausen. Darüber hinaus finden die eLSA und KidZ-Plattform Verwendung.

Zusätzlich wurde angemerkt, dass eine mögliche Vernetzung unter den Lehrpersonen von vielen Faktoren abhängt, u.a. von der Bereitschaft der Person sich außerhalb der Schule zu engagieren. Hierbei spielt vor allem die Persönlichkeit und die Bekanntschaften zu anderen Personen, die ähnliche Interessen verfolgen, eine entscheidende Rolle. Als motivierend für die Vernetzung werden die Freiwilligkeit, die Unterstützung und der Zusammenhalt unter den Lehrenden wahrgenommen. Demotivierend wirken dagegen die vorherrschenden Rahmenbedingungen an der Schule. Die Schule lässt aufgrund der räumlichen Situationen (zu wenig Raum für Austausch und Vernetzung) aber auch aufgrund zeitlicher Strukturen (genaue Stundenplanung und Pausen) wenige Möglichkeiten für gemeinsame Treffen offen. Auch für Planung und Durchführung bzgl. innovativer Unterrichtskonzepte bleibt wenig Zeit. Zum Thema Vernetzung wurden Ideen wie Webinare und in kürzeren Abständen wiederkehrende Veranstaltungen genannt.

3.2 Ergebnisse aus den Experteninterviews

Die beiden Betreuerinnen von IT@VS erwähnten, dass in der Facebook-Gruppe die aktiven Personen immer dieselben sind und sie bzgl. Vernetzung noch großes Verbesserungspotenzial sehen. Außerhalb von Facebook wurden auch andere Informationskanäle gesucht. Unter anderem entstand eine Kooperation mit der VPH (Virtuelle PH). Durch die Vernetzung mit anderen Netzwerken sollte der Bekanntheitsgrad erhöht werden. Die Lehrerinnen nennen als hemmende Faktoren für die Vernetzung einige Ängste, wie z.B. Versagensangst bzgl. Umgang mit neuen Medien. Generell sind die Berührungsängste mit neuen Medien in der Volksschullehre noch hoch. Weiter zählen ihrer Meinung nach mangelnde Qualifikation und fehlende Unterstützung an den Schulen, sowie Ressourcenprobleme (Zeit, fehlende IT-Ausstattung) zu den Hemmfaktoren. Ihrer Meinung nach wird die Kluft zwischen den medienaffinen Lehrpersonen und jenen mit sehr geringer Medienkompetenz immer größer. Sie kritisieren, dass zwar Fortbildungen stattfinden, diese aber nicht zur Vernetzung genutzt werden.

Von den beiden weiteren Experten aus dem Bereich der PH und des BMBF wurde ebenso die mangelnde Medienkompetenz als wichtiger hemmender Faktor genannt. Auch die begrenzte Möglichkeit der Abwesenheit vom Unterricht wurde genannt. Diese ist nicht immer leicht für die Lehrenden und hängt davon ab inwieweit diese in die Schulorganisation eingebunden sind. Online-Seminare und schulinterne Lehrerfortbildungen wären eine Antwort darauf. Die Experten geben an, dass Projektarbeit oder „freiwillige Arbeit“ oft nicht als Teil der beruflichen Verpflichtung und somit auch als nicht honoriert angesehen wird. Genauere Bestimmungen in den Arbeitsverträgen, wie z.B. einen Zeitrahmen an Projektstunden, könnten Unklarheiten ausräumen. Fortbildungen werden außerdem eher in Anspruch genommen, wenn sie im Zusammenhang mit Projekten stehen.

Eine ideale Vernetzung beruht auf einer Win-Win-Situation für alle Teilnehmenden. Communities of Practice wären ein Beispiel dazu. Außerdem wird eine Kultur des Teilens und das Schaffen einer innovativen Lernatmosphäre gefordert. Letztendlich soll durch das Teilen einzelner Engagierter das Know-how des ganzen Systems gesteigert werden. Dies ist stark von den handelnden Personen abhängig und ist verantwortlich für Erfolg oder Misserfolg der Communities. Bewährt haben sich vor allem eBuddies. Ein eBuddy betreut und unterstützt einen anderen Lehrenden beim Einsatz von Informationstechnologien im Unterricht. Dies kann auch zu einer längerfristigen Kooperation und Zusammenarbeit führen.

3.3 Ergebnisse aus der qualitativen Befragung

Das IMST-Themenprogramm selbst wurde von den Lehrerinnen und Lehrern weitgehend positiv beurteilt. Neben der fachlichen Unterstützung nannten sie v.a. die soziale Unterstützung. Im Rahmen von Workshops, der Schreibwerkstätte und durch persönlichen Austausch werden Ideen besprochen, konkretisiert und weiterverfolgt. Die zweimal im Jahr stattfindenden Workshops wurden insbesondere hervorgehoben, da diese nicht nur eine Vernetzungsmöglichkeit mit anderen Lehrenden darstellt, sondern auch die direkte Hilfestellung und Betreuung der IMST-Betreuerinnen und Betreuer. Als hilfreiches Medium zum Austausch von Ideen und Dokumenten wurde auch die bereitgestellte Moodle-Lernplattform angesehen. Wobei für einen zukünftigen Austausch noch andere, zusätzliche Medien gewünscht werden. Die darüber hinaus stattfindenden IMST-Veranstaltungen ermöglichten einen Austausch sowie den Kontakt außerhalb des gewohnten Umfelds und verhalfen zu einer Vernetzung mit anderen Schulen.

Der Austausch und die Vernetzung innerhalb der Schule sind beispielsweise bei Problemen mit einer Klasse hilfreich und bieten Hilfestellungen bei Projektarbeiten. Das Unterrichtsklima ist für die Lehrer und Lehrerinnen entspannter und abwechslungsreicher. Außerdem nehmen die Vernetzung und der vermehrte Austausch zwischen den Lehrpersonen eine wichtige Präventionsfunktion ein. Pausen können eine wichtige Funktion einnehmen, indem schnell Tipps und Hilfestellungen ausgetauscht werden können. Verpflichtende Besprechungen werden als sehr gut angesehen. Jedoch funktioniert die Vernetzung innerhalb der Schule nicht überall gut, da sich manche auch als Einzelkämpfer an der eigenen Schule wahrnehmen.

Die Vernetzung außerhalb der Schule wird unterschiedlich betrachtet. Umso besser die Vernetzung und Unterstützung innerhalb der Schule wahrgenommen wird, desto weniger relevant wird die Vernetzung außerhalb der Schule bewertet. Der Vorteil einer Vernetzung mit anderen Schulen wird als gewinnbringend erachtet, da dadurch neue Anregungen dazu kommen. Durch die Vernetzung lernen sie innovative Unterrichtsideen von anderen Schulen und Lehrenden kennen. Viele Lehrende sind sehr engagiert und investieren auch ihre private Zeit. Personen, die Weiterbildungsangebote im Bereich E-Learning besuchen, fungieren als Multiplikatoren in den Schulen, vor allem, wenn sie ihr Wissen an die Kolleginnen und Kollegen weitergeben. Auch die neuen Medien eignen sich für die Lehrer und Lehrerinnen zur Vernetzung nach außen, wie etwa durch die Moodle-Plattformen. Lernplattformen bieten eine gute Möglichkeit, Unterrichtsmaterialien und Erfahrungen auch außerhalb der Schule zu teilen.

Fehlende Zeit schränkt die Lehrenden bei der Vernetzung und beim Austausch mit Kollegen und Kolleginnen außerhalb der Schule ein. Denn für Teamgespräche oder Planung ist keine Zeit vorgesehen. Zeit ist besonders während des Schuljahrs ein knappes Gut und dadurch ist die Bereitschaft etwas Zusätzliches zu machen, gering. Des Weiteren fühlen sich Lehrpersonen oft als Einzelkämpfer. Fehlendes Verständnis und mangelnde Bereitschaft, die eigenen Erfahrungen weiter zu geben, fördern dieses Einzelkämpfertum. Unterschiedliche Schultypen mit ebenso unterschiedlichen inhaltlichen und didaktischen Ansätzen erschweren ebenso die Vernetzung. Auch die räumliche Entfernung erweist sich als hemmend für die Vernetzung zwischen den Lehrenden. Demnach können auch soziale Netzwerke und elektronische Kommunikation diese Distanz nicht immer überbrücken.

Für eine funktionierende Vernetzung muss die Schulleitung diesen Austausch fördern. Dies bedarf neben der Anpassung von Rahmenbedingungen auch eine Förderung einer Innovationskultur, indem offene Lehr-/Lernräume als Austausch zwischen Lehrenden stattfinden können. Zusätzlich sollte eine flexible Unterrichtsgestaltung ermöglicht werden.

Die Präsenztreffen sollten langfristig festgelegt werden und regelmäßig stattfinden. Dabei sind einzelne fixe Termine zum Erfahrungsaustausch ungeeignet, da die Vernetzung wieder abflaut. Dennoch sind die Zeit und die Anzahl der Kontakte für eine gute Vernetzung nicht maßgeblich. Wichtige Einflussfaktoren stellen die beteiligten Personen und die jeweiligen Anforderungen dar. Dabei benötigen einige Bereiche eine intensive Zusammenarbeit, während andere viel schneller zu bearbeiten sind. Bei Klassenprojekten ist eine Vernetzung dann für die Lehrer und Lehrerinnen sinnvoll, wenn mindestens zwei Klassen einer Jahrgangsstufe an einem ähnlichen Thema arbeiten. Auch für die Klassen selbst ist dies somit interessanter und motivierender.

Neben einer face-to-face-Vernetzung sehen die Lehrer und Lehrerinnen die zukünftige Vernetzung auch über die neuen Medien. Beim Einsatz digitaler Plattformen herrscht kein Zeitproblem und der Austausch von Erfahrungen und Dateien gelingt zeitunabhängig. Dieser kann über einfache Methoden wie E-Mail, Links, aber auch durch die Moodle-Lernplattformen geschehen. Eine weitere Möglichkeit stellen Online-Meetings via Videokonferenz, z.B. mittels Skype, dar und soziale Netzwerke wie Facebook und Twitter, welche zur Informationssammlung und didaktischer Reflexion verwendet werden. Es wurde auch vorgeschlagen, eine Art virtuelles „Schwarzes Brett" zum Austausch und zur Vernetzung zu verwenden.

4 Handlungsempfehlungen

Rahmenbedingungen und Vernetzung innerhalb der Schule
Innerhalb der Schule spielen Lehrende als Vernetzer insofern eine wichtige Rolle, da sie als Multiplikatoren angesehen werden. Sie bringen nicht nur durch ihre Vernetzungen und Weiterbildungen Neues in die Schule hinein, sie bieten oft auch fachliche und soziale Unterstützung an. Moodle kann als Austauschplattform auch innerhalb der Schule für schulorganisatorische Zwecke aber auch zum Austausch von Inhalten sowie zum vermehrten Andocken an andere Fächer hilfreich sein. Um moderne Lehr-/Lernszenarien durchführen zu können und eine Kultur der Zusammenarbeit leben zu können, sollte die räumliche und technische Ausstattung für die Schulen forciert werden. Insbesondere die räumliche Infrastruktur sollte überdacht werden um flexible, innovative Lehr-Lernräume zu ermöglichen und um diese auch als offene Begegnungsräume anzubieten.

Förderung in Richtung Open Educational Resources
Wie aus den Erhebungen hervorgeht, besteht derzeit eine eher individuelle Arbeitskultur. Eine Kultur des Teilens von Wissen und Unterrichtsmaterialen findet nur unter ausgewählten Personen statt. Um eine entsprechende Kultur zu fördern, könnte auf unterschiedlicher Ebene angesetzt werden. Bereits bei Lehrenden in der Ausbildung kann Vernetzung und Austausch angeregt und gefördert werden, indem man im Unterricht entsprechende Szenarien umsetzt und darüber hinaus für Absolventinnen und Absolventen vermehrte Vernetzungen anbietet (z.B. Alumni-Treffen). Vermehrt gefördert sollten freie Bildungsressourcen werden. Auch der Austausch erstellter Lerninhalte und Kurse sollte im Sinne der Open Educational Ressources mehr Anerkennung finden. Hierbei könnte man z.B. durch Wettbewerbe Anreize schaffen. Insbesondere ein vermehrter Kulturwandel in Richtung Open Educational Resources kann der Mehrwert für jeden einzelnen erkennbar gemacht werden. Aus den Ergebnissen geht hervor, dass hier die Lehrenden sehr gute Erfahrungen gemacht haben. Ergänzend zu Lernplattformen können zum schnellen, unkomplizierten Kommunikations- und Informationsaustausch soziale Medien wie z.B. Facebook-Gruppen (wie auch schon bei IT@VS) eingesetzt werden.

Verknüpfung von Bottom-Up- und Top-Down-Prozessen

Bestimmungen des Bundesministeriums, des Landesschulrats und des Schulmanagements (der Direktion) haben einen maßgeblichen Einfluss auf die Gestaltung von Fortbildung und die Weitergabe von Informationen. Auch Direktorinnen und Direktoren an Schulen haben entscheidenden Einfluss darauf, wie die Gestaltung von Fortbildung und der Zugang der Schule zum vernetzten Arbeiten mit neuen Medien in genereller Weise gesehen werden. Nicht zuletzt zeigen die Erhebungen auch, dass Freiräume bei der Wahl der Art der Vernetzung und der Kanäle der Vernetzung gelassen werden sollten. Zwänge, bestimmte Plattformen in angeordneter Weise zu nutzen, werden als hemmend empfunden. Als fördernd für die Vernetzung und Weiterbildung wird der Nutzenaspekt gesehen, den die Lehrpersonen für sich selbst finden möchten. Hierbei spielen Initiativen wie IMST eine wesentliche Rolle, wo die Vernetzung der Lehrende untereinander forciert wird.

Schulübergreifende Kooperationen forcieren – Synergien nutzen

Viele Initiativen zur Vernetzung und zur Weiterbildung werden als hilfreich empfunden und auch intensiv genutzt. Explizit wird noch darauf hingewiesen, dass es noch mehr Unterstützung in Richtung fachlichen Austausches und Vernetzungsmöglichkeiten zwischen Schultypen bedarf. eLSA- und E-Learning-Cluster-Schulen, also Schulen, die einer Zertifizierung nach eLSA-Grundlagen entsprechen, sind Vorreiter in Sachen des Einsatzes digitaler Medien im Unterricht. Es gäbe noch einiges Potenzial, auch andere Schulen ins Boot zu holen und schulübergreifende Synergien zu nutzen. Schulen, die diesen Standards nicht entsprechen, schrecken vielleicht zu Beginn vor einer Zusammenarbeit zurück. Wie in einem der Interviews erwähnt, ist die Ausgangsposition der „Anfängerschule" eine unangenehme; sie verlangt sehr viel Selbstbewusstsein, um in einen Wissenstransfer mit einer „Expertenschule" zu treten. Eine bewusste Auseinandersetzung und Aufklärungsarbeit zu dieser Thematik könnten Ansatzpunkte sein, doch einen Transfer anzuregen, wenn die Bereitschaft zu lernen als positive Eigenschaft gesehen wird. Wie die Ergebnisse zeigen, bietet sich eine Vielfalt an Vernetzungsmöglichkeiten an (Tabelle 1). Diese Unterteilung gliedert sich von einem Dokumentenaustausch, Austausch von Unterrichtsmaterialien bis hin zu Möglichkeiten des Austauschs über persönliche Erfahrungen.

Tab. 1: Vernetzungsmöglichkeiten

Funktion und Art der Zusammenarbeit	*Medium*
Dokumentation, Datenaustausch Austausch von Unterrichtsmaterialien	Lernplattform (z.B. Moodle)
Laufender Kommunikation und Informationsaustausch	Facebook, WhatsApp
Informationsveranstaltung mit Diskussion, kürzere, intensive Fortbildungsmaßnahmen	Online Seminare, Webinare
Erfahrungsaustausch, Ergebnisse präsentieren, Fortbildung	Tagungen, Konferenzen
Persönlicher Austausch in kleineren Gruppen	Seminare, Workshops
Persönliche Erfahrungen, Barrieren abbauen	Buddysystem, individueller Austausch

Die Art des Austauschs und der Vernetzung entscheidet über die Wahl des Mediums. Moodle kann für eine unpersönliche Dateiablage und Datenverwaltung verwendet werden. Buddys und persönliche Treffen helfen kritische Ereignisse zu besprechen sowie Ängste und Barrieren zu vermindern.

Community Building unter Lehrenden kann somit mittels einander ergänzender Möglichkeiten im Sinne eines Blended-Learning-Konzepts gefördert werden. In Ergänzung zu den diversen Vernetzungsmöglichkeiten, welche durch den Grad von Synchronizität in der Kommunikation unterteilt werden können, kann noch weiter auf organisationaler Ebene unterteilt werden.

Integration von Maßnahmen

Der Maßnahmenkatalog zur Förderung des Community Building unter Lehrenden setzt auf verschiedenen Ebenen an und stellt ein integriertes Konzept dar. Abbildung 1 ergänzt die oben vorgestellten Maßnahmen um eine organisationale Sichtweise, welche ein Zusammenspiel von Top-Down- und Buttom-Up-Elementen darstellt.

Benötigt werden gesetzliche Vorgaben des Bundes, welche einerseits verpflichtende Maßnahmen vorsehen und anderseits mehr Flexibilität den Schulen in der Umsetzung einräumen, sowie ein verändertes Schulmanagement. Bestellung von Direktorinnen und Direktoren mit Führungskompetenz. Diese sollten nicht nur Vernetzung vorleben und fördern, sondern für Lehrende an der Schule soziale und fachliche Unterstützung anbieten und den Austausch forcieren. Auf Landesebene bekommen Schulen durch den Landesschulrat die notwendige Unterstützung. Auf dieser Ebene fungieren diese auch als Ansprechpartner und bieten Hilfestellung für die Vernetzung an. Zudem kommt ihnen auch die Rolle für die Vergabe bestimmter Zertifikate zu (z.B. eLSA-Zertifikat), nehmen auch darüber hinaus Controllingaufgaben wahr und intervenieren bei nicht lösbaren Konflikten bzw. auftretenden Problemen, welche nicht auf Schulebene gelöst werden können.

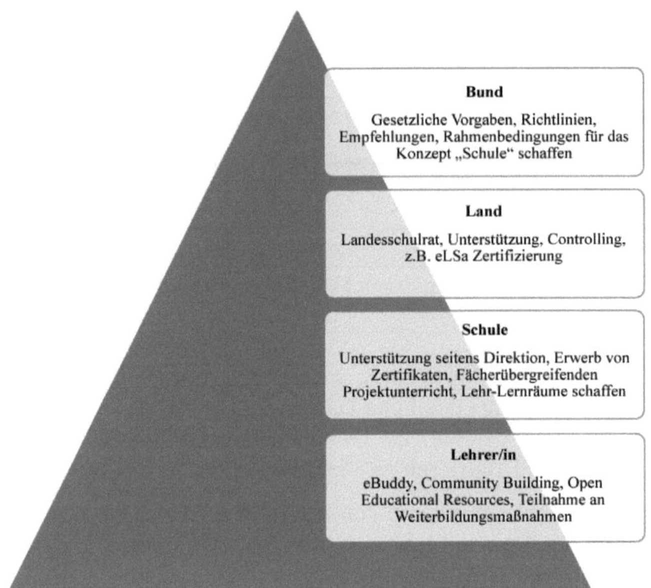

Abb. 1: Organisationale Maßnahmen

Zudem bedarf es Fortbildungsmaßnahmen speziell für Direktorinnen und Direktoren sowie für Lehrende mit speziellen Funktionen in Richtung Schulmanagement, Konfliktmanagement usw. Eine innovative Lehr-Lernkultur an der eigenen Schule unter Berücksichtigung flexibler Lehr-Lernräume und unter Verwendung eines umfassenden Medienrepertoires sollte gefördert werden. Auf der Lehrenden-Ebene sollte die Teilnahme an Fortbildungsveranstaltungen, Teilnahme als eBuddy oder andere Einbindung in der Community, Austausch von Lehr-Lernmaterialien (Open Educational Resources), Flexiblere Einteilung und Verteilung der eigenen Arbeitstätigkeiten (Lehrtätigkeiten vs. Organisation) forciert werden. Ein gelebter Austausch im Sinne einer zeitgemäßen innovativen Schule kann jedoch nur unter Einbeziehung aller relevanter Stakeholder funktionieren. Die genannten Aspekte ergeben ein komplexes Maßnahmenpaket, das in seiner Gesamtheit betrachtet und im Zusammenhang zueinander gesehen und behandelt werden muss.

Literatur

Lave, J. (1991). Situated Learning in Communities of Practice. In L.B. Resnick, S. Teasley & J.M. Levine (Hrsg.), *Perspectives on Socially Shared Cognition* (S. 63–82). Washington: Amer Psychological Association.

Mayring, P. (2015). *Qualitative Inhaltsanalyse. Grundlagen und Techniken.* 12. Auflage. Weinheim, Basel: Beltz.

Wenger, E. (1998). *Communities of Practice. Learning, Meaning and Identity.* Cambridge University Press.

Wenger, E., McDermott, R., Snyder, W. M. (2002). *Cultivating Communities of Practice.* Boston, MA: Harvard Business School Press.

Sandra Schön, Martin Ebner, Kristin Narr, Markus Peißl

Vom Modellprojekt über den Online-Kurs bis zum Handbuch – von gelungenen Projekten und Kooperationen im Bereich des „Making“ mit Kindern

Zusammenfassung

Das kreative digitale Gestalten mit Kindern gewinnt unter der Bezeichnung „Making“ zunehmend an Aufmerksamkeit. Wie im Falle eines Modellprojekts mit 150 Kindern und Jugendlichen ein kostenloser, offener Online-Kurs mit mehr als 600 TeilnehmerInnen und darauf ein offen lizenziertes Handbuch folgt, wird im Beitrag beschrieben. Förderliche Rahmenbedingungen für die Kooperation der (unterschiedlichen) und vergleichsweise zahlreichen PartnerInnen werden abschließend in Form von vier Thesen zusammengefasst.

1 Einleitung

Wer in neuen Themenfeldern arbeitet, findet selten passende Förder- und Rahmenbedingungen. Das Making mit Kindern, also die digitale kreative Arbeit in offenen Strukturen rund um 3D-Druck und Programmierung, ist ein solches Feld, das vor ein paar Jahren, trotz zahlreicher Bezüge und Referenzen auf pädagogische Traditionen und Erfahrungen, noch neuartig war – und wohl auch weiterhin für viele neu ist. Bei neuen Themen und Ideen ist oft viel Eigenleistung und Engagement gefragt sowie auch Kreativität und Offenheit in Bezug auf mögliche Kooperationen, um hier etwas Neues auszuprobieren und dann auch für entsprechende Verbreitung der Erfahrungen zu sorgen.

In diesem Beitrag möchten wir aufzeigen, wie und mit welchen Erfolgen und unter welchen Rahmenbedingungen solche Kooperationen beim Thema „Making mit Kindern und Jugendlichen“ möglich sind, bzw. welche Faktoren dabei aus unserer Sicht hilfreich waren, auch weil es zu Kooperationen zwischen ganz unterschiedlichen Einrichtungen – u.a. Hochschulen, Bildungsvereinen, außeruniversitären Forschungseinrichtungen, Einzelpersonen und Unternehmensstiftung kam.

2 Making mit Kindern und Jugendlichen – ein neuartiges Themenfeld

In der Kinder- und Jugendarbeit haben offene Werkstätten Tradition. Mit der sogenannten Maker-Bewegung gewinnt die Nutzung von digitalen Werkzeugen in der kreativen Arbeit immer mehr an Bedeutung (Schön 2014): 3D-Drucker, Schneideplotter oder auch Laser Cutter werden in FabLabs (Kurzform für engl. *fabrication laboratories*) der Öffentlichkeit zur Verfügung gestellt. Auch in der Kinder- und Jugendarbeit findet diese Bewegung ihren Niederschlag, so wird mit Kindern programmiert, Modelle für den 3D-Drucker werden modelliert und gedruckt oder auch LED-Schaltungen gelötet.

Making, also das kreative Gestalten mit Technologien, hat in den letzten Jahren an Aufmerksamkeit gewonnen und vereint die Interessen unterschiedlicher Akteure, so der Unternehmen für technisch interessierten, selbstorganisierten Nachwuchs mit Ambitionen zum Erfinden, der Bildungspolitik für technologiebasierte Innovationsentwicklung und MINT-Nachwuchsförderung sowie der (Medien-)Pädagogik und ihrem Wunsch nach kompetenten, kritisch-aktiven Medien- und WeltgestalterInnen (vgl. Schön, Ebner & Kumar 2014; Zorn u.a. 2013; Schön u.a. 2016).

Making mit Kindern (und Jugendlichen) ist also kreatives Arbeiten mit Technologien und wird nach Schön u.a. folgendermaßen beschrieben (2016, S. 9):

- „Beim Making sind die *Kinder selbst die Akteure*, also die Ideenentwickler/innen, Erfinder/innen, Gestalter/innen und Produzentinnen und Produzenten.
- Ergebnis von Making-Aktivitäten mit Kindern ist ein *konkretes Produkt* – also ein gegenständliches oder digitales Ergebnis.
- Making-Aktivitäten mit Kindern unterstützen die *Kreativitätsentwicklung* und bieten Raum für eigene Ideen, Varianten und Ergebnisse.
- Making-Aktivitäten mit Kindern leiten zum *selbstorganisierten Lernen* an. Es wird stets gezeigt, wo und auf welche Weise mit vorhandenen Materialien notwendiges Wissen oder Fähigkeiten angeeignet werden können.
- Making-Aktivitäten mit Kindern unterstützen den interdisziplinären Wissensaufbau und Wissensaustausch. Sie finden in einer *kooperativen Atmosphär*e statt und legen Wert auf Austausch von Erfahrungen, Ideen und Wissen sowie das gemeinsame Arbeiten.
- Schließlich stellen Making-Aktivitäten im besten Falle eine Möglichkeit dar, *die Welt aktiv zu gestalten und zu verbessern.* Daher sind Prinzipien der Nachhaltigkeit, des Umweltschutzes oder partizipative Vorgehensweisen inhärent: Upcycling, Müllvermeidung, soziales Engagement sind so beispielsweise zentral.“

Es liegen bereits zahlreiche Beschreibungen von Maker-Aktivitäten für Kinder und Jugendliche vor, insbesondere aus dem US-amerikanischen Raum (z.B. Young Makers 2012; Makerspace/Maker Media 2013; New York Hall of Science 2013). Dennoch gab es im Frühjahr 2015 nur vereinzelt Veröffentlichungen zu genaueren Untersuchungen rund um das neue Konzept bzw. für Teilbereiche, z.B. Robotics bzw. deutschsprachige Projektbeschreibungen zum Making mit Kindern.

3 Vom Modellprojekt über den Online-Kurs zum Handbuch: Kooperationen mit Impact

Im Folgenden werden drei sukzessive aufeinander aufbauende Projekte beschrieben, die „Maker Days for Kids“, der Online-Kurs zum Making mit Kindern sowie das Handbuch mit Maker-Aktivitäten für Kinder und Jugendliche. Neben den Projektskizzen wird dabei ein besonderes Augenmerk auf Kooperationen sowie auf den Impact, also konkrete Ergebnisse und Wirkungen der Projekte, gelegt.

3.1 Die „Maker Days for Kids“ – eine viertägige offene digitale Werkstatt

Die Veranstaltung „Maker Days for Kids“[1] war eine kreative digitale Werkstatt, die im April 2015 vier Tage lang für Kinder von 10 bis 14 Jahren geöffnet hatte (vgl. Schön, Ebner & Reip, 2016). Aufbauend auf einer kurzen Einleitung zur Maker-Bewegung werden das Konzept der Veranstaltung, z.B. die Einführungsworkshops, die Rolle der Peer-TutorInnen, tägliche „Challenges“ und Selbstlernmaterialien sowie Erfahrungen damit vorgestellt. Durch eine detaillierte Erfassung der Anwesenheit, Teilnahme an unterschiedlichen Angeboten und der Nutzung der Infrastruktur ist es zudem möglich, Besonderheiten von Schülerinnen und Schülern unterschiedlicher Schularten und von Jungen und Mädchen genauer zu betrachten. Insgesamt haben 69 Kinder an der Vorbereitung bzw. bei der offenen Werkstatt teilgenommen und dabei u.a. Traumhäuser modelliert und am 3D-Drucker ausgedruckt, Spiele programmiert oder LED-Lampen in Acrylbildern montiert.

Auch für das Projekt „Maker Days for Kids“ vereinten sich unterschiedliche Akteure. Mit Unterstützung der HIT-Unternehmensstiftung haben sich so MitarbeiterInnen der TU Graz, der landeseigenen Forschungsgesellschaft Salzburg Research, des Schülerforschungszentrum Berchtesgadener Land, sowie des Haus der Jugend in Bad Reichenhall unter der Leitung des gemeinnützigen Bildungsverein BIMS zusammengetan, um im Rahmen einer viertägigen offe-

1 Mehr zum Projekt: http://makerdays.wordpress.com (2016-03-03)

nen Werkstatt zu erproben, ob und wie Making-Aktivitäten in einer offenen Werkstatt für Kinder und Jugendliche zwischen 10 und 14 Jahren angeboten werden können und wie sie angenommen werden.

Ausgehend von einem ersten Projektplan im Herbst 2014 wurde das Konzept der offenen Werkstatt über mehrere Monate hinweg entwickelt und dabei Handbücher und Weblogs mit Maker-Aktivitäten hinzugezogen. Neben den Abläufen wurden dabei auch unterschiedliche Materialien, z.B. die Workshop-Ankündigungen, Anmeldeformulare u.a. entworfen. Zudem wurden mit bis zu acht Peer-TutorInnen bei drei Vorbereitungstreffen die Angebote, Abläufe und Strukturen diskutiert und (weiter-)entwickelt. Die Peer-TutorInnen sind Jugendliche, die in vorherigen Medienprojekten eingebunden waren. Zwölf erwachsene HelferInnen und acht Jugendliche nahmen an zwei Workshops zur Vorbereitung der offenen Werkstatt teil, bei denen zum einen das Konzept und zahlreiche Werkzeuge vorgestellt wurden bzw. zum anderen im Salzburger Happylab die Nutzung der Leihgeräte, d.h. des 3D-Druckers wie eines Vinyl-Cutters geprobt wurde. Betrachtet man den Verlauf über die Tage während der offenen Werkstatt, wurde auf hohem Niveau (Anzahl der TeilnehmerInnen: 28) gestartet, am 2. und 3. Tag wurde mit je 39 jeweils knapp die Obergrenze von 40 TeilnehmerInnen verfehlt. Die Auswertung ergibt auch hohe Zahlen von TeilnehmerInnen, die wiederholt kamen: 24 von 28, d.h. 86 Prozent der Kinder kamen am 2. Tag wieder (vgl. Tabelle 1)

Tab. 1: Übersicht über TagesteilnehmerInnen bei den „Maker Days for Kids".

	Tag 1	**Tag 2**	**Tag 3**	**Tag 4**	**Gesamt**
Einen Tag dabei	28	15	14	4	61
Zwei Tage dabei	0	24	5	8	37
Drei Tage dabei	0	0	20	2	22
Vier Tage dabei	0	0	0	14	14
Anzahl TagesteilnehmerInnen	28	39	39	28	134

Da Mädchen für Technik-Themen schwerer erreichbar scheinen, erscheint die Mädchenquote von 44 Prozent gut, auch wurde die Zielgruppe altersmäßig gut erreicht (8 bis 16 Jahren, im Mittel fast 13 Jahren). Überraschend hoch, und wohl auf die intensive Werbung einer Mittelschuldirektorin zurückzuführen, ist die Quote der TeilnehmerInnen aus der Real- und Mittelschule (40%), im Vergleich waren nur 28 Prozent Gymnasiasten (der Rest v.a. GrundschülerInnen). 90 Prozent aller Kinder haben an einem Workshop teilgenommen, im Durchschnitt wurden mehr als 5 Workshops besucht. Mehr als ein

Drittel hat während der Anwesenheit in der Werkstatt zumindest ein 3D-Modell gedruckt und mit dem Vinyl Cutter einen Aufkleber oder eine Bügelfolie gestaltet. Betrachtet man die Aktivitäten der TeilnehmerInnen nach Geschlecht, lassen sich vor allem im Hinblick auf die Erstellung von 3D-Modellen (und damit auch im Hinblick auf den 3D-Druck) deutliche Unterschiede feststellen (vgl. Schön, Ebner & Reip, 2016): Nur 21 Prozent der Mädchen, aber 53 Prozent der Jungen haben ein 3D-Modell entwickelt (dieser Unterschied ist hoch signifikant, Irrtumswahrscheinlichkeit $p < 0{,}01$). Nur die Mädchen liehen sich zudem den 3D-Doodler aus (dieser Unterschied ist signifikant, $p < 0{,}05$). Bei allen anderen untersuchten Aktivitäten wie z.B. dem Anteil der Kinder, die Workshops besucht haben oder dem Anteil der Kinder, der Linsen für die VR-Brille abgeholt hat, gibt es keine signifikanten Unterschiede. Betrachtet man die Aktivitäten der TeilnehmerInnen nach der Form der besuchten Schulform, fallen keine Unterschiede ins Auge, im Gegenteil erscheinen die Gruppen sehr homogen.

3.2 Der Online-Kurs „Making mit Kindern“

„Making – Kreatives digitales Gestalten und Experimentieren mit Kindern“[2] ist ein offener Online-Kurs zum kreativen digitalen Gestalten und Experimentieren mit Kindern. Er handelt von unterschiedlichen Making-Werkzeugen und -Aktivitäten für Kinder in der Schule und Kinderarbeit und richtet sich an Erwachsene, die mit noch kaum Erfahrung mit dem Making haben. Handlungsorientiert und praxisnah werden im Online-Kurs ausgewählte Werkzeuge der Making-Bewegung und ihre Einsatzmöglichkeiten vorgestellt. Der Kurs bietet Vorstellung von ausgewählten Unterrichts- oder Workshop-Szenarien fürs Programmieren, Roboterbauen oder 3D-Drucken und leitet dabei zu ersten eigenen Making-Erfahrungen an. Der Online-Kurs ist auf der Plattform iMooX[3] erreichbar. iMooX ist die einzige österreichische MOOC-Plattform, also eine Plattform die Kurse anbietet, die sich an eine große Zahl von TeilnehmerInnen richten (MOOC ist die Abkürzung für „Massive Open Online Course“). Auf iMooX werden ausschließlich kostenfreie Online-Kurse zu unterschiedlichen Themen angeboten, in denen Interessierte kostenlos orts- und zeitunabhängig teilnehmen können (vgl. Ebner, Scerbakov, Kopp 2015).

Der Online-Kurs „Making mit Kindern“ unterliegt wie alle iMooX-Kurse dem sogenannten xMOOC-Konzept, d.h. es ist ein Kurs, der sich an potenziell sehr viele Beteiligte richtet und Aktivitäten und Kommunikation prinzipiell unterstützt, der Kurs-Content jedoch im Vordergrund steht. Der Kurs begann am

2 http://imoox.at/wbtmaster/startseite/maker.html (2016-03-03).

3 Die Plattform wurde im Dezember 2013 in Zusammenarbeit der Karl-Franzens-Universität und der Technischen Universität Graz gegründet und entwickelt. Da sich die Plattform auf offen lizenzierte Kurse und Kursmaterialien spezialisiert hat, hat die Österreichische UNESCO-Kommission die Schirmherrschaft übernommen.

19.10.2015 und dauerte bis zum 06.12.2015. In den sieben Einheiten wurden zehn Videos mit Interviews von Expertinnen und Experten sowie Szenen von den „Maker Days for Kids" präsentiert. Zudem gab es 17 Projektbeschreibungen zu Making-Aktivitäten.

Durchgeführt wurde der Kurs durch Eigenleistungen des BIMS e.V., der TU Graz sowie der Salzburg Research Forschungsgesellschaft und durch ehrenamtliches Engagements zahlreicher ExpertInnen und KooperationspartnerInnen sowie wieder mit Unterstützung der HIT-Stiftung.

Im Rahmen einer Qualifikationsarbeit an der TU Graz wurde der Kursverlauf genauer ausgewertet. Das Interesse am Kurs war demnach groß, kurz nach Ende des Kurses wurden 560 registrierte TeilnehmerInnen gezählt (Stand 12.12.2015). Während des regulären Kursverlaufs – der Online-Kurs ist weiterhin zugänglich – wurden insgesamt 458 Diskussionsbeiträge geschrieben, in der Einheit zum einfachen Programmieren wurden auf der Plattform Scratch 46 Projekte von KursteilnehmerInnen veröffentlicht, untereinander diskutiert und weiterentwickelt. Obwohl die Linsen auch im Handel erhältlich sind, haben 34 TeilnehmerInnen per Freiumschlag Linsenpaare für die selbstgebastelten VR-Brillen angefordert. Insgesamt wurden zudem 550 Badges für den Kurs verteilt. Ein Badge bekommt man wenn man für jedes Quiz einer Einheit bzw. beim erfolgreichen Ablegen aller Quizze, d.h. nach Erreichen von jeweils 75 Prozent korrekt beantworteter Fragen.

Bei der Vorstellungsrunde in der ersten Kurswoche wurden von den TeilnehmerInnen 122 Beiträge verfasst. Damit gilt die erste Einheit als die am meisten frequentierte Einheit im Forum. Auch in der Einheit „Einfaches Programmieren" wurden fast 100 Beiträge gezählt, danach legte sich die Aktivität im Forum. Im letzten Drittel konnte der 3D-Druck die Beitragszahlen wieder auf 60 Posts ansteigen lassen. Zu den letzten beiden Themen „Fotografie und Film" sowie „Makey Makey und Co." wurden 37 Beiträge abgegeben.

3.3 Das offen lizenzierte Handbuch

Die Projektbeschreibungen des Online-Kurses wurden durch einen Aufruf für (weitere) Beiträge im November 2015 erweitert. Diese Beiträge wurden redaktionell bearbeitet und gestaltet. Am 1. März 2016 erschien das komplette Handbuch zu Making-Aktivitäten mit Kindern und Jugendlichen online bzw. war im Buchhandel als Printversion erhältlich. Es umfasst nun einen einführenden, multiperspektivischen Text zu Making mit Kindern wie auch 33 Projektbeschreibungen rund um das einfache Programmieren, Foto und Film, Making rund um Smartphone, 3D-Druck, alternative Hardware usw. Die Präsentation und Online-Stellung des Handbuchs erfolgte ebenfalls am 1. März, im Rahmen des OER-Festivals in Berlin in einem Panel mit mehreren Making-Projekten. Das Handbuch wurde bereits im Vorfeld auf mehreren Veranstaltungen angekündigt, nach dem Erscheinen wurden auch Postkarten und Plakate an alle UnterstützerInnen ausgeteilt. Aufgrund der Kooperationspartnerschaften mit dem FSM e.V. und dem Medienpädagogik Praxis-Blog erfolgt nun nach und nach die Veröffentlichung der einzelnen Projektbeschreibungen des Handbuchs auf den Plattformen beider Partner – dies ist auch wegen der offenen Lizenz kein Problem.

4 Überblick: Die Vorhaben, Kooperationen und der Impact

Kooperationsprojekte entstehen häufig, weil Fördergeber entsprechende Vorgaben an die Zusammensetzung der beteiligten PartnerInnen an Modell-, Praxis- oder Forschungsprojekten vorgeben. In den vorliegenden Projekten gab es mit der HIT-Stiftung den gleichen Fördergeber für alle Projekte und mit dem BIMS e.V. jeweils den gleichen Zuwendungsempfänger. Alle weiteren Kooperationen waren jedoch nicht Bestandteil der Zuwendung, welche wiederum auch nur einen Teil der Aufwände, jeweils ca. 20 bis 30 Prozent deckte. Die Projekte wurden mehrheitlich durch Übernahme von Personalkosten durch die beteiligten Einrichtungen oder ehrenamtliche Tätigkeiten ermöglicht. In Tabelle 2 wird zusammengefasst dargestellt, in welchen Kooperationen die Projekte entstanden. Gleichzeitig stellen wir überblicksartig dar, welcher Impact damit erreicht wurde.

Die Übersicht zeigt, dass alle drei Projekte auch von der immer weiteren Bearbeitung des Themas profitierten, d.h. eher mehr als weniger Kooperationen zustande kamen; auch wenn nicht alle der PartnerInnen beim Praxisprojekt automatisch bei den Folgeprojekten mitmachten. So beteiligte sich z.B. das Haus der Jugend, Veranstaltungsort der Maker Days, nicht am Handbuch.

Für viele der KooperationspartnerInnen war die Zusammenarbeit im Projekt wohl ausreichend zufriedenstellend, sodass sie sich auch am Folgeprojekt beteiligten. Dies ist jedoch keine Selbstverständlichkeit, insbesondere wenn man bedenkt dass etliche Einrichtungen oder Personen auch durchaus kompetitiv am Markt agieren.

Tab. 2: Drei durch Kooperationen entstandene Projekte mit Making-Aktivitäten

Bereich	Kooperationen	Ergebnisse und Wirkungen
„Maker Days for Kids" – viertägige offene digitale Werkstatt (April 2014)	Kooperationsprojekt von Bildungsverein, Hochschule, Forschungseinrichtung, Schülerforschungszentrum, Jugendzentren, weitere Einzelpersonen, Unterstützung durch Stiftung	– fast 170 TagesbesucherInnen + 10 Peer-TutorInnen – Dokumentation im Projektweblog – Artikel in der regionalen und überregionalen Presse (inkl. TV) – Beitrag in Fachzeitschrift – Video-Material und Interviews für Online-Kurs
Online-Kurs „Making mit Kindern" (Start Oktober 2014)	s.o. sowie 26 weitere Kooperationen, u.a. AutorInnen für Projektbeschreibungen, ExpertInnen zur Betreuung der Foren, PR-PartnerInnen	– 10 Videos – 17 Projektbeschreibungen – 560 KursteilnehmerInnen – mehr als 450 Beiträge im Diskussionsforum
Das Handbuch „Making-Aktivitäten mit Kindern und Jugendlichen" (Veröffentlichung 1. März 2016)	Insg. 36 AutorInnen, drei HerausgeberInnen, drei gemeinnützige Vereine bzw. Akteure, Unterstützung Stiftung	– Einführung und 33 Projektbeschreibungen – Artikel in der überregionalen Fachpresse (u.a. heise.de, schule.at, Magazin Make) – u.a. 300 Reads nach 24 Stunden (ResearchGate)

5 Vier Thesen zu den förderlichen Rahmenbedingungen für Kooperationen mit Impact aus Perspektive der Verantwortlichen

Das Thema der GMW-Tagung zum Anlass nehmend, möchten wir in diesem Abschnitt vier Thesen formulieren, worauf wir das Zustandekommen der Partnerschaften zurückführen.

5.1 These 1: Gemeinsam neue Erfahrungen sammeln ist attraktiv

Insbesondere beim Modellprojekt, der offenen Werkstatt, einte alle Beteiligten ein Ziel: etwas auszuprobieren und neue Erfahrungen zu sammeln. Für die einen ging es dabei um praktische Erfahrung, für die beteiligen ForscherInnen auch um die Ergebnisse der Projektevaluation. Gleichzeitig waren dabei auch jeweils unterschiedliche Aspekte neuartig: Für das Schülerforschungszentrum war die Arbeit in einem offenen Setting neu; für die MitarbeiterInnen der TU Graz der Umgang mit Kindern und zahlreichen Werkzeugen, für andere wiederum die

Arbeit mit dem 3D-Drucker. Auch beim Online-Kurs, dem ersten seiner Art in deutscher Sprache, und beim Handbuch handelt es sich um Pionieraktivitäten.

5.2 These 2: Offene Lizenzen bzw. OER als Grundlage für Kooperationen sorgen für Beteiligung und klare rechtliche Grundlage

Als der Entschluss gefallen ist, bei den Maker Days for Kids die Videoaufnahmen für den Online-Kurs anzufertigen, wurde kommuniziert, dass die Materialien unter einer offenen Lizenz zur Verfügung gestellt werden. Damit war klar, dass alle Beteiligten die erstellen Kursmaterialien nutzen können. Gleichzeitig wurde im Kurs wohl auch eine Möglichkeit gesehen, die eigene Arbeit vorzustellen. Auch für die zahlreichen UnterstützerInnen beim Online-Kurs und dem Handbuch schien es wichtig zu sein, dass sie bei offen lizenzierten Materialien, also offene Bildungsressourcen bzw. kurz OER, mitarbeiten. Gleichzeitig ermöglicht die offene Lizenz, dass die alle, also auch die Kooperationspartner, die Materialien, z.B. auf ihren Homepages veröffentlichen oder anderweitig nutzen können.

5.3 These 3: Erwartete Netzwerkeffekte bei der PR als Treiber für Kooperationen

Mit einer zunehmenden Zahl an KooperationspartnerInnen steigen die Möglichkeiten der Verbreitung der Projektergebnisse. Zwar pflegt nicht jede Einrichtung einen Presseverteiler oder stellt das Projekt auf der eigenen Webseite vor – die Chancen und Gelegenheiten dazu steigen jedoch. Deutlich hat sich dieser Effekt beim Online-Kurs gezeigt: Natürlich präsentieren die (meisten) der KooperationspartnerInnen gerne ihre Teilnahme und den Kurs; gleiches gilt für das Handbuch. Gerade bei der mehrfachen Veröffentlichung der Texte des Handbuchs steigert sich dadurch die Verbreitung des Handbuchs. Durch die breite Kooperation wird potenziell mehr Adressaten erreicht, z.B. durch die PR der PartnerInnen erreicht. Natürlich ist es dabei auch durchaus möglich, dass die Teilnahme eines Partners nicht mehr unmittelbar auffällt.

5.4 These 4: Kooperation und Teilen gehört zum Selbstverständnis der Maker-Bewegung

In der Maker-Bewegung, der sich etliche der UnterstützerInnen zuordnen werden, ist das Teilen, z.B. von Werkzeugen und Ideen, zentral. Die Verwendung von offenen Lizenzen, z.B. in Form von Open Data oder Open Source Software ist gängig. Es überrascht daher auch nicht, dass mehrere deutschsprachige Making-Initiativen im Jahr 2015 Materialien veröffentlichten, die offen lizenziert sind. Vermutlich erleichtert die Kooperation und Mitwirkung zum einen, weil bekannt ist, wie offene Lizenzen „funktionieren" und zum anderen, dass eben selbstverständlich offene Bildungsressourcen „für die Community" erstellt werden.

6 Ausblick

Der Erfolg der beschriebenen Projekte liegt wohl nicht nur an den Kooperationen, sondern wohl auch daran, dass das Thema neuartig war und ist und die Angebote „gerade zur richtigen Zeit" kamen. Ob die von uns skizzierten förderlichen Rahmenbedingungen tatsächlich ausschlaggebend für die Kooperationen und den Projekterfolg waren, kann dabei nur schwer retrospektiv festgestellt werden, auch fehlen entsprechende Evaluationen zu den Projektpartnerschaften. Wir wissen, dass weitere Kooperation auch aus Perspektive der Projektleitung einen Aufwand bedeutet, sodass die Kooperation auch aus Perspektive des Projekterfolgs einen Mehrwert mitbringen muss. Dass sich der Aufwand jedoch lohnen kann, hat sich bei den vorgestellten Projekten deutlich gezeigt.

Literatur

Ebner, M., Scerbakov, A., Kopp, M. (2015) All About MOOCs. In: P. Jost, & A. Künz (Hrsg.). *Digitale Medien in Arbeits- und Lernumgebungen. Beiträge zum Usability Day XIII* (S. 148–155). Lengerich: Papst.

Makerspace/Maker Media (2013). *The Makerspace Playbook.* School Edition, online unter: http://makered.org/wp-content/uploads/2014/09/Makerspace-Playbook-Feb-2013.pdf (letzter Zugriff: 05.02.2016).

New York Hall of Science (2013). *A Blueprint, Maker Programs for Youth,* online unter: http://dmp.nysci.org/system/files/filedepot/1/NYSCI_MAKER_BLUEPRINT.pdf (letzter Zugriff: 05.02.2016).

Schön, S. (2014). Maker-Movement in der Kinder- und Jugendarbeit (Maker Movement Teil 2/2). In: *Medienpädagogik Praxis-Blog* 2.6.2014, online unter: https://www.medienpaedagogik-praxis.de/2014/06/02/maker-movement-in-der-kinder-und-jugendarbeit-maker-movement-teil-22/ (letzter Zugriff: 05.02.2016).

Schön, S., Ebner, M., Kumar, S. (2014). The Maker Movement. Implications of New Digital Gadgets, Fabrication Tools and Spaces for Creative Learning and Teaching. In: *eLearning Papers, 39,* July 2014, S. 14–25, online unter: http://www.openeducationeuropa.eu/en/article/Learning-in-cyber-physical-worlds_In depth_39_2?paper=145315 (letzter Zugriff: 05.02.2016).

Schön, S., Ebner, M. & Reip, Ingrid (2016). Kreative digitale Arbeit mit Kindern in einer viertägigen offenen Werkstatt. Konzept und Erfahrungen im Projekt „Maker

Days for Kids“. In: *medienimpulse*, online unter: http://medienimpulse.at/articles/view/829 (letzter Zugriff 05.05.2016)

Schön, S., Boy, H., Brombach, G., Ebner, M., Kleeberger, J., Narr, K., Rösch, E., Schreiber, B. & Zorn, I. (2016). Einführung zu Making-Aktivitäten mit Kindern und Jugendlichen. In: S. Schön, M. Eber & K. Narr (Hrsg.). *Making-Aktivitäten mit Kindern und Jugendlichen. Handbuch zum kreativen digitalen Gestalten.* Norderstedt: Book On Demand; online unter: http://bit.do/handbuch (letzter Zugriff: 03.03.2016).

Young Makers (2012). *Maker Club Playbook,* online unter: https://docs.google.com/file/d/0B9esWAj9mpBLNmRlMWYxZjUtZjJjMi00NTdhLThmNjUtMmM5ZDk5NTZmMzBh/edit (letzter Zugriff: 05.02.2016).

Zorn, I., Trappe, C., Stöckelmayr, K., Kohn, T., Derndorfer, C. (2013). Interessen und Kompetenzen fördern. Programmieren und kreatives Konstruieren. In: M. Ebner & S. Schön (Hrsg.), *Lehrbuch für Lernen und Lehren mit Technologien* (L3T), online unter: http://l3t.eu (letzter Zugriff: 05.02.2016).

Michael Heinecke

Digitale Skripte mit Markdown und elearn.js als Basistechnologie für OER

Zusammenfassung

An deutschen Hochschulen werden in zahlreichen Lehrveranstaltungen Skripte zur Wissensvermittlung genutzt und meist den Studierenden als PDF zum Download angeboten. Digitale Skripte ermöglichen es, die Vorteile von elektronischen Lehrmedien mit denen eines papierbasierten Veranstaltungsskriptes zu vereinen. Die Meta-Sprache Markdown dient hierbei als Autorensprache zur Generierung verschiedener Ausgabeformate wie PDF, HTML oder ePUB. Der Vorteil von Markdown liegt in dem einfachen und quelloffenen Format, welches sich problemlos teilen und adaptieren lässt, ohne spezielle Editoren oder Plattformen vorauszusetzen. Das frei lizensierte elearn.js ermöglicht es, die HTML-Ausgabe von Markdown zu paginieren und mit Interaktionsmöglichkeiten auszustatten, wie zum Beispiel Navigation per Maus, Tastatur oder Wischgeste, Inhaltsverzeichnis, Bildergalerie, Quiz und weitere. Das dazugehörige Stylesheet passt die Darstellung der Inhalte responsive an alle geläufigen Bildschirmgrößen an. Markdown und elearn.js eignen sich somit bestens zur nachhaltigen Entwicklung von digitalen, offenen Lernressourcen.

1 Skripte in der alltäglichen Hochschulpraxis

Veranstaltungsskripte werden an Hochschulen meist begleitend zu Präsenz-Lehrveranstaltungen für die Teilnehmenden als Lernmaterial bereitgestellt, zum Beispiel als Vorlesungsskript oder Praktikumsskript. Die Skripte bieten den Studierenden in der Regel lehrbuchartige Texte zur Vor- oder Nachbereitung der Lehrveranstaltung, die von den DozentInnen inhaltlich speziell auf diesen Bedarf zugeschnitten werden. Dies geschieht häufig in Inhaltsbereichen, für die es kein passendes Lehrbuch gibt oder in denen die verfügbaren Lehrtexte zu umfangreich oder zu verstreut vorliegen, um sie in der gegebenen Zeit bearbeiten zu können. Ein Handzettel-Ausdruck von Präsentationsfolien stellt kein vollwertiges Skript dar, da die Folien ohne das gesprochene Wort nicht den gesamten Inhalt widerspiegeln. Aus manchen Vorlesungsskripten sind im Laufe der Jahre Lehrbücher entstanden (vgl. Skriptum, Wikipedia).

Skripte werden in der Regel in einem Office-Programm wie MS Word oder LibreOffice Writer verfasst. In technischeren Fächern ist auch die Nutzung des Textsatzsystems LaTeX verbreitet. Für die Bürokommunikation und einfache Drucksachen sind Office-Programme sehr gut geeignet. Ist jedoch das Ziel, auch im Internet zu veröffentlichen, macht die Überführung der Inhalte aus einem Textverarbeitungsprogramm in HTML unnötig viel Arbeit. Aus LaTeX ist die Konvertierung nach HTML problemlos möglich, doch die meisten Autoren scheuen die große Anfangshürde beim Erlernen der LaTeX-Syntax und Aufsetzen des Satzsystems.

Die Möglichkeiten, die sich bieten, wenn Skripte vornehmlich digital als HTML-Seiten veröffentlicht werden, sind vielfältig. Vor allem die Einbindung von dynamischen und interaktiven Medien sind hier hervorzuheben (vgl. Skript, eTeaching.org). Schon länger ist man im E-Learning auf der Suche nach einem geeigneten Ansatz, um komfortabel Online- und Print-Versionen von Lehrtexten aus einer Quelle generieren zu können. Doch entweder sind die Autorenumgebungen zu technisch und schwierig zu erlernen (z.B. eLML), oder sie setzen auf WYSIWYG-Editoren, die leider nicht in der Lage sind, wirklich sauberen HTML-Code zu generieren. Einige Wiki-Engines sind zwar in der Lage, Artikel auch als PDF auszugeben, doch werden die Autoren dadurch beschränkt, dass sie nur im Browser online arbeiten können und auf eine Installation eines solchen Wiki-Servers angewiesen sind.

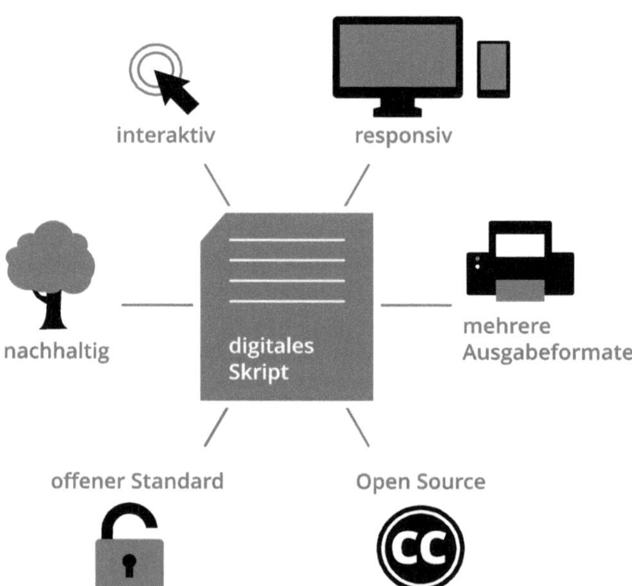

Abb. 1: Eigenschaften von zukunftsfähigen Digitalen Skripten.

2 Anforderungen an offene digitale Skripte

Soll das Skriptum in ein digitales zukunftsfähiges Format gebracht werden, so können verschiedene Anforderungen daran gestellt werden (vgl. Abb. 1). Die Anforderungen sind zum einen aus der Tatsache der steigenden Mobilität und dem einhergehenden Mobile Computing (Horizon Report 2011, JIM-Studie 2015), zum anderen aus den praktischen Erfahrungen mit E-Learning-Standards und den Problemen bei der Wiederverwendung von OER abgeleitet (Amiel, 2013, Tabuenca, 2015).

Folgende Anforderungen werden an die digitalen Skripte gestellt:

- einfach und überall zu erstellen
- ohne speziellen Editor
- in offenem Quell-Format
- leicht weiterzugeben, anzupassen und zu überarbeiten
- mit interaktiven und dynamischen Medien
- in Webseiten und in Lernplattformen leicht integrierbar
- mit druckbarer Version
- auf allen gängigen Gerätetypen gut zu nutzen
- leicht und intuitiv zu navigieren
- offline nutzbar
- mit möglichst wenig Abhängigkeiten von externen Ressourcen
- möglichst kleine Dateigrößen, dadurch mobil besser nutzbar

Die Probleme gängiger E-Learning-Autorenworkflows werden anhand dieser Liste schnell deutlich. Vor allem die flexible Erstellung und Anpassung der Skripte ohne speziellen Editor sind herausstechende Merkmale, die offene Lernressourcen tragen sollten. Eine Basistechnologie hierzu bietet Markdown.

3 Entwicklung von Texten mit Markdown

Markdown ist eine Meta-Auszeichnungssprache, die sich bei der Auszeichnung von Textabschnitten sehr einfacher Markierungen bedient (Gruber, 2004). Dabei wird Markdown im Quelltext in einer einfachen Textdatei geschrieben. Die Art und Weise der Auszeichnung orientiert sich dabei an der gewachsenen Praxis, wie solche Markierungen beispielsweise auch in Text-E-Mails vorgenommen werden. Dabei ist das Ziel, den Quelltext weiterhin leicht schreib- und lesbar zu halten, und dennoch Textabschnitte eindeutig und leicht verständlich auszuzeichnen. Ursprünglich wurde Markdown entwickelt, um HTML-Inhalte effizient schreiben zu können, ohne einen WYSIWYG-Editor nutzen zu müssen. Das direkte Schreiben einer Markup-Sprache wie HTML wird als zu fehleranfällig und störend für den Schreibprozess angesehen. Dieser Ansatz wurde in letzter Zeit auch für verschiedene Schreibprogramme aufgegriffen, um mit Hilfe von Markdown eine möglichst ablenkungsfreie Umgebung für konzentriertes Arbeiten am Text zu ermöglichen (writeMonkey, Byword).

Die erste Markdown-Implementierung bestand aus einem Pearl-Skript, welches die Auszeichnungen im Markdown in HTML-Tags umwandelt (Gruber, 2004). Nach und nach folgten weitere Implementierungen mit Erweiterungen des Funktionsumfangs und der Ziel-Formate (Multimarkdown, GitHub, Pandoc). Markdown wird nicht mehr nur als Mittel zum Schreiben für das Internet angesehen, sondern als Sprache für das konzentrierte Schreiben im Allgemeinen, auch für Printmedien oder wissenschaftliche Arbeiten. Tools zur Umwandlung von Markdown in PDFs oder in LaTeX machen das strukturierte Vorbereiten von für den Druck bestimmten Texten mit Markdown möglich. Ebenso ist das Generieren von E-Books im EPUB-Format möglich. Um die verschiedenen Dialekte von Markdown wieder zu vereinheitlichen und um Uneindeutiges der ursprünglichen Markdown-Implementation zu klären, wurde mit CommonMark eine Standardisierung von Markdown angestrebt (CommonMark).

Markdown stellt damit eine etablierte Lösung zum konzentrierten Schreiben dar, welches verschiedene Ausgabeformate wie HTML, PDF und EPUB ermöglicht. Dabei ist für Markdown kein spezieller Editor nötig, ein einfacher Quelltext-Editor reicht aus. Die Konvertierungsprogramme stehen unter freien Lizenzen, daher bietet sich Markdown insbesondere als Quellformat für offene Lernressourcen an.

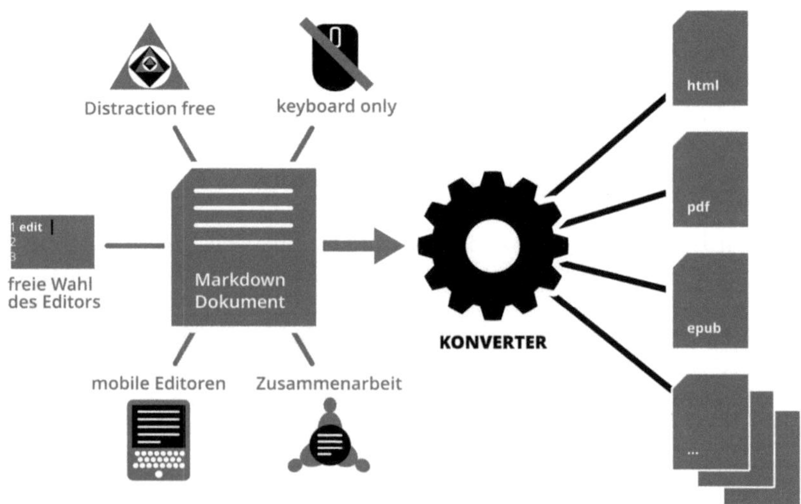

Abb. 2: Eigenschaften von Markdown als Autorensprache.

4 elearn.js – OpenSource-Software für Interaktionen

Als Basis für digitale Skripte kann also ein Markdown-Dokument genutzt werden. Aus diesem werden verschiedene Formate generiert, zur Anzeige auf einem Bildschirm vorzugsweise HTML. Die HTML-Ausgabe kann nun mit Inhalten angereichert werden, die nur bei der Anzeige auf einem Bildschirm genutzt werden können, vor allem dynamische und interaktive Medienelemente wie Videos, Animationen, interaktive Grafiken oder Quiz-Fragen. Auch die Navigation durch den HTML-Content sollte optimiert werden. Neben der langen Scroll-Seite wird eine seitenweise Darstellung des Inhalts angestrebt. Die Navigation innerhalb der Seiten sollte auch über eine Inhaltsübersicht möglich sein. Das Aussehen der HTML-Inhalte sollte möglichst optimal das Lesen unterstützen und, angelehnt an PDF- oder eBook-Reader, zurückgenommen sein und nicht ablenken. Schließlich soll der Inhalt auf möglichst vielen Endgeräten mit unterschiedlichen Screen-Größen funktionieren und gut lesbar sein (Zillgens, 2013).

Um all diese Anforderungen und Aufgaben zu erfüllen, wurde das Java-Script *elearn.js* entwickelt, welches für digitale Skripte den Inhalt umverschiedene Interaktionsmöglichkeiten erweitert und die Navigation durch den Inhalt optimiert. Dazu passend wurde das responsive Stylesheet *elearn.css* entwickelt. Wie in Abbildung 3 zu sehen ist, wird derselbe Inhalt auf stark unterschiedlichen

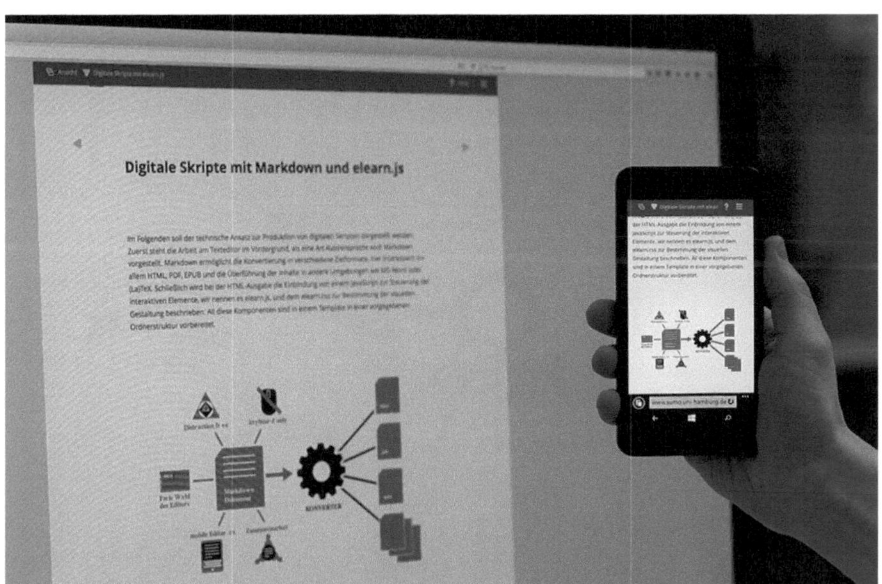

Abb. 3: Ein digitales Skript auf einem 27"-Bildschirm und einem Smartphone.

Bildschirmgrößen angepasst und gut lesbar angezeigt. Folgende Eigenschaften werden mit *elearn.js* und *elearn.css* ermöglicht:

- Dynamische Medien werden mittels HTML5-Tags in das Skript eingebunden.
- Das HTML kann in Sektionen unterteilt und so auf mehreren ‚Seiten' angezeigt werden (Paginierung).
- Zwischen den Seiten kann über Pfeiltasten, per Tastatur oder Wischgeste navigiert werden.
- Ein Inhaltsverzeichnis bietet die Navigation anhand einer Seiten-Übersicht.
- Ein Side-Menü bietet zusätzliche Funktionen wie Drucken, QR-Code und Download der Quelldateien.
- Listen von Abbildungen können als Slideshow angezeigt werden.
- Mit dem optionalen *quiz.js* sind Forced-Choice-, Multiple-Choice- und Short-Answer-Fragen möglich.
- Mit dem optionalen *clickimage.js* sind interaktive Grafiken möglich.
- Das Layout passt sich in vier Stufen responsiv an die Screen-Größe an.
- Ein Print-css bietet einen sauberen Druck aus dem Browser.

Ein nach HTML konvertiertes Markdown-Dokument kann demnach mit *elearn.js* und den dazu gehörigen Komponenten in ein interaktives digitales Skript umgewandelt werden (vgl. Abb 4). Zusätzliche Inhalte wie Videos, Quiz-Fragen, interaktive Grafiken oder Galerien können bereits auch schon in das Markdown-

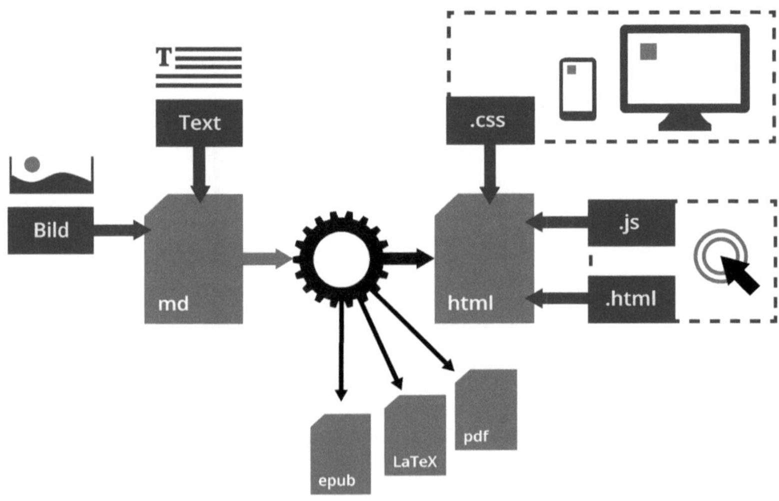

Abb. 4: Zusammenspiel der Komponenten bei digitalen Skripten.

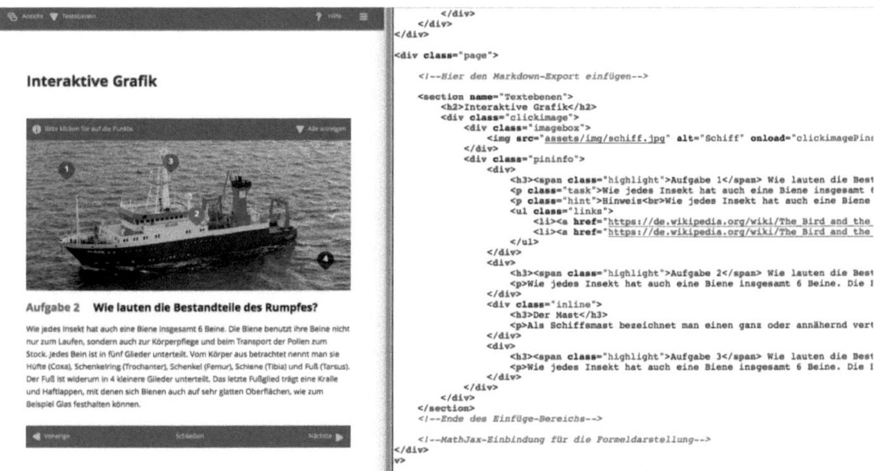

Abb. 5: Interaktive Grafik (Dummy) mit zugehörigem HTML-Code. Die Steuerung der Interaktionen wird durch das clickimage.js gesteuert.

Dokument eingepflegt werden. Diese zusätzlichen Inhalte werden in relativ einfachem HTML-Code eingefügt, der Konverter reicht die HTML-Inhalte dann unverändert in die Ausgabe durch. Die Skripte *quiz.js* und *clickimage.js* erweitern den Funktionsumfang von *elearn.js* und ermöglichen es, mit einfachem HTML-Code interaktive Bausteine zu generieren (siehe Abbildung 5).

Der Ansatz des *elearn.js* in Kombination mit Markdown vereint viele Möglichkeiten von GitBook (friendcode), Adapt Learning (adaptlearning.org) oder hp5 (h5p.org). Das *elearn.js* benötigt jedoch, im Gegensatz zu den genannten alternativen Lösungen, keinerlei Server-Komponenten. Der Vorteil liegt bei elearn.js somit darin, dass der Workflow auch für Laien transparent und nachvollziehbar bleibt und der Nutzenden die volle Kontrolle über seine Inhalte behält. Es bestehen bei *elearn.js* fast keine Abhängigkeiten zu anderen Komponenten und die Erzeugnisse sind extrem flexibel anwendbar und erweiterbar, Sackgassen für die nachhaltige Nutzung der Inhalte werden so vermieden.

5 Erprobung des Workflows für digitale Skripte

Der Workflow und das *elearn.js* für digitale Skripte wurden im Rahmen des Teilprojekts *Studier- und Medienkompetenz Online – SuMO* des Universitätskollegs der Universität Hamburg entwickelt. In diesem Teilprojekt wurden bis zum jetzigen Zeitpunkt zehn Online-Tutorials auf dieser Basis entwickelt. Ebenso konnte mit Hilfe der Erweiterung *quiz.js* ein Großteil des Online-Selfassessments *MIN-Check* erstellt werden, welches auch Teil des Universitätskollegs der UHH ist.

Weitere neun digitale Skripte wurden für die Seminare *Visual Interface Design* und *Proseminar Human Computer Interaction* auf Basis des beschriebenen Workflows erstellt. Auch ein Vorlesungsskript aus den Wirtschaftswissenschaften wird zur Zeit als digitales Skript umgesetzt.

Ein neues interessantes Feld für die Erprobung des Ansatzes bietet sich im Rahmen der Hamburg Open Online University (HOOU). Hier konnten schon einige Projekte vom Format der digitalen Skripte überzeugt werden. Insgesamt scheint sich in der HOOU Markdown als ein häufiger genutztes Format zu bewähren.

In Zukunft sollen Daten über die Nutzung des Ansatzes gewonnen werden, um konkrete Aussagen über die Effektivität und Benutzerfreundlichkeit treffen zu können.

6 Diskussion

Die Entwicklung des Formats für digitale Skripte ist soweit, dass es für erste Projekte genutzt wird und damit weitere Erfahrungen und Anforderungen gesammelt werden können. Insbesondere bietet sich das Format für die Entwicklung von OER an, da es vollständig offen ist und ausschließlich lokal zu installierende Open-Source-Software benötigt.

Als problematisch kann angesehen werden, dass das Konzept einer Single-Page nicht für sehr umfangreichen Inhalt geeignet ist, da der Browser die gesamte Seite im Speicher vorhalten muss. Ferner ist der Ansatz eher für linear gestaltete Inhalte sinnvoll, für stark verzweigte oder vernetzte Inhalte wären andere Tools zu Zeit besser geeignet. Schließlich mag es für manche E-Learning-Autoren ungewohnt sein, im Quellcode zu arbeiten. Der Schritt von den WYSIWYG-Editoren zum Texteditor könnte von manchen als rückschrittlich bewertet werden. Der Komfort einer grafischen Benutzerschnittstelle könnte vermisst und die Arbeit im Text als zu fehleranfällig bewertet werden. Dem gegenüber steht beispielsweise die Effizienz bei der Arbeit im Quelltext oder die freie Wahl des Editors. Diese Aspekte sollen in einer zukünftigen Evaluation des Workflows näher betrachtet werden.

Es stehen bereits einige Weiterentwicklungen des *elearn.js* an, die vor allem die Anwendung für den Endnutzer vereinfachen und zusätzliche Interaktionen ermöglichen sollen.

Geplant sind zunächst:

- Online-Konverter mit automatischer Zusammenstellung aller benötigten Komponenten
- Interaktiver Zeitstrahl zur Vermittlung zeitlicher Abläufe
- Anleitung für Lehrende mit Screencasts, Checklisten, Templates

Langfristig wäre die Integration in ein E-Learning-Repository wünschenswert. Auch könnte das Einbauen von interaktiven Elementen durch einen eigenen Markdown-Dialekt optimiert werden. So würde das Schreiben der teilweise noch etwas umständlichen HTML-Fragmente überflüssig und die Schritte zur Finalisierung eines Skripts könnte noch weiter vereinfacht werden. Ebenso wäre eine Erweiterung der Druckausgabe in Richtung Augmented Textbook (vgl. Chen et al, 2011) oder ein Präsentationsmodus für Vorträge denkbar.

Markdown und elearn.js bieten eine sehr flexible und nachhaltige Basistechnologie, um digitale Skripte und OER allgemein zu entwickeln. Eine funktionsfähige Grundlage ist hierfür bereits geschaffen (Heinecke, 2016). Zukünftige Entwicklungen werden noch weitere Interaktionen möglich machen und die Konvertierung für Endnutzer vereinfachen.

Förderhinweis

Das *elearn.js* wird zum Teil im Rahmen des Teilprojekts „Studier- und Medienkompetenz Online" des Universitätskollegs der Universität Hamburg entwickelt.

Dieses Vorhaben wird innerhalb des gemeinsamen Bund-Länder-Programms für bessere Studienbedingungen und mehr Qualität in der Lehre aus Mitteln des Bundesministerium für Bildung und Forschung unter dem Förderkennzeichen 01PL12033 gefördert. Die Verantwortung für den Inhalt dieser Veröffentlichung liegt bei den AutorInnen.

Literatur

Adapt Learning. (o. J.). Abgerufen 22. Februar 2016, von https://www.adaptlearning.org

Amiel, T. (2013). Identifying Barriers to the Remix of Translated Open Educational Resources. *The International Review of Research in Open and Distributed Learning, 14*(1), 126–144.

Bleisch, S. & Fisler, J. (2005). *eLesson Markup Language eLML – eine XML basierte Applikation für die beschreibende Auszeichnung von nachhaltigen und flexiblen e-Learning Inhalten.* Muttenz, Switzerland: Fachhochschule beider Basel (FHBB). Abgerufen 22. Februar 2016, von http://www.elml.org/website/en/download/publications/DeLFI2005_eLML_Paper.pdf

Chen, N.-S., Teng, D. C.-E., Lee, C.-H. & Kinshuk (2011). Augmenting Paper-based Reading Activity with Direct Access to Digital Materials and Scaffolded Questioning. *Computers & Education, 57*(2), 1705–1715.

CommonMark. (o. J.). Abgerufen 22. Februar 2016, von http://commonmark.org/

e-teaching.org. (o. J.). Skript. Abgerufen 26. Januar 2016, von https://www.e-teaching.org/lehrszenarien/vorlesung/skript/

Feierabend, S., Plankenhorn, T. & Rathgeb, T. (o. J.). *JIM-Studie 2015 – Jugend, Information, (Multi-) Media (Basisstudie zum Medienumgang 12- bis 19-Jähriger in Deutschland).* Medienpädagogischer Forschungsverband Südwest (mpfs). Abgerufen 20. Februar 2016, von http://www.mpfs.de/index.php?id=676

Friendcode Inc. (2015). GitBook. Abgerufen 18. November 2015, von https://www.gitbook.com/

Gruber, J. (2004). Markdown. Abgerufen 20. Februar 2016, von https://daringfireball.net/projects/markdown/

H5P – Create, share and reuse interactive HTML5 content in your browser. (o. J.). Abgerufen 11. September 2015, von https://h5p.org

Heinecke, M. (2016). *Digitale Skripte.* Abgerufen 22. Februar 2016, von http://www.sumo.uni-hamburg.de/DigitaleSkripte/

Johnson, L., Smith, R., Levine, A. & Haywood, K. (o. J.). *The 2011 Horizon Report.* Austin, Texas: The New Media Consortium. Abgerufen 18. November 2015, von http://www.nmc.org/publication/nmc-horizon-report-2011-higher-ed-edition/

MacFaralaine, J. (2014). Pandoc. Abgerufen 22. Februar 2016, von http://pandoc.org/

Metaclassy. (o. J.). Byword • Simple and efficient text editor for Mac, iPhone and iPad. Abgerufen 22. Februar 2016, von https://bywordapp.com/

pomarancha. (2014). WriteMonkey. Abgerufen 22. Februar 2016, von http://writemonkey.com/

Tabuenca, B. (2015, Januar 26). *10 Limitations of Mobile Authoring Tools with Regard to Universal Access of OER.* Abgerufen 4. Februar 2016, von http://oer-unescochair-ounl.ning.com/forum/10-limitations-of-mobile-authoring-tools-with-regard-to-universal

Wikipedia. (o. J.). Skirptum. Abgerufen 22. Februar 2016, von https://de.wikipedia.org/wiki/Skriptum

Zillgens, C. (2013). *Responsive Webdesign: reaktionsfähige Websites gestalten und umsetzen.* München: Hanser.

Petra Bauer, Fabian Geib, Christian Kogler

Internationale Online-Kooperation: Videowettbewerb EDIT

Zusammenfassung

Die „EDIT“ ist ein internationaler Videowettbewerb, bei dem Teilnehmende lediglich 72 Stunden Zeit haben um ein Lehr/-Lernvideo zu produzieren. Dieser Wettbewerb ist ursprünglich ein Ergebnis der internationalen Kooperation zwischen der Oulu University of Applied Sciences in Finnland, der Pädagogischen Hochschule Oberösterreich und der Johannes Gutenberg-Universität in Mainz. Mittlerweile haben sich mehrere andere Universitäten dem Projekt angeschlossen. Dabei spielen sowohl die Erstellung als auch die Überlegung über den möglichen Einsatz solcher Videos in pädagogischen Lernumgebungen eine große Rolle. Die Erstellung der Videos erfolgt meist in Kleingruppen. Der Wettbewerb ist für jeden offen, überwiegend nehmen jedoch Studierende verschiedener Universitäten teil. Um den Austausch zwischen den teilnehmenden Universitäten zu unterstützen, werden mehrere E-Learning/Web-Tools zur Verfügung gestellt, wie beispielsweise ein Blog, Webinare, ein LMS, Videocasts und online Konferenzsysteme. Neben technischen Kompetenzen bei der Videoerstellung erwerben die Studierenden und Lehrenden aufgrund der vielseitigen Kooperation und Kollaboration interkulturelle und soziale Kompetenzen.

1 Der Videowettbewerb

1.1 Ziele, Ablauf und Kriterien des Wettbewerbs

Das Ziel des Wettbewerbs ist die Vermittlung und Gewinnung von Wissen hinsichtlich Lehr- und Lernvideos und der Videoerstellung. Zusätzlich soll der Erwerb von sozialen und interkulturellen Kompetenzen sowie die Verbesserung des sozialen Klimas innerhalb der Studierendengruppen sollte nicht zu kurz kommen. Aufgabe der teilnehmenden Gruppen des Videowettbewerbs ist die die Erstellung eines Lehr-/Lernvideos innerhalb 72 Stunden. Das fertige Video muss zum Einsatz und zur Unterstützung von Lehrenden in Lehr/-Lernszenarien geeignet sein. Es kann ein Tutorium sein, indem ein Sachverhalt erklärt wird, aber auch sogenannte „Trigger Videos“ sind denkbar, die sich gut eignen, in eine neue Thematik einzuführen. Der Inhalt und die Art der Verwendung können also stark variieren und sind von den Teilnehmenden frei wählbar. Das Video muss den folgenden Formalien entsprechen, damit es eingereicht und berücksichtigt werden kann:

- Das Video darf nicht länger als 4 Minuten sein.
- Die Teilnehmenden können selbst entscheiden welches Equipment sie für ihre Videoproduktion verwenden, z.B. Videokamera, Spiegelreflexkamera, Mobiltelefon, Bearbeitungssoftware, Audioaufnahmegerät, …
- Damit die Teilnehmer/innen nicht vor Start der „Challenge" mit der Produktion beginnen können, müssen sie drei vorgegebene Begriffe in ihr Video einbinden. In welcher Form dies geschieht, ist ihnen freigestellt. Sie können die Begriffe beispielsweise inhaltlich einbinden, versteckt als Bild einblenden, oder mittels gesprochenem Text hinzufügen. Bei der EDIT 2014 waren es die Begriffe „Hammer", „Feder" oder „Wasser" (damals musste nur einer der Begriffe im Video vorkommen), 2015 waren es die Begriffe „Hero", „Cloud" und „Key".
- Des Weiteren muss in dem Video eine Art von Lehrer-Schüler, Trainer-Trainee oder Mentor-Mentee Beziehung zu sehen sein. Aber auch diesen Aspekt dürfen die Teilnehmenden selbst interpretieren und kreativ anwenden. Zum Beispiel wäre es auch möglich, die Figur eines „Opas" zu verwenden, der seinem Enkel oder seiner Enkelin etwas beibringt oder erklärt.
- Das Video muss auf eine bekannte Videoplattform (Youtube oder Vimeo) hochgeladen und der Link zum Video vor Ablauf der Frist auf dem EDIT-Blog unter „Submissions" gepostet werden.
- des weiteren muss dieser Link auch auf der EDIT Facebook-Seite veröffentlicht werden (2015 erfolgte die Bestimmung des „Publikumspreisträgers" mittels Facebook Likes)
- Außerdem müssen alle Einreichungen entweder auf Englisch sein oder zumindest englische Untertitel aufweisen.

Die Thematik, das Setting und das Festlegen auf eine bestimmte Zielgruppe und den Bildungsbereich (Elementar-, Primär-, Sekundär- oder Tertiärbereich) wählen die Teilnehmenden selbst. Hierbei gibt es keinerlei Beschränkungen, es sollten lediglich der pädagogische Wert und die Absicht des Videos deutlich werden. Dies erfolgt durch ein zusätzliches Dokument, in dem die Studierenden die Zielgruppe, das Vermittlungsthema und mögliche Einsatzszenarien des Videos kurz beschreiben.

Die vorgegebenen Begriffe werden beim Start des Wettbewerbs bekannt gegeben. Von diesem Zeitpunkt an haben die Teilnehmenden 72 Stunden Zeit ein Lehr-/Lernvideo zu produzieren und einzureichen. Wie bereits erwähnt, können entweder Gruppen oder auch einzelne Personen teilnehmen. Die bisherige Erfahrung hat gezeigt, dass mehrheitlich Gruppen teilnehmen. Durch den zeitlichen Druck, die vielfältigen Aufgaben und den hohen Arbeitsaufwand ist es für eine einzelne Person schwieriger, diese Herausforderung zu meistern.

Bei der EDIT haben bisher nur Studenten aus den teilnehmenden Universitäten in Finnland, Österreich, Deutschland, Schottland, Rumänien und Spanien teilgenommen, trotzdem war der Wettbewerb für jeden zugänglich. Die Studienschwerpunkte lagen auf Pädagogik und Medienpädagogik und der Lehramtsausbildung.

Der Wettbewerb startet zeitgleich in allen Regionen und endet mit einem Live-Viewing-Event, in dem die besten Videos gezeigt wurden. Anschließend erfolgt die Bekanntgabe der Gewinner. In jedem Land kamen die Teilnehmenden entweder in Seminarräumen, Hörsälen oder Kinos zusammen um dem Event beizuwohnen. Durch eine separate Webcam bestand die Möglichkeit zusätzlich die Reaktionen der Teilnehmenden in anderen Ländern zu beobachten. 2014 wurde der Publikumspreis im Anschluss an den Viewing Event durch das Online-Tool „Socrative“ (http://www.socrative.com/) bestimmt. 2015 wie bereits erwähnt mittels Facebook-Likes.

1.2 Die Jury und Gewinnerkategorien

Nach Ablauf der Einreichfrist bewertet eine Jury die eingereichten Videos. Die Jury besteht seit 2015 aus einem Mitglied jedes teilnehmenden Landes. Die Bewertung erfolgt über die Vergabe von Punkten. Die Punkte werden wie folgt vergeben:

- Pädagogischer Wert (1-10 Punkte): Wie sehr eignet sich das Video als Teil einer Lernerfahrung. Wie hoch ist die Motivation des Zuschauenden sich auf diese Erfahrung einzulassen?
- Technische Qualität (1-5 Punkte): Kameraarbeit, Bildästhetik, nachträgliche Bearbeitung (Schnitt etc.), Tonqualität, das Auswählen passender Settings und die Stimmigkeit zwischen den Settings und dem Inhalt und Genre des Videos.
- Künstlerische Qualität (1-5 Punkte): Drehbuch/Storytelling, Schauspiel, visuelle Elemente, der Einsatz von Musik und das Zusammenspiel zwischen Storytelling und den visuellen sowie technischen Effekten.

Nachdem die Jurymitglieder die Punkte für jedes Video in einer Tabelle auf google drive eingetragen haben, folgt ein Online-Jury-Meeting, in dem die Wertung diskutiert wird und bei eventueller Punktegleichheit noch einmal beraten wird. Zu diesem Zweck wurde das Online-Tool „Adobe Connect“ verwendet, mit dem sowohl Videochat als auch schriftliche Chats möglich sind. Es folgt eine Auswahl der besten Videos für den Live-Streaming Event (Shortlist) und das Festlegen der Gewinnervideos. 2014 gab es mehrere Gewinnerkategorien:

Das Video mit dem höchsten pädagogischen Wert, das Video mit dem höchsten technischen Wert, das kreativste Video, das insgesamt beste Video und der Publikumspreis.

Die Gewinner der einzelnen Kategorien erhielten einen Geschenkgutschein. Die EDIT 2015 war auf zwei Gewinnkategorien beschränkt: Das insgesamt beste Video und der Publikumspreis. Die Abstimmung des Publikumspreises erfolgte in diesem Jahr durch eine Facebook Seite, auf der alle eingereichten Videos verlinkt waren. Indem man auf „Gefällt mir" klickt, gab man automatisch eine Stimme für das jeweilige Video ab. Durch den Einsatz von Facebook erhoffte man sich gleichzeitig auch eine größere Verbreitung der Videos und eine bessere Internetpräsenz (https://www.facebook.com/events/1624073964509946/).

2 Organisations-, Informations-, und Kooperationstools

Die gesamte Organisation erfolgt durch Lehrende der beteiligten Hochschulen. Die Kommunikation und Kooperation geschieht über Mail, Onlinedokumente und Online-Meetings.

2.1 Blog

Blog: Zu jedem EDIT-Wettbewerb gibt es einen Blog. Der Blog von 2014 ist unter diesem Link auffindbar: http://editchallenge.blogspot.co.at/. Die EDIT 2015 ist hier verlinkt: http://edit2015.blogspot.fi/. Der Blog dient einerseits als Kooperationstool für die teilnehmenden Universitäten und andererseits als Informationsplattform für alle Interessierten und Teilnehmenden. Zusätzlich wird er benutzt um den Arbeitsprozess und die Ergebnisse zu dokumentieren. Auf der Startseite wird in einem kurzen Einführungsvideo die EDIT vorgestellt. Des Weiteren gibt es hilfreiche Informationen zum Ablauf des Wettbewerbs, wie beispielsweise die Kriterien, wichtige Dinge die bei der Erstellung eines Lehr/-Lernvideos berücksichtigt werden müssen, die Jury und Preise, Informationen zur korrekten Einreichung der Videos, aber auch die Möglichkeit Kontakt aufzunehmen und aktuelle Neuigkeiten und Bekanntgaben bezüglich des Wettbewerbs zu finden. Ebenfalls werden hier die vorgegebenen Begriffe zum Start des Wettbewerbs bekannt gegeben. Um den Teilnehmenden einen Input bezüglich der Erstellung von Lehr-/Lernvideos zu geben, werden zusätzlich Webinare (Web + Seminare) angeboten, in denen die Betreuer der einzelnen Universitäten eine Live-Präsentation zu verschiedenen Thematiken geben. Teilnehmende können unmittelbar Rückfragen stellen und Feedback während dieser Präsentation geben. Die Webinare werden aufgenommen und können auch nachträglich angeschaut werden.

2.2 Webinare

2014 wurden vier Webinare mit nützlichen Informationen bezüglich der Erstellung von Lehr/-Lernvideos angeboten. Dadurch können sich die Teilnehmenden bereits im Vorfeld in die Thematik einarbeiten.

Das erste Webinar befasst sich generell mit dem Thema Lehr/-Lernvideo. Was sind Lehr/-Lernvideos und wie werden sie eingesetzt? Hierzu werden Beispiele gezeigt und die Absicht und Struktur eines solchen Videos erklärt. Dieses Webinar liefert den wichtigsten Input zu den pädagogischen Aspekten eines Lehr-/Lernvideos.

Das zweite Webinar legt den Fokus dagegen auf die Vorbereitung zur konkreten Umsetzung. Wie findet man ein Thema, was ist eine gute und effektive Methode um zu brainstormen und was ist ein Storyboard und wie funktioniert es.

Das dritte Webinar erklärt die technische Herangehensweise und Umsetzung: Welche Geräte können verwendet werden um ein Video aufzunehmen? Was sind Vor- und Nachteile der verschiedenen Geräte (Smartphone, Videokamera, Tablet etc.)? Wie funktionieren die Kameras und welche Einstellungen und Konfigurationen können an den Geräten vorgenommen werden? Was muss während der Aufnahme alles beachtet werden, z.B. Lichtverhältnisse, Perspektiven, Kameraarbeit, Zoom, Bildkomposition. Aber auch bezüglich der Tonaufnahme werden hier Informationen geliefert.

Das letzte Webinar kümmert sich schließlich um die Nachbearbeitung und Veröffentlichung des Videos: Welche Software kann zum editieren verwendet werden, wie werden Tonaufnahme und Video synchronisiert, in welchem Format muss das fertige Video abgespeichert werden. Ebenfalls werden hier aber auch die Wichtigkeit von Urheberrechten und Lizenzen besprochen, wenn man Inhalte von Dritten verwenden will. Man muss wissen wo man urheberrechtfreie Inhalte finden kann, oder wie man Lizenzen korrekt in dem Video angibt. 2015 wurden diese vier Webinare in eine längere Onlinesession integriert, die ebenfalls aufgezeichnet wurde und somit für den späteren Abruf über den Blog zur Verfügung stand.

3 Kompetenzerwerb

3.1 Theorie und politische Forderungen

Die EDIT basiert auf einem stark praxisorientierten Ansatz, der zum Kompetenzerwerb sowie zu mehr Praxiserfahrung verhelfen soll. Paetz et al. (2011) betonen, dass sich die Gesellschaft seitens der Universitäten eine gute Vorbereitung ihrer Absolventen auf den Arbeitsmarkt erhofft. Das bedeutet, dass die Studiengänge mehr outputorientiert ausgerichtet sein müssen, so wie es auch im Bologna-Prozess festgelegt wurde. Demnach sollte eine enge Verbindung zur Praxis, Kompetenzförderung sowie kritische Selbstreflexion Bestandteil der Lehre sein. Thiessen beschreibt diese Aspekte in ihrem Kompetenzmodell (2005) und untergliedert die Kompetenzen in mehrere Felder: Professionelle Kompetenzen, methodische Kompetenzen, soziale Kompetenzen und individuelle Kompetenzen.

Ein weiterer Aspekt ist die Ausbildung von Medienkompetenz. Diese umfasst mehrere Dimensionen: Die aktive und kognitive Dimension, die soziale Dimension, die moralische Dimension sowie die affektive und ästhetische Dimension (Aufenanger 1999).

Um interkulturelle Kompetenzen und internationale Aspekte in die universitäre Lehre zu integrieren, empfiehlt die Hochschulrektorenkonferenz den Einsatz von virtuell organisierten Lernformen und von sogenannten Open Educational Resources (HRK, S.6). Darunter versteht man online basierte Bildungsinhalte, die für jeden kostenfrei und von überall aus zugänglich sind. Des Weiteren werden interdisziplinäre Lernformen als äußerst vielversprechend eingeschätzt. Bei der EDIT werden mittels des Blogs offene Lerninhalte zur Verfügung gestellt. Da der Wettbewerb in unterschiedlichen Studiengängen (LehrerInnen und Medienpädagogen) verschiedener Universitäten stattfindet kann von einer interdisziplinären und internationalen Kooperation gesprochen werden.

3.2 Kompetenzerwerb der Studierenden durch die EDIT

Das Produzieren von Videos kann sich in vielerlei Hinsicht lohnen und es können dadurch zahlreiche Kompetenzen erworben werden. Wie bereits angesprochen, müssen Studierende viele Dinge während der Erstellung beachten und bedenken.

Zunächst stellt sich die Frage der Motivation um überhaupt an dem Wettbewerb teilzunehmen. In Zeiten von Smartphone ist es ein leichtes von überall aus Videos zu schauen und durch benutzerfreundliche Software ist es mittlerweile auch nicht mehr schwer Videos selbst aufzunehmen. Videoarbeit bietet einem die Möglichkeit selbst kreativ zu werden und sich auszudrücken.

Der nächste Schritt ist die Planung eines solchen Projekts. Egal ob alleine, aber noch viel mehr in einem Team, muss man sich organisieren, absprechen, Vorbereitungen treffen, Aufgaben verteilen und in verschiedene Rollen aufteilen. Ein Team besteht aus mehreren individuellen Charakteren, jeder mit Stärken und Schwächen, aufgrund verschiedener Interessen und verschiedenem Vorwissen.

Deswegen nehmen Gruppen eine gewisse Eigendynamik an (Tuckman, 1965), durch die Energie und Kreativität freigesetzt werden kann. Studierende können so lernen, sich gegenseitig zu ergänzen und ihre Rolle innerhalb des Teams einzunehmen. Dadurch, dass das Video innerhalb von nur 72 Stunden produziert werden muss, ist eine funktionierende Kommunikation und ein effektives Zeitmanagement unverzichtbar. Das Drehbuch und der Text müssen geschrieben werden, es muss eine passende „Location“ und ein „Setting“ gefunden werden, gegebenenfalls müssen Drehgenehmigungen organisiert werden und die Technik und Requisiten müssen beschafft werden. Das sind nur wenige von vielen Aufgaben, die Studierende leisten müssen.

Eines der wichtigsten Dinge beim Produzieren eines Lehr/-Lernvideos ist die Erarbeitung eines pädagogischen Konzepts. Der pädagogische Wert gibt innerhalb des Wettbewerbs die meisten Punkte bei der Wertung. Zunächst müssen Studierende erst einmal lernen wie Lehr/-Lernvideos aufgebaut sind und wie sie funktionieren, was wiederum auch beinhaltet, dass sie sich darüber Gedanken machen wie sie das Video in ein Lernszenario einbauen würden.

Eine weitere Dimension der Videoarbeit ist das Schauspiel. Bevor der Wettbewerb losgeht, können sich die Studierenden bereits selbst vor der Kamera ausprobieren und das Schauspielen üben. Oft hilft schon in eine Kamera zu sprechen oder vor einer Kamera interviewt zu werden, um Sicherheit zu gewinnen. Im Vorfeld können Testaufnahmen gemacht werden um ein gewisses Gespür für die Situation zu entwickeln und um zu lernen wie man sich am Besten ausdrückt und präsentiert, z.B. Mimik, Gestik, Artikulation und Emotionen spielen. Eng mit dem Schauspiel verbunden ist die Persönlichkeitsentwicklung während eines Videodreh.

Bei der Videoarbeit gilt es mehrere technische und ästhetische Aspekte zu beachten. Die EDIT bietet Studierenden einen geeigneten und geschützten Rahmen um auf diesem Gebiet Erfahrungen zu sammeln. Sie können das Gelernte aus den Webinaren direkt auf die eigenen Projekte übertragen. Durch die Arbeit im Team können sie sich gegenseitig helfen und von eventuellen Vorerfahrungen einzelner Mitglieder profitieren. Zunächst müssen sich die Studierenden für ein Aufnahmegerät ihrer Wahl entscheiden. Sogar mit Handys können heutzutage gelungene Aufnahmen gemacht werden, da sie zahlreiche Einstellungsmöglichkeiten und eine gute Auflösung bieten. Dadurch bieten sie sich als brauchbare Alternative zu normalen Video- oder Spiegelreflexkameras an.

Ist die Auswahl getroffen geht es an die Grundlagen des Filmens: Wie bekommt man ein stabiles Bild oder flüssige Kamerabewegungen hin? Welche Einstellungen können an den einzelnen Geräten vorgenommen werden (Schärfe, Fokus, Weißabgleich etc.)?

Beim Filmen geht es auch um mehr als nur rein technische Aspekte, denn ästhetische Fragen müssen ebenfalls berücksichtigt werden: Was muss man bei der Belichtung beachten? Welcher Farbstil und welche Perspektive passen bei der Umsetzung der Idee? Wie ist generell ein gelungenes Bild aufgebaut? Das Erarbeiten eines Storyboards ist immer hilfreich um die einzelnen Sequenzen vorab zu planen, wodurch die Aufnahme erheblich erleichtert wird, da man hier meistens unter Zeitdruck steht.

Um den Bildern noch mehr Ausdruck zu verleihen, müssen sich die Studierenden um Musik, Soundeffekte und den gesprochenen Text kümmern. Musik kann entweder als Hintergrundmusik eingebaut werden oder auch eine tragende Rolle in der Handlung einnehmen. Sie eignet sich hervorragend zur Erzeugung von Emotionen, wodurch die Verbindung und Wirkung der Bilder verstärkt wird. Die Studierenden haben die Möglichkeit entweder die Musik selbst aufzunehmen, oder auf Musikmaterial von Dritten zurückzugreifen. Letzteres kann durch sogenannte Sound Libraries erfolgen, in denen vorgefertigte Musikstücke selbst zusammengesetzt werden oder sie greifen auf Material aus dem Internet zurück. Dabei lernen sie wiederum den richtigen Umgang mit Urheberrechten kennen, denn die Musik und eventuell auch verwendete Soundeffekte, müssen lizenzfrei sein.

Nachdem alle Aufnahmen abgeschlossen sind, geht es an die Nachbearbeitung der Videos. Zahlreiche Softwareangebote, seien es professionelle Programme oder auch sogenannte Freeware Programme, bieten eine gute und benutzerfreundliche Oberfläche zur Bearbeitung an. Das Video bekommt den finalen Schliff. Dabei müssen sich die Studierenden mit ästhetischen Aspekten wie Schnitt, Farbe, Anpassung von Lautstärken etc. beschäftigen.

Auch ist es wichtig einen Regisseur zu bestimmen. Seine oder ihre Aufgabe ist es, den Überblick über die gesamte Idee, vom Anfang bis zur finalen Bearbeitung, zu bewahren. Eine gute Kenntnis über alle bereits aufgeführten Aufgabenbereiche ist dabei von großem Vorteil. Des Weiteren bedarf es einer guten Führungsqualität, da das ganze Team koordiniert werden muss und ein Regisseur seine Vision für jeden nachvollziehbar und verständlich kommunizieren muss.

Ein weiterer Nebeneffekt, ist die Verbesserung der eigenen englischen Sprache. Sehr viele Teams haben ihren Text direkt auf Englisch eingesprochen.

4 Evaluation und Verbesserung im Anschluss an die EDIT

Die EDIT 2014 wurde in Form eines Online-Fragebogens evaluiert. Zusätzlich wurden Gespräche innerhalb des EDIT Organisationsteams geführt. Daraufhin kam es bei der EDIT 2015 zu kleinen Änderungen und Neuerungen.

Die Teilnehmer wünschten sich eine Plattform, auf der sie sich über den Wettbewerb austauschen können, alle Videos verlinkt sind und auf der man zu den einzelnen Videos Feedback geben kann. Dazu wurde wie bereits erwähnt eine Facebook Seite zum EDIT-Wettbewerb entworfen. Diese Möglichkeit wurde überwiegend positiv bewertet, lediglich mit der Abstimmung des Publikumspreises über Facebook waren viele nicht zufrieden, da zwar viele Stimmen abgegeben wurden, aber diese Stimmen nicht zwangsweise auch die Videos betrachtet haben, da es oft mehr Likes als Views gab. Hier wäre es vielleicht sinnvoller sich auf die Teilnehmer zu beschränken, sodass jeder Teilnehmer die Chance hat, nur einem Video seine oder ihre Stimme zu geben. Ähnlich wie bei der EDIT 2014, bei der das verwendete Tool die Möglichkeit der wiederholten Bewertung von der selben IP-Adresse gab und der entsprechenden Link nicht zeitgleich an alle teilnehmenden Institutionen geschickt wurde, war deshalb die Vergabe des Publikumspreise noch nicht ideal gelöst.

Positiv zu bewerten ist dagegen das steigende Interesse an dem Wettbewerb. Die Anzahl der teilnehmenden Universitäten konnte von drei auf sechs erhöht werden und für kommendes Jahr gibt es bereits zwei weitere Interessenten. Dadurch steigt einerseits die Anzahl an Nationalitäten und andererseits auch die Anzahl an eingereichten Videos. Das trägt wiederum dazu bei, dass die Ideen und die Art der Videos sehr unterschiedlich sind, was den Wettbewerb umso interessanter macht. Die teilnehmenden Universitäten waren 2015: Finnland – Oulu University of Applied Sciences, Österreich – Die Pädagogische Hochschule Oberösterreich, Deutschland – Johannes Gutenberg-Universität Mainz, Schottland – University of Aberdeen, Spanien – Mondragon Unibertsitatea und Rumänien – Universitatea Babeş-Bolyai Cluj

Alles in allem gibt es sehr viele positive Rückmeldungen, vor allem in Bezug auf die gute Gruppendynamik, die innerhalb der Teams durch diesen Wettbewerb ausgelöst wird. Das Projekt war und ist immer wieder eine Erfahrung wert und wird auch 2016 fortgesetzt, mit hoffentlich noch mehr Teilnehmer/innen. Um den Aspekt der internationalen Kooperation auf der Seite der Studierenden noch weiter zu stärken ist die Option zur Zusammenarbeit in international zusammengesetzten Projektgruppen geplant.

Literatur

Aufenanger, S. (1999). Medienpädagogische Projekte – Zielstellungen und Aufgaben. In Baacke, D. et al. (Hrsg.). *Handbuch Medienkompetenz. Modelle und Projekte* (S. 94–98) Bonn: bpb.

Edit 2014: http://editchallenge.blogspot.co.at/ (22.02.2016).

Edit 2015: http://edit2015.blogspot.fi/ (22.02.2016).

Erll, A. & Gymnich, M. (2011). *Interkulturelle Kompetenzen – erfolgreich kommunizieren zwischen den Kulturen.* Stuttgart: Klett.

e-teaching.org: https://www.e-teaching.org/ (22.02.2016).

Facebook: https://www.facebook.com/events/1624073964509946/ (22.02.2016).

Hochschulrektorenkonferenz (2008). *Die deutschen Hochschulen in der Welt und für die Welt. Internationale Strategien der Hochschulrektorenkonferenz – Grundlagen und Leitlinien.* http://www.hrk.de/fileadmin/redaktion/hrk-audit/Infothek/Internationale_Strategie_der_HRK_01.pdf (22.02.2016).

Paetz, N.V. et al. (2011). Kompetenz in der Hochschuldidaktik. DOI 10.1007/978-3-531-92873-9_6, Wiesbaden: VS Verlag für Sozialwissenschaften, Springer Fachmedien.

Socrative: http://www.socrative.com/ (17.07.2016).

Thiessen, B. (2005). Inter- und Transdisziplinarität als Teil beruflicher Handlungskompetenz. Gender Studies als Übersetzungswissen. In H. Kahlert, B. Thiessen & I. Weller (Hrsg.), *Quer denken – Strukturen verändern: Gender Studies zwischen Disziplinen* (S. 254–258). Wiesbaden: VS Verlag für Sozialwissenschaften.

Tuckman, B. W. (1965): Developmental Sequence in Small Groups. *Psychological Bulletin, 63,* S. 384–399.

Hans-Peter Steinbacher, Erwin Bratengeyer

Ergebnisse der Studie zur Erfassung der österreichischen Hochschul-E-Learning-Landschaft

Zusammenfassung

Zur Erfassung des Status quo der österreichischen E-Learning-Landschaft im tertiären Bildungsbereich wurde im Jahr 2015 vom Forum neue Medien in der Lehre Austria eine empirische Studie durchgeführt (Bratengeyer et al. 2016). In der Studie wurden Strategien, Ressourcen, Organisation und Erfahrungen mit Bezug auf den Einsatz von Bildungstechnologien an allen österreichischen Hochschulen untersucht. Die Daten wurden aus drei Arten von Quellen erhoben, erstens aus den Entwicklungsplänen, Wissensbilanzen und Leistungsvereinbarungen der Universitäten, zweitens aus einer Online-Befragung aller 72 österreichischen Hochschulen (Rücklaufquote 68%) und drittens aus vertiefenden Experteninterviews mit Vertreterinnen und Vertretern zwölf ausgewählter Hochschulen.

Aus den Erhebungen ging hervor, dass sowohl Universitäten, Fachhochschulen, Pädagogische Hochschulen sowie Privatuniversitäten durchwegs E-Learning einsetzen, wiewohl die Intensität als auch das Angebot sehr variiert. Gerade an Pädagogischen Hochschulen ist der vergleichsweise geringe E-Learning-Einsatz kritisch zu sehen, da diese die zukünftigen Lehrenden ausbilden und eine diesbezügliche Zukunftsorientierung nicht ausreichend vorhanden zu sein scheint. Weiterbildungsangebote und Anreizsysteme wurden an allen Hochschulen als ebenso unerlässlich wie unzureichend erkannt. Die qualitativen Interviews bestärkten die Ergebnisse aus den Online-Fragebögen. So sahen die Verantwortlichen aus den verschiedenen Hochschulen die didaktische Vielfalt und die Qualitätsverbesserung der Lehre (auch) im E-Learning-Bereich als die wesentlichen Eckpunkte an. Als Herausforderung wurde neben den bereits oben erwähnten Punkten vor allem der oftmals sehr knappe Personalstand genannt. Die knappen Personalressourcen und Budgetmittel wurden auch als ausschlaggebend hinderliche Rahmenbedingungen für eine verstärkte Kooperation zwischen den Hochschulen genannt.

Die Studie vermittelt anhand der zahlreichen konkreten Daten einen umfassenden Überblick, reichend von strategischen Zielsetzungen bis zu praktischen Erfahrungen, woraus die folgenden sieben Handlungsempfehlungen abgeleitet werden konnten: E-Learning strategisch planen, Anreizsysteme schaffen, Lehrende weiter qualifizieren, innovative Lehr-/Lernformen forcieren,

Forschungsaktivitäten ausbauen, hochschulübergreifende Zusammenarbeit fördern und Ressourcen bereitstellen.

1 Einleitung

An den österreichischen Hochschulen kommen Bildungstechnologien seit nunmehr über einem Jahrzehnt zum Einsatz. Das Ausmaß und die mit dem Einsatz von E-Learning bzw. Blended Learning verbundenen Erfahrungen sind unterschiedlich ausgeprägt, jedoch allgemein von rasantem Wachstum gekennzeichnet. Eine möglichst vollständige Bestandserfassung der augenscheinlich heterogenen E-Learning-Landschaft des gesamten tertiären Bildungssektors hat hierzulande bislang noch nicht stattgefunden. Die Erfassung des Status quo hinsichtlich Strategie, Ressourcen, Organisation und Erfahrungen liefert eine Grundlage, die für bildungs- und wirtschaftspolitische Maßnahmen auf dem Gebiet der technologiegestützten Lehre für das gesamte Bildungswesen unerlässlich ist. Das Forum neue Medien in der Lehre Austria (fnm-a), als landesweites hochschulübergreifendes E-Learning-Netzwerk, konnte die erforderlichen Mittel und Kompetenzen einbringen, um eine empirische Studie zur Sachverhaltsdarstellung durchzuführen.

Das Bundesministerium für Wissenschaft, Forschung und Wirtschaft (BMWFW) hat dankenswerter Weise eine Teilfinanzierung der Studie übernommen. Seitens der für Universitäten und Fachhochschulen zuständigen Sektion besteht ein inhärentes Interesse an den Studienergebnissen. In den Fragestellungen wurden daher auch einzelne Themen wunschgemäß berücksichtigt. Als weiterer Kooperationspartner konnte erfreulicherweise das Unternehmen Blackboard/ Moodlerooms (Amsterdam) gewonnen werden. Blackboard/Moodlerooms verfolgt damit die Zielsetzung, sein Image als Unterstützer wissenschaftlicher Projekte zu erhöhen.

2 Zielsetzung

Die Studie verfolgte im Wesentlichen folgende Zielsetzungen:

- Recherche nationaler und internationaler Publikationen und Studien, die eine ähnliche Zielsetzung wie die geplante Studie verfolgen (als Best-Practice-Beispiele);
- Kartografierung der österreichischen E-Learning-Landschaft im tertiären Bildungssektor mit Hilfe der Analyse öffentlich zugänglicher einschlägiger Dokumente wie Entwicklungspläne, Leistungsvereinbarungen und Wissensbilanzen;

- Erfassen von Ansprechpartnerinnen und Ansprechpartnern von Organisationseinheiten, die an österreichischen Hochschulen für den E-Learning-Einsatz verantwortlich zeichnen;
- Erhebung, welche E-Learning-Strategien, E-Learning-Aktivitäten und E-Learning-Technologien an österreichischen Hochschulen unter welchen Rahmenbedingungen eingesetzt werden;
- Bereitstellung basaler Handlungsempfehlungen für Entscheidungsträger/innen, deren Aufgabe es ist, E-Learning im tertiären Bildungssektor strategisch zu verankern.

3 Studiendesign

Die Durchführung der Studie erfolgte auf Basis der oben definierten Zielsetzungen in mehreren, aufeinander abgestimmten Schritten. Diese Schritte beinhalteten erstens eine Literaturrecherche, zweitens eine Befragung in Form eines Online-Fragebogens, sowie drittens eine Befragung von Experten/inn/en, die für den E-Learning-Einsatz an ihrer jeweiligen Hochschule verantwortlich sind.

Zur Teilnahme an der Online-Umfrage wurden alle Hochschulen per EMail (adressiert an E-Learning-Leitungsverantwortliche bzw. an das Rektorat) eingeladen. Die Zielgruppe für die Online-Umfrage bestand aus allen 72 österreichischen Hochschulen[1], unterteilt in die vier Hochschultypen:

- Öffentliche Universitäten (UNI)
- Fachhochschulen (FH)
- Pädagogische Hochschulen (PH) und
- Privatuniversitäten (UNI_priv)

Im Beobachtungszeitraum des Jahres 2015 galt für die jeweilige Anzahl an Hochschulen UNI=22, FH=21, PH=17 und UNI_priv=12. Die PH setzen sich aus öffentlichen PH (9), privaten PH (5) und privaten Studiengängen (3) zusammen[2] (siehe Abb. 1).

Ergänzend zur quantitativen Online-Umfrage wurden zwölf qualitative Interviews auf Basis eines offenen Interviewleitfadens durchgeführt. Um eine Repräsentativität dieser Umfrage zu gewährleisten wurde auf die Verteilung der Umfrageteilnehmer geachtet. So wurde die Zielgruppe für die qualitativen Interviews nach drei Kriterien definiert – nach der geografischen Region, dem Hochschultyp und der Größe der Hochschule.

1 BMWFW: http://wissenschaft.bmwfw.gv.at/bmwfw/studium/studieren-in-oesterreich/unis-privatunis-fhs-uebersicht/ 1 (22.09.2015).

2 BMBF: https://www.bmbf.gv.at/schulen/ph/sto/index.html (22.09.2015).

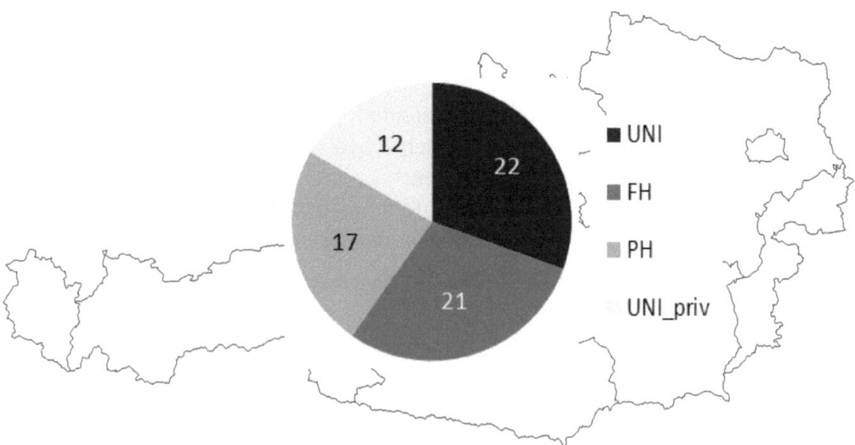

Abb. 1: Anzahl der österreichischen Hochschulen unterteilt nach Hochschultyp

4 Datenerhebung

Es wurden Daten aus drei unterschiedlichen Quellen erhoben. Als Literaturquelle dienten die seitens des BMWFW erhobenen Dokumente (siehe Kap. 4.1). Die empirischen Daten wurden mittels einer Online-Befragung sowie Experteninterviews erhoben. Ergänzend wurde nach vergleichbaren Studien gesucht und jene mit ähnlicher Zielsetzung analysiert. Eine teilweise ähnliche Zielsetzung verfolgten die Arbeiten von Gaebel et al. (2014) mit Bezug auf Universitäten in Europa und Werner (2006) bezogen auf Universitäten in Deutschland.

4.1 Entwicklungspläne, Leistungsvereinbarungen, Wissensbilanzen der Universitäten und Erhebung des BMWFW

Zur Beschreibung der strategischen Positionierung und künftigen Ausrichtung von E-Learning an den 22 öffentlichen Universitäten wurden die aktuellen Entwicklungspläne, die Leistungsvereinbarungen 20162018, sowie die aktuellen Wissensbilanzen 2014 einer Analyse hinsichtlich folgender Punkte unterzogen:

- Strategien zur Weiterentwicklung der Lehre (wie z.B. die Existenz einer E-Learning-Strategie),
- Maßnahmen zur Qualifizierung (Verbesserung der Lehrkompetenz) und Qualitätssicherung,

- Reichweite und Formen des E-Learning-Einsatzes (wie z.B. welche Formen von E-Learning bzw. Blended Learning, Online-Angebote, MOOCs, etc.) in welchem Umfang (Anzahl der E-Learning-Angebote) zum Einsatz kommen,
- Rahmenbedingungen für E-Learning (wie z.B. IT-Infrastruktur, Lernmanagementsysteme, Systeme für elektronisches Prüfen und Kooperationen).

Die Durchsicht der jeweiligen Leistungsvereinbarungen der Universitäten mit dem BMWFW ergab, dass E-Learning insbesondere in den Leistungsbereichen „Strategische Ziele, Profilbildung und Universitätsentwicklung“ und „Lehre“ thematisiert wird. Der überwiegende Teil der Universitäten (mehr als die Hälfte) führt E-Learning-Aktivitäten in den Leistungsvereinbarungen explizit an, dedizierte E-Learning-Strategien allerdings finden sich nur in den Leistungsvereinbarungen zweier Universitäten. Mehrfach werden unterschiedliche Maßnahmen zur mediendidaktischen Weiterqualifizierung genannt.

Die Formen von E-Learning sind vielfältig und reichen von Unterstützungskonzepten für Präsenzveranstaltungen über Blended-Learning-Szenarien bis hin zu reinen Online-Lehrveranstaltungen und MOOCs, die jeweiligen Angaben dazu sind allerdings vage gehalten.

Unter den Rahmenbedingungen wird vor allem auf den unentbehrlichen Einsatz von Lernmanagementsystemen verwiesen, ebenso auf eigenständige E-Learning-Organisationseinheiten. In drei Fällen werden konkrete Kooperationsaktivitäten mit anderen Universitäten genannt.

In den Wissensbilanzen gibt es bezüglich Art und Umfang des Einsatzes von E-Learning unterschiedlich konkrete Angaben. „Blended Learning Studien“ werden im Gesetzestext lediglich als Teilmenge von Präsenzstudien angeführt. Dies hat offenbar zur Folge, dass die gemachten Angaben sehr divergieren, da sie möglicherweise nicht auf gleichen Kriterien beruhen. Die Angaben stehen daher z.T. auch im Widerspruch zu jenen, die in der Online-Befragung erhoben wurden, wonach alle bis auf eine Hochschule Blended Learning einsetzen, wohingegen in den Wissensbilanzen keine bis auf fünf Universitäten Blended Learning einsetzen.

Für die Analyse der E-Learning-Situation an den österreichischen Fachhochschulen konnte auf eine Erhebung des BMWFW (Pflichter, 2015) zurückgegriffen werden, die im Wesentlichen Befunde aufweist, die jenen an Universitäten ähnlich sind. Alle befragten Fachhochschulen setzen ein E-Teaching-/E-Learning-System ein, wobei die Intensität und die Form des Einsatzes allerdings variieren. Allen gemeinsam ist, dass die Qualität der Lehre einen hohen Stellenwert einnimmt.

4.2 Online-Befragung

An der Online-Befragung haben 49 von insgesamt 72 angeschriebenen Hochschulen teilgenommen, entsprechend einer vergleichsweise hohen Rücklaufquote von 68% (Anzahl der vollständig ausgefüllten Fragebögen: n=49). Die Anzahl der anteiligen Rückmeldungen je Hochschultyp, wie auch die Verteilung der Teilnehmer je Hochschultyp, ist in Tabelle 1 dargestellt.

Tab. 1: Anzahl Rückmeldungen und Verteilung unterteilt nach Hochschultypen (n=49)

Hochschul-typen	Grundgesamtheit Hochschulen		Umfrageteilnehmer Hochschulen	
	Häufigkeit	**Prozent**	**Häufigkeit**	**Prozent**
UNI	22	30,6%	16	32,7%
FH	21	29,2%	18	36,7%
PH	17	23,6%	10	20,4%
UNI_priv	12	16,7%	5	10,2%
Gesamt	**72**	**100,0%**	**49**	**100,0%**

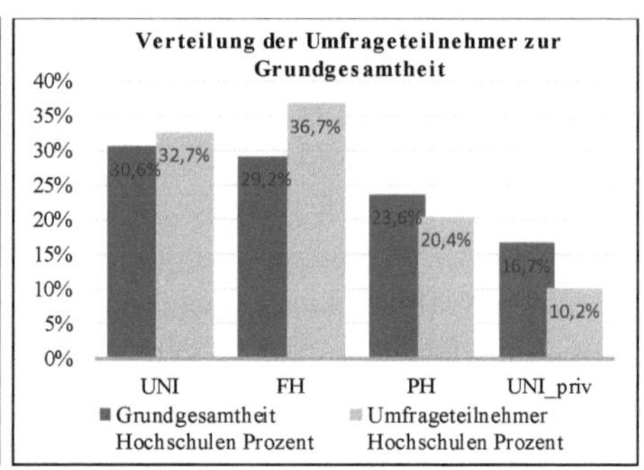

Der Online-Fragebogen bestand aus 30 Single- und Multiple-Choice-Fragen, welche in fünf Fragengruppen unterteilt wurden: Einsatz, Strategie, Organisation, Erfahrung und demographische Daten.

Die Antworten in der Fragengruppe „Einsatz" haben gezeigt, dass E-Learning bereits überwiegend (an 73% der Hochschulen) hochschulweit (von 84% seit mehr als fünf Jahren) eingesetzt wird. Blended-Learning-Szenarien (98%) wie auch Lehrveranstaltungsaufzeichnungen (71%) sind hier die meist genannten Einsatzgebiete von E-Learning, wobei vorwiegend multimediale/interaktive Materialien (98%), freie Bildungsressourcen (86%) und E-Books (86%) genutzt werden. Zum flächendeckenden Einsatz von Lernmanagementsystemen kommen noch hauptsächlich cloudbasierte Dateiverwaltungssysteme (84%) und Repositorien für Unterrichtsmaterialien (76%) zur Anwendung.

In der Fragengruppe „Strategie" wurde von etwa der Hälfte der Hochschulen angegeben eine E-Learning-Strategie zu verfolgen, jedoch weniger als ein Drittel verfügen über ein dediziertes Strategiepapier. Als Auslöser für eine Strategieentwicklung wurden, nach Wichtigkeit gereiht, didaktische Gründe, strategische Gründe, organisatorische Gründe und an letzter Stelle erst wirtschaftliche Gründe genannt. Dazu wurden zeit- und ortsunabhängiges Lernen (90%) wie auch Erweiterung des E-Learning-Angebotes (84%) und die Sicherstellung der didaktischen Vielfalt (84%) als wichtig eingestuft. Besonders von den Hochschultypen FH und PH wurde die didaktische Vielfalt als sehr wichtig bis wichtig eingestuft.

Im Rahmen der Befragung zu „Organisation“ hat sich gezeigt, dass 49% der Hochschulen über eine zentrale Organisationseinheit für E-Learning-Belange verfügen. Eine Anzahl von zwei bis drei Mitarbeiter/innen in den E-Learning-Organisationseinheiten wurde am häufigsten (47%) genannt, wobei dies einem bzw. zwei Vollzeitäquivalenten entspricht. Die drei am häufigsten genannten Funktionen der E-Learning-Organisationseinheit sind Ansprechstelle für IT und Lernmanagementsysteme, Ansprechstelle für didaktische Fragestellungen und Organisation von Weiterbildungsangeboten im Bereich E-Learning. 41% der Hochschulen bieten keine Anreize zur Nutzung von E-Learning an. Ansonsten sind Awards (24%) und Karriereförderung (18%) wie auch Reduktion der Lehrtätigkeit (16%) die weitverbreitetsten Anreizmodelle. Die Umfrage hat gezeigt, dass 33% der Hochschulen Qualitätssicherungsmaßnahmen im E-Learning verfolgen.

Die Erhebung zu „Erfahrungen“ mit E-Learning zeigte auf, dass zu didaktischer Vielfalt (41%) und zu Unterstützung des traditionellen Präsenzunterrichts (31%) am meisten Erfahrungen bestehen, gleichzeitig aber die Personalressourcen (29%) als größte Herausforderung gesehen werden. Eine mangelnde gesamtstrategische Ausrichtung der Hochschule, unzureichende didaktische Kompetenzen und unzureichendes Budget (je 20%) sind weitere hemmende Faktoren für den Ausbau und die Erweiterung von E-Learning-Angeboten.

4.3 Experteninterviews

Im Zeitraum Juli bis September 2015 wurden zwölf Interviews mit E-Learning-Experten und -Expertinnen an österreichischen Hochschulen zu den Themen Verständnis von E-Learning, Einsatz in Hochschulen, Strategie und Organisation, Kooperationserfahrung und Trends zu E-Learning durchgeführt. Die Stichprobe setzt sich aus Hochschulen zusammen, welche nach den Kriterien Region, Hochschultyp und Hochschulgröße repräsentativ ausgewählt wurden. Im Folgenden sind die wichtigsten aggregierten Erkenntnisse aus den Interviews zusammengefasst:

Unter E-Learning wurden im weitesten Sinne die Lehr- und Lernaktivitäten unter Verwendung von Informations- und Kommunikationstechnologien verstanden, welche im Kontext von Präsenz- und Fernlehre, wie auch der Kombination aus beiden, zum Einsatz kommen. Dabei wurde die Verwendung eines Lernmanagementsystems als bedingungslose Basiseinrichtung angesehen. Überwiegend kommt dabei die Lernplattform Moodle zum Einsatz.

E-Learning wurde überwiegend als Serviceleistung zur Unterstützung für Lehrende und Lernende gesehen, jedoch wurde ein niedriger Akzeptanzlevel der Lehrenden angemerkt. Analog zu den Ergebnissen der Online-Umfrage wurden finanzielle und personelle Ressourcen als hemmende Faktoren genannt, die auch in direktem Zusammenhang zur Angebotsvielfalt im E-Learning-Bereich stehen. Die beschränkten Ressourcen wirken sich dabei negativ auf die Forschungsaktivitäten im Bereich E-Learning aus.

Die Kooperationen sind vorrangig fachspezifisch und projektbezogen. Das Angebot von „Zertifikat E-Learning" und der Verein Forum neue Medien in der Lehre wurden als hochschulübergreifende Aktivitäten im Kontext Zusammenarbeit genannt. Generell wurden Kooperationen als wichtig erachtet und angemerkt, dass sie einen wichtigen Beitrag zur Weiterentwicklung hochschulspezifischer E-Learning-Aktivitäten leisten.

Um neuen Trends im E-Learning gerecht zu werden, wird eine funktionierende Infrastruktur als wichtige und maßgebliche Grundlage angesehen. Als bedeutend wurde dabei die Konzentration auf Blended-Learning-Aktivitäten erachtet, welche die zukünftige Rolle der Lehrenden beeinflusst. E-Learning wurde dabei unisono als „Lehren und Lernen mit digitalen Medien" verstanden.

5 Verbesserungspotenziale und Handlungsempfehlungen

Die Studie vermittelt anhand der zahlreichen erhobenen Daten einen umfassenden Überblick über Strategien, Ressourcen, Organisation und Erfahrungen beim Einsatz neuer Medien an österreichischen Hochschulen. Die Daten machten auch deutlich, dass es in mehreren Bereichen noch Verbesserungspotenziale beim Einsatz neuer Medien gibt. Aus diesen Potenzialen wurden sieben Handlungsempfehlungen abgeleitet:

1. Nur 29% der befragten Hochschulen gaben an, über eine dedizierte E-Learning-Strategie zu verfügen. Spezielle Qualitätssicherungsmaßnahmen für E-Learning gab es bei allen befragten Hochschultypen zum überwiegenden Teil nicht. Die Entwicklung einer E-Learning-Strategie sollte den zumeist gepflegten Bottom-Up- mit einem Top-Down-Ansatz verbinden und möglichst viele Beteiligte mit einbinden, um damit eine größtmögliche Verbindlichkeit bei der Erreichung der festgelegten strategischen Ziele herzustellen.
   ➢ *E-Learning strategisch planen*
2. Über 40% der befragten Hochschulen bieten ihren Lehrenden keinerlei Anreize für den Einsatz von E-Learning, der zunächst mit Mehraufwand verbunden ist, nicht zuletzt wegen nicht adäquaten rechtlichen und

organisatorischen Rahmenbedingungen. Lehrende leisten oft essentielle Entwicklungsarbeit für eine institutionelle Verbesserung der Lehre. Besondere Leistungen sollen durch Kompensationsmaßnahmen oder durch Awards wertgeschätzt werden.
➢ *Anreizsysteme schaffen*

3. Rund 71% der befragten Hochschulen gaben an, über hochschulweite Weiterbildungsangebote im E-Learning-Bereich zu verfügen. E-Learning wird von vielen Lehrenden noch als Herausforderung gesehen was vielfach mit einem niedrigen Akzeptanzlevel einhergeht. Mit speziellen Qualifizierungsmaßnahmen für den Einsatz neuer Medien soll dem dringenden Bedarf an Weiterbildungsangeboten, insbesondere an Pädagogischen Hochschulen, entsprochen werden.
   ➢ *Lehrende weiter qualifizieren*

4. Nahezu 100% der Hochschulen bieten (teilweise) Blended-Learning-Lehrveranstaltungen an. Game-Based-Learning wird von 33% und MOOCs von 16% der Hochschulen angeboten. Dem Einsatz von innovativen Lehr-/Lernformen stehen oft hinderliche Rahmenbedingungen entgegen.
   ➢ *Innovative Lehr-/Lernformen forcieren*

5. An rund 53% der befragten Hochschulen wird zu E-Learning geforscht. Diese Forschungsaktivitäten werden aber fast ausschließlich dezentral an einzelnen Instituten, nicht jedoch an den E-Learning-Abteilungen betrieben, sodass Forschungsergebnisse oft nicht zentral zur Verfügung stehen. Zusätzliche E-Learning-Professuren sollten etabliert werden. Die weitgehend als reine Dienstleistungseinrichtungen wahrgenommenen E-Learning-Abteilungen sollten Gelegenheit erhalten ebenfalls angewandte Forschung zu betreiben.
   ➢ *Forschungsaktivitäten zu E-Learning ausbauen*

6. Rund 50% der befragten Hochschulen kooperieren bei E-Learning-Projekten und bei gemeinsamen E-Learning-Veranstaltungen. 33% nutzen gemeinsame Lehr-/Lernmaterialien. Kooperationswillige Hochschuleinrichtungen, die sich mit E-Learning beschäftigen, sollten mit zusätzlichen Ressourcen ausgestattet werden. Dadurch käme es zu einem eigeninitiativen, multilateralen Wissens- und Erfahrungstransfer, der Innovation fördert und bestehende Netzwerke stärkt und erweitert.
   ➢ *Hochschulübergreifende Zusammenarbeit fördern*

7. Rund 50% der befragten Hochschulen sahen unzureichende Personalressourcen und unzureichendes Budget als zentrale Herausforderung beim Einsatz von E-Learning. Zusätzliche Finanzmittel seitens des Bundes sind daher nicht nur eine wesentliche Voraussetzung zur Aufrechterhaltung beste-

hender Leistungen, sondern vor allem auch für eine zukunftsorientierte Weiterentwicklung innovativer Bildungsangebote.

➢ *Ressourcen bereitstellen*

Literatur

Bratengeyer, E., Steinbacher, H.-P., Friesenbichler, M., Neuböck, K., Kopp, M., Gröblinger, O. & Ebner, M. (2016). *Die österreichische Hochschul-E-Learning-Landschaft. Studie zur Erfassung des Status quo der E-Learning-Landschaft im tertiären Bildungsbereich hinsichtlich Strategie, Ressourcen, Organisation und Erfahrungen.* Norderstedt: Books on Demand.

Gaebel, M., Kupriyanova, V., Morais, R., Colucci, E. (2014). *E-learning in European Higher Education Institutions: Results of a Mapping Survey Conducted in October–December 2013*. Brüssel: European University Association.

Pflichter, F. (2015*). Blended Learning, Qualität der Lehre, Lehrkompetenz und Integration behinderter und chronisch kranker Studierender an den Universitäten dargestellt in den Entwicklungsplänen ab 2015, Wissensbilanzen 2014 und in den ersten Entwürfen der Leistungsvereinbarungen 2016–2018,* 4. Auflage, Wien: bmwfw.

Werner, B. (2006). *Status des E-Learning an deutschen Hochschulen.* https://www.e-teaching.org/projekt/fallstudien/Status_des_ELearning.pdf. (Zugriff 21.11.2015).

Regina Obexer, Natasha Giardina

What is a Learning Designer?

Support roles and structures for collaborative E-Learning implementation

Zusammenfassung

Im Zuge der fortschreitenden Digitalisierung setzen sich Universitäten weltweit damit auseinander, wie man Online-Studienangebote und Blended-Learning-Szenarios nachhaltig planen und implementieren kann. Dabei stellt sich die Frage, welche Supportstrukturen und -rollen notwendig sind, um Lehrende in diesem Veränderungsprozess effektiv zu unterstützen. Während die Diskussion über die Professionalisierung von universitären E-Learning-Supportrollen im deutschsprachigen Raum weniger ausgeprägt scheint, hat sich im angelsächsischen Raum die Rolle des „Learning/Educational Designers“ (Australien), „Instructional Designers“ (USA) oder „Educational Technologist“ (GB) etabliert. Sie fungiert als Schnittstelle zwischen Didaktik und Technik und unterstützt in enger Zusammenarbeit mit Lehrenden die verschiedenen Facetten der Implementierung von E-Learning-Angeboten. Der vorliegende Beitrag gibt einen kurzen Abriss der Literatur zum Thema E-Learning-Support und geht dann auf die Rolle sowie die verschiedenen Verantwortungsbereiche von Learning Designern ein. Mögliche Organisationsmodelle ebenso wie Faktoren erfolgreicher Zusammenarbeit werden ebenso angesprochen. Abschließend werden weiterführende Forschungsfragen und Zukunftsperspektiven aufgezeigt. Der Artikel basiert auf den Ergebnissen eines Reviews des Learning-Design-Supportmodelles an der Queensland University of Technology (Brisbane, Australien).

1 Introduction

Higher education (HE) around the world is undergoing fundamental transformation. The shift from traditional models of education to connected, technology enabled, and learner-centered paradigms requires significant changes in culture, practice, process and policy. The institution wide introduction of blended or online learning models requires not only collaboration between and coordination across different institutional stakeholders (cf. ACODE 2012), but also the establishment of support resources who can provide expertise and support in the broad spectrum of educational technology use. One of the key questions to be addressed then is what types of support roles are required to help institutions in this shift, and how these should be organised and placed in the institutional structure to maximize their effect.

In the English speaking HE arena, the position of the Learning Designer[1] has long played the role of supporter, change agent, catalyst and provider of expertise in this context, and is seen as critical in supporting sustained change. Browne & Beetham (2010) contend that "Education technologists find themselves at the centre of a redefinition of post-compulsory education, which combines dynamic new environments for learning with significant challenges to institutions' traditional purposes." (p. 9)

Yet even in academic cultures where the role is well established, one of the issues encountered in effectively providing support for E-Learning is that the role is not well understood by the very people who should be supported by it – academic staff. This article aims to contribute to the understanding of professional roles and models in the implementation of online and blended learning in Higher Education by providing a snap-shot of the current facets and discussing future aspects of the role of the Learning Designer. It is based on the outcomes of a review project carried out by the authors at Queensland University of Technology in mid-2014, the aims of which were to evaluate the provision of learning design support, identify existing and emerging needs and drivers, and finally propose a future model of support for the University. Defining the role of the Learning Designer was a particular focus of the review, both within the institution, but also more broadly in the context of Australian HE. Data were collated from a range of sources, including a literature review of support models and roles for E-Learning implementation, consultation with a range of internal stakeholders in the form of semi-structured interviews and focus groups, and expert interviews with representatives from five other Australian universities. The results were transcribed and analysed using a deductive data analysis method as proposed by Mayring (2000). This contribution draws on the findings of the review with a particular focus on describing the changing role of the Learning Designer as a key collaborator, accelerator and connector in a rapidly changing environment.

1 The label of the role varies considerably. In Australia, the role is also called "Educational Designer" and several other titles are emerging. In the US context, "Instructional Designer" is the most common name, and in the UK "Educational/Learning Technologist" is generally used. This myriad of job titles points to variations in the role, which depend on institutional, national and sector differences. A discussion of these specific differences is beyond the scope of this paper.

2 Support roles for E-Learning implementation – a review of the literature

2.1 Institutional support for E-Learning

The literature reflects strong agreement that the transition from traditional models of teaching to online and connected models of learning is complex, and requires strong institutional vision as well as support and investment at both strategic and operational levels, spanning technology, pedagogy and administration (Arabazs et al. 2003). Both top-down vision and bottom-up support are required to successfully drive change, and "in between resides a web of centrally administered resources that must evolve uniquely to reflect each institution's culture, academic programs, and characteristics" (ibid. p.18). In a review of 110 papers describing and critiquing approaches taken by tertiary institutions when implementing E-Learning strategies, Guiney (2013) emphasises the need for a deliberate and strategic approach and finds that "[w]hile some of the literature questions the suitability of establishing centralised, dedicated teams to support e-learning, the majority of papers recommend this approach." (Guiney 2013, p. 8) A more in-depth report about the organisation of E-Learning support in the Canadian context comes to a similar conclusion. Haughey (2007) emphasises the need for close collaboration and coordination between technology support and faculty development areas, and argues that "Organisational structures provide a public mark of the relative importance given to technology within the university." (Haughey 2007, p. 30)

The literature highlights academic development as a principal success factor in the effective implementation of any E-Learning strategy. Several case studies point to the importance of deep collaboration between all stakeholders involved in transformative blended or online learning efforts. Communities of practice, peer-to-peer support, learning on the job and informal, localized learning are often referred to as successful ways to share knowledge, build local capability, and connect the various stakeholders (cf. Cochrane et al. 2013, Singh & Hardacker 2013).

2.2 The role of the Learning Designer

Within this wider context of E-Learning support, the importance of the role of the Learning Designer specifically, seen at the nexus of technology and pedagogy, is emphasized in several studies relating to E-Learning implementation. Bichsel (2013) argues that more mature institutions have an increased number of support staff for E-Learning initiatives and adds that "instructional designers and professional development staff are especially critical" (p. 38). Similarly, benchmarks such as those developed by the Australasian Council on Open, Distance and E-Learning (ACODE 2014) and the E-Learning Maturity Model (Marshall 2007) also emphasize the need for adequate support in this space.

In the UK HE arena, the role of the Learning Technologist specifically has gained significant attention, with a number of reports and investigations seeking to define its strategic importance, scope, and competency profile (cf. Hopkins 2015, Browne & Beetham 2010, Shurville at al. 2009, Beetham et al. 2001). The critical literature review by Shurville, Browne and Whitaker (2009) in particular is seen as a baseline review in this field, drawing on over 200 sources to define and discuss the various facets of the role as well as the complexities in establishing it within HE institutions. In the US HE context, the role is typically called "Instructional Designer". The themes emerging from the literature however are similar to those in the UK, with topics such as the variety of the role, organizational structures, challenges and how to overcome them prominent in the discussion. (cf. e.g. Moskal 2012, Intentional Futures 2016).

There are several national and international professional associations for Learning Technologists such as the Association for Learning Technology (ALT) in the UK, the International Society for Technology in Education (ISTE), or the Australasian Society for Computers in Learning in Tertiary Education (ASCILITE) to name only a few. Certification programs for professionals seeking accreditation by these bodies are also available. In addition, there are many blog posts and other contributions on social media by learning technologists reflecting on the complexity of their role, and the difficulty in explaining it to others. A collection of particularly in-depth reflections on the role can be found in Hopkins (2015).

Building on the strong arguments for the importance of the Learning Designer as a key factor in helping teaching staff in the transformation towards blended and online learning approaches, the remainder of this article will focus on defining the evolving role and the scope of its various areas of responsibility, based on the outcomes of the QUT review mentioned above.

3 What does a Learning Designer do?

A commonly used definition of the role is that provided by ALT: "Learning technologists are people who are actively involved in managing, researching, supporting or enabling learning with the use of learning technology" (cited in Browne & Beetham 2010, p. 6). This is very broad, and can encompass a range of different types of activities which often evolve in response to particular needs within the institution and its organizational sub-elements. Therefore, in exploring comparative models of support, it is essential to contextualize the role within the entire range of techno-pedagogical support services. Many universities today provide such services, although they might be variously articulated. The institutions consulted as part of the review used titles as varied as *learning/elearning/ blended learning/educational/instructional designer, blended learning advisor, and educational technologist* to denote the role discussed here. This multitude of titles is also mentioned in the literature (e.g. Intentional Futures 2016, p. 8) and indicates both the broad spectrum of tasks carried out by the role as well as institutional differences and requirements.

The diagram below provides an overview of the key responsibilities emerging from the review findings, drawing in particular on the internal interviews and focus groups as well as the interviews with experts from other universities:

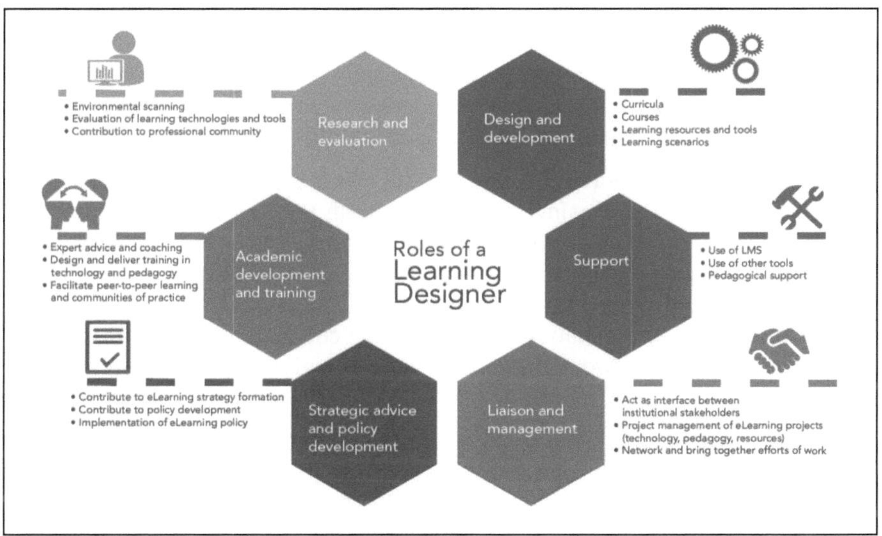

Fig. 1: Roles of a Learning Designer

The key responsibility areas and competencies resulting from the review correspond with those presented in the literature. The report by Intentional Futures (2016) identifies the four responsibility clusters "Design, Train, Manage and Support" for instructional designers, always with a focus on supporting faculty in the effective use of educational technology. In a 2001 report on the role and function of the Learning Technologist, Beetham et al. defined ten key clusters of activities: "Of these 'keeping abreast of current developments in learning technologies' scored most highly. All of the remaining nine were educational, developmental, interpersonal/communicative or strategic rather than technical activities." (Beetham et al. 2001, p. 5) In an analysis of 400 job announcements for educational technology professionals, Kang & Ritzhaupt (2015) found that traditional instructional design knowledge and skills, project management and technical skills are of high importance, but that so called "soft skills" (communication, interpersonal skills, customer service, organizational and leadership skills) are increasingly essential. This points to the collaborative nature and the increasing complexity of E-Learning implementation within HE institutions.

In addition to the facets of the role noted above, further aspects regarding the evolving remit of Learning Designers emerged in the course of the review:

Curriculum design and development: This area has traditionally not been a key responsibility for Learning Designers, who tended to be engaged in course design and development, (i.e. at the implementation stage) rather than the planning stage of new programs or those under review. This may point to the fact that program offerings are increasingly being planned as online or blended programs and the use of technology has to be considered from the outset. At QUT, for example, Learning Designers now contribute systematically to curriculum design and development processes which adds an additional component both to their competency profile and the set of responsibilities.

Academic staff development: Another trend observed at the institutions consulted is that there is increasing collaboration with traditional Academic development units (in some cases the E-Learning department is even merged with these units). This may point to a broader tendency to view academic capabilities in blended and online teaching as part of overall academic competencies rather than a separate, specialized skill. Increased collaboration rather than often observed competition between these areas will certainly benefit the institution as a whole.

The impact of the LMS: The implementation of institutions wide E-Learning initiatives has been closely tied to the deployment of a Learning Management System (LMS), which has also strongly shaped the tasks of the Learning Designer. Whilst the role before the prevalence of the LMS was very much about designing and developing online resources (including software) for online learning, the advent of the LMS has seen a shift towards Learning Designers focusing on training and supporting academic staff in the use of the system, and developing and implementing good practice examples, standards and policies. In what some call a "Post-LMS" era, this focus on LMS support shifts towards a much broader spectrum of technologies used for learning and teaching, with social media and other open source and proprietary tools becoming both more easily available and widespread throughout higher education teaching. The corresponding change in the role of the Learning Designer is towards a stronger focus on evaluating available tools and making recommendations, providing support and advice to academic staff planning to use tools beyond the LMS, and contributing to policies that help maximize the benefits but minimize the risks associated with this practice.

These findings reflect both the fact that the use of educational technology is becoming mainstream at least in the Australian HE context, and that the role of the Learning Designer evolves with the technological affordances available. Both aspects also emphasize the central importance of the role, the need for Learning Designers to engage in continuous professional learning, and to be prepared for a constant re-definition of the role's scope of work and competency requirements.

4 Organisational structures of Learning Design support

There are variations in the ways universities organise their E-Learning support. Common models include centralised or faculty-based models, or a hybrid model where the central and faculty services intersect. An unpublished survey conducted by Marshall (2014) found that of the total numbers of support staff across 26 Australian and New Zealand HE institutions around 70% (305) of support staff were located in a central team whereas around 30% (134) were embedded in faculties. The size of the organization plays an important role in the way support services are organized, as does the strategic importance given to online learning.

Half of the institutions interviewed as part of the review have a hybrid model with some staff in a central team and other distributed across the organisation. Central teams are often embedded in divisions or departments responsible for academic support more generally, whereas there was only one example of an E-Learning support team being part of IT Services. All of the institutions however had either recently undergone a restructure, or were under review, or had new strategic initiative underway that would have an impact on the constellation of support teams and the roles of staff within them.

In practice, a stronger indicator of successful organisation than the location of support staff is firstly in how far the structure supports successful collaboration with faculty staff, and secondly whether the Learning Designers – if dispersed – have the opportunity to come together and share their knowledge, expertise and experiences. Browne & Beetham (2010) confirm this finding: "Whatever organizational structure is adopted, it is important for the stakeholders to consider how appropriate synergies can be facilitated, most particularly between educational technologists and academics [...] (p. 216). The following chapter highlights some indicators of successful collaboration between Learning Designers and academic staff.

5 Building effective collaboration

Productive relationships between Learning Designers and faculty staff are the basis for success in E-Learning projects. Whilst the physical and organizational location plays a role, it is not the only indicator of success. The review found the following factors that contribute to successful collaboration between the stakeholders in online and blended learning implementation.

Communication
It is critical for Learning Designers to conduct effective and sustained communication with faculty staff about the kinds of services and support they can provide. Learning Designers also need to have productive relationships with the other support staff they work with – for example, with academic developers or IT support staff – to support academic staff effectively and often act as "translators" between stakeholders in academic, technical and administrative areas of the organization. The need for excellent communication skills mentioned as key to the competency of a Learning Designers highlights this role.

Project based approaches to curriculum development
One emerging trend in the organisation of support is the adoption of a project-based approach where support staff from different services come together to work with academic staff on larger scale curriculum development activities. This approach has recently been adopted by Queensland University of Technology in a push to digitally transform programs systematically and strategically. Initial feedback indicates that such approaches are having positive outcomes.

On task academic development
Another factor that improves the likelihood of sustainable impact is associating staff development activities with practical output, either within an established staff development program, or within a project-based curriculum development activity. Having faculties or disciplines set priorities for staff development activities within their group is a successful approach, improving the likelihood of buy-in from academic staff, who perceive that the development activities have discipline relevance and engage them in collaborative activities with a real outcome.

Research collaboration
The innovative nature of learning design and academic development suggest productive possibilities for research output. However, in practice, Learning Designers are often limited in time and appropriate research skills. One strategy to overcome this problem is in research collaborations between academic staff and support staff, which can also be an important incentive for academic staff engagement in E-Learning initiatives.

6 Conclusion and outlook

The Learning Designer role has a long tradition in Australian Higher Education, and is increasingly well accepted as critical in supporting and driving the successful and sustainable implementation of blended and online learning. In other settings and different academic cultures and organizational structures, it may be more difficult to establish central positions to support the collaborative effort to transform higher education towards more digital teaching and learning models. The authors argue that such roles are essential as universities are responding to a set of drivers prompting them to examine and re-conceptualize their learning and teaching strategies. Areas of further research may include questions such as:

- Are the roles of E-Learning professionals in other national and cultural academic contexts different from those described here? How and why?
- What perception do E-Learning professionals have of their own role? What is the perception of their role amongst others (especially academic staff)?
- What is the strategic relevance of these roles within their institution? In how far does this reflect the importance given to digital transformation efforts?
- Is there a common competency profile and a career path for people entering the profession across the national HE sector?

In conclusion, as the nature of academic teaching is changing, support requirements will change with it. Support services and roles will need to continue to be agile and develop with the emerging needs of the organization, now and into the future.

Literature

ACODE Australian Council for Open, Distance and E-Learning (2014). *Benchmarks for Technology Enhanced Learning.* Retrieved from http://www.acode.edu.au/pluginfile.php/579/mod_resource/content/3/TEL_Benchmarks.pdf, last accessed 19/03/2016.

Arabasz, P., Pirani, J. & Fawcett, D. (2003). *Supporting e-learning in higher education: Research study from the EDUCAUSE Center for Applied Research.* Retrieved from https://net.educause.edu/ir/library/pdf/ers0303/rs/ers0303w.pdf, last accessed 24/02/2016.

Beetham, H., Jones, S., & Gornall, L. (2001). *Career Development of Learning Technology Staff: Scoping Study. Final Report for the JISC JCALT.* Bristol: University of Plymouth. Retrieved from http://www.jisc.ac.uk/publications/reports/2001/cdssfinalreport.aspx, last accessed 13/04/2016.

Bichsel, J. (2013). *The State of E-Learning in Higher Education: An Eye toward Growth and Increased Access. Research Report.* Louisville, CO: EDUCAUSE Center for Analysis and Research.

Browne, T. & Beetham, H. (2010). *The Position of Educational Technologists in Enhancing the Student Experience. Report Funded by The Higher Education Academy Under their Call4: Enhancing Learning and Teaching Through the Use of Technology.* Retrieved from http://repository.alt.ac.uk/831/, last accessed 13/05/2016.

Cochrane, T., Black, B., Lee, M., Narayan, V., & Verswijvelen, M. (2013). Rethinking e-learning support strategies. *International Journal for Academic Development, 18*(3), 276–293.

Guiney, P. (2013). *Organisational Approaches to E-Learning in the Tertiary Sector: An Annotated Bibliography. Report Commissioned by the New Zealand Government, Ministry of Education.* Retrieved from http://www.educationcounts.govt.nz/publications/ict/organisational-approaches-to-e-learning-in-the-tertiary-sector, last accessed 01/03/2016.

Haughey, M. (2007). Organizational Models for Faculty Support: The Response of Canadian Universities. In M. Bullen & D. Janes (Eds.), *Making the Transition to E-Learning: Strategies and issues.* Idea Group Inc.

Hopkins, D. (Ed.) (2015). *The Really Useful #EdTech Book.* CreateSpace Independent Publishing Platform.

Intentional Futures (2016). *Instructional Design in Higher Education. A Report on the Role, Workflow, and Experience of Instructional Designers.* Retrieved from http://intentionalfutures.com/reports/instructional_design/, last accessed 13/05/2016.

Kang, J. & Ritzhaupt A.D. (2015). A Job Announcement Analysis of Educational Technology Professional Positions: Knowledge, Skills and Abilities. *Journal of Educational Technology Systems, 43*(3), 231–256.

MacKeogh, K., & Fox, S. (2009). Strategies for Embedding E-Learning in Traditional Universities: Drivers and Barriers. *Electronic Journal of E-Learning, 7*(2), 147–154.

Moskal, T.M. (2012). *Instructional Designers in Higher Education.* Retrieved from http://digitalcommons.unl.edu/cehsedaddiss/12, last accessed 24/02/2016.

Marshall, S. (2007) *E-Learning Maturity Model. Process Descriptions.* Wiki. Retrieved from http://www.cad.vuw.ac.nz/research/emm/documents/versiontwothree/20070620ProcessDescriptions.pdf, last accessed 29/02/2016.

Marshall, S. (2014). *ACODE Benchmarking Activity – Academic and E-Learning Support in Australian and New Zealand Universities.* Unpublished.

Mayring, P. (2000). *Qualitative Inhaltsanalyse. Grundlagen und Techniken.* 6th edition. Weinheim: Beltz.

Singh, G., & Hardaker, G. (2014). Barriers and Enablers to Adoption and Diffusion of eLearning: A Systematic Review of the Literature – a Need for an Integrative Approach. *Education and Training, 56*(2), 105–121.

Shurville, S, Browne, T. & Whitaker, M. (2009). Accommodating the Newfound Strategic Importance of Educational Technologists within Higher Education. A Critical Literature Review. *Campus Wide Information Systems, 26*(3), 201–231.

Catrina Grella, Christoph Meinel

Einblicke in die Interaktion zwischen Lernenden am Beispiel eines Massive Open Online Courses – eine empirische Analyse

Zusammenfassung

Digitalisierung durchzieht alle Bereiche von Wirtschaft und Gesellschaft. Auch im Bildungssektor sind zahlreiche Anzeichen eines digitalen Wandels zu beobachten. Massive Open Online Courses (MOOCs) stellen die soziale Interaktion und Zusammenarbeit zwischen Online-Lernenden in den Fokus und tragen damit zum Erfolg digitaler Lehr-Lern-Prozesse bei. Durch die Einbindung sozialer Medien wie Diskussionsforen ist Interaktion über regionale und nationale Grenzen hinweg möglich. Inwiefern diese Potenziale von Lernenden mit unterschiedlichen soziodemografischen Hintergründen bisher genutzt werden, wird im vorliegenden Beitrag kritisch hinterfragt: Welche Faktoren beeinflussen die aktive Beteiligung und Zusammenarbeit zwischen Lernenden in MOOCs? Die Ergebnisse der statistischen Analysen eines aktuellen openHPI-MOOC im Bereich der Informatik zeigen, dass das Diskussionsforum als zentrales Kollaborationstool derzeit vor allem von bestimmten Gruppen Lernender aktiv genutzt wird: Männern, HochschulabsolventInnen und Berufstätigen mit langjähriger Arbeitserfahrung.

1 Hintergrund und Herausforderungen

MOOCs stellen eine vielversprechende digitale Lernform dar: Der Fokus liegt auf den Lernenden und ihrem uneingeschränkten Zugang zu Information und Kommunikation im Rahmen von Lerngemeinschaften. Die Kombination von Lehr-Lern-Inhalten mit sozialen Medien ermöglicht es, in virtuellen Gemeinschaften zusammenzuarbeiten. Diese Communities mit sehr großen Teilnahmezahlen erzielen soziale Effekte, die dazu beigetragen haben, dass sich MOOCs zu einer attraktiven Lernmethode entwickelten. MOOCs werden u. a. die Potenziale zugeschrieben, den Zugang zu Bildung zu öffnen und eine stärkere Individualisierung der Lehre zu ermöglichen (vgl. Ihsen et al. 2015). Teilnehmende mit unterschiedlichen soziodemografischen Hintergründen können in engem Austausch untereinander gemeinsam lernen. Um zu prüfen, ob und wenn ja, inwiefern MOOCs schon heute in der Lage sind, den Zugang zu Bildung auch für bisher unterrepräsentierte Zielgruppen wie z.B. Frauen in

Mathematik, Informatik, Naturwissenschaft und Technik (MINT) zu öffnen, bedarf es der sozialwissenschaftlichen Begleitforschung. Im vorliegenden Beitrag wird die Zusammenarbeit zwischen Lernenden in offenen Diskussionsforen aus einer soziologischen Perspektive heraus analysiert: Wer interagiert in MOOCs in welcher Form und mit welchen Effekten? Am Beispiel des MOOC „Social Media – What No One has Told You about Privacy“[1], der Anfang 2016 auf der Online-Lernplattform openHPI des Hasso-Plattner-Instituts (vgl. Hasso-Plattner-Institut 2016; Meinel & Willems 2013) angeboten wurde, wird der Austausch zwischen den Lernenden hinsichtlich der Merkmale Geschlecht, Alter, Land, Bildungsstatus und IT-Hintergrund analysiert.

2 Stand der Forschung

In themenverwandten Forschungen werden die Bedeutung von Interkationen in Diskussionsforen, die Rolle der Sprache für die Partizipation in Foren und die soziodemographische Struktur in MOOCs analysiert. Die soziale Interaktion zwischen Lernenden gilt als ein zentraler Erfolgsfaktor (vgl. Staubitz, Willems & Meinel 2014). Sowohl dem Lesen und Bewerten von Forenbeiträgen (vgl. Klüsener & Fortenbacher 2015) als auch soziodemografischen Einflussfaktoren kommen eine große Bedeutung für den erfolgreichen Kursabschluss zu (vgl. Grella & Meinel 2016). Soziale Beziehungs- und Netzwerkstrukturen in Online-Diskussionen sind in Form von Soziogrammen visualisierbar und wichtige AkteurInnen können durch Zentralitätsberechnungen ermittelt werden (vgl. Klüsener, Konitzer & Fortenbacher 2015). Trotz eines länderübergreifend offenen Zugangs ist das Verhalten in Online-Diskussionsforen kultur- und subkulturspezifisch geprägt (vgl. Hanna & de Nooy 2003). Im Rahmen der sogenannten enhanced MOOCs (eMOOCs) wird Lernen als ein sozialer Prozess unter Einbeziehung von kulturellen Werkzeugen und Symbolen betrachtet (vgl. Jadin & Gaisch 2014). Die Interaktionen von unterschiedlich sozialisierten Personen aus verschiedenen Organisations- und Professionskulturen sind von besonderem Interesse für die Partizipation sowie gemeinschaftliches bzw. kollaboratives Lernen in MOOCs. Ihnen kommt ein großes Potenzial für die Beteiligung diverser Lernender mit ungleichem Vorwissen, unterschiedlicher Sozialisation, verschiedenen Lernerfahrungen und spezifischer Motivation zu. Auf Basis einer systematischen Analyse der zwischen 2008 und 2012 veröffentlichten Forschungsarbeiten über MOOCs stellen Liyanagunawardena, Adams und Williams (2013) u. a. fest, dass der Großteil aller Lernenden in MOOCs aus Nordamerika und Europa stammt – auch aufgrund von bestehenden technischen und sprachlichen Zugangsbarrieren zu Online-Bildung.

1 https://open.hpi.de/courses/ws-privacy2016/items/3pHs6akX9TRlp2taEepfIV

3 Digitales Lernen im Rahmen eines MOOCs

Im zweiwöchigen openHPI-MOOC zum Thema „Social Media" haben 3852 Lernende teilgenommen und über die Entstehung, den wachsenden Bekanntheitsgrad, die zunehmende Relevanz sozialer Medien für die Kommunikation und elementare Ansätze zum Schutz der Privatsphäre diskutiert. Der Kurs richtete sich an alle, die sich für aktuelle Themen im Kontext der digitalen Transformation interessieren – von SchülerInnen über Studierende bis hin zu lebenslang Lernenden. Die Teilnehmenden waren im Durchschnitt 42 Jahre alt. Der Anteil an Frauen betrug knapp 20 Prozent. Mehr als 85 Prozent haben mindestens die Hochschulreife erreicht, etwa 80 Prozent waren berufstätig und hatten fortgeschrittene IT-Kenntnisse. Knapp 40 Prozent waren in einer technischen Funktion tätig und mehr als 60 Prozent hatten bereits 10 Jahre Berufserfahrung.

Zu Kursbeginn wurden die Lernenden nach ihrer primären Teilnahmemotivation befragt. Von den 1141 Personen, die an der Online-Befragung teilgenommen haben, gaben jeweils mehr als 40 Prozent an, die Inhalte lernen und den Kurs mit einem benoteten Zeugnis erfolgreich abschließen zu wollen. Knapp 12 Prozent wollten den Kurs lediglich einmal ausprobieren (siehe Abb. 1).

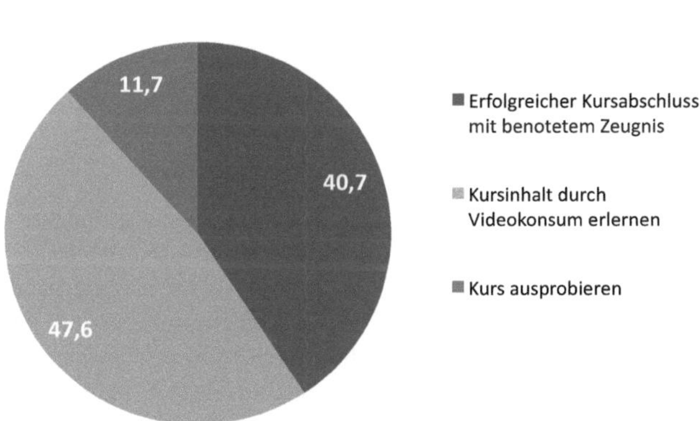

Abb. 1: Primäres Teilnahmeziel, Quelle: eigene Erhebung

Ein Drittel aller eingeschriebenen Lernenden hat den Kurs erfolgreich mit einer Teilnahmebestätigung abgeschlossen. Etwa 20 Prozent der eingeschriebenen Personen haben nicht am Onlinekurs teilgenommen. Sechs Prozent haben die Lerninhalte der ersten Woche nicht bearbeitet. Weitere fast 40 Prozent haben die Kurswoche zwei nicht besucht.

Im hier betrachteten MOOC wurden insgesamt 65535 Aktionen der Lernenden registriert. Darunter fallen vor allem Klicks auf Videos und Selbsttest (jeweils mehr als 30 Prozent). Das Peer Assessment und die Textseiten wurden demgegenüber deutlich seltener angeklickt (jeweils weniger als fünf Prozent der Klicks). Im Hinblick auf den Kursverlauf fallen mehr als zwei Drittel dieser Klicks in die erste Kurswoche, fast ein Drittel auf die zweite Kurswoche und knapp zwei Prozent auf die Feedbackoption. Im Diskussionsforum wurden insgesamt 627 Beiträge geschrieben. Fast 20 Prozent waren Diskussionsanregungen und Fragen, knapp 15 Prozent Antworten und zwei Drittel Kommentare (siehe Abb. 2). Eine Frage wurde durchschnittlich 60 Mal gelesen und erhielt im Durchschnitt drei Kommentare oder Antworten. Gut zwei Prozent der Antworten wurden von den Lernenden als richtig hervorgehoben. Zwischen der aktiven Beteiligung im Forum und einem erfolgreichen Kursabschluss besteht ein signifikanter Zusammenhang (Phi=0,3***).

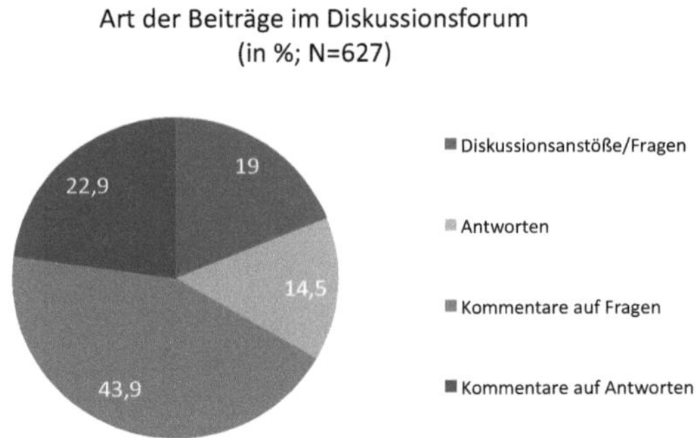

Abb. 2: Art der Beiträge im Diskussionsforum, Quelle: eigene Erhebung

Inhaltlich bezogen sich die Diskussionsbeiträge insbesondere auf fachliche Themen (Verständnisfragen, weiterführende Informationen und Anwendungsbezüge), organisatorische oder technische Aspekte sowie persönliche Anliegen – eigene Interessen, z.B. „Knowing some technological features behind social media will enable me to better use them", und Erfahrungen. Die Lehrkräfte nahmen im Diskussionsforum insbesondere folgende Funktionen wahr: Zu Kursbeginn stießen sie die Diskussion im Forum an und gaben Impulse, um die Kommunikation aufrecht zu erhalten. Im Kursverlauf beobachten sie die Diskussionen, ohne diese zu bremsen (vgl. Löwis et al. 2015). Sofern ein Diskussionspunkt über einen Zeitraum von mehreren Tagen von den Lernenden allein nicht abgeschlossen wurde, gaben die Lehrkräfte Hilfestellung (vgl. Haug & Wedekind 2013).

3.1 Interaktion im Diskussionsforum nach soziodemografischen Merkmalen

Insgesamt beteiligten sich weniger als vier Prozent der eingeschriebenen Frauen und knapp sechs Prozent der Männer aktiv im Diskussionsforum des MOOC „Social Media". Wie in Abb. 3 dargestellt ist der Anteil der Männer, die Fragen im Forum stellen, kommentieren und Antworten geben, etwas höher als der Anteil der Frauen (zwischen zwei und vier Prozent der Männer versus ein bis drei Prozent der Frauen). Lediglich hinsichtlich der Kommentare von Antworten überstieg der Anteil der Frauen den der Männer (2,3 gegenüber 1,4 Prozent).

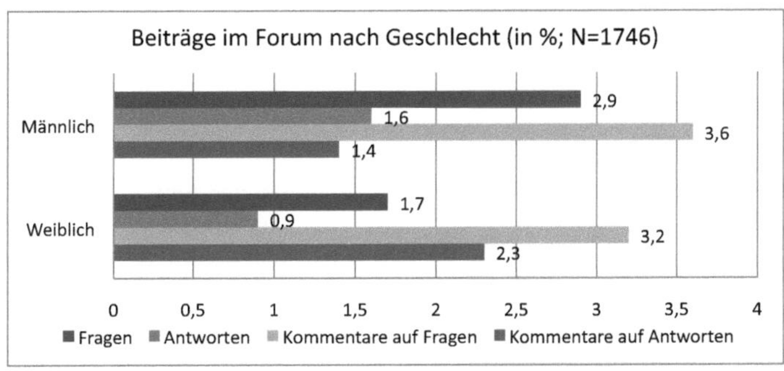

Abb. 3: Beiträge im Forum nach Geschlecht, Quelle: eigene Erhebung

In Bezug auf die Altersstruktur der Lernenden fällt auf, dass sich weder die jüngsten (unter 16 Jahre) noch die ältesten (ab 76 Jahren) aktiv im Forum beteiligen. Über alle Beitragsarten hinweg sind die Altersgruppen zwischen 46 und 65 Jahren aktiver als die 26- bis 35-Jährigen. Der Anteil der Lernenden, die Fragen stellen und Kommentare auf Fragen schreiben, ist in der Altersgruppe von 56 bis 65 Jahren am größten (3,5 Prozent). Der Anteil der Lernenden, die antworten, ist in dieser Altersgruppe demgegenüber besonders gering (0,5 Prozent).

Im hier betrachteten englischsprachigen MOOC beteiligen sich die Lernenden, die in englischsprachigen Ländern außerhalb Europas leben, besonders aktiv im Forum; insbesondere der Anteil an Kommentaren ist in dieser Gruppe größer als in anderen Regionen. Antworten stammen demgegenüber selten aus englischsprachigen Ländern außerhalb Europas (siehe Abb. 4).

Im Durchschnitt, insbesondere auch in Bezug auf Fragen (6 Prozent) und Kommentare, ist der Anteil unter den Lernenden mit einem Hochschulabschluss als höchstem Bildungsabschluss am größten. Promovierte beteiligen sich dagegen durchschnittlich sehr wenig im Diskussionsforum.

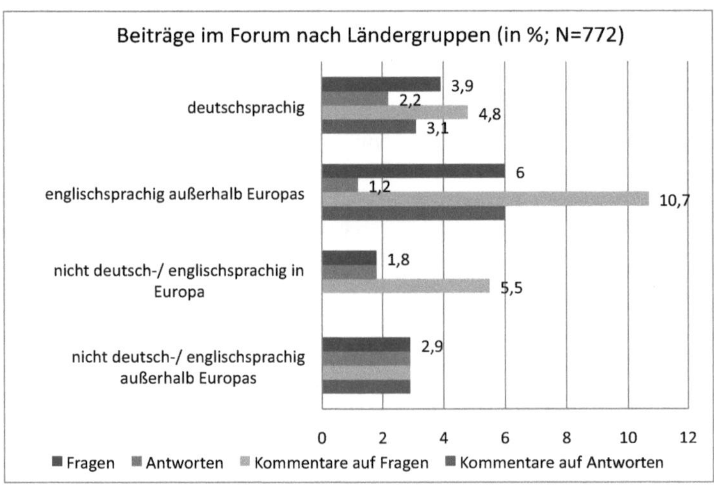

Abb. 4: Beiträge im Forum nach Ländergruppen, Quelle: eigene Erhebung

Nach Berufsgruppen betrachtet sind Lehrkräfte, insbesondere im Kommentieren von Antworten (6,2 Prozent), aktiver als beispielsweise WissenschaftlerInnen, die ausschließlich antworteten (knapp 3 Prozent). Sowohl zwischen den Antworten als auch den Kommentaren auf Fragen und der Variable „Berufsgruppe" bestehen signifikante Zusammenhänge (Phi bis zu 0,2**). Der Anteil derjenigen, die sich aktiv im Diskussionsforum beteiligen und insbesondere auch kommentieren ist unter denjenigen, die sich in einer niedrigen Berufsposition beispielsweise als PraktikantIn befinden, höher als unter den TeamleiterInnen (siehe Abb. 5).

Der Anteil aktiver ForumsteilnehmerInnen ist über alle Beitragsarten hinweg in der Gruppe der Berufstätigen mit mehr als zehn Jahren Arbeitserfahrung höher als unter denjenigen mit weniger Berufserfahrung. Auch in Bezug auf den IT-Hintergrund fällt auf, dass sich insbesondere ExpertInnen im Forum engagieren – auch in Bezug auf Fragen (siehe Abb. 6).

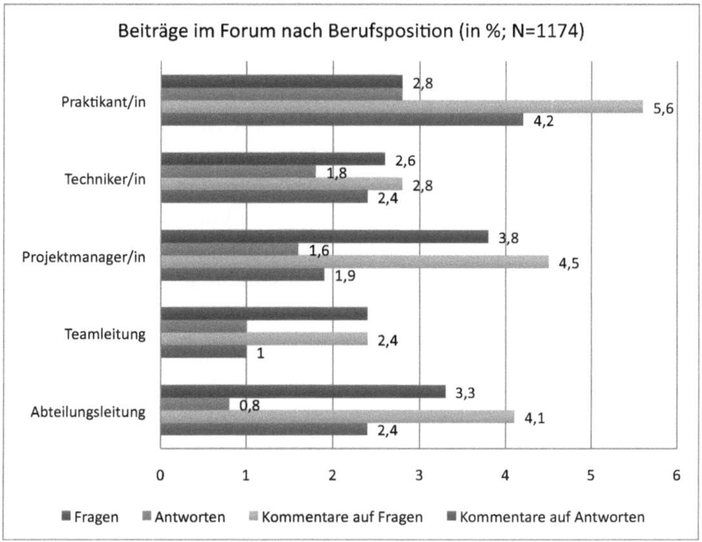

Abb. 5: Beiträge im Forum nach Berufsposition, Quelle: eigene Erhebung

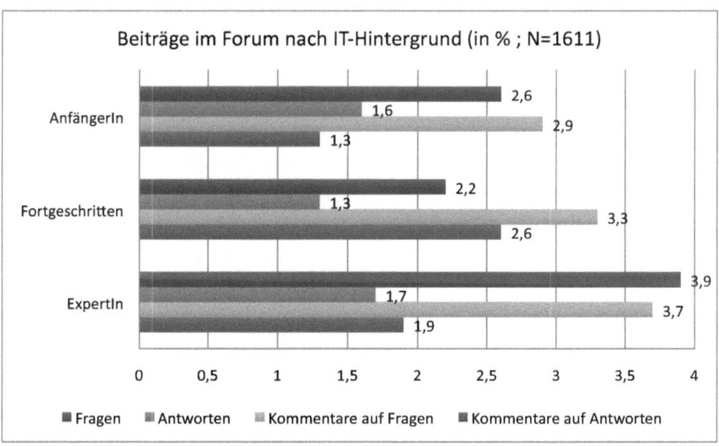

Abb. 6: Beiträge im Forum nach IT-Hintergrund, Quelle: eigene Erhebung

Anhand einer multivariaten logistischen Regression kann die Erklärungskraft der soziodemografischen Einflussfaktoren auf die aktive Beteiligung im Forum je Beitragsart beurteilt werden: Die soziodemografischen Indikatoren Geschlecht, Herkunftsland, höchster Bildungsabschluss, Berufsgruppen, -position, -erfahrung und IT-Hintergrund erklären bis zu ein Viertel der Varianz der aktiven Beteiligung im Diskussionsforum.

3.2 Weiterführende Befragungsergebnisse

Ergänzend zu den o.g. Forschungsergebnissen wurden die Teilnehmenden im Anschluss an den MOOC zur Zusammenarbeit im Online-Kurs befragt. 404 Lernende nahmen an der Post-Befragung teil. Mehr als drei Viertel von ihnen waren Männer, knapp drei Viertel lebte in Deutschland und der Großteil war mindestens 40 Jahre alt. Die Erwartungen der Mehrheit wurden (vollständig) erfüllt. Die Qualität sowie Verständlichkeit und Struktur des Kurses bewerteten jeweils knapp drei Viertel der Befragten als (sehr) gut. Demgegenüber halten weniger als die Hälfte der Befragten Peer Assessment und das Verfassen eines Essays für angemessene Tools zur Messung von Lernergebnissen (44 und 38 Prozent). Viele Online-Lernende scheinen einen passiven Konsum von Videos gegenüber zeitaufwendigen aber effektiven interaktiven Aufgaben zu bevorzugen. Eine Trainingsphase zur Beurteilung der Arbeiten von Peers findet knapp die Hälfte der Befragten allerdings sinnvoll. Trotz der zu Beginn teilweise kritischen Einschätzung von Peer Assessment gibt mehr als die Hälfte der Befragten im Anschluss daran an, dass sie durch die Beurteilung der Arbeiten ihrer Mitlernenden (sehr) viel gelernt hat. Aus der Beurteilung der eigenen Arbeit hat mehr als ein Drittel (sehr) viel gelernt. Dies kann darauf hindeuten, dass Praxiserfahrungen mit Peer Assessments zu einer Neubewertung dieses didaktischen Instruments beitragen.

3.3 Diskussion der Ergebnisse

Die Forschungsergebnisse zeigen, dass sich im Diskussionsforum eines beispielhaften MOOC der Informatik insbesondere Männer, Lernende mit einem Hochschulabschluss und Berufserfahrung aktiv beteiligen. Die Unterrepräsentanz von Frauen unter den Lernenden im openHPI-MOOC ist vergleichbar mit dem Anteil von Frauen an den Informatikstudierenden insgesamt: Dem statistischen Bundesamt zufolge waren im Wintersemester 2014/2015 knapp 20 Prozent der Informatikstudierenden Frauen (vgl. Destatis 2016). Dieser Fachbezug ist bei der Bewertung der Forschungsergebnisse zu berücksichtigen. Auf Basis von Surveys in MOOCs anderer Fachbereiche wie der Erziehungswissenschaft scheint der Anteil von Frauen an den Teilnehmenden mit etwa 50 Prozent deutlich höher zu sein, während die Altersstruktur der Teilnehmenden und die aktive Beteiligung insbesondere von Berufstätigen mit dem openHPI-MOOC vergleichbar ist (vgl. Bremer 2012: 6). Verwandte Forschungsarbeiten beziehen sich häufig auf MOOCs in den MINT-Fächern. Weiterführende Analysen müssen zeigen, inwiefern diese auf MOOCs anderer Fachbereiche übertragbar sind.

Eine Herausforderung für Lernende können die große Menge an Diskussionsbeiträgen und die Nutzung externer Kommunikationsmittel, z.B. Twitter, darstellen. Ferner kann unakzeptables wie beleidigendes Verhalten einiger Online-Diskutierenden andere von der aktiven Beteiligung abhalten. Die Mehrfachteilnahme an MOOCs scheint demgegenüber die Beteiligung in Diskussionsforen zu erhöhen, indem die Teilnehmenden Selbstbewusstsein aus einer erfolgreichen Kursteilnahme schöpfen und sich an diese neue Lernform (vgl. Liyanagunawardena, Adams & Williams 2013: 217 f.), die symbolische Kommunikation, z.B. für empfohlene Diskussionsbeiträge, sowie hilfreiche Antworten gewöhnen und Vertrauen in virtuelle Netzwerke aufbauen. Entsprechend steigt auch die Anzahl der geschriebenen Wörter in Forenbeiträgen im Kursverlauf an (vgl. Klüsener & Fortenbacher 2015).

4 Schlussfolgerungen und Ausblick

Das offene Diskussionsforum als ein zentrales Kollaborationstool in MOOCs wird von unterschiedlichen Gruppen Lernender verschieden stark genutzt. Männer, HochschulabsolventInnnen und Berufstätige mit langjähriger Erfahrung beteiligen sich stärker an den Online-Diskussionen als andere Lernende. Eine individuelle Sortierung der Diskussionsbeiträge nach persönlichen Interessen oder dem Leistungsstand kann die aktive Beteiligung im offenen Diskussionsforum ebenso fördern wie die Auswahl von favorisierten AdressatInnen eigener Diskussionsbeiträge, z.B. Lernende, die sich derzeit mit der gleichen Aufgabe beschäftigen. Ferner kann ein automatisches Matching das Auffinden bestimmter DiskutantInnen, z.B. mit ähnlichen soziodemografischen Hintergrundfaktoren, erleichtern.

Für die stärkere Einbindung bisher unterrepräsentierter Gruppen Lernender im Diskussionsforum bedarf es darüber hinaus einer detaillierten Analyse bestehender Beteiligungshemmnisse, z.B. auf Basis von Interviews. Weiterführender Forschungsbedarf besteht zudem bezüglich der Interaktion und Zusammenarbeit zwischen Lernenden im Kursverlauf wie Veränderungen und Brüchen in der aktiven Beteiligung, der Kollaboration in geschützten Lernräumen im Vergleich zu offenen Diskussionsforen und der Relevanz von passiven Teilnehmenden. Ferner können qualitative und semantische Analysen zentrale Erkenntnisse über die Länge und Inhalte der Diskussionsbeiträge ergänzen. Im Rahmen einer kursübergreifenden Analyse verschiedener MOOCs sind die Entstehung, Gestaltung, Rolle und Rahmenbedingungen der jeweiligen Lerngemeinschaften von großem Interesse.

Literatur

Bremer, C. (2012): New Format for Online Courses: The Open Course Future of Learning. *Proceedings of eLearning Baltics eLBa 2012*, http://www.bremer.cx/vortrag67/Artikel_elba2012_opco_bremer.pdf (02.05.2016).

Destatis Statistisches Bundesamt (2016): *Studierende in MINT-Fächern,* https://www.destatis.de/DE/ZahlenFakten/GesellschaftStaat/BildungForschungKultur/Hochschulen/Tabellen/StudierendeMintFaechern.html (24.05.2016).

Grella, C. & Meinel, C. (2016): MOOCs as a Promoter of Gender Diversity in STEM? In *eLearning and Software for Education. Proceedings of the 12th International Scientific Conference.* 516–521. Bucharest.

Hanna, B. E. & de Nooy, J. (2003): A Funny Thing Happened on the Way to the Forum: Electronic Discussion and Foreign Language Learning. In *Language Learning & Technology*, *17*(1), https://llt.msu.edu/vol7num1/hanna/ (27.04.2016).

Hasso-Plattner-Institut (2016): openHPI – die MOOC-Plattform des HPI, https://open.hpi.de (01.05.2016).

Haug, S. & Wedekind, J. (2013): cMOOC – ein alternatives Lehr-/Lernszenarium? In R. Schulmeister (Hrsg.), *MOOCs – Massive Open Online Courses. Offene Bildung oder Geschäftsmodell?* 161–206. Münster: Waxmann

Ihsen, S., Jeanrenaud, Y., de Vries, P. & Hennis, T. A. (2015): Gender and Diversity in Engineering MOOCs, a first Appraisal. In 43rd Annual SEFI Conference (Hrsg.), *Proceedings of Europäische Gesellschaft für Ingenieur-Ausbildung.*

Jadin, T. & Gaisch, M. (2014): Enhanced MOOCs (eMOOCs). Eine soziokulturelle Sichtweise auf die aktuelle MOOC-Landschaft. In: K. Rummler (Hrsg.), *Lernräume gestalten – Bildungskontexte vielfältig denken.* Bd. 67. Medien in der Wissenschaft. 302–309. Münster: Waxmann. http://waxmann.com/buch3142.

Klüsener, M. & Fortenbacher, A. (2015): Analyse erfolgreicher Studenten in Massive Open Online Courses. In *13. E-Learning Fachtagung Informatik, Lecture Notes in Informatics (LNI)*, Gesellschaft für Informatik, Bonn, 2015, 307–309.

Klüsener, M., Konitzer, W., Fortenbacher, A. (2015): Interaktive Visualisierung zur Darstellung und Bewertung von Learning-Analytics-Ergebnissen in Foren mit vielen Teilnehmern. In: S. Rathmayer & H. Pongratz (Hrsg.): *Proceedings of DeLFI Workshops 2015 co-located with 13th e-Learning Conference of the German Computer Society* (DeLFI 2015). München, Germany, September 1, 2015, 110–117.

Liyanagunawardena, T. R., Adams, A. A. & Williams, S. A. (2013): MOOCs: A Systematic Study of the Published Literature 2008–2012. In: *IRRODL The International Review of Research in Open and Distance Learning, 14*(3), 202–227.

Löwis, M., Staubitz, T., Teusner, R., Renz, J. & Meinel, C. (2015): Scaling Youth Development Training in IT Using an xMOOC-Platform. In *Frontiers in Education 2015.* El Paso, Texas.

Meinel, C. & Willems, C. (2013): openHPI. Das MOOC-Angebot des Hasso-Plattner-Instituts. In: *Technische Berichte Nr. 79 des Hasso-Plattner-Instituts für Softwaresystemtechnik an der Universität Potsdam.* 1–22. Potsdam.

Staubitz, T., Renz, J., Willems, C. & Meinel, C. (2014): Supporting Social Interaction and Collaboration on an xMOOC Platform. In *edulearn*, http://hpi.de/fileadmin/user_upload/fachgebiete/meinel/papers/Web-University/2014_staubitz_educon.pdf (26.04.2016).

Bernhard Koller, Adina Koller

Gamification: Die bijektive Abbildung zwischen Minecraft und sozialen Kompetenzen im Schulalltag

Zusammenfassung

Dieses Papier dokumentiert ein eEducation-Forschungsprojekt im Bereich Jugendbildung an einer polytechnischen Schule in Österreich. Der Kern ist die Frage nach der Messbarkeit der sozialen Kompetenzentwicklung unter Zuhilfenahme von Gamification im Rahmen des Schulalltags. Als Methode wurde ein Design-Based-Research-Ansatz unter Verwendung einer Methodentriangulation zwischen Beobachtung, Gruppeninterview und Case-Studies verwendet. Als Spiel kam „Minecraft" – ein „open-world"-Computerspiel – zum Einsatz. Ziele des veränderten Unterrichts sind die Steigerung der Kompetenzen in sozialen Bereichen, die motivationsfördernde Platzierung von Spielinhalten im Schulablauf, die Verbesserung des Lernerlebnisses und die langfristige Reduzierung der Gefahr, dass Jugendliche der neunten Schulstufe zu NEETs zu werden. Das zentrale Ergebnis der Studie ist das Auffinden der korrelierenden Archetypen nach Bartle (2004) und die bijektive Abbildung von Spiel und der täglichen Realität. Es wird ein Weg aufgezeigt, wie „Minecraft" (bzw. andere „open-world"-Spiele) im Bildungsbereich sinnvoll eingesetzt werden können. Es wird die systemimmanente Bedeutung von motivierten PädagogInnen und der daraus resultierende verstärkte Lern-Outcome im Bereich der sozialen Kompetenzen belegt.

1 Schul-Setting im Bereich von 14-jährigen Jugendlichen

Steigende Arbeitslosenzahlen[1] vor allem im Segment der Personen mit Pflichtschulabschluss als höchstem abgeschlossenen Schulgrad bzw. abgebrochener Schulausbildung bedürfen neuer innovativer Maßnahmen, um langfristige negative Auswirkungen auf die Lebensqualität zu vermeiden. Der überwiegende Teil der SchülerInnen, die eine Berufskarriere in Form einer Lehre einschlagen, kommt über die neuen Mittelschulen (NMS) und in weiterer Folge die polytechnischen Schulen (PTS). Verschärft wird die Zukunftsentscheidung dadurch, dass eine PTS die vom Gesetz auferlegte Pflicht hat, sowohl auf Lehre als auch auf einen weiteren Schulbesuch vorzubereiten, was in der Praxis

1 Übersicht über den Arbeitsmarkt Jän. 2016. Online http://www.ams.at/_docs/001_uebersicht_aktuell.pdf, geprüft: 25.02.2016.

unter den aktuell herrschenden Vorgaben (Schülerzahl, Differenzierung in Leistungsgruppen, Inklusion, ...) schwer umzusetzen ist. Als Lehrer trifft man häufig auf motivationslose, mit fehlendem Vorwissen behaftete, sozial schlecht vernetzte SchülerInnen aus einer bildungsfernen Umgebung und einem schwachen wirtschaftlichen Hintergrund[2]. Im Extremfall brechen Jugendliche die sozialen und beruflichen Kontakte komplett ab und entziehen sich dem weiteren Erwerbsleben. Der Begriff dafür ist „NEET" – not in education, employment or training (Bacher et al. 2013). Das angestrebte Ziel ist es, soziale Kompetenzen als intellektuelle Basis der angehenden Erwachsenen zu stärken und den Zugewinn im Sinne der Zielgenauigkeit der eingesetzten Maßnahmen zu quantifizieren.

2 Den richtigen „Draht" zum Kompetenzgewinn finden

Bildungstechnische Defizite können nicht durch das Fehlen technischer Fertigkeiten erklärt werden. Menschen dieser Altersstufe haben durchaus die Fähigkeit, technische Geräte (z.B. Handys, Computer, Spielkonsolen) ausreichend zu bedienen und einzusetzen (JIM-Studie, 2008–2014). Vielmehr gibt es in diesem Bereich lokalisierbare Defizite im Bereich der sozialen und personalen Kompetenzen, welche auch vom zuständigen Ministerium gewürdigt und den wichtigen zu erwerbenden Schlüsselqualifikationen zugerechnet wurden (bm:bwk, 2012, S. 4). Dies ist umso wichtiger, da das Wissen um diese beruflichen Handlungskompetenzen die Jugendlichen in die Lage versetzen soll, in Zukunft zu erwartende berufliche Hürden „denkend und handelnd zu bewältigen" (Reetz, Hewlett, 2008, S. 26). Einer direkten Herangehensweise – zum Beispiel durch gezielten Aufbau im defizitären Kompetenzbereich – steht oftmals der frühzeitige Verlust des Vertrauens der SchülerInnen in das aktuelle Kurssystem gegenüber (Sailer, Tamesberger, 2013, S. 12). Daher kann ein besseres Ausbildungsergebnis nur über ein „Kurs-Vehikel" führen, das von den Jugendlichen akzeptiert und anerkannt wird. Ulrich Deinet spricht dabei von der konstanten „Suche nach Räumen" in öffentlichen Umgebungen durch Jugendliche. Dabei ist das Vorhandensein von älteren Jugendlichen ebenso hinderlich wie das Auftreten von „erwachsenen Raumwärtern", die Teenager von der selbstbestimmten Entfaltung in selbst gewählten Räumen abhalten (Deinet, 2005). Logische Konsequenz ist die Einbindung von vertrauten Betätigungsfeldern. Viktor Wendel berichtete dazu sehr ausführlich über die mögliche kollaborative Zusammenarbeit von SchülerInnen im Rahmen von Spielen (Wendel, Göbel, Steinmetz, 2012).

2 Die AutorInnen waren mehrere Jahre als Pflichtschullehrer im Bereich der Polytechnischen Schulen und als pädagogisch leitende Vorstandmitglieder in einer Journalistenakademie für junge MediengestalterInnen tätig.

Unser erster Ansatz, virtuelle Lernumgebungen im Unterricht einzusetzen, waren digitale Lernspiele (Schmitz, Gronewold, 2012, S. 108) bzw. „serious games" (Michael, Chen, 2006). Das erwies sich im vorliegenden Kontext als nicht zielführend, da sie schnell als langweilig empfunden wurden. Gabi Reinmann sprach schon 2006 davon, dass Lernumgebungen zwar als Spiele betrachtet werden können, aber Emotionen im E-Learning-Bereich fehlen (Reinmann, 2006). Spieleentwickler Raph Koster wirft dazu in seinen Tipps für Gamedesigner ein, dass Spiele unterhaltsam und sich ständig weiter entwickeln – einer Evolution unterliegen – müssen (Koster, 2013, S. 76). Das führte dieses Forschungsprojekt zum Spieltyp der modernen „open-world"-Spiele in der Gestalt von „Minecraft".

„Open-world": Minecraft

Es handelt sich dabei um eine dreidimensional dargestellte Welt, die SpielerInnen eine Vielzahl an Handlungsmöglichkeiten offeriert, welche durch die Eingaben (Maus, Tastatur) orchestriert werden. Ziel ist die prosperierende Existenz in dieser virtuellen Welt und die gezielte Begegnung mit niederschwelligen, existenziellen Problemen. Dazu gehören Nahrungssuche, Rohstoffverwaltung, Erkundung, Landwirtschaft, Verteidigung, Hausbau, der Kontakt mit äußeren Einflüssen (Wetter, Tag/Nachtzyklus, Monster) und der Kontakt mit den Avataren anderer SpielerInnen. Die Welt selbst offeriert keine immanente Aufgabenstellung und Szenarien – sie reagiert lediglich auf Aktionen (Lastowka, 2011, S. 10). Die generierten Welten kennen keine Grenze und können – theoretisch nur durch den vorhandenen Computerspeicher begrenzt – endlos durchwandert werden. Darüber hinaus gibt es eine Vielzahl an Modifikationen (kurz „mods"), die das Basisspiel kontinuierlich erweitern und neue Funktionalität in das Spielprinzip bringen. Als wenige Beispiele seien angeführt: „Codeblocks" (Zorn, Wingrave, Charbonneau, LaViola Jr., 2013), die Simulation physikalischer Quantenvorgänge[3] oder „digital citizenship" (Groom, 2014).

Sozialer Kompetenzgewinn als Schlüssel

Der mögliche Zugewinn von Kompetenzen im Rahmen von Sachverständnis, Fähigkeiten oder neuen Qualifikationen ist ein zentraler Punkt der Bildungspolitik. Erpenbeck und Heyse definieren Kompetenzen als selbst organisierte Fähigkeiten, die in unterschiedlichen Situationen die Befähigung des Einzelnen sich zurechtzufinden auslösen (Erpenbeck & Heyse, 2007, S. 163). Personale Kompetenzen beschreiben dabei die inneren Stärken und soziale Kompetenzen den Umgang mit der Außenwelt. Populär könnte man formulieren: „Kompetenzen sind heute in aller Munde". Dem sollte allerdings die Kartographierung der vorhandenen „Kompetenz-Landkarte" vorausgehen, um später eine etwaige Veränderung feststellen zu können. Allerdings ist

3 Quantum Physics In Minecraft. Online https://plus.google.com/QuantumAILab/posts/grMbaaDGChH, geprüft: 26.04.2016.

die Verzeichnung und Visualisierung des Fortschritts in diesem soziologischen Umfeld nicht einfach zu bewerkstelligen und zu dokumentieren.

In der Frühzeit der netzwerkunterstützten Computerspiele entstand eine Analyse, die Problemlösungsfähigkeiten von SpielerInnen anhand von Problemlösungsprozessen darstellte (Kraam-Aulenbach, 1999, S. 193f). Sie zeigte, dass getroffene Entscheidungen innerhalb eines Spiels einen Rückschluss auf die Wechselwirkungen komplexer Systeme zulassen, z.B. in der Sozialisation junger Menschen. Im Gegensatz zur Beobachtung in konstruierten Versuchsanordnungen, verhalten sich Teenager in bestimmten Spielen relativ schnell ungezwungen und dadurch im Einklang mit der Realität. Computerspiele verlieren damit den Habitus des puren, abgehobenen Freizeitvergnügens und werden unter Zuhilfenahme von Kommunikationskanälen zu „Sozialisationsagenten" (ebd., S. 196).

Daher wurde in weiterer Folge das Augenmerk auf die Konstruktion von Szenarien gelegt, die Kollaboration und Interaktion bzw. deren Auswirkungen auf die soziale Kompetenzentwicklung in den Mittelpunkt stellten. Die Zuordnung zu den einzelnen Kompetenzbereichen wurde anhand der Deskriptorentabelle „Soziale Kompetenzen" des Bm:uk (qibb, 2011) durchgeführt.

Tab. 1: Auszug aus der Deskriptorentabelle „Soziale Kompetenzen", qibb, 2011, S. 16–19.

Deskriptor	**Beschreibung**
1.3-C-1	Ich kann anderen Personen angemessene Unterstützung bieten.
2.3-C-2	Ich kann mein nonverbales Verhalten adäquat einsetzen.
3.1-C-1	Ich kann in der Zusammenarbeit meine eigenen Ressourcen und Kompetenzen einbringen.
4.3-B-1	Ich kann die Ursachen, Auslöser und Inhalte von Konflikten beschreiben.
6.1-D-3	Ich kann meine Umgangsformen reflektieren.

Verortung im jugendnahen Umfeld

Es wäre optimal, ein derartiges kompetenzorientiertes Setting auf möglichst viele Bereiche des Schulalltags abzubilden und die Kollegenschaft als Partner im Projekt einzubinden. Die uns gegenüber geäußerten Vorbehalte waren auf den ersten Blick überraschend. Laut Biermann liegt das daran, dass PädagogInnen eher den konservativen Modellen ihrer Ausbildung folgen und Computerspielen ganz allgemein kaum Relevanz zugestehen (Biermann, 2012). Das führt in weiterer Konsequenz zu einer Unterrepräsentation der kindlichen Medienwelten und die Erschwerung eines sinnvollen pädagogischen Handelns (Niesyto, 2000, S. 11). Laut Witting und Czaudema interessieren sich 81 Prozent der

PädagogInnen im Zusammenhang mit Computerspielen lediglich für die rechtlichen Implikationen in Bezug auf den Jugendschutz (Witting, Czaudema, 2006, Teil2 – S.2). Dabei wird eine große Chance vergeben. Es bedarf keiner großen Vorstellungskraft, um sich Spiele in der Schule ähnlich einem trojanischen Pferd vorzustellen. SchülerInnen durchlaufen das Spiel, haben Spaß und nebenbei bekommen sie in geeigneter Form unterschwellig Wissen vermittelt (Michael, Chen, 2006, S. 132). Im gegenständlichen Projekt wurde anstatt „offenes Lernen" zur Doktrin zu machen (komplette Selbstbestimmung in Bezug auf Freizeit, Beurteilung und Lernziele), die uneingeschränkte, selbstbestimmte Wahl der Settings ermöglicht: Freie Gestaltung der Lernsettings in Bezug auf Teammitglieder, Coaches, Tempo und Lösungswege (Koller, A., 2015, S. 84). Lernziele und Beurteilung wurden in der Gruppe kollaborativ ermittelt.

Technische Adaptierung und Bemerkungen

Es bedarf einiger Anpassungen an die, in Schulen dieser Schulstufe, vorhandene Informationstechnologie. Die Grundvoraussetzung ist ein Lehrkörper, der sowohl die technische als auch die pädagogische Ausbildung besitzt, Computerprobleme zu lösen und notwendige Vorgänge entsprechend zu kommunizieren. Zusätzlich muss eine gewisse Spielaffinität gegeben sein, um den Motivationsfunken auf die SchülerInnen überspringen zu lassen. Optimalerweise existiert für alle SchülerInnen ein PC oder Laptop. Die Notwendigkeit, dass sich mehrere Personen ein Gerät teilen, wird sich zwar manchmal nicht vermeiden lassen, ist jedoch in Hinblick auf die gewünschten Beobachtungen wenig zielführend, da sich in weiterer Folge gruppendynamische Prozesse abseits der überblickbaren Spieleverbindung (z.B. durch Logdateien, Chat-Protokolle, ...) entwickeln. In diesem Fall sollte man sich die Aufteilung in Gruppen überlegen, die wechselweise Zugang zu den Geräten bekommen. Die technischen Voraussetzungen sind erfreulich gering – durchschnittliche PCs mit 3D-Darstellungsfähigkeit sind ausreichend. Der Bedarf an ausreichender Netzwerkkapazität ist gering und kann für eine komplette Klasse inklusive dem Spieleserver ohne Probleme auch per WLan betrieben werden. Dessen ungeachtet ist eine kabelgestützte Netzwerkverbindung zu bevorzugen. Die Serversoftware wird vom Hersteller gratis zur Verfügung gestellt. (Koller, B., 2015, S. 47)

Den grundlegenden Aufbau der Spielewelt übernimmt „Minecraft" selbst. Darüber hinaus kann man weitreichende Veränderungen vornehmen: Erstellung von ober- und unterirdischen Strukturen, Aktivierung der vom Computer geführten Spielfiguren (engl. NPCs), Erweiterung um bestimmte „mods" und grafische Ressourcen. Auch der Aufbau von für die Szenarien notwendigen Strukturen ist dabei möglich – wir haben in unserem Fall eine große Spielerstadt (Größe entsprach drei Quadratkilometern in der Realität) mit Wohnbereich, Stadt, Hafen, Ruinen, Zentrallager, Rätseln, Fallen und Aufgaben entwickelt. Ein Teil war so ausgeführt, dass die SpielerInnen die Infrastruktur erst erstellen mussten.

3 Design, Durchführung und Bewertung der Studie

Forschungsmethoden
Um möglichst flexibel in der zeitnahen Steuerung und späteren Auswertung zu sein, haben wir uns für einen qualitativen Mehrmethoden-Zugang entschieden. Dabei wurden kontinuierlich Daten gesammelt, die letztlich als Material für eine Reihe von Fallvignetten dienten (Kutscher, 2002, S. 82ff). Die Vignetten waren Ausgangspunkt für Gruppendiskussionen, die die SpielerInnen mit ihren Aktionen konfrontierten und den Diskurs mit KlassenkollegInnen in einem gruppendynamischen Prozess anregten (Koller, B., 2015, S. 56). Die übergeordnete Methodik war die systematische Gestaltung im gewählten Bildungsbereich und der interventionsorientierte Einsatz eines designorientierten Entwicklungszyklus, welcher einem fortgesetzten Redesigns unterworfen war. Dieser Ansatz wurde von Reinmann (2013, S. 8f) als Design-Based-Research (entwicklungsorientierte Bildungsforschung) bezeichnet.

Zahlen- und Datenmaterial
In der erwähnten Spielerstadt wurden insgesamt 17 Spiel-Sessions mit 384 Schülereinheiten (=anwesende/r SchülerIn pro Session) in einem Zeitraum von etwa zwei Monaten abgehalten (nicht eingerechnet: vorausgestellte Lerneinheiten um mit dem Spiel primär umgehen zu können, Spiel-Sessions mit weniger als einer Stunde Aktivitätsdauer). Die Klasse besuchten 25 SchülerInnen. Im Verlauf des Projekts wurden 4680 Chat-Messages und 1350 Teamspeak-Nachrichten (Programm zur Übertragung natürlicher Sprache) registriert und ausgewertet. Dabei wurde gesondert die Qualität der Kommunikation (Länge, Kontext und inhaltliche Differenzierung) untersucht. Markantes Verhalten und Begebenheiten wurden für die Konstruktion von Fallvignetten herangezogen. Diese dienten als Ausgangspunkt für mehrere qualitative Konfrontationsinterviews (mit jeweils 10–15 SchülerInnen). Ziel war die Reflektion über das Spielgeschehen, die Fremdsicht auf Gruppenmitglieder und die mögliche Veränderung der Selbstsicht.

Ergebnis: Die bijektive Kompetenz-Abbildung
Die vorliegende Auflistung der sozialen und personalen Kompetenzen des Bm:uk ist sehr umfangreich. Zur Verfeinerung des Projekts wurden vorrangig die sich mit dem Umfeld beschäftigenden sozialen Kompetenzen untersucht. Während der Sessions wurden die SpielerInnen aus mehreren Blickpunkten von mehreren Personen beobachtet. Jede Aktion wurde dabei nach Möglichkeit protokolliert, kategorisiert und archiviert. Dabei fiel auf, dass sich die gezeigten Aktionen mit wenig Aufwand kategorisieren ließen. Zusätzlich erstellten die TeilnehmerInnen „Abenteuerprotokolle“, die weiteren Aufschluss über ihre Handlungen boten.

Die SpielerInnen agierten nahezu komplett im Rahmen des erweiterten Modells von Bartle (2004). Darin wird festgestellt, dass allen SpielerInnen eine Reihe von Archetypen (z.B. KillerIn, ForscherIn, OpportunistIn, PlanerIn, PolitikerIn, WissenschaftlerIn, ...) zugeordnet werden können. Selbst das erweiterte Modell von Nick Yee (2014) fügte sich in die Beobachtungen. Darin wird das Modell von Bartle dergestalt erweitert, dass SpielerInnen einem Archetyp nicht zu 100% zugeordnet werden, sondern verschiedene Archetypen zu unterschiedlichen Prozenten sein können, welche dann in Summe 100% ergeben. Durch diese Gliederung ließen sich dann tagesbedingte Abweichungen darstellen und erklären.

In weiterer Folge wurden die erkannten Archetypen mit den Rollen der jeweiligen SchülerInnen im täglichen Klassenverband verglichen. Der hohe Grad an Übereinstimmung führte dann zur folgenden Tabelle:

Tab. 2: Zuordnungsmodell intern/extern über Charakterisierung, Koller, 2015, S. 45

Minecraft Erscheinungbild	**Charakterisierung**	**Rolle in der Schulklasse**
Forscher/in	alle Möglichkeiten des Spiels erforschen, alles zu wissen, evtl. zu katalogisieren/nach Verfügbarkeit zu sammeln	Musterschüler/in
Hacker	lotet alle Möglichkeiten aus und nutzt sie zum persönlichen Vorteil, auch wenn das Nachteile für andere hervorruft	Eigenbrötler/in Außenseiter/in
Erfolgsmensch	trachtet danach, alle Erfolge zu erhalten, jede Situation zu überleben, eine positive/vorbildhafte Einschätzung durch MitspielerInnen zu erhalten	Klassenliebling
Sozialisierer/in	sucht und pflegt den sozialen, zwischenmenschlichen engen Kontakt	Schwätzer/in Klassenclown
Politiker/in	nutzt jede Chance, um eine Führungsrolle in der Planung und Kontrolle auszuüben	Klassensprecher/in
Opportunist	nutzt jede Gelegenheit, die günstig für das persönliche Vorwärtskommen ist	Streber/in Teachers pet
Killer/in	tötet andere SpielerInnen nach Möglichkeit und gebotener Chance	Klassenrabauke Schläger/in
Spielverderber (engl. grief player)	anderen SpielerInnen den Spaß zu nehmen, ohne direkt gegen Regeln zu verstoßen	Tunichtgut

Diese Beobachtung wurde im Anschluss auch durch qualitative Gespräche mit den SchülerInnen bestätigt und initiierte mehrmals einen selbstreflexiven Erkenntnisgewinn für das reale Leben. Zusätzlich wurden in den geführten Interviews die Erkenntnisse aus den gemachten Beobachtungen von den SchülerInnen erneut bekräftigt. Diese Abbildung und auch der festgestellte Grad der Zusammensetzung der Archetypen veränderten sich im Laufe der Zeit, was auf das zugrundeliegende soziale Kompetenzmodell projiziert werden konnte. Dadurch wurde ein jeweiliges Fortschrittsmodell für alle teilnehmenden SchülerInnen erstellt.

Besonders bemerkenswert war: Es veränderten sich SchülerInnen, die zuvor die Community terrorisierten, im Laufe der Zeit zu durchaus hilfsbereiten MitschülerInnen durch Reflexion ihrer Taten im Spiel und den entsprechenden Reaktionen der KollegInnen. Der Fortschritt im Kompetenz-Element 6.1-D-3 („Ich kann meine Umgangsformen reflektieren") konnte im Anschluss entsprechend nachgewiesen werden. Eine solche Veränderung erfolgte ohne „strafenden Finger" oder andere pädagogische Maßnahmen. Es war lediglich der auf der für die TeilnehmerInnen offenbar richtigen Kommunikationsebene vorgebrachte Einwand, der in diesem Prozess nach außen hin zu einem Gutteil friktionsfrei rezipiert wurde. Ähnlich positive Auswirkungen auf das Klassenklima hatte auch 1.3-C-1 („Ich kann anderen Personen angemessene Unterstützung bieten"). Die kollaborative Arbeit in „Minecraft" förderte das Begreifen von Unterstützung im täglichen Leben im Rahmen von „gemeinsam lernen", „bei organisatorischen Aufgaben unterstützen" oder „eigene Hilfe selbständig ohne Aufforderung anbieten".

Übergreifend konnten die Deskriptoren 1.1 (Respekt und Akzeptanz), 1.3 (Hilfsbereitschaft), 2.1 (Gesprächsführung) und 4.1 (Standpunktklärung) als belastbare Veränderungen erkannt werden. Keine erwähnenswerte Veränderung gab es bei den Deskriptoren 1.2 (Einfühlungsvermögen), 1.4 (Vertraulichkeit), 2.2 (Gesprächsleitung), 3.2 (Rollen-verständnis), 4.2 (Konfliktsteuerung) und 6.2 (Rollensicherheit). Inwiefern dieses Ergebnis der Zusammensetzung der Testgruppe geschuldet ist, bleibt zukünftig zu erforschen.

Es wäre wünschenswert, ein derartiges kompetenzorientiertes Setting auf breiter Basis mit verschiedenen Zielgruppen zu installieren. Dabei muss man nicht so umfassend vorgehen, die gesamte Schule in ein Spiel zu verwandeln, wie das im New Yorker Modell „quest to learn" passiert ist[4]. Vielmehr zeigte sich, dass eine kleine präzise Auswahl von Kompetenz-Elementen hinreichend ist, um Veränderungen zu bewirken und beobachten zu können. Die kontinuierliche Beobachtung führt dann zu einem Nachweis der Kompetenzveränderungen.

4 Quest to Learn. Online verfügbar unter http://q2l.org/, zuletzt geprüft am 25.04.2016.

4 Fazit

Die Veränderung im Bereich der sozialen Kompetenzen ist per Datenanalyse gut zu erfassen. Ein Rückschluss aus dem Computermodell auf das reale Verhalten ist mit gewissen Einschränkungen möglich. Es bleibt zu erforschen, wie fein das Kompetenzmodell konstruiert werden kann, um dementsprechend kleinere Veränderungen erfassen zu können. Das verwendete Modell von Bartle ist Ausgangspunkt, um schnell grobe Einteilungen zu bekommen und sich einen Überblick über eine zuvor nicht näher beobachtete Gruppe zu verschaffen. Die geschickte Erstellung der Szenarien verhindert dabei die Bildung von Vorurteilen – etwa auf Grund von optischem Erscheinungsbild, Verhalten oder Ausdrucksweise, wie sie sonst bei der Begegnung von Schulklasse mit PädagogInnen auftritt und liefert ein Modell, welches Ausgrenzung oder falschen Eindrücken kaum Raum lässt. Damit wird auch eine erweiterte Forschung und Ausdehnung der Zielgruppenauswahl im Bereich der Auswirkungen von Spielen auf die soziale Kompetenzentwicklung ausdrücklich angeregt. Zusätzlich kann im Laufe eines Zeitraums eine Veränderung erkennbar gemacht und rasch darauf reagiert werden. Eine Minderung negativer Entwicklungen – im Zusammenhang mit psychologischen Begleitmaßnahmen – ist dabei ebenso vorstellbar wie die gezielte Unterstützung positiver Fortschritte.

„Minecraft" bietet sich aus mehreren Gründen an, als Vermittler zwischen der virtuellen und schulischen Welt tätig zu sein. Darunter sind vor allem die Anschaffungskosten, die Verfügbarkeit diverser Zusatzprogramme und der niederwertige Zugang, der keine Vorkenntnisse erfordert. Es ist zu wünschen, dass im Rahmen einer modernen Ausbildung das Augenmerk auf eine stärkere Einbindung von „game-based learning" gelegt wird. Dabei ist der Einsatz von „serious games" schon ein kleiner Schritt in die richtige Richtung. Darüber hinaus wären ein Einsatz und die daraus resultierenden Vorteile von „open-world"-Spielen einer der notwendigen zu erreichenden Meilensteine.

Literatur

Bacher, J. et al. (2013). NEET-Jugendliche. Eine neue arbeitsmarktpolitische Zielgruppe in Österreich. In: *WISO* (4/2013), 104–131.

Bartle, R. A. (2004). *Designing virtual worlds*. Indianapolis, Ind.: New Riders Pub.

Biermann, R. (2012). Digitale Spiele und ihre Akzeptanz im schulischen Kontext. In: W. Kaminski (Hrsg.): *Gamebased learning. Clash of realities*. München: kopaed.

bm:bwk (2012). *Lehrplan der Polytechnischen Schule. BGBl. II Nr. 236/1997.*

Deinet, U. (2005). „Aneignung" und „Raum" – zentrale Begriffe des sozialräumlichen Konzepts. In: U. Deinet (Hrsg.): *Sozialräumliche Jugendarbeit. Grundlagen, Methoden und Praxiskonzepte* (S. 27–58). Wiesbaden: VS Verlag für Sozialwissenschaften.

Erpenbeck, J. & Heyse, V. (2007). *Die Kompetenzbiographie. Wege der Kompetenzentwicklung* (2., aktualisierte und überarb. Aufl.). Münster: Waxmann.

Groom, D. (2014). *Minecraft Digs Deeper Into Learning*. Hg. v. Worldpress. https://deangroom.wordpress.com/type/aside/, geprüft 14.12.2014.

JIM-Studie (2014). *Jugend, Information, (Multi-)Media. Basisstudie zum Medienumgang 12- bis 19-Jähriger in Deutschland.* Medienpädagogischer Forschungsverbund SW. www. mpfs.de/index.php?id=631, geprüft 25.04.2016.

Koller, A. (2015). *eLearning in MMORPGs*. Masterarbeit, Donau Universität Krems. webthesis.donau-uni.ac.at/thesen/93463.pdf, geprüft 26.02.2016

Koller, B. (2015). *Minecraft als Spiegel sozialer Kompetenzen im Schulbereich.* Masterarbeit, Donau Universität Krems. webthesis.donau-uni.ac.at/thesen/93464.pdf, geprüft 26.02.2016

Koster, R. (2013). *A Theory of Fun for Game Design* (2. Aufl.). Sebastapol, CA: O'Reilly Media Inc.

Kraam-Aulenbach, N. (1999). *Problemlösungsprozesse im Computerspiel. Forschungsschwerpunkt „Wirkung virtueller Welten".* FH Köln, Fachbereich Sozialpädagogik. Forschungsarbeit.

Kutscher, N. (2002). *Moralische Begründungsstrukturen professionellen Handelns in der Sozialen Arbeit.* Diss. Univ. Bielefeld, Gerhard-Mercator-Universität/GH Duisburg.

Lastowka, G. (2011). *Minecraft als Web 2.0. Amateur Creativity & Digital Games.* Rutgers School. papers.ssrn.com/sol3/papers.cfm?abstract_id=1939241, geprüft 25.04.2016.

Michael, D. & Chen, S. (2006). *Serious Games. Games that Educate, Train, and Inform.* Boston, MA: Thomson Course Technology PTR.

Niesyto, H. (2000). *Medienpädagogik und soziokulturelle Unterschiede. Studie zur Förderung der meyeraktiven Medienarbeit mit Kindern und Jugendlichen aus bildungsmäßig und sozial benachteiligten Verhältnissen.* Hg. v. Medienpädagogischer Forschungsverbund SW. Baden-Baden.

qibb (2011). *Soziale und personale Kompetenzen 9.–13. Schulstufe. Bildungsstandards in der Berufsbildung. Kompetenzmodell, Deskriptoren und ausgewählte Methoden-/Unterrichtsbeispiele.* Hg. v. Bundesministerium für Unterricht, Kunst und Kultur. Wien.

Reetz, L. & Hewlett, C. (2008). *Das Prüferhandbuch. Eine Handreichung zur Prüfungspraxis in der beruflichen Bildung.* Hamburg: B+R-Verl.

Reinmann, G. (2006). Ist E-Learning eine pädagogische Innovation? In: R. Arnold (Hrsg.), *eLearning-Didaktik.* (S. 31–47) Baltmannsweiler: Schneider Verlag Hohengehren.

Reinmann, G. (2013). *Reader entwicklungsorientierte Bildungsforschung. Reader.* gabi-reinmann.de/?tag=entwicklungsorientierte-bildungsforschung, geprüft 25.04.2016.

Sailer, B. & Tamesberger, D. (2013). *NEET-Jugendliche und politische Partizipation.* Wien: Verein Wiener Jugendzentren, AK ÖÖ.

Schmitz, B. & Gronewold, S. (2012). Chancen und Herausforderungen computerbasierter Lernspiele in der Sozialen Arbeit. In: W. Kaminski (Hrsg.), *Gamebased Learning. Clash of Realities* (S. 107–120). München, kopaed.

Wendel, V., Göbel, S. & Steinmetz, R. (2012). Collaborative Learning in Multiplayer Serious Games. In: W. Kaminski (Hrsg.), *Gamebased Learning. Clash of Realities* (S. 59–70). München, kopaed.

Witting, T. & Czauderna, A. (2006). *Informations- und Fortbildungsinteresse von Pädagogen und Eltern über Computer und Videospiele*. EA-Studien, Band 3. Fachhochschule Köln.

Yee, N. (2014). *The Proteus Paradox. How Online Games and Virtual Worlds Change Us – and How They Don't*. New Haven: Yale University Press.

Zorn, C., et al. (2013). *Exploring Minecraft as a Conduit for Increasing Interest in Programming*. ePaper zur Foundations of Digital Games conference. www.fdg2013.org/program/papers/paper46_zorn_etal.pdf, geprüft 25.04.2016.

Hedy Wagner, Klaus Himpsl-Gutermann, Reinhard Bauer, Angelika Zagler

E-Portfolios aus der Perspektive von Hochschullehrenden

Von der kollegialen Zusammenarbeit zur nachhaltigen Entwicklung von Lehrkompetenzen

Zusammenfassung

Bei der Einführung von E-Portfolios an einer Hochschule als vielversprechende und vielseitige Methode des Lebenslangen Lernens gilt es, die Lehrenden dafür zu gewinnen, Erfahrungen mit dem Konzept zu sammeln und E-Portfolios einzusetzen, sowohl als Lehrende als auch als selbst Lernende. Welche Anknüpfungspunkte gibt es dafür an einer Pädagogischen Hochschule? Welche Wege zur Einführung von E-Portfolios erweisen sich als günstig? Wie können Lehrende motiviert werden, selbst ein E-Portfolio zu führen? Am Beispiel der PH Wien werden Strategien und Erfahrungen aus mehreren Entwicklungsprojekten zusammengefasst, die im Bereich der Pädagogisch-Praktischen Studien und der internen Weiterbildung gesammelt wurden. Schwerpunkt dieses Artikels ist besonders die Perspektive von Hochschullehrpersonen auf die Arbeit mit E-Portfolios.

Schlüsselwörter: E-Portfolio, Hochschuldidaktik, Lehrentwicklung, Pädagogisch-Praktische Studien, Professionalisierung, reflektierte Praxis, Teaching Portfolio, Weiterbildung

1 Einleitung

Traditionsgemäß sind Karrierepfade an Hochschulen, insbesondere in den Fachdisziplinen der Universität, von Forschungserfolgen und Publikationen geprägt, wodurch gute Leistungen in der Lehre häufig ins Hintertreffen geraten. Da an Pädagogischen Hochschulen künftige Lehrende ausgebildet werden, sind exzellente Leistungen in der Lehre aufgrund ihrer Vorbildwirkung dort besonders wichtig. Didaktische Modelle, Methoden und Haltungen, die während des eigenen Studiums als hilfreich wahrgenommen wurden, werden in der Regel beim Berufseinstieg in der Schule in das eigene Lehrrepertoire übernommen. Bei der kontinuierlichen Weiterentwicklung der eigenen Lehrkompetenzen kommt deshalb der professionellen Reflexion eine wesentliche Bedeutung zu, um das eigene pädagogische Handeln von Zeit zu Zeit kritisch zu hinterfragen, wofür sich die Portfolioarbeit besonders eignet (Härtel et al., 2010, S. 63). In Form von Lernportfolios dokumentieren und reflektieren sie die eigenen Lernerfahrungen, beispielsweise begleitend zu Seminaren. Mit einem Lehrportfolio gewähren Lehrende einen Einblick in das persönliche Verständnis von Lernen und Lehren, sie übernehmen die Verantwortung und den Nachweis für exzellente (Hochschul-)Lehre (vgl. Szcyrba & Gotzen, 2012). Aber wie können Lehrende dafür gewonnen werden, E-Portfolios einzusetzen?

An der Pädagogischen Hochschule Wien wurden neben der internen Weiterbildung der Lehrpersonen die Pädagogisch-Praktischen Studien als wichtiges Einsatzfeld für E-Portfolios identifiziert. Damit werden Seminare und Übungen bezeichnet, die von der Hochschule begleitend zu Schulpraktika angeboten werden. In diesen Lehrveranstaltungen werden traditionell Sammelmappen angelegt, die Anleihen aus der Portfolioarbeit übernehmen und zur Reflexion der Erfahrungen in der Schulpraxis dienen. In mehreren, aufeinanderfolgenden Entwicklungsprojekten mit Lehrenden und Studierenden wurden bzw. werden die papierbasierten Portfoliomappen sukzessive durch E-Portfolios ersetzt. In diesem Beitrag werden das Konzept und die Erfahrungen aus der begleitenden Evaluation beschrieben, wobei der Schwerpunkt auf die interne Weiterbildung gesetzt und damit insbesondere die Perspektive der Lehrenden eingenommen wird.

2 Ausgangslage und Forschungsmethodik

Die Entstehung des Konzeptes ist auf mehrere Entwicklungslinien zurückzuführen, die in Abbildung 1 dargestellt sind. Der Entwicklungsstrang auf der linken Seite der Grafik baut auf mehreren E-Portfolio-Projekten mit Studierenden auf, die in einzelnen fachdidaktischen Lehrveranstaltungen und im Bereich der Pädagogisch-Praktischen Studien angesiedelt waren (vgl. Strasser & Knecht, 2013). Die guten Erfahrungen, die dabei insbesondere in der Begleitung der Pädagogisch-Praktischen Studien gesammelt wurden, führten zur Fortsetzung in Form des Entwicklungsprojektes ePoS (2015/2016), das neben der weiteren Verbreitung des E-Portfolio-Einsatzes mit Studierenden zum Ziel hat, die papierbasierten Praxismappen mit der Einführung des neuen Lehramtscurriculums in der Primarstufe durch E-Portfolios zu ersetzen. Von 2016 bis 2018 erfährt dieser Strang eine Fortsetzung im EU-Projekt PREPARE (Promoting reflective practice in the training of teachers using ePortfolios), bei dem das bisherige E-Portfoliokonzept durch Ansätze aus der Schreibdidaktik, dem Social Video Learning und Learning Analytics erweitert wird (vgl. Bauer & Himpsl-Gutermann, 2016).

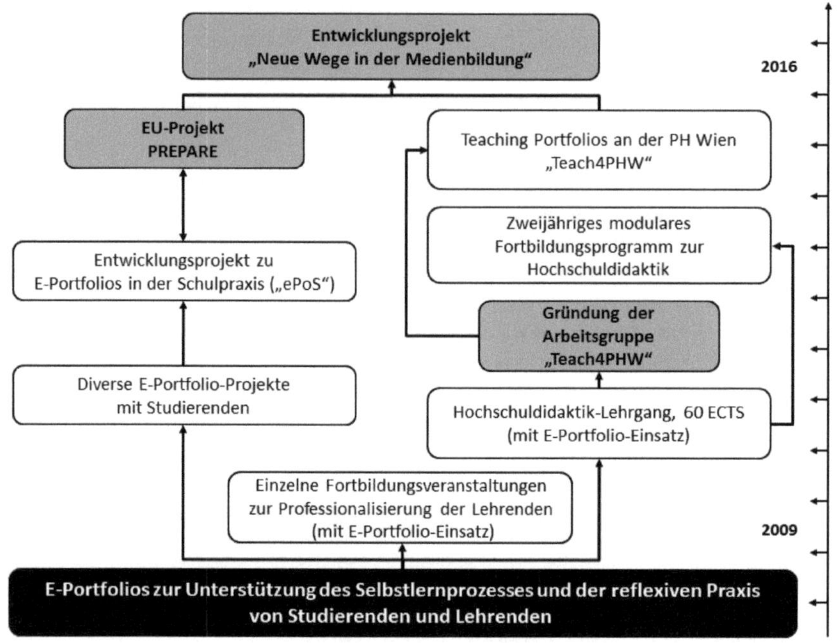

Abb. 1: Entwicklungslinien zur Etablierung von E-Portfolios an der PH-Wien

Den zweiten Entwicklungsstrang rechts bildet die interne Weiterbildung der Hochschule ab, in dessen Mittelpunkt ein viersemestriger Hochschullehrgang Hochschuldidaktik (60 ECTS) steht, der im Zeitraum Oktober 2013 bis September 2015 an der PH Wien angeboten und von 25 Teilnehmerinnen und Teilnehmern besucht wurde. Absolventen und Absolventinnen sollten befähigt werden, forschungsbasierte und forschungsgeleitete Lehr- und Lernarrangements zu entwickeln, durchzuführen, zu reflektieren und zu evaluieren, dabei auf eigene Forschungsergebnisse Bezug zu nehmen und Maßnahmen zur Qualitätssicherung im Kontext von Lehre und Forschung zu setzen (vgl. Pädagogische Hochschule Wien, 2013). Wesentliches Element des Lehrganges war die Verwendung eines E-Portfolios mit Hilfe der Open-Source-Software Mahara, das zur Dokumentation und Reflexion der Lernerfahrungen, als Nachweis der erfolgreichen Teilnahme und zur Zusammenarbeit im Lehrgang eingesetzt wurde. Aus dem Hochschullehrgang heraus wurde ein zweijähriges Fortbildungsprogramm entwickelt, das wie der Lehrgang Lehrveranstaltungen in den drei Bereichen Lehre, Forschung und Entwicklung vorsieht, jedoch modular sowohl einzeln gebucht oder als Seminarreihe absolviert werden kann (vgl. Himpsl-Gutermann & Strasser, 2014). Außerdem gründete sich aus dem

Lehrgang heraus eine hochschulinterne Arbeitsgruppe, die sich u.a. zum Ziel gesetzt hat, Teaching Portfolios an der PH Wien einzuführen.

Um die Perspektive von Hochschullehrpersonen auf die Arbeit mit E-Portfolios einzunehmen, wurden angehende Absolventinnen und Absolventen aus dem Hochschullehrgang Hochschuldidaktik befragt, wobei sieben Personen sich spontan für die qualitativen Interviews zur Verfügung stellten. Als Methode wurde das von Flick (2011) entwickelte „Episodische Interview" herangezogen. Bei dieser Interviewform wird angenommen, dass es nicht *die eine* Narration gibt, in der ein Gegenstandsbereich erfassbar ist, sondern dass es günstiger ist, sich mehrere kleine Episoden erzählen zu lassen.

Folgender Leitfaden wurde als Grundlage für die Interviews verwendet: (1) Was sind deine ersten Erfahrungen mit dem E-Portfolio? Versetze dich an den Anfang des Lehrgangs zurück und gib mir Beispiele, an denen diese deutlich werden. (2) Wie ist es dir bei der E-Portfolio-Arbeit im Laufe der einzelnen Lehrveranstaltungen gegangen? Bitte erzähle mir eine (oder mehrere) konkrete Situationen. (3) Im Rahmen des Lehrgangs habt ihr unter der Leitung von „Name des Vortragenden" (anonymisiert) zum Thema Lehrportfolio gearbeitet. Was ist dir davon in Erinnerung geblieben? (4) Welche Erwartungen hast du in Hinblick auf die Erstellung eines eigenen Lehrportfolios? Phantasiere darüber, wie dein zukünftiges Berufsleben bzw. die zukünftige Auseinandersetzung mit dieser Form des E-Portfolios aussehen könnte. (5) Am Ende des Lehrganges ist es Zeit, ein wenig Bilanz zu ziehen: Welche Rolle spielte für dich die E-Portfolio-Arbeit im Laufe des Lehrgangs? Illustriere das bitte anhand ganz konkreter Situationen.

Die etwa halbstündigen Interviews wurden aufgenommen, softwaregestützt transkribiert und einer qualitativen Inhaltsanalyse unterzogen. Die Auswertung erfolgte zunächst deduktiv, d.h. mithilfe eines theoriegeleiteten Kategoriensystems (Hauptcodes), und wurde nach dem ersten Durchgang durch das Material induktiv (Subcodes) ergänzt.

3 Ergebnisse aus den Interviews

Deduktiv wurde zunächst nach folgenden Codes gesucht: (1) positive oder negative Bemerkungen zum Hochschullehrgang (im Sinne einer Evaluation der Qualität des Lehrgangsangebots), (2) unterstützende Faktoren für die E-Portfolio-Nutzung, (3) hinderliche Faktoren für die E-Portfolio-Nutzung, (4) Einsatzmöglichkeiten und Vorteile des E-Portfolios aus der Sicht der Lehrgangsteilnehmerinnen und Lehrgangsteilnehmer. Innerhalb der einzelnen Hauptkategorien wurden induktiv Codes gesammelt, daneben wurden frei assoziierte Codes festgehalten, wobei sich zusätzlich folgende Kategorien ergaben: Motivation für Weiterbildung, Erklärungen im Sinne von Ausflüchten und Entschuldigungen, Zusammenarbeit und Teamwork.

3.1 Unterstützende Faktoren für die E-Portfolio-Nutzung

Als besonders unterstützend wurden drei Faktoren genannt, die in mindestens fünf von sieben Interviews mehrfach erwähnt und deutlich hervorgehoben wurden. Spitzenreiter war ein Faktor, der nicht unmittelbar mit den E-Portfolios zu tun hat, nämlich „Spannende Inhalte und Aufgabenstellungen in den Lehrveranstaltungen" – also ein Aspekt, der mit der Qualität der Lehrveranstaltung und der Lehrperson zusammenhängt: „[...] und es war bei mir, wie so oft natürlich erst dann der Fall, wo mich ein Thema fasziniert hat, wo mich eine Vorlesung, ein Stoffgebiet, eine Person fasziniert hat, ich gesagt habe, da vertiefe ich mich. Da bin ich dann fündig geworden und habe sofort das ein oder andere in Mahara reingeschossen und nur mehr gesammelt, gesammelt und dann nach Querverbindungen gesucht." (Transkript 6, Absatz 24) Umgekehrt bedeutet das, wenn die Qualität der Lehrveranstaltung niedrig ist, dann ist die Motivation, begleitend am eigenen Portfolio zu arbeiten, nicht hoch.

Als zweitwichtigster Faktor wurde die gute Betreuung in fünf Interviews genannt, wobei dies eine Person aus der Faculty des Lehrgangs sein kann, aber auch jemand aus der Peergroup. Hier deuteten die Aussagen vorwiegend darauf hin, dass es um eine technische Unterstützung mit der E-Portfolio-Software bzw. in der Aufbereitung von Artefakten ging, die unter Anleitung einer darin erfahrenen Person am leichtesten erlernt werden könne: „Dann war die [...] so lieb und hat wirklich sich mal Zeit genommen mit mir – also Basics noch einmal zu wiederholen und jetzt für mich [besonders betont] anzulegen, da habe ich so den Gedanken gehabt: Ja, jetzt geht es!" (Transkript 2, Absatz 2) Der drittwichtigste Faktor erscheint überraschend: Für die E-Portfolio-Arbeit wurde in fünf Interviews mehrfach als förderlich erwähnt, wenn die Lehrgangsleitung und die Vortragenden einen „sanften Zwang" ausübten und Wert auf Disziplin legten, zum Beispiel durch die Vorgabe genauer Termine. Was bei Studierenden der Erstausbildung noch als gut nachvollziehbar erscheint, ist in der (freiwilligen) Weiterbildung von Lehrpersonen doch überraschend – wobei es häufig, wie in folgender Aussage, zwiespältig gesehen wurde: „[...] oder man braucht wirklich so, dass die Rute in das Fenster gestellt ist: jetzt musst du es machen, was ich, bei bestimmten Bereichen, wobei ich weiß nicht, ob da nicht wieder ein Widerstand da wäre bei mir, ein innerer" (Transkript 2, Absatz 40). An vierter Stelle kommt ein Faktor, der auch bei Hattie (2013, S. 205 ff.) einen hohen Stellenwert hat, nämlich zeitnahes, qualitativ hochwertiges Feedback

Mit deutlichem Abstand folgen diese Faktoren: Genügend Zeit zum Üben und Wiederholen, Beispielportfolios von anderen, Wertschätzung für das eigene

E-Portfolio, abseits des Formalen, Anleitungen und Tutorials, Transparenz, Klarheit und Struktur, unmittelbare Verwendbarkeit des neu Gelernten, Anwendung in eigenen Lehrveranstaltungen und Integration des E-Portfolios in den eigenen Arbeitsfluss.

Diese Punkte decken sich weitgehend mit den Ergebnissen der empirischen Studie von Himpsl-Gutermann (2012, S. 133) und werden dort im 4-Phasen-Modell in den ersten beiden Phasen „sich orientieren“ und „sich positionieren“ genannt.

3.2 Hinderliche Faktoren für die E-Portfolio-Nutzung

Als besonders hinderlich wurden vier Faktoren beinahe gleichbedeutend in jeweils vier Interviews genannt: fehlendes Feedback, die Komplexität des E-Portfolios, technische Probleme und die erforderliche intensive Auseinandersetzung.

Den demotivierenden Effekt fehlenden Feedbacks bringt folgende Interviewpassage gut auf den Punkt: „Bei vielen – wo ich den Eindruck hatte, es ist für sie neu, die hätten sich schon mehr Interaktion gewünscht. Also mehr Reaktion: jetzt habe ich da etwas gemacht – und es kommt gar nichts zurück! Und dann war zum Teil auch immer die Diskussion, wann werde ich beurteilt. Ich glaube, das ‚wann werde ich beurteilt‘ war gar nicht so wichtig sondern wann schreibt denn jemand, dass das jetzt gut war, dass du das gemacht hast.“ (Transkript 7, Absatz 22) Gerade zu Anfang war die Komplexität des E-Portfolios für viele sehr fordernd, wenn nicht sogar überfordernd, was sich erst im Laufe der Zeit entspannt hat: „Da habe ich aber ein bisschen gebraucht bei diesem Verständnis, das zu kapieren und dann war es leicht – aber noch immer nicht für die Fülle der Möglichkeiten vom Portfolio.“ (Transkript 7, Absatz 4) Wenn die intensive Auseinandersetzung damit erfolgt, wird es jedoch als lohnend empfunden: „Ja. Es zahlt sich nur aus, wenn man sich intensiv damit auseinandersetzt.“ (Transkript 1, Absatz 71) Kontraproduktiv für die Motivation waren technische Probleme, die der Mahara-Server der Hochschule phasenweise hatte: „Das Nervigste war einfach die lange Wartezeit auf Mahara, bis irgendwas passiert ist, das war einfach furchtbar [besonders betont] langsam und das hat ein bissl abgeschreckt.“ (Transkript 3, Absatz 4)

In jeweils drei von sieben Interviews wurde erwähnt, dass das E-Portfolio als zusätzliche Belastung empfunden, die E-Portfolio-Arbeit als Diskrepanz zur sonst gewohnten Arbeitsweise erlebt wurde oder die E-Portfolios als „reine Hochglanzportfolios“ eher abschreckten: „Wenn es so geht in Richtung Nabelschau und Fleischbeschau, dann bin ich ein bisschen skeptisch und vorsichtig, weil ich meine, Papier ist geduldig und da kann man viel reinschreiben, ja was sich super anhört und im Endeffekt nicht wirklich etwas dahinter ist. Und wenn dann so ein Wettkampf entsteht, wer hat mehr stehen, wer hat irgendwie … dann finde ich das nicht gut." (Transkript 2, Absatz 28) Vor dieser Gefahr der Hochglanzportfolios warnt beispielsweise auch Bräuer (2008), wenn der Assessmentcharakter in der Portfolioarbeit überwiegt.

3.3 Vorteile und möglicher Nutzen von E-Portfolios für Hochschullehrende

Vierzehn Aussagen in vier Interviews heben den Einsatz von E-Portfolios als Gerüst für eine Weiterbildungsveranstaltung entsprechend dem digitalen Zeitgeist hervor. So verspricht bereits die Konzeption einer derartigen Weiterbildungsveranstaltung mit einem E-Portfolio als „modern" zu gelten, wie die nachfolgenden beiden Aussagen belegen: Der erste Eindruck war, „[…] dass es für mich persönlich einen sehr modernen Touch gehabt hat." (Transkript 7, Absatz 4) „Die Ersterfahrung war, dass ich es cool gefunden habe." (Transkript 1, Absatz 2) Die Vorteile einer digitalen Dokumentation mit Archiv-Funktionen sowie Suchmöglichkeiten nach Informationen und Unterlagen von den Referierenden werden besonders hervorgehoben: „Und ich finde die Dinge, die ich suche, die vom Lehrgangsteam zur Verfügung gestellt wurden." (Transkript 1, Absatz 122) Diese Archivfunktion, die auch von Himpsl-Gutermann (2012, S. 200) als besonders bereichernd für die Studierenden festgestellt wurde, bezieht sich nicht nur auf die Materialien von Vortragenden, sondern auch von anderen Studierenden und sich selbst: „Ich habe aus dem Vergleich mit vielen Produkten, die die Kolleginnen und Kollegen reingestellt haben, bemerkt, wie bunt und wie vielfältig das sein kann." (Transkript 2, Absatz 14) In folgender Aussage klingt zusätzlich an, dass das Lernen dadurch auch effizienter wird: „Aber da ist auch ein Faktor in der Onlinewelt, dass man sich andere Dinge anschauen kann und auch kopieren kann, verwenden kann, für sich adaptieren kann, das macht es ja auch dann schneller und flüssiger." (Transkript 6, Absatz 18)

Die weiteren Aussagen über die Vorteile eines E-Portfolios verteilen sich in zwei Cluster: Vorteile, die die teilnehmenden Personen für ihre persönlichen Lehr- und Lernstrategien wahrnehmen und Vorteile, die durch das Arbeiten im Team sichtbar werden. Was Himpsl-Gutermann (2012, S. 133) in der dritten Phase unter „sich identifizieren" hervorhebt, nämlich der Transfer des im Lehrgang neu Gelernten in die eigene Lehrpraxis, wird von 13 Aussagen in vier Interviews angesprochen: „Also ich möchte es sicher mit den Studierenden in der Schulpraxis verwenden […] dass auch Studierende eine Begleitung haben, bei ihrer Schulpraxis, bei ihren Lehrübungen, damit man dort eben dieses Reflektieren lernt und auch das Feedback geben lernt unter den Studierenden."

(Transkript 4, Absatz 14) „Ich werde es auf alle Fälle verwenden, und ich werde es so ausgestalten, so quasi in die richtige Produktionsphase bringen, wie ich es mir vorstelle für meine Arbeit und meinen Unterricht.“ (Transkript 6, Absatz 39) Dies zeigt die große Bedeutung in der Gestaltung von Weiterbildungsveranstaltungen, dass die Ziele und Inhalte an das Tun und berufliche Wirken der teilnehmenden Personen anknüpfen, wie beispielsweise auch Erler und Fischer (2012, S. 13) in ihrer Metastudie feststellen.

Außerdem wird erkannt, dass die Arbeit mit einem E-Portfolio eigene Kompetenzen in der Hochschule sichtbar macht und das Sich-bewusst-Werden eigener Stärken fördert: „Wenn ich mir dann auch anschaue, was habe ich so von den ersten Beiträgen, die ich geschrieben habe, und was habe ich jetzt geschrieben, also die persönliche Entwicklung ist eigentlich unglaublich.“ (Transkript 5, Absatz 124) Dieses Sichtbarmachen der Kompetenzen kann ebenso eine Grundlage für ein zielgerichtetes Personalmanagement seitens der Institution sein. So hilft es den Vorgesetzten den Personaleinsatz optimal zu gestalten und ermöglicht ihnen, mit den Mitarbeiterinnen und Mitarbeitern über Personalentwicklung, Schwerpunktsetzung und Laufbahnentwicklung zu sprechen (Böckelmann, 2009, S. 129). Die Möglichkeit, die eigenen Materialien selbst zu strukturieren, wird viermal in drei Interviews genannt.

Der Einsatz von E-Portfolios fördert den Dialog in der Gruppe, wie es beispielsweise in der Studie von Ehiyazaryan-White (2012) nachgewiesen wurde. So gibt es 22 Aussagen in sieben Interviews, die die Diskussion, den Austausch, die Vernetzung und das Peer-Feedback hervorheben: „Dann würde ich sagen, auch der Blick über den Tellerrand, über die Institute hinaus, die Vernetzung mit anderen Kollegen, andere Standpunkte … hat mich weiter gebracht.“ (Transkript 3, Absatz 26) und „Eben sich in der Peergroup Unterstützung zu holen, Bestätigung, dass die Richtung, in die man schaut, in die man forschen will, mit dem man sich beschäftigt, […] dieser Austausch auf einem freundschaftlichen Niveau, ja, aber doch sehr professionell.“ (Transkript 3, Absatz 28)

3.4 Nachteile von E-Portfolios und mögliche Hinderungsgründe für Hochschullehrende

Explizite Nachteile von E-Portfolios oder völlige Ablehnung wurden in den Interviews nicht genannt, allerdings Aussagen, die den Wert relativierten, beispielsweise: „Portfolio ist ein Teil von dem Ganzen. Ja – aber nicht mehr. Habe ich auch kennengelernt und ja – unter den Sachen, die ich in Zukunft machen möchte, ausprobieren möchte, jetzt sicher nicht an erster Stelle.“ (Transkript 2, Absatz 40) In allen Interviews wurde deutlich hervorgehoben, dass die Akzeptanz der E-Portfolio-Arbeit noch größer hätte sein können, wenn im Lehrgang einige der genannten hinderlichen Faktoren vermieden worden wären, wie beispielsweise das fehlende Feedback von Vortragenden. Routine zu entwickeln ist auch bei dieser Methode ein wichtiger Aspekt: „Und natürlich, mit der Zeit beherrscht du das Handwerkszeug besser und dann macht das natürlich auch mehr Spaß, das ist eh logisch, ja, das ist ein ganz normales Prozedere.“ (Transkript 5, Absatz 48) Außerdem wurde mehrfach erwähnt, dass mangelnde Zeitressourcen (sechs Nennungen in fünf Interviews) und viele andere Aufgaben mit hoher Priorität (sieben Nennungen in vier Interviews) darin gehindert hätten, sich noch intensiver mit dem Lehrgangsinhalten und dem E-Portfolio auseinanderzusetzen.

4 Conclusio und Ausblick

Der Strategie der Pädagogischen Hochschule Wien folgend, E-Portfolios zur Unterstützung des Selbstlernprozesses und der reflexiven Praxis von Studierenden und Lehrenden zu etablieren, erweist sich als erfolgsversprechend, interne Weiterbildungsangebote für Mitarbeiterinnen und Mitarbeiter mit einem E-Portfolio-Einsatz zu begleiten. Besonders Veranstaltungen über einen längeren Zeitraum hinweg scheinen diese Strategie zu begünstigen, wie neben der hier dargestellten Studie auch negative Erfahrungen aus punktuellen Fortbildungsangeboten zu E-Portfolios an der PH Wien zeigen. So gilt es zu überlegen, einzelne interne Weiterbildungsangebote als Veranstaltungsreihe anzubieten, sodass Hochschullehrende mithilfe von E-Portfolios ihre laufende Professionalisierung dokumentieren und reflektieren können (vgl. Himpsl-Gutermann & Strasser, 2014).

Neben dem Wunsch der Bildungsinstitution nach Vernetzung und Nutzung von Synergien ist die Verbundenheit aufgrund der kollegialen Zusammenarbeit in länger andauernden Lerngruppen bedeutend: „Und ich glaube auch, dass das so eine gewisse – nicht nur Vernetzung im Sinne von fachlicher Vernetzung, sondern auch menschlich [...]. Ich fühle mich jetzt nicht nur in meinem Institut angekommen sondern ich fühle mich an der PH angekommen.“ (Transkript 2, Absatz 40) Mit dem Entwicklungsprojekt ePoS, E-Portfolios in der Schulpraxis einzusetzen, sind viele Hochschullehrende gefordert, sich mit der Methode E-Portfolio anwendungstechnisch, didaktisch, methodisch und persönlich auseinander zu setzen. Beide Säulen der Strategie für den Einsatz von E-Portfolios erweisen sich günstig. Einerseits, mit E-Portfolios die interne Weiterbildung für Hochschullehrpersonen zu begleiten, und andererseits, einen Einsatz von E-Portfolios für die Arbeit mit Studierenden zu fordern und zu fördern. Wenn Wege zur Einführung von E-Portfolios gelegt sind, die erfolgsversprechend verlaufen, so wird von künftigen Folgestrategien und Begleitmaßnahmen der Erfolg abhängig sein, inwieweit die E-Portfolioarbeit zu einem Selbstverständnis für die Entwicklung der eigenen Lernbiografie von Hochschullehrpersonen beiträgt und darüber hinaus zu einem maßgeblichen Faktor für die Qualität in Forschung und Lehre einer Bildungsinstitution werden kann.

Unter http://tinyurl.com/teach4PHW16 sind weitere Informationen zu den E-Portfolio-Aktivitäten an der PH Wien zu finden, u.a. auch zu „Personal Branding in Education", unserem zweiten Beitrag für diese Tagung.

Literatur

Bauer, R. & Himpsl-Gutermann, K. (2016). PREPARE – Promoting Reflective Practice in the Training of Teachers Using e-Portfolios. Posterpräsentation beim Tag der Forschung 2016 an der Pädagogischen Hochschule Wien (04.04.2016). Verfügbar unter http://podcampus.phwien.ac.at/zli/wp-content/blogs.dir/27/files/2016/04/P02_Rebauer_Khimgut_final.pdf [10.05.2016]

Bräuer, G. (2008). Keine verordneten Hochglanz-Portfolios, bitte! Die Korruption einer schönen Idee? In: I. Brunner, T. Häcker, & F. Winter (Hrsg.), *Das Handbuch Portfolioarbeit* (S. 257–261). Seelze-Velber: Kallmeyer.

Böckelmann, C. (2009). *Arbeitsplatz Hochschule. Vom Allrounder-Anspruch zum kompetenzbasierten Personalmanagement*. Münster: Waxmann.

Ehiyazaryan-White, E. (2012). The Dialogic Potential of ePortfolios: Formative Feedback and Communities of Learning Within a Personal Learning Environment. *International Journal of ePortfolio,* 2(2), 173–185.

Erler, I. & Fischer, M. (2012). *Teilnahme und Nichtteilnahme an Erwachsenenbildung. Sekundarstatistische Auswertungen des Adult Education Survey 2007.* Wien: Österreichisches Institut für Erwachsenenbildung. Verfügbar unter http://www.oieb.at/upload/4710_OIEB_Studie_Teilnahme_an_Erwachsenenbildung.pdf, [10.03.2016].

Flick, U. (2011). Das Episodische Interview. In: G. Oelerich & H.-U. Otto (Hrsg.), *Empirische Forschung und Soziale Arbeit* (S. 273–280). Wiesbaden: VS Verlag.

Härtel, P. et al. (2010). LehrerInnenbildung NEU. Die Zukunft der pädagogischen Berufe. Wien: bmukk und bmwf. Verfügbar unter http://www.iue.tuwien.ac.at/ulv/bmwv/LB_NEU_Endbericht_Maerz_2010.pdf [10.03.2016].

Himpsl-Gutermann, K. (2012). *E-Portfolios in der universitären Weiterbildung. Studierende im Spannungsfeld von Reflexivem Lernen und Digital Career Identity*. Boizenburg: Verlag Werner Hülsbusch.

Himpsl-Gutermann, K. & Strasser, T. (2014). Hochschuldidaktik Reloaded: Ein nachhaltiges Weiterbildungsmodell zur Professionalisierung von Lehrpersonen. In W. Scharl, A. Ecker, B. Huemer & S. Wiesinger (Hrsg.), *Tagungsband zum Symposium zur Professionalisierung der Lehrenden der Fortbildung, Päda gogische Hochschule Wien, 18. November 2014* (S. 50–62). Wien: bmbf.

Pädagogische Hochschule Wien (2013). *Curriculum Hochschullehrgang Hochschuldidaktik.* Verfügbar unter http://www.phwien.ac.at/index.php/component/moofaq/article/27-hochschullehrgaenge-hochschullehrgaenge-und-fortbildungsangebot/hochschullehrgaenge/1001-hochschullehrgang-hochschuldidaktik [10.03.2016].

Strasser, T. & Knecht, H. (2013). ePortfolios in den schulpraktischen Studien der PH Wien. Ein Forschungsprojekt. *Journal für LehrerInnenbildung, Social Media in der Lehrerbildung* (4/2013), 23–28.

Szcyrba, B. & Gotzen, S. (2012). *Das Lehrportfolio: Entwicklung, Dokumentation und Nachweis von Lehrkompetenz an Hochschulen*. Berlin: LIT Verlag.

Fabian Krapp, Steffen Moser, Stefanie Bärtele, Gabriele Gröger, Hermann Schumacher

Entwicklung redaktioneller Prozesse zur Erstellung universitärer Weiterbildungsangebote auf Grundlage einer persona-inspirierten Anforderungsanalyse

Zusammenfassung[1]

Der Erfolg berufsbegleitender, universitärer Weiterbildungsangebote hängt insbesondere davon ab, wie gut eine anbietende Institution die Anforderungen der Kursteilnehmer erfüllen kann. Diese Anforderungen sind – abhängig von den jeweiligen Adressaten – sehr vielfältig. Sollen die Weiterbildungsangebote eine sehr praxisnahe Schulung in Kooperation mit Unternehmen beinhalten, sind neben Lernenden und Lehrenden oftmals zusätzliche Stakeholder mit vielfältigen Interessen beteiligt und die zu schulenden Materialien liegen bereits in den unterschiedlichsten Varianten und in verschiedenster Güte vor. Somit ist es essentiell, die Erwartungen der Interessengruppen systematisch zu analysieren, um die Anforderungen an Weiterbildungskurse abzuleiten. Persona-Avatare können hierbei Inspirationen geben. Um gerade in Zusammenarbeit mit teilweise externen Dozierenden Kursmaterialien effizient produzieren zu können, ist es zielführend, redaktionelle Prozesse zu definieren, da diese einen verbindlichen und damit plan- und messbaren Arbeitsfluss vorgeben.

1 Einleitung

Das Anbieten berufsbegleitender universitärer Weiterbildungsangebote erfordert ein stark zielgruppenspezifisches Vorgehen.

1.1 Die School of Advanced Professional Studies (SAPS) an der Universität Ulm

Die *School of Advanced Professional Studies* ist eine zentrale wissenschaftliche Einrichtung der Universität Ulm für die berufsbegleitende universitäre Weiterbildung, die fakultätsübergreifend Weiterbildungsangebote auf

1 Die vorgestellte Arbeit ist Teil des Projekts SPEDiT (FKZ: 01IS15058D), gefördert vom Bundesministerium für Bildung und Forschung (BMBF) der Bundesrepublik Deutschland im Programm IKT2020.

universitärem Niveau nach definierten Qualitätskriterien entwickelt und anbietet. Die Programme richten sich an Bachelorabsolventen und Diplomierte im Berufsleben, Personen mit Berufserfahrung oder Familienpflichten.

1.2 Beteiligte Akteure

Dozierende der Universität Ulm sowie auch externe Autoren aus Hochschulbereich und aus Unternehmen stellen Lehrinhalte für die SAPS-Masterstudiengänge und/oder die Zertifikatskurse bereit und erarbeiten die Curricula. Das SAPS-Team für Instructional Design, Infrastruktur und Medienproduktion berät die Dozierenden bei der Gestaltung ihrer Lehrmaterialien nach didaktischen und medientechnischen Gesichtspunkten. Im Rahmen von Projekten, vor allem im Projekt Mod:Master, wurden in Pilotmodulen Konzepte zur Medienerstellung erarbeitet. Diese wurden dann didaktisch für das Blended-Learning-Konzept aufbereitet und auf die Module angewandt. Während der Pilotphase testeten ausgewählte Probanden die erstellten Materialien der Pilotmodule. Das Feedback der Teilnehmer floss in die Anpassung des didaktischen Konzepts bzw. in die Konzepte zur Erstellung der Materialien für die vollständigen Curricula ein.

1.3 Zielbestimmung

Modulare Online-Studienangebote: Ziel ist es, ein Angebot an berufsbegleitend zu studierenden, modular aufgebauten Masterstudiengängen sowie Zertifikatskursen und Brückenkursen zu entwickeln, die technische, naturwissenschaftliche oder medizinische Fähigkeiten, Management-Knowhow, Forschungsexpertise und Führungskompetenz vermitteln. Die einzelnen Module der Studiengänge können auch separat belegt werden. Sie schließen jeweils mit einem Zertifikat ab und werden mit ECTS-Punkten bewertet.

Instructional Design und didaktisches Konzept: Die Angebote der SAPS sind nach dem Konzept des Blended Learning gestaltet. Die Blended-Learning-Angebote der SAPS sind mit starken Online-Anteilen konzipiert (Sauter et al., 2006 sowie Erpenbeck et al., 2015). Die Gestaltung der Lernangebote orientiert sich außerdem am Prinzip des *Constructive Alignment.* Das Konzept des Constructive Alignment wurde von John Biggs (Biggs et al., 2007) entwickelt, der es als eine Form der *Outcome-Based Education* bezeichnet. Hierbei werden Lerninhalte mit Fokus auf die Erreichung der vorab definierten Lernziele gestaltet. Die Unterstützung der Lernenden zur Erreichung der Lernziele rückt in den Mittelpunkt der Angebote. Das Konzept der cloudbasierten virtuellen Desktop-Lernumgebung (siehe Abschnitt 5) setzt diesen Ansatz technisch um. Die Konzepte zur Realisierung als auch die finalen SAPS-Materialien selbst werden entlang des didaktischen Konzeptes gestaltet. Die einheitliche Struktur und die Zusammenfassung von Ressourcen für das Instructional Design gewährleisten eine durchgängig lernzielorientierte Konzeption und garantieren die universitäre Qualität der SAPS-Angebote.

Zielgruppengerechte Umsetzung: Aus der Langform der SAPS als *School of Advanced Professional Studies* lassen sich bereits die besonderen Anforderungen der Zielgruppe erkennen: Das Zentrum für berufsbegleitende universitäre Weiterbildung richtet Inhalte auf die Bedürfnisse von BachelorabsolventInnen und Diplomierten im Beruf oder mit Familienpflichten aus, die einen Masterabschluss erwerben wollen. Berufstätige, die sich eine Auffrischung und Erweiterung ihrer Kompetenzen wünschen, sind ebenfalls ausdrücklich angesprochen.

Diese Lebenssituationen unterscheiden sich in vielerlei Hinsicht deutlich von Studierenden, die in Vollzeit Präsenzstudiengänge an Universitäten besuchen.

1.4 Projektphasen des Instructional Design zur Modul- bzw. Inhaltsentwicklung

Das Instruktionsdesign der SAPS beinhaltet mit einem Projektphasenmodell eine redaktionelle Systematik zur Planung, Entwicklung und Evaluation der Lernumgebung sowie der zur Verfügung gestellten Lernmaterialien.

1. Analysephase: Lernereigenschaften werden identifiziert, diese dienen der Definition der Lehrziele und ergeben in Summe das Curriculum.
2. Planungsphase: Die Sichtung von Ausgangsmaterialien führt zur Einschätzung der Umsetzungsmöglichkeiten entlang der Projektparameter.
   Die Medienproduktion wird gemäß dem didaktischen Konzept geplant, Autoren werden nach Bedarf geschult und fortwährend beraten.
3. Entwicklungs- und Erprobungsphase: Die Durchführung von Pilotmodulen dient der Entwicklung und Erprobung von Materialien. Evaluationsergebnisse von Pilotmodulen fließen in eine Iteration bzw. Revision der Planung ein.
4. Produktion: Die systematische und redaktionelle Medienproduktion hat als Ergebnis ein vollständig mit Materialien versehenes Curriculum. Freigabeprozesse dienen neben der inhaltlichen Qualitätssicherung und Kontrolle der Vollständigkeit auch organisatorischen Aspekten, etwa der Einholung notwendiger Medien-Nutzungsrechte.
5. Nutzung: Freigegebene Materialien werden im Produktivbetrieb genutzt. Nach Durchführung eines Moduls innerhalb eines Semesters können Anpassungen vorgenommen werden, indem die Planphasen 3 und 4 erneut durchlaufen werden. Dies stellt sicher, dass Evaluationsergebnisse konstant in die Verbesserung der Materialien einfließen.

Arbeitsfelder und verantwortliche Akteure: Abb. 1 liefert eine Art Landkarte über die Arbeitsfelder und Zuständigkeiten beteiligter Akteure bei den Modulangeboten der SAPS.

Kooperative Bearbeitung von Arbeitsfeldern: Die Zuordnung von Zuständigkeiten in Abb. 1 soll verdeutlichen, bei welchen Akteuren die Verantwortung zur Umsetzung liegt. Es ist davon auszugehen, dass Arbeitsfelder in kooperativer Zusammenarbeit und unter regem Austausch von Ideen und Arbeitsergebnissen verschiedener Akteure bearbeitet werden.

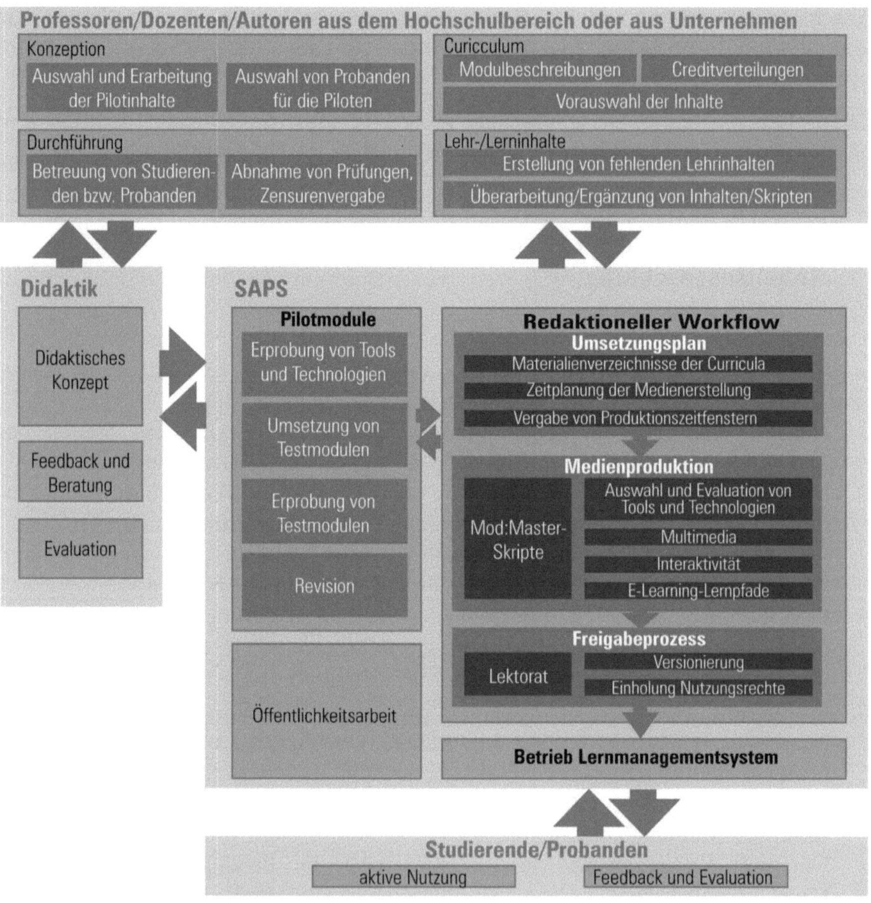

Abb. 1: Kooperative Bearbeitung von Arbeitsfeldern

2 Zielgruppen

Die potenziellen Probanden der SAPS-Studiengänge stehen im Berufs- und Familienleben, haben bereits ein Studium abgeschlossen und besitzen in der Regel mehrjährige Berufserfahrung. Dieser Personenkreis unterscheidet sich wahrscheinlich stark von den typischen Studierenden an Universitäten. Die Eigenschaften dieser Zielgruppe müssen daher erhoben werden.

Als Beispiel für einen elementaren Unterschied kann dienen, dass Probanden für die Nutzung der Onlinestudiengänge signifikante Beträge bezahlen und zur beruflichen Fort- und Weiterbildung nutzen. Dies macht wahrscheinlich, dass Probanden aus der Sichtweise anspruchsvoller Kunden einer professionellen Dienstleistung agieren. Die Universität wird aus dieser Kundensicht zum Dienstleister, der die aus dem Berufsleben gewohnten Standards erfüllen sollte. Dies bedeutet selbstverständlich nicht, dass die Universität aufgrund der Bezahlung die erfolgreiche Durchführung seitens der Studierenden leisten muss, jedoch gewährleisten muss, dass durch einen geeigneten Ablauf und durch geeignete Inhalte eine reibungslose Bearbeitung der Studienganginhalte gegeben ist.

2.1 Avatare nach dem Persona-Prinzip

Um bereits frühzeitig im Projekt und noch vor Verfügbarkeit von „echten" Probanden erste Anforderungen der Zielgruppen in Erfahrung zu bringen, wurden zu potenziellen Nutzergruppen typische Avatare nach dem von Alan Cooper (Cooper, 1999) erdachten „Persona"-Prinzip erstellt. Ziele, Fähigkeiten, Fertigkeiten, Anforderungen und Absichten von Benutzern können so erkannt werden. Sinnvoll ist die Erstellung mehrerer Personas, um Zielgruppen umfassend abzudecken.

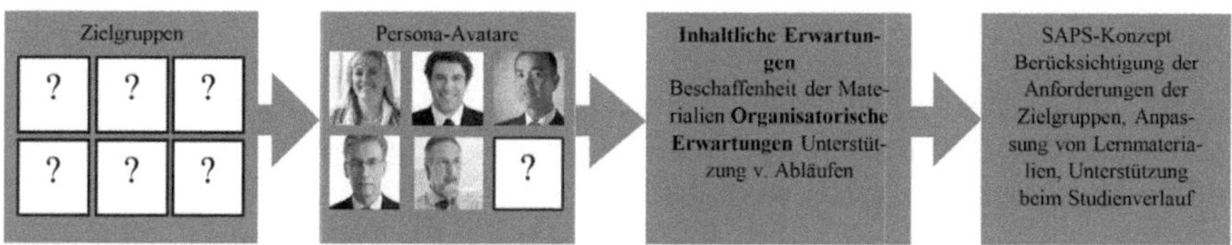

Abb. 2: Schema: Avatare nach dem Persona-Prinzip

Die aus den erstellten Personas extrahierten Erwartungshaltungen stellen direkte Anforderungen an die Beschaffenheit von Lernmaterialien, Plattformen und Abläufen. Personas eignen sich bei der Zielgruppenanalyse daher, um aus der Theorie heraus erste Erkenntnisse zur Erwartungshaltung der Lernenden zu entwickeln, die in die Planungsphase einfließen können. Die Passgenauigkeiten der Personas können nach der Durchführung von Pilotmodulen evaluiert, die Modelle entsprechend angepasst werden.

2.2 Lebens- und Lernsituation der Zielgruppen

Die Lebens- und Lernsituation für die Persona-Avatare ergibt sich aus Alltags-, Berufs- und Familienleben. Für die Persona-Avatare wurden diese Gegebenheiten gesammelt, aus denen sich dann die Erwartungshaltungen gegenüber einem Online-Studiengang ergeben.

Alltag – Beruf und Familie: Der Alltag von Teilnehmern an SAPS-Angeboten unterscheidet sich stark von „klassischen" Vollzeitstudierenden. Ein großer Teil der verfügbaren Zeit über den Tag hinweg ist durch die Berufstätigkeit und die Familie bereits belegt und zeitlich getaktet. Lernphasen finden unregelmäßig statt.

Alltag – Lernsituation: Vollzeitstudierende an Universitäten sind durch den Vorlesungsbetrieb und die Einteilung in Semester gewissermaßen „automatisch" in einen Campus integriert und durch diesen auch getaktet. Sie können Möglichkeiten zum Austausch über Studieninhalte nutzen und sozialen Aktivitäten nachgehen. Der Austausch mit anderen Lernenden ist problemlos möglich. Ein Campus dient damit nicht nur der inhaltlichen Auseinandersetzung mit Studieninhalten, sondern auch der Aufrechterhaltung der Motivation durch Schaffung sozialer Kommunikation und Integration. SAPS-Studierende befinden sich in einer gänzlich anderen Situation: Zwar können Lerninhalte online bereitgestellt werden, die Bearbeitung findet jedoch in der Regel ohne Studienkollegen oder Dozenten „im stillen Kämmerchen" statt.

3 Organisatorische Erwartungshaltung

Persona-Avatare haben Erwartungen gegenüber Online-Studiengängen. Diese ergeben sich aus den vorab dargestellten, alltäglichen Gegebenheiten der Zielgruppe. Im Optimalfall werden diese Anforderungen auf organisatorischer und inhaltlicher Ebene durch das SAPS-Konzept erfüllt.

Organisatorische Erwartungen stellen Anforderungen an den Ablauf und die Strukturierung der SAPS-Angebote. In einem eng getakteten Alltag müssen Freiräume für die Durchführung berufsbegleitender Studiengänge bewusst geschaffen werden: Welche organisatorischen Unterstützungen können hierzu angeboten werden? Ein Campus als zentraler Ort eines Studiengangs existiert bei Onlinestudiengängen nicht, ebenso wenig die daraus resultierenden

Taktvorgaben durch Vorlesungen/Übungen, etc. Wodurch kann dies kompensiert werden?

Schaffung einer Campusatmosphäre: Die Kontaktmöglichkeiten zu Kommilitonen und auch Dozenten oder Betreuern sind durch das Fehlen eines Campus nicht automatisch gegeben und müssen aktiv geschaffen werden.

Zeitmanagement und Lernorganisation: Mechanismen zur Unterstützung der Selbstorganisation werden notwendig – was wurde wann gelernt, wann können welche Inhalte bearbeitet werden? Ansätze sind hier gemeinsame Kalender, Vorschläge zur Zeitplanung und Apps zur Studienorganisation zur Nutzung auf Smartphones/Tablets. Wichtig ist das Vermitteln von Sicherheit durch Sichtbarmachung des Lernstandes, die Planung der Bearbeitung der Lernmaterialien, da Lernphasen durch Beruf und Familie unterbrochen werden oder unregelmäßig stattfinden. Weiterhin muss der Austausch von Lernressourcen zwischen Studierenden auf einfache Art und Weise ermöglicht werden.

Erreichbarkeit von Ansprechpartnern und Betreuern: Studierende sollen Möglichkeiten zur regelmäßigen Kontaktaufnahme mit Betreuern zu Inhalten oder der technischen Plattform zur Verfügung stehen. Reaktionszeiten müssen kurz gehalten und transparent vermittelt werden. Ist während der vorlesungsfreien Zeit an Universitäten relativ offensichtlich, dass Ansprechpartner nicht anwesend sind, muss bei Onlinestudiengängen die An- und Abwesenheit aktiv kommuniziert werden, da sich der Tagesablauf der Probanden im Vergleich zu Vollzeitstudierenden vor Ort nicht automatisch nach Semestergrenzen richtet.

Verfügbarkeit von Lerninhalten: Die Inhalte der berufsbegleitenden Masterstudiengänge sollen möglichst jederzeit und überall verfügbar sein, z.B. durch Verfügbarkeit im Web. Die Inhalte sollen weiterhin auf verschiedene Arten verfügbar sein, vom gebundenen Skript bis hin zu PDFs und weiteren Lerninhalten für Desktop-PCs, Tablets und Smartphones.

4 Inhaltliche Erwartungshaltung

Welche Eigenschaften sollten Lernmaterialien der SAPS-Angebote aufweisen, um die Bedürfnisse der Zielgruppe bestmöglich zu erfüllen? Wie sollten Inhalte beschaffen sein, um im Alltag der Zielgruppen effektiv bearbeitbar zu sein?

Folgende Aspekte haben sich bei der Kursentwicklung der SAPS-Angebote als wichtig herausgestellt:

- **Lernzieloperationalisierung und Modulbeschreibung:** Teilnehmer müssen klar erkennen können, was in einer Lerneinheit inhaltlich behandelt wird und was nach der Bearbeitung beherrscht werden soll.

- **Kommunikation der Anforderungen:** Für Teilnehmende muss überprüfbar sein, ob Vorwissen zur Bearbeitung von Modulen/Lerninhalten bereits ausreicht.
- **Klare Strukturierung der Lerninhalte**, Semesterpläne: Um Teilnehmenden die Übersichtsbildung zu ermöglichen, muss die Verteilung der Inhalte entlang des Kursverlaufes/Semesters so transparent als möglich erfolgen.
- Verteilung von **synchronen** (max. 20%) und **asynchronen Lerneinheiten.** Welche Themen erarbeiten sich die Teilnehmenden (bis wann) online? Welche Inhalte werden bei Präsenzveranstaltungen vertieft/eingeübt? Besteht Anwesenheitspflicht bei den Präsenzveranstaltungen bzw. Teilnahmepflicht bei synchronen E-Learning-Angeboten? Frühzeitige Festlegung verpflichtender Prüfungsvorleistungen, des Prüfungszeitraums und Art der Prüfung.
- **Feingranulare Aufteilung von Lerneinheiten.** Die Einteilung nach Vorlesungsdauer von z.B. 90 Minuten funktioniert für die Zielgruppen nicht. Die Lernmaterialien sollten mit dem Ziel einer **Bearbeitungsdauer von max. 20 Minuten** unterteilt werden. Dies ermöglicht eine feingranulare „Dosierung" von Lernmaterialien, passend zur gegebenen Taktung der Tagesabläufe.
- **Angabe der Bearbeitungsdauer von Lerneinheiten:** Für Teilnehmende muss ersichtlich sein, ob Lerneinheiten in einen verfügbaren Zeitrahmen passen. Zeitangaben ermöglichen und unterstützen auch das Erstellen von eigenen Lernplänen.
- Durch **Lernstandskontrollen** soll den Teilnehmenden ermöglicht werden, Selbstkontrollen durchzuführen – wurden Lernziele erreicht, oder nicht?
- **Zusammenfassungen**: Den Teilnehmenden soll dadurch die Möglichkeit zur Wiederholung von Lerninhalten geboten werden.
- **Modernes und einheitliches Erscheinungsbild** der Materialien, denn die Teilnehmenden stehen im Berufsleben und sind mit professionell und nach CI-Vorgaben gestalteten Medien in jeglicher Form vertraut.
- **Angebot externer Lernressourcen:** Den Teilnehmenden soll ermöglicht werden, fehlendes Vorwissen für Module durch externe Ressourcen nachzuholen. Eventuell ist in Zusammenhang auch die Entwicklung und das Angebot eigener Brückenkurse geboten.
- **Medienmix**: Die Aufbereitung von Inhalten für unterschiedliche Medien ermöglicht den Teilnehmenden, das für sie zur Situation passende Medium auszuwählen. Dies ist auch vor dem Hintergrund der Berufstätigkeit zu sehen – Podcasts und Papier-Skripte für Bahnfahrten, Videos für Tablets/Smartphones, etc.

5 Cloudbasierte virtuelle Desktop-Lernumgebung

Aus den in 3 und 4 geschilderten Erwartungshaltungen leiten wir die technischen Anforderungen an eine moderne Lernumgebung ab. Früh wurde u.a. durch Befragung von Pilotstudierenden erkannt, dass ein reines Bereitstellen und Pflegen eines Lernmanagementsystems (LMS) wie etwa Moodle oder Ilias den wechselnden Studierumgebungen der SAPS-Studierenden nicht gerecht wird (Moser et al., 2015).

In ingenieurwissenschaftlichen Studiengängen ist es üblich, Software-Werkzeuge (z.B. Computer-Algebra-Systeme, Simulationstools) einzusetzen. LMS-basierte Lösungen bilden dies nicht ab. Studierende müssten auf häuslichen Rechnern Software installieren und warten, also Aufwand treiben, studienrelevante Daten nebst Terminverwaltung an allen ihren Studierorten vorzuhalten und abzugleichen.

Für das kooperative Bearbeiten von Dokumenten in Gruppen müssten externe Lösungen eingesetzt werden, ebenso müsste für Videokonferenzen auf externe Angebote zurückgegriffen werden. Aus der Sicht als Dienstleister ergibt sich daher die Anforderung, Inhalte und Kommunikationsmöglichkeiten zentral zugänglich zu machen. Aus diesem Grund entschieden wir uns, die Anforderungen durch eine Bündelung mehrerer Open-Source-Komponenten umzusetzen. Diese bestehen aus:

- *ownCloud* als webbasiertes Werkzeug zur Datenhaltung, Terminverwaltung, dem Austausch von Daten sowie dem kooperativen Bearbeiten von Dokumenten.
- *Moodle* als LMS zur Bereitstellung von Lehrmaterialien, zur Abgabe von Übungsaufgaben und Selbsttests sowie zur Darstellung des Lernfortschritts.
- *phpBB* als zusätzliche Forensoftware mit der Fähigkeit, auch mathematiklastige Forennachrichten (LaTeX und MathML) zu beherrschen.
- *Big Blue Button* für Videokonferenzen bzw. regelmäßige Onlinesprechstunden und Bildschirmübertragungen mitsamt Aufzeichnungsmöglichkeit und der Zuordnung von Aufzeichnungen zu den jeweiligen Moodle-Kursen.
- *Guacamole* zur Bereitstellung eines browserbasierten virtuellen Desktops. Dies ermöglicht die installationsfreie Ausführung einer Vielzahl an Software-Werkzeugen bzw. Tools wie etwa Matlab direkt im Browserfenster, ohne Erweiterungen/Plugins auf der Seite der zugreifenden Studierenden zu benötigen.

Die SAPS-Lernumgebung ist grundsätzlich eine Webseite, die die in Abb. 3 aufgeführten Teilbestandteile an einem zentralen Punkt versammelt und unabhängig von Endgeräten zugänglich macht, mitsamt gemeinsamer Benutzer- und Datenhaltung (Moser et al., 2014). Alle Dienste werden in-house erbracht und unterliegen so den Datenschutzbestimmungen öffentlicher Einrichtungen. Zugriff erfolgt mittels Webbrowser über PC, Tablet oder Smartphone.

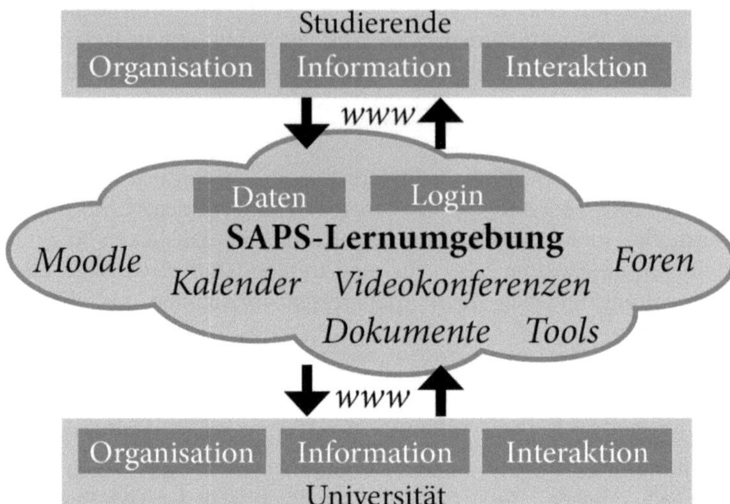

Abb. 3: Schematische Darstellung der SAPS-Lernumgebung

Die Lernumgebung erlaubt z.B. die Planung von Sprechstundenterminen mittels Forum. Studiengangs-Kalender können online abonniert und in individuelle Termin-planungen integriert werden. Onlinesprechstunden erfolgen durch Videokonferenzen. Zugriff auf Inhalten und Tools besteht jederzeit ohne weitere Software. Ziel der Herangehensweise war, die aus Personas abgeleiteten Anfor-derungen für berufsbegleitend Studierende zu erfüllen und die Zugriffs-Komplexität auf organisatorische, inhaltliche oder interaktive Aspekte gering zu halten.

Literatur

Biggs, J. & Tang, C. (2007). *Teaching for Quality Learning at University – What the Student Does* (3. Aufl.). London: Open University Press.

Cooper, A. (1999). *The Inmates Are Running The Asylum – Why High-Tech Products Drive Us Crazy and How to Restore the Sanity,* Indianapolis, IN: SAMS.

Erpenbeck, J., Sauter, S. & Sauter, W. (2015). *E-Learning und Blended Learning-Selbstgesteuerte Lernprozesse zum Wissensaufbau und zur Qualifizierung.* Wiesbaden: Gabler.

Moser, S., Bärtele S., Wunderlich, K., Gröger, G., Slomka, F. & Schumacher, H. (2015). *Learners' Requirements on E-Learning Platforms from a Technical*

Perspective Supported by a Survey-Based Study. The Online, Open and Flexible Higher Education Conference (EADTU), Hagen, Germany. Oktober 2015.

Moser, S., Krapp, F., Bärtele, S., Wunderlich, K., Gröger, G., Slomka, F. & Schumacher, H. (2014). *Cloud-based Virtual Desktop Environment for Advanced Online Master's Courses. International Conference on Web & Open Access to Learning (ICWOAL 2014),* Dubai, VAE. November 2014.

Sauter, A., Sauter, W. & Bender, H. (2006). *Blended Learning. Effiziente Integration von E-Learning und Präsenztraining* (2. Aufl.). Neuwied: Luchterhand Verlag.

Sandra Niedermeier, Claudia Müller

Game-Based-Learning in Aus- und Weiterbildung – von der Idee zur Umsetzung

Zusammenfassung

In diesem Beitrag soll das Potenzial von Ansätzen basierend auf der Theorie des Game-Based-Learnings, des spielerischen Lernens, in Aus- und Weiterbildung aufgezeigt werden. Dazu wird zunächst der aktuelle Stand des Themas für die Aus- und Weiterbildung vorgestellt. Insbesondere im Rahmen des, durch die Möglichkeiten des digitalen Lernens vorbereiteten, Paradigmenwechsels von eher passiv ausgerichteten Lernformen zur aktiven Rolle des Lernenden stellt Game-Based-Learning einen vielversprechenden Ansatz dar. Der Nutzen in Unternehmen ergibt sich durch die Einbettung in ein didaktisch sinnvolles Konzept, welches das aktive Lernen fördert. Aus der Perspektive eines privaten Bildungsträgers heraus werden Schritte bei der Umsetzung von Game-Based-Learning-Konzepten vorgestellt. Weiterhin wird ein Gestaltungsbeispiel eines Serious Games, eines Lernspiels, aus der Praxis herangezogen. Auf Basis einer aktuellen Pilotdurchführung wird die Nutzung von Game-Based-Learning-Ansätzen in Unternehmen diskutiert und abschließend werden Implikationen für die Praxis gegeben.

1 Game-Based-Learning in Aus- und Weiterbildung

Die Fragen des sinnvollen Einsatzes von Spielen in Aus- und Weiterbildung sind zentral für öffentliche wie auch private Bildungsträger. Der Durchbruch des Game-Based-Learning und des damit verbundenen Einsatzes von Spielelementen in Unternehmen zeichnet sich gegenwärtig in großen Unternehmen ab, aber auch erste klein- und mittelständische entdecken Game-Based-Learning als innovatives Mittel für die Personalentwicklung; sei es zur Gestaltung von Veränderungsprozessen, Produktschulung oder zur Kompetenzsteigerung der Mitarbeiter. Spiele eröffnen den Weg zu einer aktiveren Rolle der Lernenden – weg von rein instruktionalen didaktischen Modellen. Dabei muss eins vorneweg festgehalten werden: Es gibt keine optimale Lernumgebung für alle Lernenden – unabhängig davon ob spielbasiert oder nicht. Es ist entscheidend, ob Lernende, Lernmethode und Lerninhalte zusammenpassen. Für eine solche Integration kann eine konstruktivistische Auffassung von Lernen zugrunde gelegt werden. Es wird angenommen, dass Wissen nicht von einer Person zu einer anderen einfach weitergereicht werden kann (Mandl, Gruber & Renkl, 2002), sondern aktiv erworben werden muss. Ein Lernprozess im Sinne der konstruktivistischen Auffassung besteht aus sechs zentralen Merkmalen (Reinmann-Rothmeier & Mandl, 2006): Lernen erfolgt demnach als aktiver (1), selbstgesteuerter (2), konstruktiver (3), situierter (4), emotionaler (5) und sozialer (6) Prozess. Die konstruktivistische Auffassung liegt wiederum dem problemorientierten Lernen und der damit einhergehenden Gestaltung von Lernumgebungen zugrunde. Das Besondere dabei ist, dass diese zudem instruktionale Aspekte in sich integriert. Reinmann-Rothmeier und Mandl (2006) leiten konkrete Gestaltungsprinzipien für Lernumgebungen ab: Die Lernumgebung soll authentisch gestaltet werden, sodass sie den Umgang mit realen Problemstellungen und authentischen Situationen ermöglicht und anregt. Zudem sollten spezifische Inhalte in unterschiedlichen Situationen und aus mehreren Blickwinkeln betrachtet werden können. Auch sollte kooperatives Lernen ermöglicht werden. Zuletzt ist die instruktionale Anleitung und Unterstützung in problemorientierten Lernumgebungen zu benennen, da der selbstgesteuerte und kooperative Umgang mit Aufgaben und Inhalten angeleitet werden soll. Problembasiertes Lernen als Basis eines Spiels bietet sich im Besonderen für die Aus- und Weiterbildung durch die gegebene Praxisnähe und die Transfermöglichkeiten an. Eine derart komplexe Lernumgebung ist allerdings – unabhängig davon ob spielbasiert gestaltet oder nicht – personal- und ressourcenzehrend und sollte daher gezielt eingesetzt werden für Themen, die im Fokus des einzelnen Unternehmens liegen und langfristig zu einem erhöhten Mehrwert der Organisation beitragen sollen und werden.

1.1 Aktueller Stand in Aus- und Weiterbildung

Grundlage vieler Veranstaltungen in Aus- und Weiterbildung ist immer noch die klassische Präsenzschulung. Im Kontext der beruflichen Aus- und Weiterbildung gewinnen jedoch neben den fast schon „klassischen" Web-Based-Trainings (WBTs) Games zunehmend an Bedeutung. Dies zeigt sich auch im Alltag, nicht nur durch die Alltäglichkeit von kurzweiligen App-Games auf dem Smartphone (Spiele wie Candy Crush usw. werden täglich von 24 Millionen Deutschen gespielt), sondern auch durch die ansteigenden Spieler-Zahlen von Computer- und Videospielen. Jeder zweite Bundesbürger spielt digitale Spiele. Dabei sind die Geschlechter fast zu gleichen Teilen vertreten. Der durchschnittliche Spieler ist – für einige überraschenderweise – sogar über 34 Jahre alt. Zudem werden Spiele in allen Bildungs- und sozialen Schichten gespielt. Dabei beträgt das Marktvolumen von digitalen Computer-, Video- und App-Spielen ca. 2,7 Milliarden Euro (ert, 2015). Daten zu Spielen werden unter anderem durch den Bundesverband Interaktive Unterhaltungssoftware (BIU) im Rahmen der GFK erhoben und beziehen sich daher nur auf die digitalen Spieler (Bundesverband Interaktive Unterhaltungssoftware, 2015). In der Praxis von

Aus- und Weiterbildung in Deutschland ist die Anwendung von Spielen eher selten, insbesondere in KMUs. Dennoch ist eine steigende Tendenz zu erkennen. Nicht neu ist allerdings die Tatsache, dass gespielt wird, z.B. in Form von Planspielen oder Simulationen: Flugsimulatoren wurden schon frühzeitig in der Ausbildung von Piloten als gleichsam spielerische Übungsmittel eingesetzt oder Unternehmensplanspiele wie TopSim (www.topsim.com) finden ihren Weg in den Studienalltag von Studierenden. Dabei wird in dieser Arbeit davon ausgegangen, dass die genannten Beispiele als Kategorien des Game-Based-Learnings angesehen werden, ebenso wie Serious Games, Gamification-Anwendungen oder andere spielbasierte Lernumgebungen.

1.2 Begriffsklärung spielbasiertes Lernen

Was ist nun spielbasiertes Lernen? Zunächst müssen dazu die Begriffe Serious Games, Gamification und Game-Based-Learning voneinander abgegrenzt werden. Serious Games sind eine Form des spielbasierten Lernens, die Lernaspekte verfolgen und dabei spielerisch unterhalten. In den 70er Jahren des 20. Jahrhunderts wurde der Begriff des Serious Games zuerst von Clark Abt genutzt, der damit Spiele beschrieb, die einem Lernzweck dienen (Abt, 1987); die nahe Verwandtschaft zu der deutschsprachigen Planspielszene wird hier deutlich. Bereits Anfang der 2010er Jahre waren schätzungsweise 130 der weltweit größten Unternehmen damit beschäftigt, Serious Games als Instrumentarium in der Aus- und Weiterbildung ihrer Mitarbeiterinnen und Mitarbeiter zu etablieren. Zudem sind ca. 30% der Anwender überzeugt davon, dass sie einen höheren Lerneffekt durch Lernspiele generieren (Looft, 2010). Weitere Beispiele für Serious Games beschreiben Van Eck (Van Eck, 2006, S. 20) oder auch Prensky (Prensky, 2007, S. 230–294). Gamification ist im Gegensatz zu Serious Games, zwar auch eine Form des spielbasierten Lernens, allerdings werden hier spielerische Gesetzmäßigkeiten gezielt eingesetzt, um produktiver oder motivierter spielfremden Tätigkeiten nachzugehen. Dadurch werden gegebenenfalls unbeliebtere Tätigkeiten mit mehr Motivation und Freude durchgeführt (Looft, 2010). Von Game-Based-Learning kann gesprochen werden, wenn Lernen durch spielerische Methoden unterstützt wird und dabei die Förderung von Kompetenzen das oberste Ziel bleibt. Es ist eine Form des medienbasierten bzw. problembasierten Lernens (Hense & Mandl, 2012) und kann auf die Lerntheorien von Piaget, Vygotsky oder das Experiental Learning (Koubek & Macleod, 2004) zurückgeführt werden. Der „Shift from Teaching to Learning" wird von dieser Form des Lernens im Besonderen unterstützt, steht doch der Lernende im spielbasiertem Lernen im Fokus der Aufmerksamkeit (Michael & Chen, 2006). Der Nutzen von Game-Based-Learning für Unternehmen wird im nun folgenden Kapitel aufgezeigt.

1.3 Game-Based-Learning als Nutzenfaktor in Unternehmen

Die Entwicklung von Computer- und Videospielen hat sich zu einer starken Industrie entwickelt und ist für Aus- und Weiterbildung interessant. Zwar gibt es einige kritische Stimmen – eine Auflistung von Gegenstimmen von Wissenschaftlern findet sich bspw. bei Prensky (2007) – so scheinen Spiele doch Potenzial für Aus- und Weiterbildung zu haben. Dahinter stehen Überlegungen, wie Lernen mit erhöhtem positivem Empfinden einhergehen kann und Lernende emotional angesprochen werden. Der Spieler soll sich aktiv mit den Lerninhalten in der Spielwelt auseinandersetzen, um im Spiel voran zu kommen. Frank (2010) zeigt die Vorteile des selbstbestimmten und erfahrungsbasierten Lernens beim Spielen auf. Das Spiel ermöglicht Handlungsspielräume, die real nicht erlebbar wären. Durch das Spiel werden die Spieler darin unterstützt, unternehmensspezifische Fähigkeiten und Fertigkeiten in einer realitätsnahen und gleichzeitig risikolosen Spielumgebung auszubilden. Authentischen Situationen, die der Spieler durchläuft, lassen das Gelernte einfacher auf den Alltag transferieren (Kerres et al., 2009, Mandl et al., 2012). Zudem wird im Spiel das Verständnis für komplexe Zusammenhänge und dynamische Entwicklungen gefördert. Somit generieren Lernende nicht nur inhaltliches Wissen über das Unternehmen, sondern erfahren auch, welche Informationen sie benötigen, wie sie Informationen erreichen und wie sie diese wiederum im Unternehmen gewinnbringend und zielorientiert nutzen können (metakognitive Ebene). Der Vorteil von Game-Based-Learning, also der Präsentation des zu lösenden Problems als Serious Game, liegt v.a. in der Möglichkeit, die Lerninhalte in realen Kontexten zu rezipieren und dadurch eine intensivere Auseinandersetzung des Lernenden zu fördern, sowie die Offenheit gegenüber Veränderungen zu erhöhen (Müller, 2015; Bischof, 2013). Game-Based-Learning bietet Möglichkeiten, auf motivierende Weise Lernprozesse anzuregen (Son et al., 2013).

2 Umsetzung von Game-Based-Learning-Ansätzen in Unternehmen aus Sicht eines Bildungsanbieters

Games bilden eine neue Generation einer digital basierten Aus- und Weiterbildung. Zunächst muss mit bestehenden Klischees, die sich um Spiele im Allgemeinen und Lernspiele im Speziellen ranken, aufgeräumt werden. Bildungsanbieter sehen das Potenzial von Spielen für Unternehmen und sind verstärkt dabei, diese in die Aus- und Weiterbildung zu integrieren. Dies muss kontextbezogen erfolgen: Spiele für Aus- und Weiterbildung müssen so gestaltet werden, dass sie anregend und zielgerichtet auf die Umwelt und den Alltag eines Unternehmens adaptierbar sind (Mandl et al., 2012). Deshalb ist zu empfehlen, dass sie als fixierte Personal- oder Organisationsentwicklungskonzepte in Unternehmen integriert sind, und nicht nur als „Add-on“ eine Art Nischenposition in der Personalentwicklung einnehmen. Um zu einem solchen festen Bestandteil der betrieblichen Aus- und Weiterbildung zu werden, sind verschiedene Schritte notwendig: Zu Beginn entsteht die Spielidee, diese definiert sich an der Zielgruppe und Zielsetzung des Spiels. Zudem muss darauf geachtet werden – das ist unter Umständen noch einen Schritt vorher notwendig – dass die Methode des Spiels auch zum Thema passt bzw. der Frage nachgegangen wird, ob sich das Genre Serious Game (oder eine andere Form des Game-Based-Learnings) tatsächlich für das zu vermittelnde Thema eignen. In einem weiteren Schritt wird Grundsätzliches wie Umfang der Weiterbildung und mögliche Lerninhalte festgelegt, sowie erste Überlegungen zu technischen Umsetzungsmöglichkeiten angestellt. In einem nächsten Schritt wird empfohlen ein Exposé zu entwickeln, welches bereits die ersten Informationen zu Spielmechanik, Grafik, Leveldesign, Inhalt und Didaktik fixiert. Oft folgt hierzu ein Workshop oder eine andere Veranstaltung mit Beteiligten, mit dem Zweck die grundsätzlichen Ideen bereits in der Konzeptionsphase formativ zu evaluieren (Feist & Franken-Wendeltorf, 2011). Ziel dieser Veranstaltung(en) ist es, ein Treatment (ähnlich einem Drehbuch bzw. einem erweiterten Konzept) zu erstellen. Ein solches Treatment enthält Festlegungen zum Serious Game: Der Look (erste Version des Concept-Art-Designs), die Storyline, das Gamedesign, mögliche Inhalte (Umfang und Art) und – ganz zentral – der didaktische Ansatz, aus dem dann eine erste Alphaversion der spielbasierten Anwendung entwickelt wird. Nach Prüfung dieser durch das Unternehmen entsteht eine Betaversion, welche evaluiert wird, um schließlich in einer finalen Fassung im Unternehmen integriert zu werden (angelehnt an: Karl, 2011; Trautwein, 2011; Wein, Willems & Quanjel, 2000). Im Folgenden wird ein Praxisbeispiel eines Serious Games für Organisationen vorgestellt, bei dem ein Bildungsanbieter selbst Evaluationspartner des Serious Games während der Entwicklungsphase ist. Diese Selbsterfahrung ermöglicht dem Bildungsanbieter in die Rolle der eigenen Kunden zu schlüpfen und war daher besonders spannend für alle Beteiligten. In einer ersten Pilotdurchführung wurde das Serious Game „Eddies Teambuilding“, das im Rahmen des BMBF-geförderten Forschungs-Verbundsprojektes RAKOON (Fortschritt durch aktive Kollaboration in offenen Organisationen) vom Bildungswerk der bayrischen Wirtschaft (bbw) getestet. Daraus sollen wichtige Empfehlungen und Lessons Learned erarbeitet werden, die für den Bildungsanbieter bei der eigenständigen Einführung von Lernspielen für die Aus- und Weiterbildung richtungsweisend sein können.

3 Rakoon – ein Praxisbeispiel eines Game-Based-Learning-Ansatzes für Unternehmen

Das BMBF-Verbundprojekt RAKOON legt nach Müller (2015) den Fokus auf die Entwicklung einer neuen Organisationsform für Unternehmen, einer „Open Organisation", die die Forderung nach Flexibilität in einer digitalisierten Gesellschaft und einem sinnvollen Umgang mit dem demographischen Wandel ernst nimmt. RAKOON unterstützt diese Weiterentwicklung (u.a.) durch das Design eines Serious Games, entwickelt durch Fachwissenschaftler der Pädagogik (Ludwig-Maximilians-Universität, München) und Spieleentwickler von digitalen Spielen (kunst-stoff GmbH, Berlin). Das Serious Game „Eddies Teambuilding" ist durch Responsive Design auf HTML-5-Basis für Tablets und Mobile Phones optimiert.[1] Zentrales Lernziel ist die Förderung von Kompetenzen, die einen proaktiven Umgang mit zukünftigen Herausforderungen im Arbeitsleben einüben und Mitarbeiter befähigen, diese Prozesse aktiv mitzugestalten und nicht nur darauf zu „re-"agieren.

Abb. 1: Responsive Design und Spielfiguren „Eddies Teambuilding", eigene Darstellung.

Das Setting des Spiels ist ein zu renovierendes Haus, in dem verschiedene Gewerke Aufgaben bestmöglich realisieren sollen. Die Herausforderung liegt dabei in den persönlichen und beruflichen Verpflichtungen, die jeder Handwerker in den Renovierungsalltag mitbringt und die zu Komplikationen im Arbeitsablauf führen.

Die Game-Based-Learning-Anwendung ist in einem Zeitraum von ca. vier Wochen durchzuführen und beginnt mit einer Anfangssitzung face-to-face, geht dann in die reine Onlinephase über und endet mit einer face-to-face-De-

1 Weitere Informationen finden sich hierzu auf www.openorganisation.de (Projekthomepage) oder unter www.eddie-teambuilding.de (Homepage zum Serious Game).

briefing-Einheit. Somit wird eine didaktisch sinnvolle Einheit des Spielkonzepts erreicht und soll zu dem gewünschten Conceptual Change bzgl. der Themen Zusammenarbeit und Offenheit in Zeiten von Industrie 4.0 und Web 2.0 in den Köpfen der Mitarbeiter führen. Die Lernenden üben sich in selbstkoordinativem und selbstbestimmtem Handeln, agieren frei im multimedialen Raum und sammeln dabei (virtuelle) Erfahrungen in Team- und Arbeitsprozessen in einer Open Organisation. Zudem lernen die Spieler Theorien und Denkrichtungen zum Thema Open Organisation kennen und verstehen (Müller, 2015). Als theoretische Basis kann eine gemäßigt konstruktivistische Auffassung des Lernens herangezogen werden (vgl. Kapitel 1). Der Weg zum Spiel erfolgte in der Entwicklung und Konzeption über eine wissenschaftliche Erarbeitung zum Inhalt des Spiels: Open Organisation bzw. Offene Organisation und der qualitativen Erarbeitung von typischen Problemsituationen im Arbeitsleben, die im Spiel thematisiert werden (*Critical Incidents*). Bei dem Design des Spiels mithilfe des Spielentwicklers gab es verschiedene Anpassungsschritte (z.B. in Hinblick auf die Gestaltung der Figuren, der Texte, des Spielaufbaus usw.) bis die finale Version zu einer ersten Pilotdurchführung fertig gestellt werden konnte.

Abb. 2: Der Weg zu Eddies Teambuilding im Projekt Rakoon, eigene Darstellung.

In einer ersten Pilotdurchführung testete das Bildungswerk der bayrischen Wirtschaft (bbw) das Look und Feel des Games. Diese Selbsterfahrung als Bildungsanbieter ermöglicht es, wichtige Informationen für Unternehmen zu sammeln, um diese bei der Umsetzung der Spielidee zu unterstützen und das geeignete didaktische Konzept zu erstellen. Gleichzeitig stellt die Pilotdurchführung den formativen Evaluationsprozess dar. Die Ergebnisse werden Mitte des Jahres 2016 erwartet.

4 Praxisvorschläge für zukünftige Game-Based-Learning-Maßnahmen in Unternehmen

Bislang fehlt es an verlässlichen praxisrelevanten Studien, die Game-Based-Learning aus Sicht von Bildungsträgern und der Aus- und Weiterbildung in Unternehmen aufgreifen und umsetzen. Im Grunde wird Game-Based-Learning in der Praxis der Aus- und Weiterbildung zwar verwendet, es fehlt jedoch bislang immer noch an begrifflicher Abgrenzung, lehr-lerntheoretischen Ansätzen und qualitative hochwertigen Studien zu forschungsrelevanten Fragestellungen. Daher ist es notwendig, lehr-lerntheoretisch fundierte Spiele zu entwickeln, zu untersuchen und ihre Wirkung zu analysieren. Die Schritte, die zur Umsetzung eines Spiels in Aus- und Weiterbildung nötig sind, wurden bereits genannt. Im Folgenden soll allgemein diskutiert werden, welche grundlegenden Erkenntnisse für die konzeptionelle Aufbereitung von Spielen für die Aus- und Weiterbildung zu beachten sind. Auf Basis der bisherigen Erkenntnisse aus der Praxis und dem genannten Beispiel können Aspekte aufgezeigt werden, die darauf hinweisen, was ein „gutes" Spiel für die Aus- und Weiterbildung im Unternehmen ausmacht. Diese werden auf Basis der praktischen Erfahrungen des Bildungsanbieters in der Pilotdurchführung mit dem Serious Game „Eddies Teambuilding" und in Anlehnung an theoretische Befunde bei der Aufbereitung von Spielen (Gee, 2007) genannt:

- **Look & Involvement:** Die technische Funktionalität, die grafische Aufbereitung bzw. ästhetische Präsentation und vor allem das Game Design des Spiels müssen ansprechend gestaltet sein. Die Schwierigkeit besteht darin, dass dieser Aspekt stark subjektiv ist und unterschiedlich bewertet wird. Jedoch zeigt sich, dass es vor allem darauf ankommt sich mit der Figur und deren Charaktereigenschaften identifizieren zu können (Werbach & Hunter, 2015). Bei der Gestaltung von Spielen für Unternehmen ist deshalb die Möglichkeit zur Identifikation im Sinne des Identity Principle nach Gee (2007) als wichtig zu erachten.
- **Kollaboration & Interaktivität:** Mit Interaktivität ist gemeint, dass gemeinsam mit anderen Lernenden/Spielenden aktiv an einem Problem gearbeitet und Erfahrungen gemacht werden, sodass hier auf Basis des problembasiertes Lernens Praxisnähe zu Tätigkeiten im Arbeitsalltag und der Transfer zu Arbeitsprozessen geschaffen werden. Dazu ist der Austausch untereinander wie auch das gemeinsame Agieren in einer spielerisch gestalteten Lernumgebung und das gemeinschaftliche Problemlösen wichtig. Dies ist auch bei Gee (2007) als „Affinity Group Principle" erläutert: Lerner bilden eine Gruppe, die gemeinsame Ziele und Erfahrungen teilt.
- **Balance & Motivation:** Idealerweise herrscht zudem eine Balance aus Spiel und Lernen, sodass das Spiel motiviert und Spaß bereitet, der Lernende die Lerninhalte jedoch nicht aus den Augen verliert. Durch den Einsatz von

Abzeichen/Badges, die bei der Durcharbeit von Lerninhalten erreicht werden können, wird eine Zielsetzung geschaffen. Dies wiederum kann zur Förderung von Motivation und Leistung führen (Locke & Latham, 2002). Im Besonderen ist zu empfehlen, gewisse Spiel-Design-Elemente nicht nur als Motivatoren einzubauen, sondern auch ihre Instruktionsfunktion zu nutzen. Eine durchdachte Integration von Lerninhalten und Spiel unter Einbezug der genannten Aspekte stellt somit die größte Herausforderung an moderne Aus- und Weiterbildung dar.

Grundsätzlich bedarf es in Unternehmen bestimmter grundlegender Rahmenbedingungen, bevor ein Game-Based-Learning-Ansatz in Betracht gezogen wird. Wie bei allen Formen digitalen Lernens müssen auch Games auf Inhalte abzielen, die für die Mitarbeiter des Unternehmens sinnvoll sind und die zu den übrigen Lernangeboten, wie bspw. andere Inhouse-Trainings, passen. Natürlich begünstigt eine Akzeptanz durch Führungskräfte und Kollegen die Einführung eines Spiels, aber grundsätzlich ist der Bedarf oder die Lust auf spielbasiertes Lernen bereits eine gute Voraussetzung. Für den zukünftigen Einsatz von Spielen in Unternehmen ist seitens der Forschung – neben der Untersuchung der konkreten Wirkung auf Aus- und Weiterbildung – die Langfristigkeit der Wirkung(en) für die Personalentwicklung von besonderer Relevanz.

Literatur

Bischof, F. (2013). Innovation durch Gamification. Der Einsatz von Spielelementen in Arbeitskontexten. *OrganisationsEntwicklung (2),* 42–46.

Bundesverband Interaktive Unterhaltungssoftware (2015). *Nutzer digitaler Spiele in Deutschland 2014,* Bundesverband Interaktive Unterhaltungssoftware. Verfügbar unter http://www.biu-online.de/de/fakten/marktzahlen-2014/infografik-nutzer-digitaler-spiele-in-deutschland.html (Stand: 03.06.2015).

Ganguin, S. (2010). *Computerspiele und lebenslanges Lernen: Eine Synthese von Gegensätzen* (Medienbildung und Gesellschaft, Bd. 13). Wiesbaden: VS Verlag für Sozialwissenschaften.

Gee, J. P. (2007). *Good Video Games + Good Learning: Collected Essays on Video Games, Learning, and Literacy.* New York: Peter Lang.

Feist, M. & Franken-Wendeltorf, R. (2011). Informelles Lernen und der Einsatz von Serious Games. In M. Metz & F. Theis (Hrsg.), *Digitale Lernwelt – Serious Games. Einsatz in der beruflichen Weiterbildung* (S. 69–76). Bielefeld: Bertelsmann.

Frank, G. (2009). Spielen oder die Lust zu lernen. In J. Sieck (Hrsg.), *Kultur und Informatik: Serious Games* (Game studies, Als Typoskript gedr., S. 143–156). Boizenburg: Hülsbusch.

Frank, G. P. (2010): Serious Games und Bewegtbild. In A. Beisswenger (Hrsg.): *You Tube und seine Kinder. Wie Online-Video, Web TV und Social Media die*

Kommunikation von Marken, Medien und Menschen revolutionieren (S. 145–155). Baden-Baden: Nomos.

Hense, J. & Mandl, H. (2012). Curriculare Herausforderungen bei der Integration von Planspielen. In S. Schwägele, B. Zürn & F. Trautwein (Hrsg.), *Planspiele – Lernen im Methodenmix. Integrative Lernkonzepte in der Diskussion* (ZMS-Schriftenreihe, Bd. 4, S. 11–25). Norderstedt: Books on Demand.

Karl, C. K. (2011). Kompetenzorientierte Planspiele – Ein Entwicklungsrahmen zur Konzeption von Planspielen in der Aus- und Weiterbildung. In W. C. Kriz (Hrsg.), *Planspiele für die Personalentwicklung* (Wandel und Kontinuität in Organisationen, Bd. 12, S. 23–57). Berlin: wvb Wiss. Verl.

Kerres, M., Bormann, M. & Vervenne, M. (2009). Didaktische Konzeption von Serious Games: Zur Verknüpfung von Spiel- und Lernangeboten. *Online-Zeitschrift MedienPädagogik 2009.* Verfügbar unter http://mediendidaktik.uni-due.de/sites/default/files/kerres0908_0.pdf (Stand: 05.02.2016).

Locke, E. A. & Latham, G. P. (2002). Building a Practically Useful Theory of Goal Setting and Task Motivation: A 35-year Odyssey. *American Psychologist, 57*(9), 705–717. http://dx.doi.org/10.1037//0003-066x.57.9.705

Looft, H. (2010). *Serious Games. Märkte. Produzenten. Trends.* exozet berlin gmbh. Verfügbar unter http://www.seriousgames-berlin.de/assets/images/newsroom/pdf/Serious_Games_Berlin_Konkurrenzanalyse.pdf (Stand: 22.10.2014).

Mandl, H., Geier, B. & Hense, J. (2012). Online-Lernumgebungen für Planspiele und Serious Games. In D. Ballin (Hrsg.), *Planspiele in der beruflichen Bildung. Auswahl, Konzepte, Lernarrangements, Erfahrungen.* Bonn: Bundesinstitut für Berufsbildung.

Mandl, H., Gruber, H. & Renkl, A. (2002). Situiertes Lernen in multimedialen Lernumgebungen. In L. J. Issing & P. Klimsa (Hrsg.), *Information und Lernen mit Multimedia und Internet. Lehrbuch für Studium und Praxis* (Beltz PVU, 3., vollst. überarb. Aufl, S. 139–148). Weinheim: Beltz, Psychologie Verl.-Union.

Mandl, H. & Winkler, K. (2003). Auf dem Weg zu einer neuen Weiterbildungskultur. Der Beitrag von eLearning in Unternehmen. In M. Dowling, J. Eberspächer & A. Picot (Hrsg.), *eLearning in Unternehmen. Neue Wege für Training und Weiterbildung* (S. 3–15). Berlin: Springer.

Müller, C. (2015). *Entwicklung einer Game Based Learning Application.* Verfügbar unter http://www.openorganisation.de/images/Veroeffentlichungen/Mueller_2015_Entwicklung_DGBL_final.pdf (Stand: 05.02.2015).

Prensky, M. (2007). *Digital Game-based Learning.* St. Paul, Minn.: Paragon House.

Reinmann-Rothmeier, G. & Mandl, H. (2006). Unterrichten und Lernumgebungen gestalten. In A. Krapp & B. Weidenmann (Hrsg.), *Pädagogische Psychologie. Ein Lehrbuch* (5., vollst. überarb. Aufl, S. 613–658). Weinheim [u.a.]: Beltz, Psychologie Verl.-Union.

Schönert, U. (2015, 30. Juli). Spielplatz Deutschland. *stern magazin, 32*, S. 24–25.

Trautwein, C. (2011). *Unternehmensplanspiele im industriebetrieblichen Hochschulstudium.* Wiesbaden: Gabler Verlag.

Van Eck, R. (2006). Digital Game-Based Learning. It's Not Just the Digital Natives Who Are Restless. *Educause review, 41*(2), 17–30.

Wein, B., Willems, R. & Quanjel, M. (2000). Planspielsimualtionen: Ein Konzept für eine integrierte (Re-)Strukturierung von Organisationen. In D. Herz & A. Blätte (Hrsg.), *Simulation und Planspiel in den Sozialwissenschaften. Eine*

Bestandsaufnahme der internationalen Diskussion (Grundlegung und Methoden der politischen Wissenschaft, Bd. 1, S. 275–299). Münster: Lit.

Werbach, K. & Hunter, D. (2015). *The Gamification Toolkit – Dynamics, Mechanics, and Components for the Win.* Philadelphia: Wharton Digital Press.

Peter Baumgartner, Ingrid Bergner

Einige Feedback-Arten für Online-Lernen: Taxonomie und Realisierung von Feedback-Mustern für Multiple-Choice-Tests in Moodle

Zusammenfassung

Auf der Folie der „Taxonomie von Unterrichtsmethoden“ (Baumgartner 2014) entwickelt dieser Beitrag eine Taxonomie von Feedbackformen von Multiple-Choice-Tests für Online-Lernen. Am Beispiel von Moodle werden sechs Grundtypen (Feedback-Modelle) zu zehn konkreten Anwendungsfällen (Feedback-Muster) ausgearbeitet und ihre Umsetzung in Moodle gezeigt. Dieser Text wird durch einen Moodle-Kurs ergänzt, der diese zehn Feedback-Muster demonstriert.

1 Einleitung

In der „Taxonomie von Unterrichtsmethoden“ legt Baumgartner (2014) eine umfassende theoretische Modellierung für das didaktische Design von Lernaktivitäten und Unterrichtsszenarien vor. Sein Ziel war es „einen konzeptionellen Rahmen zur Gliederung, Beschreibung und Entwicklung von Unterrichtsmethoden“ vorzulegen (Baumgartner 2014: 329). Das Buch hat jedoch aus unserer Sicht einen entscheidenden Nachteil: Es fehlt dem theoretischen Entwurf eine prozessuale (schrittweise) Umsetzung für den alltäglichen Gebrauch, d.h. für die Praxis der Unterrichtsgestaltung. Es ist daher nicht weiter verwunderlich, wenn die vorgestellten 26 didaktischen Dimensionen und die darauf aufbauenden 130 didaktischen Prinzipien bisher noch wenig praktische Relevanz gezeigt haben.

Im Nachwort zur zweiten aktualisierten und korrigierten Auflage betont Baumgartner, dass sein Buch nicht darauf abziele, bloß „eine anzuwendende Sammlung von Unterrichtsprinzipien vorzulegen. Ganz im Gegenteil: Es ging [ihm …] darum, die Vielfalt der didaktischen Möglichkeiten aufzuzeigen und einen Weg zu beschreiben, wie (neue) Ideen für Lernprozesse generiert werden können“ (Baumgartner 2014: 329f.). Aus unserer Perspektive ist jedoch gerade dieser Weg – nämlich wie die theoretischen Begrifflichkeiten in das didaktische Design von Lernprozessen integriert werden können – (noch) nicht sichtbar.

Mit diesem Beitrag wollen wir an einer *einzigen* seiner Dimensionen (Feedback) jene didaktische Vielfalt, wie sie Baumgartner immer wieder anspricht, in einer praktisch relevanten Form entfalten. Wir wollen das Prinzip des „feedbackunterstützten Lernens“ am Beispiel von Moodle in seiner Vielfalt ausloten und zeigen, wie der theoretische Rahmen der „Taxonomie von Unterrichtsmethoden“ für die Praxis des E-Learning-Alltags umgesetzt und genutzt werden kann. – Wenn wir auch die vorhandenen Optionen in Moodle 3.0 ausführlich diskutieren, legen wir hier jedoch keine Bedienungsanleitung der operationalen Umsetzung vor. Wir gehen vielmehr davon aus, dass entsprechende Moodle-Kenntnisse bereits vorhanden sind, bzw. über die entsprechenden Hilfe-Ressourcen recherchiert bzw. angeeignet werden können.

Das von uns hier verwendete Abstraktionsniveau der Beschreibung hat den Vorteil, dass die Überlegungen auch für andere Software-Implementierungen genutzt werden können. Konzeptionell entspricht unsere Art der didaktischen Beschreibung der bei Baumgartner erwähnten Abstraktionsstufe 2b (Modelle) und 2a (Muster), wenn wir auch jedoch hier (noch) nicht die in der Mustertheorie übliche Struktur und Notation benutzen (Bauer 2014; Bauer und Baumgartner 2012; Leitner 2007).

2 Zur didaktischen Vielfalt von Feedback

Aus Platzgründen nehmen wir für diesen Beitrag einige Einschränkungen vor.

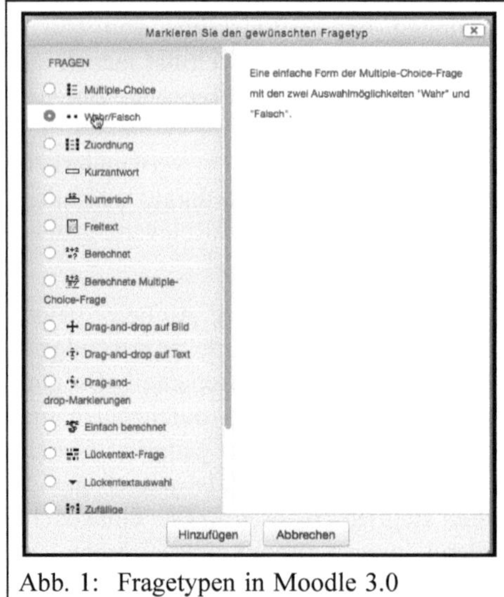

Abb. 1: Fragetypen in Moodle 3.0

Erstens konzentrieren wir uns auf das didaktische Design von Quizfragen und nicht ganz allgemein auf Feedback-Optionen im Lernprozess. **Zweitens** betrachten wir hier Quizze nicht als Bewertungswerkzeuge, sondern als eine (weitere) Möglichkeit Lernprozesse anzustoßen. **Drittens** beschränken wir uns auf einen einzigen Quiz-Typus (Multiple-Choice) und betrachten nicht die vielen weiteren in Moodle angebotenen Möglichkeiten von Fragetypen (siehe Abb. 1 nebenstehend). **Viertens** behandeln wir MC-Fragen nicht allgemein, sondern nur bezüglich der Feedback-Dimension.

Im Zusammenhang der Überlegungen von Baumgartner zur didaktischen Vielfalt ist es instruktiv sich die Konsequenzen der von uns vorgenommenen Einschränkungen bildlich vor Augen zu führen: Baumgartner unterscheidet 18 Modellfamilien, die jeweils unterschiedliche Typen von Feedback ermöglichen. Alleine die Modellfamilie „aufgabenbearbeitendes Lernen" mit ihren fünf Hauptlinien inkludiert 24 Feedback-Varianten! Davon wiederum wird nur eine einzige Option (Auswahlaufgabe) mit bloß einer einzigen ihrer drei unterschiedlichen Feedbackformen in diesem Beitrag betrachtet. Darin zeigt sich bereits anschaulich die hohe Anzahl didaktischer Gestaltungsmöglichkeiten, bei der es Baumgartner in seinem „Plädoyer für didaktische Vielfalt" – so der Untertitel seines Buches – geht.

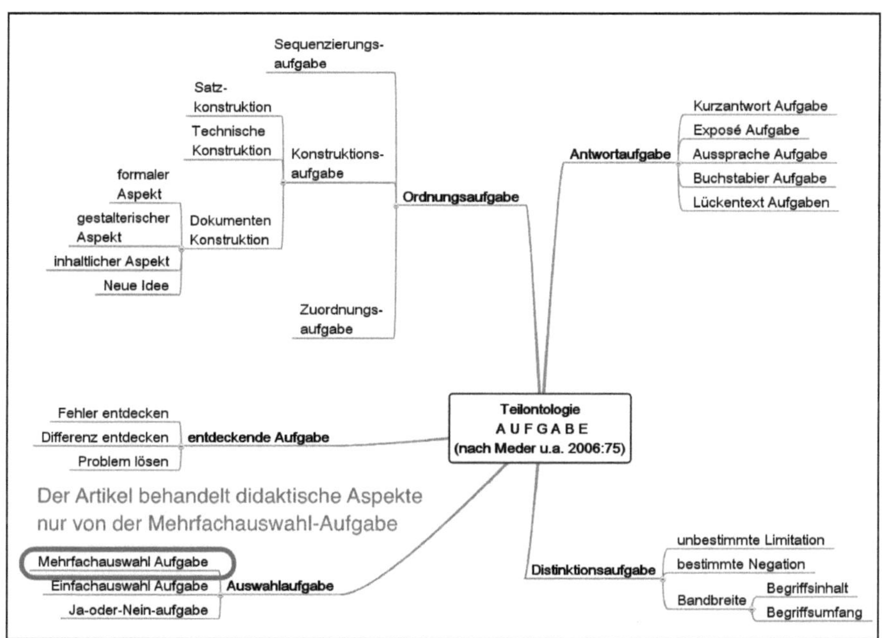

Abb. 2: Teilontologie: Aufgabe leicht modifiziert nach Meder (2006: 75)

Wir fokussieren hier auf Auswahlantworten, weil wir bereits bei einem einzigen Aufgabentyp die von Baumgartner angesprochene didaktische Vielfalt aufzeigen wollen und und nicht etwa weil wir Multiple-Choice (MC) für den besten Quiz-Typus halten. Die Nachteile von MC-Fragen sind bekannt: Sie „liegen in der Einschränkung der überprüfbaren Wissensarten, einer möglichen Mehrdeutigkeit bei Formulierungen und möglicher Fehlbeurteilung von *Halbwissen.* Zusätzlich können Testfertigkeiten (*test-wiseness* […]), ungewollte Lösungshinweise und einfaches Raten eine korrekte Deutung der Testergebnisse erheblich erschweren“ (Bernhardt-Melischnig u. a. 2013: 14).

3 Taxonomie von Feedback-Arten für Online-Lernen

3.1 Arten von Feedback bei Baumgartner

Baumgartner unterscheidet insgesamt fünf grundsätzliche Typen von Feedback und ordnet ihnen jeweils ein didaktisches Prinzip für den Lernprozess zu (2014: 185f. Wir folgen der Tabelle auf S. 185, die Beispiele sind jedoch von uns.):

1. **Autodidaktisches Lernen**: Damit ist Feedback durch die eigene (Lern-) Praxis gemeint, sozusagen eine „Rückmeldung der Welt“, beispielsweise beim Scheitern eines Plans.
2. **Zielerreichendes Lernen**: (Bewertendes) Feedback, das nicht zeitnah, aber summativ erfolgt: z.B. die Benotung am Ende eines (Online-) Examens.
3. **Hinweisendes Lernen**: (Erklärendes) Feedback, das zeitnah zum Lernergebnis erfolgt: z.B. die Erläuterung, warum eine Antwort (bzw. gewählte Antwortalternative in einem Multiple-Choice-Test) falsch ist.
4. **Hinführendes Lernen**: Feedback, das formativ eine Hilfe als Rückmeldung anbietet, z.B. Hinweise, wenn eine Aufgabe nicht korrekt bearbeitet wurde.
5. **Perspektivisches Lernen**: (Konstruktives) Feedback, das auf die Zukunft ausgerichtet ist, z.B. indem die Exploration einer alternativen Perspektive vorgeschlagen wird.

Zur Systematik obiger Aufstellung bei Baumgartner sind Erläuterungen notwendig: Seine fünfgliedrige Skalenstruktur ist bloß als Denkmuster didaktischer Vielfalt zu verstehen. Es ist keineswegs zwingend, dass es immer fünf Ausprägungen gibt. Es soll bloß damit gezeigt werden, dass es *immer* mehr als bloß eine oder zwei Möglichkeiten gibt, dass es also immer eine hohe Anzahl an Variationen gibt. Das zeigt sich z.B. gerade auch bei der Feedbackskala, wo eine Kombination der von uns hier verwendeten Merkmale – Art, Zeit, Wertung, Inhalt, Anzahl (siehe Tabelle 1) – zu einem überraschenden Ergebnis führt. Selbst wenn wir nur dichotomisierte Merkmale annehmen (was für „Inhalt“ sicherlich nicht zutrifft), ergeben sich bereits 100 Varianten mit der Rechnung: 5! / 2! (5-2)! = 1*2*3*4*5 / 1*2*(1*2*3) = 120 / 12 = 100.

Wenn wir hier also sechs Grundtypen mit zehn Anwendungsfällen vorstellen, dann präsentieren wir nur einen kleinen Teil der möglichen didaktischen Vielfalt. Allerdings stellen die zehn vorgestellten Muster von Multiple-Choice-Tests durchaus ein repräsentative Auswahl vor, die wohl die wichtigsten und sinnvollsten Anwendungen praktisch umsetzen.

3.2 Arten von Feedback bei Moodle

Kursive Begriffe kennzeichnen die Einteilung durch „X“ in der Tabelle 1. Alle nachfolgenden Feedback-Muster werden in Moodle auf http://moodle.donau-uni.ac.at/moodle-imb/course/view.php?id=15 ausführlich erklärt und an den immer gleichbleibenden drei Beispielsfragen demonstriert.

1. **Gesamtes Feedback**: Es bezieht sich auf den gesamten *Quiz* und wird präsentiert, nachdem der Quiz beendet wurde. Das ist ein *pauschales* Feedback, weil es nicht auf die einzelnen Fragen konkret eingehen kann, sondern nur auf der Meta-Ebene zum gesamten Quiz eine Rückmeldung gibt.

   Muster 01: Bewertung
   - Erst nachdem der Quiz beendet wurde, erfolgt die Auswertung und wird das Ergebnis rückgemeldet. Wir sprechen daher von *zeitlich verzögertem Feedback*, weil es nicht direkt nach den Antworten, sondern erst am Ende des Quiz präsentiert wird.
   - Da erst nach jedem Quiz-Abschluss, die einzelnen Antworten gesammelt bewertet werden und nur die Gesamtbilanz als Summe bekannt gegeben wird, hat die Rückmeldung *summativen Charakter*.
   - *Anwendung*: z.B. ein Einstufungstest, weil es dabei nicht um inhaltliche Lernprozesse geht, sondern eine summative Bewertung ausreicht.

   Muster 02: Kurs-Empfehlung und Muster 03: Quiz-Empfehlung
   - Unter dem Gesichtspunkt einer Zeitperspektive, die über den einzelnen Quiz-Versuch hinausreicht, können am Quiz-Ende *Hinweise* oder *Empfehlungen* zur weiteren Vorgangsweise gegeben werden (z.B. einen bestimmten Text nochmals lesen, den Quiz wiederholen etc.).
   - Die beiden Muster 01 und 02 unterscheiden sich nur dadurch, dass der Quiz *einmal* (Kursempfehlung) oder *mehrmals* (Quizempfehlung) absolviert werden kann. Darf der Quiz nur einmal absolviert werden, können sich die Empfehlungen am Ende nicht mehr auf den Quiz beziehen, sondern müssen den weiteren Kursverlauf adressieren. Bei mehreren Versuchen kann hingegen auch auf Material verwiesen werden, das für nochmaliges Absolvieren des Quiz relevant ist. Unter dieser größeren Zeitperspektive (z.B. mehrere Versuche oder auf Kursebene) nimmt selbst pauschales Feedback einen *formativen Charakter* an.
   - *Anwendung*: Kurs-Sequenz-Steuerung auf Grundlage von Test-Ergebnissen.

2. **Allgemeines Feedback**: Ist eine Rückmeldung, die bei jeder beantworteten *Frage* gegeben wird und zwar unabhängig davon, ob die Antwort richtig oder falsch ist. Allgemeines Feedback ist – bezogen auf die Ebene, die es

adressiert (= Frage) – ein pauschales Feedback, weil es zwar auf die einzelnen Fragen eingeht, nicht aber auf die einzelnen gewählten Antwortvorgaben.

Muster 04: Test-Erklärung

- Zusätzlich zur Bewertung (Muster 01) wird hier mit einem *erklärenden Feedback* die richtige Lösung darstellt und/oder erläutert.
- Wiederum erfolgt die Rückmeldung *zeitlich verzögert* (am Quiz-Ende).
- Um den Testcharakter mit einer *Bewertung* (Benotung) gerecht zu werden, wird nur *ein Versuch* erlaubt.
- *Anwendung*: Prüfung mit Erklärung der Testergebnisse.

Muster 05: Quiz-Übung

- Für den Lerneffekt ist es gegenüber Muster 04 effektiver, Feedback (richtig oder falsch) *unmittelbar* nach der Beantwortung der Frage vorzusehen.
- Um den Übungscharakter hervorzuheben, wird hier *nicht benotet.*
- Es werden beliebig *viele Versuche* erlaubt.
- *Anwendung*: Trainingseinheit zum Üben.

3. **(Spezifisches) Feedback**: Ist eine Rückmeldung, die zu *jeder einzelnen Antwort*möglichkeit vorgesehen wird. Es ist konkretes Feedback, weil es genau auf die einzelnen – von den Lernenden gewählten – Antwortvorgaben eingeht. Der zu lernende Inhalt wird in eine Batterie von Fragen mit spezifiziertem Feedback aufgeteilt. Zu jeder falschen Antwortvorgabe wird erklärt, warum sie falsch ist. Auch zu richtigen Antwortvorgaben kann noch zusätzlich erläuterndes Material (Text, Links, Bilder, Audio, Video) hinzugefügt werden.

Muster 06: Test-Lernen

- Hier erfolgt Rückmeldung zwar sehr detailliert aber *zeitlich verzögert* (am Quiz-Ende).
- Zusätzlich mit dem *erklärenden* Feedback, das die richtige Lösung zu Quiz-Ende inhaltlich begründet, wird in diesem Muster auch *bewertet.*
- Der Test darf nur *einmal* absolviert werden.
- *Anwendung*: Simulation als realistische Prüfungsvorbereitung.

Muster 07: Quiz-Lernen

- Der Lerneffekt ist weit größer, wenn die spezifische Rückmeldung *direkt* nach der Beantwortung der Fragen präsentiert wird.
- Weil der besondere Reiz dieses Musters darin besteht, dass auch aus falsch gewählten Antworten gelernt werden kann, sind *mehrere Versuche* besonders wichtig. So können selbst komplexe Inhalte interaktiv gelernt bzw. sogar erarbeitet werden.
- Wenn das spezifische Feedback gut gewählt wird, bekommt der Quiz einen probierenden und spielerischen Aspekt, weil – durch Neugier moti-

viert – bewusst falsche Antwortvorgaben gewählt werden, um das reiche Feedback in den Zusatzerklärungen genießen zu können. Das funktioniert natürlich, nur dann, wenn es *keine Notenbewertung* gibt.
- *Anwendung*: Spielerisches Erarbeiten der Inhalte.

4. **Kombiniertes Feedback**: Kombiniertes Feedback wertet alle gewählten Antwortvorgaben hinsichtlich der drei Möglichkeiten (richtig, teilweise richtig oder falsch) aus und gibt für jede dieser Varianten gebündelt ein *pauschalierendes* Feedback. Die Auswertung von Mehrfach-Auswahlaufgaben kann recht komplex sein, weil viele Kombinationen möglich sind. Der Mischstatus (= teilweise richtig) kann sowohl durch fehlende richtige und/oder falsche Antwortvorgaben generiert werden. Kombiniertes Feedback gibt für alle drei Möglichkeiten *pauschalierendes* Feedback.

   Moodle generiert bereits bei der Erstellung von Multiple-Choice Fragen automatisch einen Text für diese Art von Rückmeldungen („Die Antwort ist richtig", „Die Antwort ist teilweise richtig", „Die Antwort ist falsch"), der aber beliebig verändert werden kann. Außerdem kann mit Moodle auch noch entschieden werden, ob die Anzahl der richtigen Antworten angezeigt wird und ob – falls mehrere Versuche vorgesehen sind – bereits ausgefüllten Antworten für den neuerlichen Antwortversuch übernommen werden.

   Muster 08: Trial-and-Error
   Bei diesem Muster wird mit Versuch-und-Irrtum solange probiert, bis die richtige Antwort gefunden wird. Deshalb sind *beliebig viele* Antwortversuche vorzusehen; gleichzeitig dürfen *keine zusätzlichen Informationen* während des laufenden Versuchs verraten werden. Es soll nur angezeigt werden, ob eine Antwort richtig oder falsch ist. Darüber hinausgehende Informationen, wie „Allgemeines Feedback", aber vor allem auch „Spezifisches Feedback" zu den Antwortvorgaben, sind bei diesem Muster abzuschalten.
   - Für dieses Muster müssen *mehrere Antwortversuche* pro Frage erlaubt sein.
   - Um auf die Auswertung reagieren zu können, muss die Rückmeldung zu den gewählten Antwortvorgaben (richtig, teilweise richtig, falsch) natürlich *unmittelbar* nach dem Antwortversuch präsentiert werden.
   - *Bewertung ist möglich* (z.B. durch Punkteabzug pro Antwortversuch), aber wenig sinnvoll. Mit Punkteabzügen würde der gewünschte *formative* Charakter dieses Musters zerstört werden.
   - *Anwendung:* Lernen mit Probieren (Methode: Versuch-und-Irrtum).

5. **Hinweisendes Feedback**: Wenn *mehrere* Antwortversuche erlaubt sind, dann kann mit dieser Art der Rückmeldung eine Hilfestellung (mit oder ohne Punkteabzüge) bei einer falschen oder teilweise richtigen Antwort angefordert werden. Es ist *pauschalierendes* Feedback, weil es sich auf die Frage

bezieht, aber nicht durch die einzelnen gewählten Antwortvorgaben beeinflusst wird. Die Rückmeldung muss daher so gewählt werden, dass sie immer für alle Kombinationen von falschen oder teilweise richtigen Antworten gültig ist.

Muster 09: Antwort-Hinführen
Antwort-Hinführen unterscheidet sich von Muster 08 (Trial-and-Error) sowohl durch die gezielte zusätzliche Information, die nach jedem weiteren Antwortversuch präsentiert wird, aber auch durch eine vorweg genau festgelegte Anzahl an erlaubten Antwortversuchen. Es müssen dazu entsprechende Vorbereitungen bei der *Frage* selbst getroffen werden: Für jeden nicht vollständig korrekten Antwortversuch wird ein Hinweis vorgesehen.

- Diese *Hinweise* können sich in ihrer Deutlichkeit (Hilfestellung) mit zunehmenden Antwortversuchen verstärken und werden *unmittelbar* nach dem Antwortversuch gegeben.
- Es ist *formatives* Feedback, weil es die weitere Beantwortung beeinflusst.
- *Bewertung* (z.B. durch Punkteabzug) ist möglich widerspricht aber einem intendierten formativem Charakter des Feedbacks.
- *Anwendung:* Lernen mit vorbereiteten Hilfestellungen.

6. **Selbsteinschätzung**: Die Rückmeldung kalkuliert eine auf Selbsteinschätzung basierende Gewissheitsvermutung und bezieht dies in die Bewertung der Frage (richtig, teilweise richtig oder falsch) mit ein. Das ist eine ungewohnte und in den Konsequenzen nicht leicht zu verstehende Quiz-Art, die hier aus Platzgründen nur gestreift werden kann.

   Bei dieser Art von Quiz wird am Ende der Antwortvorgaben gefragt: „Wie sicher sind Sie? C=1 Nicht sehr (< 67%); C=2 Ziemlich (über 67%) oder C=3 Sehr (über 80%)“. Richtig Antworten werden mit 100%, 200% und 300% der zurechenbaren Punktezahl bewertet, falsche jedoch mit 0%, -200% oder sogar mit -600% bestraft.

Muster 10: Perspektive
Mit Muster 10 (Feedback mit Selbsteinschätzung) wird die bei Baumgartner als perspektivisches Lernen angeführte Möglichkeit der Exploration alternativer *Perspektiven* in drei Phasen realisiert.

- Es wird zuerst darüber nachgedacht wird, wie sicher die eigene Antwort eingeschätzt wird (= *Think*);
- Danach wird mit *konkretem unmittelbaren* Feedback über das Vertrauen in das eigene Wissen reflektiert (= *Reflect*);
- Einstellung und Perspektive bezüglich der Selbsteinschätzung eigener Kompetenzen werden bei dieser Methode bestätigt (verstärkt) oder sanktioniert (geschwächt), wodurch der *formative* Charakter dieser Art von Feedback deutlich sichtbar wird (= *Learn*).

4. Zusammenfassung

Die von uns durchgeführte Untersuchung zeigt, dass die in der „Taxonomie von Unterrichtsmethoden" theoretisch motivierte didaktische Vielfalt sich in konkrete und praktische Anwendungsfälle umsetzen lässt. Am Beispiel von Quiz-Feedbackformen bei Moodle konnte gezeigt werden, dass die von Baumgartner aufgestellte fünfgliedrige Feedback-Skala nicht nur ihre praktische Entsprechung im didaktischen Design von Moodle-Lernarrangements hat, sondern sich sogar noch weiter differenzieren lässt.

Literatur

Bauer, R. (2014). *Didaktische Entwurfsmuster. Diskursanalytische Annäherung an den Muster-Ansatz von Christopher Alexander und Implikationen für die Unterrichtsgestaltung.* Klagenfurt: Alpen-Adria Universität Klagenfurt. Dissertation.

Bauer, R. & Baumgartner, P. (2012). *Schaufenster des Lernens: Eine Sammlung von Mustern zur Arbeit mit E-Portfolios*. Münster: Waxmann.

Baumgartner, P. (2014). *Taxonomie von Unterrichtsmethoden: ein Plädoyer für didaktische Vielfalt* (2. aktualisierte und korrigierte Auflage). Münster: Waxmann.

Bernhardt-Melischnig, J., Dragosits, C. & Trinko, S. (2013). *Hochschulübergreifender Leitfaden für den kreativen Teil bei der Erstellung anwendungsorientierter Prüfungsfragen*. Graz: Forum Neue Medien in der Lehre.

Leitner, H. (2007). *Mustertheorie. Einführung und Perspektiven auf den Spuren von Christopher Alexander*. Nausner & Nausner.

Meder, N. (2006). *Web-Didaktik: Eine neue Didaktik webbasierten, vernetzten Lernens*. Bielefeld: Bertelsmann.

Tab. 1: Taxonomie der in Moodle realisierten Feedback-Arten mit ausgewählten Anwendungsmustern

Moodle Feedback Typus (Modell)	Anwendungsmuster	Nr.	Ebene				Art		Zeit		Wertung		Inhalt					Anzahl	
			Quiz	Frage	Antwort	Antwortversuch	pauschal	konkret	verzögert	unmittelbar	summativ	formativ	Bewertung	Erklärung	Hinführung	Empfehlung	Perspektive	nur einmal	mehrere/beliebig
1. Gesamtes Feedback	Bewertung	**01**	✔				✔		✔		☒		☑					☒	
	Kurs-Empfehlung	**02**	✔				✔		✔			☒	☒			☑		☒	
	Quiz-Empfehlung	**03**	✔				✔		✔			☒	✗			☑			☒
2. Allgemeines Feedback	Test-Erklärung	**04**		✔			✔		✔				☑	☑				☒	
	Quiz-Übung	**05**		✔			✔			☒		☒		☑					☑
3. Spezifisches Feedback	Test-Lernen	**06**			✔			✔		☒	☒		☑	☒				☑	
	Quiz-Lernen	**07**			✔			✔		☒		☒		☑					☑
4. Kombiniertes Feedback	Trial-and-Error	**08**		✔	✔	✔	✔			☒		☒	✗						☑
5. Hinweisendes Feedback	Antwort-Hinführung	**09**		✔	✔	✔	✔			☒		☒	✗		☑				☒
6. Selbsteinschätzendes FB	Perspektive	**10**	✔	✔	✔			✔		☒		☒	☑				☑	☒	

Legende: ✔ = trifft zu per Definition; ☒ = trifft zu als Eigenschaft; ✗ = möglich, aber sinnvoll?; ☑ = leitet den Musternamen ab

Elke Lackner, Michael Raunig

Gemeinsame webbasierte Textproduktion: konzeptuelle Überlegungen

Zusammenfassung

Der Beitrag schlägt auf dem Hintergrund moderner webbasierter (Text-) Kollaborationswerkzeuge neue Unterscheidungen vor und versucht, traditionelle dichotomische Begriffspaare zu ergänzen bzw. ihnen differenziertere Beschreibungsparameter entgegenzusetzen. Die angestellten konzeptionellen Überlegungen sollen einerseits den aktuellen technischen Entwicklungen gerecht werden, andererseits können damit didaktische Optionen und Rahmenbedingungen genauer adressiert werden.

1 Traditionelle Unterscheidungen, neue Entwicklungen

Durch neuere Entwicklungen digitaler Kollaborationswerkzeuge – insbesondere solcher für gemeinsames wissenschaftliches Schreiben – wird eine differenziertere Betrachtung begrifflicher Unterscheidungen notwendig. Die stark mit Dichotomien arbeitende traditionelle Begrifflichkeit greift in einzelnen Bereichen nicht mehr weit genug; die immer wieder herangezogene Unterscheidung *asynchron/synchron* etwa erscheint teilweise nicht mehr ausreichend präzise. Der folgende Beitrag bietet Unterscheidungen an, die sich aus (eingangs skizzierten) neueren, technischen Entwicklungen bei kollaborativ nutzbaren, textdominierten Schreibwerkzeugen ergeben.

Betrachtet man bisherige Klassifizierungsversuche, so fällt die dominierende Nutzerzentrierung ins Auge. Schmalz (2007) führt in seiner Untersuchung des Mediums Wiki traditionelle Dichotomien unter Berücksichtigung von Ort, Thema, Zeitraum, Zeitpunkt, Berechtigungshierarchie, Bekanntheit sowie sozialer Öffnung an:

Tab 1: Beschreibungsparameter, adaptiert nach Schmalz (2007, S. 6)

Kategorie	**Beschreibungsparameter**	
Ort	ortsgebunden	ortsunabhängig
Thema	thematisch geschlossen	thematisch geöffnet
Zeitpunkt	synchrone Kommunikation	asynchrone Kommunikation
Zeitraum	zeitlich begrenzt	zeitlich unbegrenzt
Berechtigungshierarchie	asymmetrische Beziehungen	symmetrische Beziehungen
Bekanntheit	Akteure bekannt	Akteure anonym
soziale Öffnung	sozial geschlossen	sozial geöffnet

Die in Tabelle 1 angeführten Beschreibungsparameter verdeutlichen die Konzentration auf die Schreibenden. Lediglich die thematische Ebene fokussiert den Output des Schreibprozesses in seiner Offenheit oder Geschlossenheit. Döbler (2010, S. 390) ergänzt diese genannten Parameter um zwei „formale Interaktionsmechanismen mit unterschiedlichen Intensitätsgraden", nämlich Kollaboration und Kooperation, und schreibt somit die Nutzerzentrierung unter Berücksichtigung einer methodischen Komponente fort: „Werden bei der Kooperation abgegrenzte Teilaufgaben jeweils einzeln, also von den jeweiligen Aufgabenträgern bearbeitet, findet bei der Kollaboration eine Integration der Aufgabenbewältigung statt." (ebd.) Zwei über Schmalz (2007) hinausführende Unterscheidungen sind in diesem Zusammenhang zu bedenken (Tabelle 2):

Tab. 2: Beschreibungsparameter – Ergänzung, eigene Darstellung

Kategorie	**Beschreibungsparameter**	
Medienkonvergenz	integriert	nicht integriert
Status/Verfügbarkeit	online	offline

Es handelt sich hierbei zum einen um eine Realisierung bzw. Öffnung der Schreibwerkzeuge hin zur Medienkonvergenz (Jenkins, 2006), die beispielsweise durch die Integration eines Chats in ein Schreibwerkzeug neue Möglichkeiten der Koordination und Abstimmung eröffnet. Zum anderen handelt es sich um die Gegenüberstellung der Parameter *online/offline*, wobei hier nicht nur die Situation der Schreibenden, sondern auch die technische Komponente in Form der Verfügbarmachung einer Anwendung betrachtet wird.

2 Technische Neuerungen

Anlass zum Überdenken überkommener Begriffe bieten in erster Linie technische Fortschritte und innovative Webdienste, angefangen von inzwischen ausgereiften Online-Office-Anwendungen wie Google Docs[1] oder Word Online[2], bei denen Kollaborationsfunktionen mittlerweile Standard sind, bis hin zu Etherpad[3] und ähnlichen Werkzeugen für die Zusammenarbeit an einfachen Texten in Echtzeit. Besonders interessant scheint in diesem Zusammenhang jedoch die seit Anfang der 2010er Jahre beobachtbare Nutzbarmachung des Konzepts der (bislang vornehmlich in der Softwareentwicklung beheimateten) Versionskontrolle. Einige webbasierte Schreibdienste haben diesen Ansatz aufgegriffen und bieten Texteditoren, die sich (technisch bedingt) eingeschränkter Auszeichnungssprachen (Markdown, TeX) bedienen und es mehreren Autorinnen und Autoren ermöglichen, (relativ) konfliktfrei und strukturiert an gemeinsamen Texten zu schreiben und Änderungen in Form von Versionen zu dokumentieren bzw. abzugleichen. Zu diesen Diensten zählen etwa Authorea[4], Penflip[5], Draft[6] oder auch die Social-Coding-Plattform Github[7] (ggf. in Kombination mit Prose[8]).

3 Dimensionen und Unterscheidungen

In zeitlicher Hinsicht ist neben der klassischen Unterscheidung von (idealtypisch etwa bei Etherpad realisierter) *synchroner* und *asynchroner* gemeinsamer Textproduktion – Beispiel ist die forciert asynchrone Zusammenarbeit an Wiki-Seiten, die mittels Sperre gleichzeitige Bearbeitungen unterbindet – eine Art *pseudosynchron-parallele* Zusammenarbeit möglich, etwa bei Authorea, wo mehrere Nutzer/innen zwar gleichzeitig, aber jeweils nur einen Abschnitt eines Textes bearbeiten können, der für die anderen gesperrt wird. Die Änderungen an fremdeditierten Abschnitten sind – vermutlich im Sinne der Versionskontroll-Funktionalität von Authorea – nicht in Echtzeit sichtbar, sondern erscheinen erst nach dem Speichern des jeweiligen Abschnitts; prinzipiell wäre jedoch (in technischer und organisatorischer Hinsicht) auch eine *synchron-parallele* Zusammenarbeit denkbar, etwa als ein in Abschnitte gegliedertes Etherpad.

Eine weitere, infolge der technischen Möglichkeiten synchroner – und damit potenziell konfligierender – Textbearbeitung relevante Dimension wäre die der

1 https://www.google.at/intl/de/docs/about/ bzw. https://docs.google.com/
2 https://office.live.com/start/Word.aspx
3 http://etherpad.org/
4 https://www.authorea.com/
5 https://www.penflip.com/
6 https://draftin.com/
7 https://github.com/
8 http://prose.io/

Agonalität, die sich in *kumulativ-agonaler* Textproduktion (wie in chaotischen Etherpads) oder eher befriedeten Szenarien niederschlagen kann: Anwendungen wie etwa Google Docs bieten die *epitextuell-kumulative* Möglichkeit von Annotationen bzw. Kommentaren oder die Bearbeitung im Vorschlagsmodus, was dem Vorgehen einer Versionskontrolle vergleichsweise nahe kommt. Da Versionskontrollsysteme jeweils eigene Versionen für Änderungen anlegen und im Konfliktfall eine Entscheidung erfordern, ist hier eher von einem *multiplikativ-kompetitiven* Szenario zu sprechen. Dass sich hier in der konkreten Ausgestaltung der Werkzeuge deutliche Unterschiede ausmachen lassen, zeigt etwa der Vergleich von Draft, das eher an einen Vorschlagsmodus für einzelne Änderungen erinnert, und Penflip, das eine ziemlich differenzierte Form der Versionierung betreibt und nur die Übernahme kompletter Versionen (erforderlichenfalls nach vorheriger Bearbeitung) zulässt.

Die *Reguliertheit* von Schreibprojekten ist ebenfalls eine zentrale Dimension, die sich nach der Architektur des verwendeten Systems richtet: So sind Versionskontrollsysteme traditionell *zentral reguliert* – Änderungen im Haupttext können nur von den ursprünglichen Autorinnen und Autoren übernommen werden (deren Entwicklungsstrang oder „branch“ ist entsprechend als „master“, „default“ oder „trunk“ bezeichnet). *Dezentrale Koordinierung* oder *Regulierung* liegt hingegen bei Authorea oder Werkzeugen mit Vorschlagsmodus vor – hier können alle Schreibberechtigten über die Annahme von Änderungen entscheiden. Nichtregulierte Schreibumgebungen (wie etwa Etherpads) sind konsequent nichthierarchisch ausgelegt und erlauben somit *chaotische* (schlimmstenfalls auch *anarchische*) Szenarien und Text-Vandalismus.

Wenn der Schreibprozess selbst (und nicht der Text als Ergebnis) im Vordergrund steht, ist die *Nachvollziehbarkeit* der getätigten Änderungen am Text ein zentrales Erfordernis. Dem *universellen* Timeline-Recording etwa bei Etherpad, wo jeder Tastenanschlag protokolliert wird, steht die *manuelle* „Schnappschuss“-Versionierung mittels „Speichern“-Button gegenüber (z.B. bei Etherpad oder Draft). Online-Office-Lösungen bieten wiederum eine *automatische Versionierung*, die Änderungen nach Autorin/Autor und Zeitraum gruppiert und diese nachvollzieh- und wiederherstellbar macht. Eine differenzierte Form der Versionierung, die u. a. die konkrete Auswahl in eine Version aufzunehmender Änderungen oder eine aussagekräftige Dokumentation der Textentwicklung („Changelog“) ermöglicht, bietet die Commit-Funktion bei Versionskontrollsystemen, wie sie z.B. auch bei Github zum Tragen kommt.

4 Resümee

Ganz allgemein lässt sich ein Trend zur Aufweichung dichotomischer Beschreibungsparameter hin zu zusätzlichen – entweder alternativ angelegten oder hybriden – Formen ausmachen.

Tab. 3: Erweiterung der Beschreibungsparameter (Zusammenfassung), eigene Darstellung

Kategorie	**Beschreibungsparameter**		
Zeitraum	asynchron	pseudosynchron (parallel)	synchron
Agonalität	multiplikativ-kompetitiv	epitextuell-kumulativ	kumulativ-agonal
Reguliertheit	zentral reguliert	dezentral reguliert	anarchisch
Nachvollziehbarkeit	manuelle Versionierung	automatische Versionierung	universelle Protokollierung

Neben dem mitunter auftretenden Problem einer scharfen und argumentativ stichhaltigen Trennung dieser Formen wird die Lage noch komplexer, wenn man Interdependenzen und Inkompatibilitäten zwischen den Kategorien berücksichtigt: So lässt sich beispielsweise nur schwer eine synchrone Form der Textbearbeitung mit zentraler Regulierung ausmalen, und jene scheint nicht gut mit automatischer Versionierung vereinbar. Dennoch: Der Sinn derartiger konzeptueller Gedankenspiele liegt in der Konkretisierung didaktischer Optionen und Rahmenbedingungen, die von den neuen Werkzeugen geboten werden (könnten); ihre Reflexion dient nicht nur der differenzierten Betrachtung technischer Gegebenheiten, sondern auch dem Aufzeigen von Lücken und Desideraten, die für die Weiterentwicklung webbasierter Schreibwerkzeuge hilfreich sind.

Literatur

Döbler, T. (2010). Wissensmanagement: Open Access, Social Networks, E-Collaboration. In W. Schweiger & K. Beck (Hrsg.), *Handbuch Online-Kommunikation* (S. 385–408). Wiesbaden: VS Verlag für Sozialwissenschaften.

Jenkins, H. (2006). *Convergence Culture: Where Old and New Media Collide*. New York: New York University Press.

Schmalz, J. S. (2007). Zwischen Kooperation und Kollaboration. *kommunikation@gesellschaft, 8*. http://www.soz.uni-frankfurt.de/K.G/B5_2007_Schmalz_a.html.

Hanna Vollmann, Elke Jantscher, Christine Kapper, Corinna Koschmieder, Jürgen Pretsch, Aljoscha Neubauer

Das Kooperationsprojekt PädagogInnenbildung NEU – Entwicklung und Durchführung eines einheitlichen Aufnahmeverfahrens

Zusammenfassung

Das Kooperationsprojekt „PädagogInnenbildung NEU“ umfasst die Entwicklung, Durchführung und Evaluation des dreistufigen Aufnahmeverfahrens für Lehramtsstudien an Universitäten und pädagogischen Hochschulen in ganz Österreich. Diese landesweite Zusammenarbeit stellt eine einzigartige Möglichkeit der langfristigen Datenerhebung dar und sichert somit nicht nur die Entwicklung eines gut evaluierten, abgesicherten standardisierten Aufnahmeverfahrens, sondern bietet außerdem die Möglichkeit zur Untersuchung einer Vielzahl wissenschaftlicher Fragestellungen im pädagogischen Kontext.

1 Einleitung

Seit November 2013 läuft das Kooperationsprojekt „Auswahlverfahren für die PädagogInnenbildung NEU“ an inzwischen 20 österreichischen Bildungsinstitutionen (sowohl Universitäten als auch pädagogische Hochschulen) in allen neun Bundesländern und bietet, mit dem fortlaufenden Ziel der ständigen Weiterentwicklung und Evaluation, die Gelegenheit der langfristigen Qualitätssicherung und Festlegung einheitlicher Standards für den Zugang zur LehrerInnenausbildung in Österreich (Neubauer et al., eingereicht).

Darüber hinaus wird der Grundstein für eine international einzigartige Längsschnittstudie gelegt, in der die Kompetenzentwicklung der Lehramtsstudierenden von Beginn des Studiums bis in den LehrerInnenberuf untersucht werden kann. Erkenntnisse aus dieser Längsschnittstudie können wiederum in die kontinuierliche Anpassung des Aufnahme- und Auswahlverfahrens, sowie in die Optimierung des Lehramtsstudiums per se einfließen. Die landesweite Kooperation, sowohl in der Entwicklung und Durchführung des Aufnahmeverfahrens, als auch in der weiteren wissenschaftlichen Forschung und Evaluation, ist einmalig und zieht national und international große Aufmerksamkeit auf sich.

2 Aufbau und Inhalte des Aufnahmeverfahrens

Das Auswahl- und Aufnahmeverfahren setzt sich aus drei Stufen zusammen:

- Stufe 1: das Online-Self-Assessment
- Stufe 2: die computerbasierte Gruppentestung
- Stufe 3: das Face-to-Face-Assessment

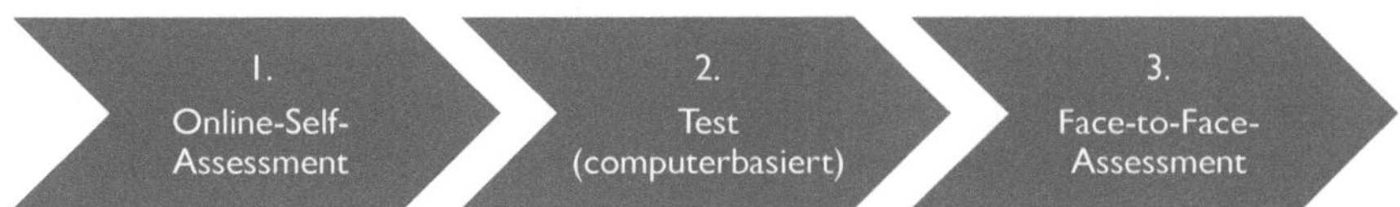

Abb. 1: Aufbau des dreistufigen Aufnahmeverfahrens für LehrerInnen

Der erste Schritt des Aufnahmeverfahrens ist die Online-Registrierung über ein gemeinsames Anmeldeportal, wodurch Mehrfachanmeldungen an den beteiligten Institutionen verhindert werden sollen. Neben der Registrierung ist die Durchführung eines Online-Self-Assessments, welches der persönlichen Reflexion zur Passung des LehrerInnenberufs dienen soll, verpflichtend. Dieses wird über die Plattform „Career Counselling for Teachers" (CCT) zur Verfügung gestellt. Auf dieser werden neben dem verpflichtenden Assessment noch einige weitere Tools zur Selbsterkundung angeboten, sodass angehende Lehramtsstudierende die Möglichkeit haben, sich intensiv mit dem Berufsbild des/r LehrerIn auseinanderzusetzen. Für den Einsatz von CCT als erste Stufe des Aufnahmeverfahrens wurden eigens neue Verfahren entwickelt, sodass der Komplexität beruflicher Entscheidungen und Entwicklungen bestmöglich Rechnung getragen wird.

Die zweite Stufe des Aufnahmeverfahrens bildet eine computerbasierte Gruppentestung, bei welcher Merkmale und Ressourcen, die sich als prognosetauglich für die Bewältigung der Studien- und Berufsanforderungen erwiesen haben, erhoben werden. Neben kognitiven Lernvoraussetzungen, welche durchgehend als gewichtige Prädiktoren für Lern- und Studienerfolg genannt werden (Stern & Neubauer, 2013; Mayr, 2009; Kuncel & Hezlett, 2010) und der Sprachkompetenz, welche ebenfalls einen guten Prädiktor von Studienerfolg darstellt (Schulz-Kolland et al., 2014; Graham, 1987), wird insbesondere auch darauf geachtet, Merkmale zu erfassen, welche für den späteren Berufserfolg als LehrerIn relevant sind. So werden, neben dem sehr gut erforschten Bereich der Persönlichkeit (Poropat, 2009; Mayr, 2012), unter anderem auch emotionale Kompetenzen stark in den Mittelpunkt gestellt. Das Projekt beschreitet hier in gewissen Bereichen Neuland und konzipiert die LehrerInneneignung um einiges breiter, als es bisher üblich war. Die 2016/17 eingesetzten Verfahren wurden, mit Ausnahme des Tests für kognitive Leistungsvoraussetzungen und für die Big

Five der Persönlichkeit, im Rahmen des Projekts entwickelt und sind somit speziell für die Auswahl von angehenden LehrerInnen angelegt.

Besonders hervorzuheben sind die emotionale Kompetenz sowie die Aspekte der Kreativität, da diese Facetten bisher eher wenig Beachtung in Aufnahmeverfahren für LehrerInnen fanden. Die emotionale Kompetenz wird einerseits über die Fähigkeit zur Erkennung von Emotionen bei Kindern und Jugendlichen in Form eines Bildtests, andererseits über die Fähigkeit zur inter- und intraindividuellen Emotionsregulation über einen Situational-Judgement-Test, welcher sich im Speziellen auf typische Situationen im pädagogischen Kontext bezieht, erhoben. Bei den Aspekten der Kreativität geht es nicht um die eigene Fähigkeit kreative Leistungen zu bringen, sondern vor allem darum, kreatives Potenzial zu erkennen und dieses wertzuschätzen. Die kognitiven Fähigkeiten werden über Tests zum figuralen, verbalen und numerischen Verständnis gemessen und für die Feststellung der Sprachkompetenz werden die Bereiche Rechtschreibung, Grammatik und Leseverständnis abgefragt. Des Weiteren werden persönliche Ressourcen erhoben, die sich, wie bereits erwähnt, an den Big Five Merkmalen (Offenheit, Gewissenhaftigkeit, Extraversion, Verträglichkeit, Neurotizismus) orientieren, sowie einen Fokus auf das Gesundheitsverhalten, die Belastbarkeit und Stressbewältigung legen.

Das Verfahren beruht auf dem Prinzip, dass in den abgeprüften Bereichen eine gewisse Mindestvoraussetzung nötig ist, da diese nicht anderweitig kompensiert oder aufgeholt werden kann, um den späteren LehrerInnenberuf erfolgreich meistern zu können.

2015/16 durchliefen 3139 StudienanwärterInnen den schriftlichen Teil des Aufnahmeverfahrens, wobei ca. 13% aufgrund des Ergebnisses des computerbasierten Tests nicht zum Studium zugelassen wurden. 2016/17 wird mit mehr als doppelt so vielen BewerberInnen gerechnet.

Als StudienbewerberIn hat man die Möglichkeit, die Computertestung an einer beliebigen beteiligten Institution zu absolvieren, welche nicht mit dem späteren Studienort übereinstimmen muss. So wird durch die Kooperation eine große zeitliche und örtliche Flexibilität gewährleistet. Alle eingesetzten Tests laufen über das System Perception 5.7 von Questionmark. Die erhobenen Daten werden auf eine eigens programmierte Plattform importiert und dort miteinander verknüpft, sodass ein reibungsloser Ablauf sichergestellt ist. Aufgrund der speziellen Anforderungen (wie z.B. externer Zugriff durch die Partnerinstitutionen) wurde das System ausschließlich für das Zulassungsverfahren aufgesetzt.

Aus technischer Sicht stellt das Zusammenspiel der Systeme, wie die Schnittstelle zwischen Anmeldeportal und Prüfungssystem, eine besondere Herausforderung dar.

Alle teilnehmenden Institutionen durchliefen vor dem Stattfinden der ersten Testungen technische Schulungen, welche von dem zuständigen IT-Personal der Karl-Franzens-Universität durchgeführt wurden. Für den Zeitraum der elektronischen Prüfungen (dieses Jahr von Mai bis September 2016) steht außerdem eine eigens eingerichtete Hotline für den technischen Support aller Partnerinstitutionen zur Verfügung.

Die dritte Stufe des Aufnahmeverfahrens stellt das Face-to-Face-Assessment dar, mit welchem spezielle Facetten der Studien- und Berufsmotivation sowie berufsrelevante psychosoziale Kompetenzen überprüft werden. Die Umsetzung erfolgt über ein standardisiertes Interview, welches Simulationsaufgaben enthält, bei denen die BewerberInnen mit lehralltagstypischen Situationen konfrontiert werden. Da diese Stufe des Aufnahmeverfahrens eines hohen personellen Aufwands bedarf, ist die Umsetzung vor allem an den Universitäten sehr schwierig und das Face-to-Face-Assessment findet seinen Einsatz momentan nur bei StudienanwärterInnen der Primarstufe an ausgewählten Einrichtungen.

2.2 Ablauf des Aufnahmeverfahrens

Die Anmeldung erfolgt über ein zentrales Anmeldeportal mit Auswahl des Studien- und Prüfungsorts (www.zulassungslehramt.at) innerhalb einer vorgegebenen Frist, in der auch das Self-Assessment absolviert werden muss.

Zur Computertestung finden sich die BewerberInnen am jeweiligen Prüfungsort ein und werden dort in die Computerräume gebracht, wo sie sich mit ihren Zugangsdaten einloggen. Dieses Jahr wird erstmals ein SecureBrowser angeboten, der ein Verlassen des Browserfensters verhindert.

Die Prüfung ist aus acht Teilprüfungen aufgebaut. In der Regel erscheint eine Frage am Bildschirm, die beantwortet werden muss, ehe man zur nächsten Frage springen kann. Die Weiterleitung zur nächsten Teilprüfung erfolgt dann automatisch.

Für das Face-to-Face-Assessment wurde ein standardisierter Fragebogen entwickelt, der von den PrüferInnen ausgefüllt und eingescannt wird. Das Einlesen und die Auswertung erfolgt dann zentral mit dem Tool FormPro.

3 Kooperation in der Forschung

Die im Rahmen des Aufnahmeverfahrens erhobenen Daten bieten eine Vielzahl an Möglichkeiten zur Untersuchung wissenschaftlicher Fragestellungen. Ein wissenschaftlicher Beirat, zu welchem jede beteiligte Institution die Möglichkeit hat, Mitglieder zu stellen, koordiniert die Forschungs- und Publikationsvorhaben aus dem Gesamtprojekt. So werden die Qualität von Publikationen sichergestellt und Redundanzen vermieden.

Literatur

Graham, J.G. (1987). English Language Proficiency and the Prediction of Academic Success. *TESOL Quarterly, 21*(3), 505–521.

Kuncel, N. R. & Hezlett, S. A. (2010). Fact and Fiction in Cognitive Ability Testing for Admissions and Hiring Decisions. *Current Directions in Psychological Science, 19*(6), 339–345.

Mayr, J. (2012). Persönlichkeit und psychosoziale Kompetenz: Verhältnisbestimmung und Folgerungen für die Lehrerbildung. In D. Bosse et al. (Hrsg.), *Professionelle Lehrerbildung im Spannungsfeld von Eignung, Ausbildung und beruflicher Kompetenz*. Bad Heilbrunn: Klinkhardt.

Mayr, J. & Neuweg, G. H. (2009). Lehrer/innen als zentrale Ressource im Bildungssystem: Rekrutierung und Qualifizierung. *Nationaler Bildungsbericht Österreich, 2*, 99–119.

Neubauer, A., Koschmieder, C., Krammer, G., Mayr, J., Müller, F., Pflanzl, B., Pretsch, J. & Schaupp, H. (eingereicht). Ein neues Verfahren zur Eignungsfeststellung und Bewerberauswahl für das Lehramtsstudium: Kontext, Konzept und erste Befunde. *Zeitschrift für Bildungsforschung*.

Poropat, A. E. (2009). A Meta-analysis of the Five-factor Model of Personality and Academic Performance. *Psychological bulletin, 135*(2), 322.

Schulz-Kolland, R., Krammer, G., Rottensteiner E. & Weitlaner, R. (2014). Die Validität von Zulassungsverfahren – Befunde der Pädagogischen Hochschule Steiermark. *Neue@Hochschulzeitung, 3*, 85–88.

Stern, E. & Neubauer, A.C. (2013). Nature via Nurture. Warum eine Universität für alle niemandem nützt: Intelligenzunterschiede lassen sich nicht reduzieren. *Forschung & Lehre, 8*/2013, 634–636.

Angelika Zagler, Reinhard Bauer, Klaus Himpsl-Gutermann, Hedy Wagner

Personal Branding in Education: Wie viel (Peer-)Feedback braucht ein digitales Lehrportfolio?

Eine Überlegung

Zusammenfassung

Dieser Kurzbeitrag beschäftigt sich mit der Bedeutung von (Peer-)Feedbacks im Rahmen der Arbeit an und mit digitalen Lehrportfolios. Ausgehend von der Vorstellung, dass Lehrportfolios einen wesentlichen Beitrag zum *Personal Branding* von Lehrenden leisten sollen, wurden Notwendigkeit und Effektivität von Feedback mithilfe einer Befragung von Absolventinnen und Absolventen eines Lehrgangs für Hochschuldidaktik herausgearbeitet. Daraus wurde ein Konzept für eine Fortbildungsveranstaltung, die Lehrende bei der Erstellung von digitalen Lehrportfolios unterstützen soll, abgeleitet. Zentrales Anliegen ist es, den Aspekt des Feedbacks stärker in die Diskussion um die nachhaltige Implementierung von (digitalen) Lehrportfolios und die Etablierung einer *Scholarship of Teaching* an Hochschulen einzubeziehen.

1 Einleitung

Jede/r, schreibt Peters (1997) in einem Blog-Post, habe die Chance zu lernen, sich zu verbessern und die eigenen Fähigkeiten auszubauen, um so eine „brand worthy of remark" zu sein, eine bemerkenswerte Marke. Und wer wirklich schlau sei, so Peters weiter, finde heraus, was erforderlich ist, um sich von all den anderen intelligenten Menschen abzuheben: „personal branding. [...] you create a message and a strategy to promote the brand called You." Eine genaue Definition des Begriffs „personal branding" bleibt er allerdings schuldig. Diese liefert mehr als zehn Jahre später Schwabel (2009, S. 4, Hervorh. im Orig.): „Personal branding describes the process by which individuals and entrepreneurs differentiate themselves and stand out from a crowd by identifying and articulating their unique *value proposition* [...] and then leverage it across platforms with a consistent message and image to achieve a specific goal. In this way, individuals can enhance their recognition as experts in their field, establish reputation and *credibility*, advance their careers, and build self-confidence." Auf den Bildungsbereich übertragen, genauer gesagt auf die (Hochschul-) Lehre, ist eine „personal brand" quasi das, was sich Studierende (oder Kolleginnen und Kollegen) denken, wenn ein/e Lehrende/r den Raum verlässt. Doch stimmt das mit dem überein, wer er/sie wirklich ist, was er/sie wirklich kann? Lehrportfolios sollen einen Einblick in das persönliche Verständnis von Lernen und Lehren gewähren. Mit ihrem Lehrportfolio übernehmen Lehrende damit also die Verantwortung und den Nachweis für exzellente (Hochschul-)Lehre. Was im angloamerikanischen Raum in Form von *Teaching Portfolios* (vgl. Seldin, Miller, & Seldin, 2010) bereits als ein Instrument zur Beschreibung ausgewählter und einzeln oder in Gruppen reflektierter Leistungen der eigenen Lehrtätigkeit weit verbreitet ist, gewinnt auch im deutschsprachigen Raum an Bedeutung (vgl. Szczyrba & Gotzen, 2012). Das digitale Lehrportfolio wird nach innen zum Qualitätsentwicklungsinstrument und nach außen zum Schaufenster, das dazu dienen soll, die eigene *Marke*, sprich die eigenen Lehrleistungen und Kompetenzen für die interessierte Öffentlichkeit, d.h. für Kolleginnen und Kollegen bzw. Studierenden sichtbar zu machen. Für eine langfristige Qualitätsentwicklung der eigenen Lehre ist (Peer-)Feedback unabdingbar. Die Frage, die hier unweigerlich auftaucht lautet: Wie viel davon braucht ein digitales Lehrportfolio?

2 Vom digitalen Lern- zum digitalen Lehrportfolio und die Rolle des (Peer-)Feedbacks

Absolventinnen und Absolventen des viersemestrigen Hochschullehrgangs für Hochschuldidaktik, der im Zeitraum von Oktober 2013 bis September 2015 an der Pädagogischen Hochschule Wien (PHW) angeboten wurde, gründeten eine hochschulinterne Arbeitsgruppe, die sich u.a. zum Ziel gesetzt hat, digitale Lehrportfolios an der PHW einzuführen. Ausgehend von einer Befragung von Teilnehmerinnen und Teilnehmern des Hochschullehrgangs, in dem das Führen von digitalen Lernportfolios ein wesentlicher Bestandteil des Assessments war, sollte ein Seminarkonzept entwickelt werden, das alle in der Lehre Tätigen bei der Erstellung eines digitalen Lehrportfolios durch entsprechendes Feedback unterstützt.

2.1 Methodisches Setting der Befragung

Mit dem Thema der *Teaching Portfolios* kamen die Mitglieder der Arbeitsgruppe bereits im Rahmen des erwähnten Lehrgangs in Berührung. So lag es nahe, die individuelle Einschätzung der Befragten in Hinblick auf digitale (Lern-) Portfolios in den Fokus zu rücken, um Aspekte identifizieren zu können, die für die Entwicklung und Gestaltung von digitalen Lehrportfolios von Bedeutung sind und im Unterstützungskonzept deshalb auf keinem Fall fehlen dürfen. Von den insgesamt 25 Absolventinnen und Absolventen erklärten sich sieben spontan für die Teilnahme an qualitativen Interviews bereit. Als Methode wurde das „Episodische Interview" von Flick (2011) herangezogen, dem zufolge es nicht die eine Narration, sondern immer mehrere kleine Episoden gibt, in der ein Gegenstandsbereich erfassbar ist. Im vorliegenden Fall ging es u.a. um die Illustration persönlicher Erfahrungen und Erwartungen in puncto digitaler Lern-/Lern-Portfolios anhand konkreter Beispiele. Eine erste, zunächst noch recht oberflächliche Analyse der etwa halbstündigen Interviews zeigte, dass dem Thema des Feedbacks im Rahmen der Erstellung von digitalen Lernportfolios eine wichtige Rolle zukommt. Aus diesem Grund wurde für die weitere, detaillierte Auswertung das Feedback-Modell von Hattie und Timperley (2007) bzw. Hattie (2009) herangezogen.

2.2 *Feed Up*, *Feed Back* und *Feed Forward* als Auswertungskategorien

In den unterschiedlichen Meta-Analysen, die Hattie ab dem Jahr 1992 durchführte, stellte sich bald heraus, dass Feedback zu den wichtigsten Einflussfaktoren in puncto Lernerfolg zählt (vgl. Hattie, 2009, S. 173). In Hinblick auf die Effektivität von Feedback zeigt sich allerdings eine beträchtliche Variabilität: Lernrelevantes Feedback steht bloßem Lob und Tadel gegenüber (vgl. Hattie & Timperley, 2007, S. 84). Der wesentliche Zweck von Feedback liegt darin, Lernende und Lehrende bei der Überwindung der Lücke zwischen aktuellem Verständnis und aktueller Leistung und intendiertem Ziel zu unterstützen. Lernrelevantes Feedback orientiert sich deshalb an folgenden Fragen: Was ist das Ziel (*Feed Up*)? Wie geht es voran (*Feed Back*)? Was kommt als Nächstes (*Feed Forward*)? (vgl. ebd, S. 86). Wie hilfreich die Antworten auf diese Fragen sind, hängt davon ab, auf welcher Feedbackebene diese gestellt werden. Hattie und Timperley (ebd.) unterscheiden in ihrem Modell vier Ebenen: Aufgabe, Lernprozess, Selbstregulation und Person. Nach Hattie ist Feedback eine Information, die sich auf Aspekte des Verständnisses oder der Leistung einer/eines Lernenden bezieht (vgl. Hattie, 2009, S. 174). Übertragen auf einzelne Feedback-Prozesse im Rahmen der Arbeit an einem digitalen Lehrportfolio würde das bedeuten, dass (Peer-)Feedback v.a. Möglichkeiten aufzeigen sollte, wie das eigene Denken und Verhalten verändert und so der eigene Lernprozess und damit verbunden das Lernprodukt (hier: digitales Lehrportfolio) verbessert werden kann.

2.3 Analyse der Interviews und Diskussion der Ergebnisse

Die Analyse (Fragestellung und exemplarische Gegenüberstellung einzelner Aussagen unter http://tinyurl.com/personal-branding-education) lässt sich pointiert so zusammenfassen: Digitale Lehrportfolios werden als ein wesentlicher

Teil der persönlichen Entwicklung und Professionalisierung von Lehre verstanden: „Das E-Portfolio hat zu meiner Weiterentwicklung beigetragen […]" (B3 [= Befragte/r], 106 [= Transkript-Absatz]). Tragende Aspekte sind dabei v.a. (Selbst)Reflexion, Offenheit und Transparenz. Die Offenlegung der eigenen Leistungen geht mit einer Qualitätssteigerung einher, sowohl auf institutioneller (hochschulinterne Vernetzung) als auch persönlicher Ebene (Stärkung des Selbstwertes und dadurch Entwicklung einer *bemerkenswerten Marke*). Der Einblick in die Arbeit der Kolleginnen und Kollegen legt quasi den Grundstein für eine überinstitutionelle Zusammenarbeit, für ein Miteinander in Form eines *Scholarship of Teaching*, das „die Generierung neuen Wissens (bspw. durch die Definition individueller Fragestellungen des Lehrenden im Portfolio), sowie die Dissemination dieses Wissens und die gegenseitige Beurteilung im Peer-Review Prozess" (Eggensperger & Weiss, 2012, S. 144) umfasst. Anders als das im wissenschaftlichen Kontext übliche Verfahren des *Double-blind Review*, das über die Güte eines Beitrags entscheidet, kommt dem Peer-Review im Kontext eines *Scholarship of Teaching* die Aufgabe zu, Kolleginnen und Kollegen durch gezieltes Hinterfragen (vgl. 2.2) von aktuellem Verständnis und aktueller Handlung neue Strategien zu eröffnen. Nicht das Aufdecken von Defiziten, sondern die Entwicklung einer fehlertoleranten Lehr-Lern-Kultur steht im Mittelpunkt des Interesses. Das Prinzip des forschenden Lernens wird auf den Erarbeitungsprozess digitaler Lehrportfolios übertragen: Die Peers agieren in diesem Kontext als „kritische FreundInnen", im Zentrum der Portfolioarbeit steht die „kollegiale Supervision" (Altrichter & Posch, 2007, S. 18). Im Konzept der Fortbildungsveranstaltung „Teach4PHW" (Details unter http://tinyurl.com/personal-branding-education) soll die kritisch-freundliche Zusammenarbeit in einer institutsübergreifenden kollegialen Gruppe verankert werden, um so zu einer neuen Qualität der Lehre an der PHW und zum Aufbau einer professionellen Gemeinschaft im Sinne eines *Scholarship of Teaching* beizutragen: „Das Miteinander hat mir gut gefallen, wir waren eine eingeschworene Gruppe und haben es sehr wichtig genommen, unsere Arbeitsaufträge gut zu erledigen, wir haben gut zusammengearbeitet" (B1, 24). Digitale Lehrportfolios fördern die Selbstreflexion der Teilnehmerinnen und Teilnehmer, sie begleiten diese in ihrer Lehr- und Forschungstätigkeit und geben ihnen so die Möglichkeit, ihren persönlichen Entwicklungsstand widerzuspiegeln. Durch das Führen digitaler Lehrportfolios wird darüber hinaus eine Grundlage für die kollegiale Zusammenarbeit innerhalb der PHW über Institutsgrenzen hinweg geschaffen. In der vorgesehenen selbstorganisierten Lernphase von „Teach4PHW" nehmen (Peer-)Feedback und kollegiale Supervision deshalb breiten Raum ein.

3 Fazit und Ausblick

Das Konzept von „Teach4PHW“ verstehen die Autorinnen und Autoren dieses Beitrags als eine Art von *Change Agent*, der an der PHW den Boden für die Etablierung einer neuen Lehr-Lern-Kultur mithilfe digitaler Lehrportfolios ebnen soll. Durch die Umsetzung des Konzeptes werden geeignete Rahmenbedingungen dafür geschaffen, den Matrix-Organisationsplan der PHW zu verwirklichen und vom Papier ins Leben zu holen. Nur wenn die Lehrenden ihre Kompetenzen und Leistungen konsequent nach innen und außen transparent machen, kann – um nur zwei Aspekte zu nennen – das im Matrix-Organisationsplan vorgesehene „kausale Ineinandergreifen von Lehre, Forschung und Entwicklung im Sinne eines dynamischen Kreislaufes“ und „die Nutzung individueller Potenziale und Expertisen der Mitarbeiter/innen durch Synergieeffekte an den Schnittstellen“ (Organisationsplan, 28.08.2014, S. 3). Wirklichkeit werden. *Personal Branding* lebt in diesem Kontext von (Peer-) Feedback und kollegialer Supervision. Aus pragmatischen Überlegungen heraus hat *Personal Branding* für die/den Einzelne/n natürlich in erheblichem Maße mit Selbstdefinition, mit der Entwicklung einer unverkennbaren *persönlichen Marke* zu tun, aber immer im Kontext der Organisation, in der sie/er tätig ist. Es kann nicht darum gehen, die anderen auszustechen, sondern vielmehr darum, mithilfe der anderen eigene Schwächen und Stärken zu erkennen und sich dem eigenen Ideal asymptotisch anzunähern.

Unter http://tinyurl.com/teach4PHW16 sind weitere Informationen zu den E-Portfolio-Aktivitäten an der PHW zu finden, u.a. auch zu „E-Portfolios aus der Perspektive von Hochschullehrenden“, unserem zweiten Beitrag für diese Tagung.

Literatur

Altrichter, H. & Posch, P. (2007). *Lehrerinnen und Lehrer erforschen ihren Unterricht* (4., Aufl.). Bad Heilbrunn: Klinkhardt.

Eggensperger, P. & Weiss, S. (2012). Summative und formative Potentiale des Portfolios in der hochschuldidaktischen Weiterbildung: Learning Outcomes und Scholarship of Teaching. In B. Szczyrba & S. Gotzen (Hrsg.), *Das Lehrportfolio: Entwicklung und Nachweis von Lehrkompetenz an Hochschulen* (S. 135–154). Berlin: LIT Verlag.

Flick, U. (2011). Das Episodische Interview. In G. Oelerich & H.-U. Otto (Hrsg.), *Empirische Forschung und Soziale Arbeit: Ein Studienbuch* (S. 273–280). Wiesbaden: VS Verlag.

Hattie, J. (2009). *Visible Learning: A Synthesis of Over 800 Meta-analyses Relating to Achievement*. London; New York: Routledge.

Hattie, J. & Timperley, H. (2007). The Power of Feedback. *Review of Educational Research*, *77*(1), 81–112. http://doi.org/http://doi.org/10.3102/003465430298487.

Organisationsplan PHW (2014). Abgerufen am 04.02.2016 von http://tinyurl.com/jne4kpq.

Peters, T. (31.08.1997). *The Brand Called You.* Abgerufen am 04.02.2016 von http://www.fastcompany.com/28905/brand-called-you.

Schwabel, D. (2009). *Me 2.0: Build a Powerful Brand to Achieve Career Success.* New York: Kaplan.

Seldin, P., Miller, J. E. & Seldin, C. A. (2010). *The Teaching Portfolio* (4. Aufl.). San Francisco, CA: Jossey-Bass.

Szczyrba, B. & Gotzen, S. (Hrsg.) (2012). *Das Lehrportfolio: Entwicklung, Dokumentation und Nachweis von Lehrkompetenz an Hochschulen* (Bd. 14). Berlin: LIT Verlag.

Jörn Töpper, Hulusi Bozkurt, Margrit Ebinger, Andreas Griesinger, Julia Hansch, Andrea Honal, Silke Laubert, Bianka Lichtenberger, Christopher Paul, Thorsten Sauer, Dietlind Tittelbach-Helmrich, Markus Voß, Katja Wengler, Claudia Winkelmann

Das Projekt „eCampus" – Standortübergreifende Kooperationen in der digitalen Lehre an der Dualen Hochschule Baden-Württemberg

Zusammenfassung

Das eCampus-Projekt an der Dualen Hochschule Baden-Württemberg beschäftigt sich mit standortübergreifenden Kooperationen bei der digitalen Vermittlung von Lerninhalten. In diesem gemeinsamen Projekt von Präsidium und Standorten wird die Zusammenarbeit zwischen Lehrenden und Lernenden im gesamten Bundesland gefördert. Professorinnen und Professoren verschiedener Studienakademien und Fachrichtungen entwickeln in Teilprojekten gemeinsam Lehr- und Lernmaterialien sowie konkrete lernförderliche Szenarien, in denen diese zum Einsatz kommen. Die Szenarien unterstützen u.a. den Theorie-Praxis-Transfer oder die Zusammenarbeit räumlich verteilter Teams. In einer Pilotphase werden aktuell erste Erfahrungen in der Zusammenarbeit der Standorte gesammelt. Eine Evaluation der sieben Teilprojekte erfolgt in enger Abstimmung mit dem Präsidium und soll die Nachhaltigkeit des Gesamtprojekts fördern. Die erstellten Materialien, Tutorenkonzepte, didaktische Herangehensweisen und Erfahrungen bei der Implementierung sollen zum Austausch zwischen den einzelnen Studienakademien führen und zukünftigen Initiativen als Erfahrungsschatz zur Verfügung stehen.

1 Zielstellung

Das Projekt „DHBW eCampus" verfolgt das Ziel, virtuelle Lehrveranstaltungen zur gemeinsamen, standortübergreifenden Lehre zu ermöglichen. Das Projekt soll den besonderen Herausforderungen an der Dualen Hochschule Baden-Württemberg (DHBW) gerecht werden. Diese besteht darin, dass seit dem Jahr 2009 mehrere ehemals selbständig agierende Berufsakademien den Hochschulstatus erlangten und seitdem unter einem Dach vereint sind. Als Konsequenz ergibt sich u.a., dass an verschiedenen Standorten oftmals dieselben Lehrveranstaltungen stattfinden. Bestimmt wird die Lehre dabei durch eine intensive Verzahnung von Theorie und Praxis innerhalb eines Intensivstudiums.

Diese besonderen Strukturen stellen Herausforderungen, aber auch Chancen für den Einsatz digitaler Medien dar. In Form eines Kooperationsprojekts zwischen den Studienakademien und dem Präsidium werden – finanziert durch den Stifterverband für die Deutsche Wissenschaft und der Heinz Nixdorf Stiftung – wichtige Aspekte der digitalen Lehre in den vorhandenen Strukturen umgesetzt. Gegenstand der Förderung im Projekt ist zum einen die Erstellung einer virtuellen Lehrveranstaltung im Lernmanagementsystem Moodle mit dem damit verbundenen didaktischen Konzept und zum anderen die Pilotierung und Evaluation der Lehrveranstaltung. Didaktisch werden aus den Lehrenden dabei idealerweise Lernbegleiter, die ihre Studierenden virtuell und vor Ort betreuen. Eine Änderung der Studienanforderungen ergibt sich ebenfalls für die Lernenden, die stärker selbstorganisiert mit den virtuellen Veranstaltungen lernen sollen. In diesem Zusammenhang werden nicht nur grundlegende Kompetenzen des lebenslangen Lernens, sondern auch sogenannte Metastrategien im Umgang mit Neuen Medien und dem generellen Wissenserwerb angeeignet. Neben der Medienkompetenz gehören dazu kollaborative Wissensaneignungstechniken sowie kommunikative Kernkompetenzen (vgl. Friedrich, 2002; Artelt, Baumert, & Julius-McElvany, 2003). Für alle Bedingungen der Förderung gilt, dass sie sinnvoll aufeinander abgestimmt sein müssen. Je nach zu vermittelnden Inhalten, den Möglichkeiten an den Studienakademien und den formulierten Lernzielen, sind adäquat didaktische Szenarien und Techniken zu verwenden.

2 Die Teilprojekte im „DHBW eCampus“

Durch die zur Begutachtung gegründete Kommissionen „E-Learning“, die aus Expertinnen und Experten der einzelnen Fachrichtungen und dem E-Learning bestanden, wurden 2015 insgesamt sieben Teilprojekte zur Förderung nominiert. Diese sind im Folgenden nach Standorten aufgeführt:

- *DHBW Stuttgart* mit dem Teilprojekt **„Public Health – Virtual Concept“** von Prof. Dr. Margrit Ebinger in Kooperation mit Prof. Dr. rer. med. Claudia Winkelmann (DHBW Heidenheim) und dem Teilprojekt **„Laborversuche zur Wärmeübertragung im Cyber-Lab“** von Prof. Dr.-Ing. Andreas Griesinger in Kooperation mit den Professoren Dr.-Ing. Gangolf Kohnen und Dr.-Ing. Markus Stephan (DHBW Mosbach). Im Teilprojekt „Public Health – Virtual Concept“ in den Gesundheitswissenschaften werden in einem Blended-Learning-Konzept zentrale Public Health Themen wie die Vermeidung von Krankheiten und die Stärkung von Gesundheitsressourcen anhand von Video-Lectures, Lehrfilmen und elektronischen Tests bearbeitet. Den Studierenden wird auf diese Weise ermöglicht, die drei Lernorte Hochschule, Berufsfachschule und Duales Partnerunternehmen in einer interdisziplinären Perspektive durch kooperative Projekte zur Gesundheitsförderung und Prävention miteinander zu verbinden und ganzheitlich zu erfassen. Mit diesem Konzept soll der Theorie-Praxis-Transfer von gesundheitswissenschaftlichen Erkenntnissen unterstützt werden. Die Ergebnispräsentation der studentischen Projekte soll in Form eines gemeinsamen Symposiums der beiden Standorte zu jeweils einem praxisrelevanten Thema, z.B. Betriebliches Gesundheitsmanagement, erfolgen. Im Teilprojekt „Laborversuche zur Wärmeübertragung im Cyber-Lab“ soll die Schwierigkeit der Engpässe bei Laborkapazitäten reduziert werden. Im Maschinenbau sind Messungen zur Thermik durchzuführen, die nur in einem dafür ausgestatteten Labor realisiert werden können. Die Maschinen zur Messung sollen den Studierenden rund um die Uhr zur Verfügung stehen. Sie sind in diesem Teilprojekt durch ein Fernwartungsprogramm und einer Internetverbindung unabhängig vom Aufenthaltsort des Studierenden nutzbar.

- *DHBW Villingen-Schwenningen* mit dem Teilprojekt **„Betriebliche Personalarbeit“** von Prof. Dr. Bianka Lichtenberger in Kooperation mit Prof. Hanspeter Gondring (DHBW Stuttgart) und den Professorinnen Dr. Andrea Honal und Dr. Julia Hansch sowie Prof. Dr. Christopher Paul (DHBW Mannheim). In diesem Flipped-Classroom-Setting werden verschiedene Aufgaben, Videosequenzen und Unterlagen zur Vor- und Nachbereitung zur Verfügung gestellt. Die dafür nötigen Aufgabenstellungen werden zum Teil in den Präsenzphasen formuliert und können von den Studierenden zudem in Quizze auf Moodle selbstgesteuert überprüft werden. Darüber hinaus soll in diesem Teilprojekt eine Förderung der Informations-/Medienkompetenz der Studierenden (Stichwort: „Digital Natives“) sowie eine ganzheitliche Professionalisierung der digitalen Lehrkompetenzen erfolgen (vgl. Prensky, 2005).
- *DHBW Mannheim* mit dem Teilprojekt **„Algorithmen und Datenstrukturen“** von Prof. Dr. Tobias Günther in Kooperation mit Prof. Dr. Katja Wengler (DHBW Karlsruhe). Die Lehrveranstaltung findet im Rahmen des Wirtschaftsinformatik-Studiums statt. In der Präsenzphase zeigte sich bisher eine nur wenig zufriedenstellende Möglichkeit, die komplexen Inhalte verständlich darzustellen. Anhand einer individuellen Roadmap werden Studierende mit unterschiedlichem Vorwissen binnendifferenziert über die Möglichkeiten Neuer Medien angesprochen. Studierende mit geringem Vorwissen können so intensiver betreut werden. Unterstützt wird dieses Szenario durch ein elaboriertes Tutorenkonzept.
- *DHBW Ravensburg/Campus Friedrichshafen* mit dem Teilprojekt **„Verteiltes Entwickeln funktionsgerechter Produkte“** von Prof. Dr.-Ing. Thorsten Sauer in Kooperation mit den Professoren Dr.-Ing. Markus Voß, ing. EC Lyon und Dr.-Ing. Hulusi Bozkurt (DHBW Mannheim). In dieser Veranstaltung im Bereich Maschinenbau soll das Trainieren realer Entwicklungssituationen in Lehrveranstaltungen ermöglicht werden. Die Studierenden setzen sich aus räumlich verteilten Teams zusammen. Diese Teams erhalten den Auftrag, innerhalb von zwölf Wochen ein Produkt bis

zum funktionierenden Prototyp zu entwickeln. Dabei kooperieren die räumlich verteilten Teams auf der Lernplattform Moodle. Eine Restriktion dabei ist z.B., dass wesentliche Entwicklungswerkzeuge wie 3D-Drucker nur an jeweils einem Standort verfügbar sind. Darüber hinaus erlernen die Studierenden das eigenständige Beschreiben des Systemverhaltens, das Bewerten der eigenen Lösung im Vergleich zu den anderen Teams und das kreative Ableiten darauf aufbauender Lösungsansätze (vgl. Voß, Bozkurt & Sauer, 2015).

- *DHBW Heidenheim* mit dem Teilprojekt **„Recht II"** von Prof. Dr. Klaus Sakowski in Kooperation mit Prof. Dr. jur. Tobias Scheel (DHBW Stuttgart). Diese im Rechtswesen angesiedelte Veranstaltung legt den Schwerpunkt auf das mobile Lernen. Durch eine App sollen die Inhalte auf tragbaren Geräten verfügbar gemacht werden. Studierende können dadurch selbstgesteuert Lerninhalte abrufen und ihren Lernfortschritt überprüfen.
- *DHBW Karlsruhe* mit dem Teilprojekt **„From Bench to Bedside"** von Prof. Dr. med. Dietlind Tittelbach-Helmrich in Kooperation mit Prof. Dr. med. Marcus Hoffmann (DHBW Lörrach). Die Akademisierung in den Gesundheitsfachberufen lebt, wie die medizinische Ausbildung auch, sehr stark von Simulation und der Nutzung von Anwendungsbeispielen. Durch Experteninterviews und Beispiele aus der Praxis soll das Lernen innerhalb der Theorie-Phase gefördert werden. Die Lehrfilme werden den Studierenden zur Verfügung gestellt und können auch außerhalb der Hochschule zur Verstetigung von Wissen genutzt werden.

3 Aktueller Stand und Aufgaben 2016/17

Die Teilprojekte erstellen die digitalen Inhalte und Lehrabläufe gemäß dem eingereichten Zeitplan. Mit den Inhalten und Abläufen wird ab dem zweiten Quartal 2016 die standortübergreifende Lehre realisiert. Als Risiko im Ablauf des Gesamtprojektes werden die unterschiedlichen Lehrabläufe an den einzelnen Studienakademien bewertet, die zu Verzögerungen führen können. Nach der Pilotphase wird es eine ausführliche Evaluation der Veranstaltungen geben.

Um einen nutzerfreundlichen und förderlichen Austausch der virtuellen Lehrveranstaltungen zu ermöglichen, wird aktuell im Präsidium eine hochschulweit zugängliche, einheitliche Moodle-Plattform erstellt. Damit wird allen Studienakademien zukünftig die Möglichkeit gegeben, zentral auf die autorisierten Inhalte zugreifen zu können. Diese Infrastruktur bildet den technischen Kern, um die im „DHBW eCampus" erstellten Materialien und Lehrveranstaltungen über die aktuellen Pilotstandorte hinaus zu teilen.

Der Konferenzbeitrag stellt einerseits das Anreizsystem zur Realisierung von virtuellen Lehrveranstaltungen und der Umsetzung von digitaler Lehre der DHBW dar. Andererseits beleuchtet er thematisch die Erfahrungen und Fragestellungen sowie Ergebnisse der Zusammenarbeit zwischen den einzelnen Standorten der Hochschule. Der Schwerpunkt soll dabei auf den Erfahrungen zur Einführung von standortübergreifenden Lehrveranstaltungen liegen. Basierend auf diesen Erfahrungen ergeben sich Handlungsempfehlungen für die Zusammenarbeit zwischen Lehrenden und Lernenden sowie zwischen den Standorten bzw. unterschiedlichen Institutionen

Literatur

Artelt, C., Baumert, J. & Julius-McElvany, N. (2003). Selbstreguliertes Lernen: Motivation und Strategien in den Ländern der Bundesrepublik Deutschland. In J. Baumert, C. Artelt, E. Klieme, J. Neubrand, M. Prenzel, U. Schiefele, W. Schneider, K.-J. Tillmann & M. Weiß (Hrsg.), *PISA 2000: Ein differenzierter Blick auf die Länder der Bundesrepublik Deutschland* (S. 131–164). Opladen: Leske + Budrich.

Friedrich, H. F. (2002). Selbstgesteuertes Lernen in Aus- und Weiterbildung. In: *Pädagogisches Forum 2002: Selbstgesteuertes Lernen* (S. 13–38). München: Bayerische Verwaltungsschule.

Prensky, M. (2005). „Engage Me or Enrage Me“: What Today’s Learners Demand. *Educause review, 40*(5), 60.

Voß, M., Bozkurt, H. & Sauer, T. (2015). „Make Your Bed and Lie in it!“ Learning to take the Consequences of Design Decisions in an Engineering Design Project. In: *Proceedings of the 17th International Conference on Engineering and Product Design Education,* (S. 400–405).

Marc Egloffstein, Niko Baldus, Melanie Klinger

Kooperative Strategieentwicklung für Digitalisierung in der Lehre

Zusammenfassung

Angesichts der umfassenden Digitalisierung im Bildungsbereich rückt die Frage, wie Lehren und Lernen mit digitalen Medien in der Hochschule verankert werden kann, aktuell noch einmal stärker in den Fokus. In diesem Kurzbeitrag werden die Entwicklung und Implementierung einer Digitalisierungsstrategie für den Bereich Lehre an einem Praxisbeispiel illustriert. Dabei werden der kooperative Entwicklungsprozess sowie die wesentlichen Elemente der Strategie skizziert. Ausgehend von den definierten Handlungsfeldern und Maßnahmen werden aktuelle und zukünftige Umsetzungsaspekte angesprochen.

1 Strategien für digitales Lehren und Lernen

E-Learning-Strategien beschäftigen sich mit der Suche, dem Aufbau, dem Erhalt und dem Ausbau von Erfolgspositionen im Kontext digitaler Lehrentwicklung. Sie definieren einerseits die Zielsetzungen, die mit dem Einsatz digitaler Medien in der Lehre angestrebt werden, und beschreiben andererseits auch den Pfad, auf dem die Zielsetzungen erreicht werden sollen (Bremer, 2004; Bremer, 2010). E-Learning-Strategien zielen auf Strukturen und Prozesse auf allen Gestaltungsebenen von Bildungsinstitutionen ab: So können institutionelle und überinstitutionelle Rahmenbedingungen auf der Makroebene, Bildungsprogramme, Curricula, Veranstaltungskonzepte auf der Mesoebene wie auch einzelne Lehr- und Lernsituationen auf der Mikrobene Gegenstand der Strategieumsetzung sein. Ausgehend vom Nachhaltigkeitskonzept kann zwischen der projektbezogenen Implementierung (einzelne Projekte werden langfristig weitergeführt und auf andere Bereiche übertragen) und der systemorientierten Implementierung (betrifft eine Optimierung der gesamten Lehre) unterschieden werden. Je nach Innovationsfokus der E-Learning-Strategie kann zudem zwischen einer Innenorientierung (Optimierung des bestehenden Lehrangebotes) und einer Außenorientierung (Gewinnung neuer Zielgruppen durch neue Bildungsangebote) differenziert werden (Seufert & Euler, 2004). Unter Berücksichtigung der jeweils spezifischen Hochschulstrukturen können E-Learning-Strategien eher zentral (Akteure v.a. in zentralen Serviceeinheiten) oder eher dezentral (Akteure v.a. in den Fachbereichen) ausgerichtet und entsprechend „top-down“ oder „bottom-up“ koordiniert werden.

Im Folgenden wird am Beispiel der Universität Mannheim illustriert, wie eine Digitalisierungsstrategie für den Bereich Lehre in einem Hochschulentwicklungsprozess initiiert und ausgestaltet werden kann. Ausgehend von charakteristischen Merkmalen von E-Learning-Strategien werden entsprechende Handlungsfelder und Maßnahmen skizziert und systematisiert. Weitere Entwicklungsperspektiven werden aufgezeigt.

2 Praxisbericht: kooperative Entwicklung einer E-Learning-Strategie

2.1 Ausgangslage: Digitale Lehre an der Universität Mannheim

Mit ca. 12.000 Studierenden in fünf Fakultäten profiliert sich die Universität Mannheim mit einem wirtschafts- und sozialwissenschaftlichem Fächerspektrum in der Tradition einer Handelshochschule. Der Fokus der Digitalisierung lag in den vergangenen Jahren vor allem auf den übergreifenden Verwaltungsprozessen.

Um den Stand der Umsetzung in Sachen E-Learning zu erfassen und eine gemeinsame Ausgangsbasis für die weitere Strategieentwicklung zu schaffen, wurden mehrere hochschulweite Umfragen durchgeführt. Eine Studierendenumfrage zum Thema E-Learning von 2014 (N=994) zeigte eine grundsätzliche Aufgeschlossenheit und positive Grundhaltung zum Thema (z.B. Positive Reaktionen bei vermehrtem E-Learning-Einsatz? – 83% Zustimmung). Gleichzeitig wurden Ansatzpunkte für Verbesserungen deutlich (z.B. Veranstaltungen besucht, bei denen die E-Learning-Unterstützung über das „übliche Maß“ – Dateiablage etc. – hinausging? – 38% Zustimmung).

Die 2013/14 durchgeführte Umfrage unter Lehrenden (N=172) ergab ein ähnliches Bild. Immerhin 67% der befragten Lehrenden nutzen E-Learning-Elemente in ihren Veranstaltungen. Weiterhin gaben 94% der Befragten an, die universitätsweite Lernplattform ILIAS (insb. für die Dateiablage) einzusetzen, was nicht zuletzt deren nahtloser Kopplung an das Campus-Management-System geschuldet ist.

In einer eher qualitativ ausgerichteten „E-Learning-Bestandserhebung“ wurde 2015 explizit nach dem didaktischen Format der umgesetzten mediengestützten Lehrveranstaltungen (nebst detaillierterer Beschreibung) gefragt. Anhand des „Digitalisierungsgrades“ wurde dabei zwischen vier Formaten unterschieden (OPL: Onlineunterstützte Präsenzlehre, APL: Angereicherte Präsenzlehre, AOL: Angereicherte Onlinelehre, KOL: Komplett onlinebasierte Lehre; Bezugsbasis N=174 Lehrveranstaltungen). Deutlich wird, dass der Fokus der

E-Learning-Integration sehr stark auf der Unterstützung von Präsenzlehre (OPL: 145 Nennungen; APL: 24) und weitaus weniger auf onlinebasierten Formaten (AOL: 2; KOL: 3) liegt, was mit den Ergebnissen der Fragebogenstudien in Einklang steht. Bezüglich der dabei verwendeten Technologien, Plattformen und Medien wurde neben der zentralen Lernplattform ILIAS in wenigen Fällen von der Nutzung eines Audience Response Systems berichtet. Kommunikationsmedien wie Blogs oder Social-Networking-Services wurden nur sehr vereinzelt angewendet. Sonstige Technologien fallen ebenfalls kaum ins Gewicht. Veranstaltungsformate und Nutzungspraktiken, die auf elaborierte mediendidaktische Konzepte schließen lassen, schienen demnach zum Zeitpunkt der Befragung keine besondere Rolle zu spielen. Dies lässt erhebliche ungenutzte didaktische Potenziale vermuten. Dementsprechend sollte die – didaktisch sinnvolle und von den Studierenden erwünschte – Digitalisierung in der Lehre zunächst vor allem auf bestehende Lernkontexte abzielen (Innenorientierung).

2.2 Strategieentwicklung im Kooperationsprozess

In der strategischen Weiterentwicklung von Studium und Lehre bekennt sich die Universität Mannheim zu drei grundlegenden Leitlinien: 1. forschungsnahe Lehre (enge Verzahnung von Studieninhalten und Forschungsaktivitäten), 2. digitale Ergänzung des Kontaktstudiums (Blended Learning statt reiner Online-Lehre) sowie 3. Freiwilligkeit der Umsetzung (keine Pflicht zum E-Learning). Um die Digitalisierung in der Lehre voranzutreiben, wurde im Jahre 2015 ein Arbeitskreis zur gemeinschaftlichen Entwicklung einer E-Learning-Strategie ins Leben gerufen. Dabei wurden die Anforderungen der unterschiedlichen Akteure in fünf zentralen Handlungsfeldern systematisiert. Diese sind:

- HF1: Heterogenität der Studierenden begegnen,
- HF2: Weiterentwicklung der Lehre durch innovative Formate,
- HF3: Wissenschaftliche Fundierung digitaler Lehrformate sicherstellen,
- HF4: Technische und organisatorische Rahmenbedingungen schaffen,
- HF5: Einbindung der Studierenden in den Digitalisierungsprozess.

Bestehende und zukünftige Maßnahmen sollen sich an diesen Handlungsfeldern orientieren bzw. mit den Feldern in Einklang bringen lassen. Bis zum gegenwärtigen Zeitpunkt wurden zwölf Maßnahmenbereiche beschrieben, die sich wie folgt zu den Handlungsfeldern zuordnen lassen (Tab. 1):

Tab. 1: Matrix der Handlungsfelder und Maßnahmen

		HF1	HF2	HF3	HF4	HF5
M1:	Möglichkeiten zur Erprobung von Formaten bieten	X	X			
M2:	Anreizstrukturen schaffen		X			
M3:	Nachhaltige Support-Strukturen etablieren		X		X	
M4:	Nachhaltige Service-Angebote etablieren		X		X	
M5:	Qualifizierung der Lehrenden		X			
M6:	Ausbau elektronisch verfügbarer Inhalte				X	
M7:	Digitalisierung von Vorkursen	X				
M8:	Berücksichtigung der studentischen Anforderungen an nutzerfreundliche Infrastruktur					X
M9:	Unterstützung der Studierenden bei der Nutzung digitaler Formate	X				X
M10:	Innovationsfelder erschließen	X	X			
M11:	E-Learning-Forschungskooperation zwischen den Akteuren der Universität unterstützen			X		
M12:	Flexibilisierung der Studien- und Prüfungsordnungen				X	

Die Ausgestaltung und Umsetzung der Strategie erfolgt sowohl zentral als auch dezentral über unterschiedliche Projekte, Maßnahmen und Initiativen. Für hochschulweite E-Learning-Angebote zeichnet sich die Stabsstelle Studium und Lehre, Referat Hochschuldidaktik verantwortlich. Im Hinblick auf die Strategie für digitale Lehre können deren Angebote wie folgt verortet werden (Tab. 2):

Tab. 2: Einordnung zentraler E-Learning-Angebote

	Gestaltungs-ebene	**Nachhaltig-keitskonzept**	**Innovations-fokus**	**Handlungs-felder**
Weiterentwicklung Lernplattform	Makro-ebene	System-orientiert	Innen-orientierung	HF4, HF5
Inverted-Classroom-Service	Meso-/Mikro-Ebene	Projekt-bezogen	Innen-/Außen-orientierung	HF2, HF4
E-TutorInnen-Ausbildung	Meso-/Mikro-Ebene	Projekt-bezogen	Innen-orientierung	HF1, HF4, HF5

Geplante und bereits verfügbare dezentrale E-Learning-Angebote erweitern dagegen zumeist das bestehende Lehrangebot und fokussieren damit verstärkt auf eine Außenorientierung. Da es sich dabei zumeist um Drittmittelvorhaben innerhalb der Fakultäten handelt, ist das verfolgte Nachhaltigkeitskonzept primär projektbezogen. Aufgrund des Neuheitsgrades der Vorhaben werden insbesondere die Handlungsfelder HF2 und HF3 angesprochen.

3 Fazit und Ausblick

In diesem Kurzbeitrag wurde die Entwicklung und Ausgestaltung einer Digitalisierungsstrategie für den Bereich Lehre skizziert. Über die Zusammenarbeit der beteiligten Anspruchsgruppen bei der Formulierung und Umsetzung soll eine möglichst breite Verankerung von E-Learning sichergestellt werden. Der Strategieprozess stellt sich in einer solchen Konfiguration im Vergleich zur zentralen Steuerung zwar weniger dynamisch, allerdings weitaus transparenter und letzten Endes Erfolg versprechender dar. Für einen intern initiierten Hochschulentwicklungsprozess erscheint das skizzierte top-down-/bottom-up-Vorgehen daher zielführend, um eine nachhaltige Implementierung der digitalen Lehre sicherzustellen. Auch unter diesen Rahmenbedingungen ist allerdings eine zentrale, koordinierende Instanz im Bereich Hochschuldidaktik vonnöten. Dadurch kann sichergestellt werden, dass die für die E-Learning-Implementierung zentrale Dimension der Didaktik (Seufert & Euler, 2004) mit Vorrang adressiert wird. Gleichzeitig können unterstützende Maßnahmen wie Schulung, Beratung und Support direkt und zielgruppenadäquat auf den Weg gebracht werden. Für eine erfolgreiche Umsetzung der Strategie für digitale Lehre sind letztlich aber auch zusätzliche Ressourcen notwendig.

Literatur

Bremer, C. (2004). E-Learning-Strategien im Spannungsfeld von Hochschulentwicklung, Kompetenzansätzen und Anreizsystemen. In C. Bremer & K. E. Kohl (Hrsg.), *E-Learning Strategien und E-Learning-Kompetenzen an Hochschulen* (S. 9–30). Bielefeld: Bertelsmann.

Bremer, C. (2010). eLearning in Bildungseinrichtungen implementieren durch Anreizsysteme, Organisationsentwicklung und Kompetenzerwerb. In P. Bauer, H. Hoffmann. & K. Mayrberger (Hrsg.), *Fokus Medienpädagogik – Aktuelle Forschungs- und Handlungsfelder* (S. 299–316). München: kopaed.

Hochschulforum Digitalisierung (2016). *Zur nachhaltigen Implementierung von Lerninnovationen digitalen Medien.* Berlin: Hochschulforum Digitalisierung.

Seufert, S. & Euler, D. (2004). Nachhaltigkeit von eLearning-Innovationen. Ergebnisse einer Delphi-Studie. SCIL-Arbeitsbericht 2. St. Gallen: scil, Universität St. Gallen. http://www.scil.unisg.ch/~/media/Internet/Content/Dateien/InstituteUnd Centers/IWP-scil/Arbeitsberichte/scilAB-02.pdf, Stand vom 29.02.2016.

Thomas Nárosy, Helga Diendorfer

Ist Unterricht ohne digitale Medien und Werkzeuge nicht mehr gut genug? Oder: Fachdidaktik digital-inklusiv – eine Einladung zum Diskurs

Zusammenfassung

„Technology can amplify great teaching but great technology cannot replace poor teaching."[1] Ein Zusammenhang, ein Phänomen, ein Potenzial, eine Erfahrung, ja, eine Überzeugung, die mittlerweile viele Pädagoginnen und Pädagogen teilen.

Dieser Beitrag ist ein Denkanstoß von Praktikerinnen und Praktikern; dabei wird versucht, den aktuellen Stand in der wissenschaftlichen Forschung und die praktischen Erfahrungen zur These zu verbinden, dass mit richtig eingesetzten digitalen Medien und Werkzeugen Mehr und Besseres in der Schule möglich sein müsste. Fokus ist dabei ein zukünftiger, verlässlicher Standard einer *digital-inklusiven* fachdidaktischen Grundausbildung angehender Pädagoginnen und Pädagogen.

1 Von der digitalen Kompetenz zum besseren Lernen im Fach

„Kein Kind ohne digitale Kompetenzen" lautet, knapp formuliert, ein Anspruch der österreichischen E-Learning-Community, der sich zwischenzeitlich auch in der DIGITAL ROADMAP AUSTRIA, also einem offiziellen Regierungspapier, findet.[2] Dem sogenannten digi.komp8-Konzept[3] (so genannt in Anlehnung an die Bildungsstandards in Deutsch, Englisch und Mathematik auf der 8. Schulstufe: D8, E8, M8) liegt ein den Lehrplan interpretierendes, international anschlussfähiges Kompetenzmodell zu Grunde. Das Konzept selbst schlägt vor, den Kompetenzaufbau fächerübergreifend und durch organisatorische Sicherstellung von mindestens einer Wochenstunde digitaler Praxis pro Kind mit Hilfe eines Portfolios zu bewerkstelligen. In welchen Gegenständen ist dabei zweitrangig.

1 OECD (2015), S. 4.
2 Bundeskanzleramt Österreich und Bundesministerium für Wissenschaft, Forschung und Wirtschaft (2016), S. 10.
3 Alle Details zum digi.komp8-Konzept: www.digikomp.at, Abrufdatum 27.02.2016.

Die Notwendigkeit, die Fähigkeit zur kompetenten und kritischen Nutzung digitaler Medien und Werkzeuge im 21. Jahrhundert zu entwickeln, ist evident und soll an dieser Stelle nicht weiter begründet werden. Für das Lernen und Lehren in der Schule *insgesamt* ist das Digitale allerdings nur einer von vielen Aspekten. Gute Schule, guter Unterricht insgesamt müssen sich primär aus ganz anderen Überlegungen heraus begründen. Coe et al. (2014) stellten eine Studie an der Durham University unter den Titel „What makes great teaching?“ und fassten dazu aktuelle einschlägige Literatur zusammen. Dabei wird als Maßstab erfolgreichen Unterrichtens der Lernerfolg der Schüler/innen postuliert – und zwar hinsichtlich seiner mittelfristigen Wirksamkeit. Mit dem Blick auf Komponenten, die „great teaching“ nach Coe et al. (2014) ausmachen, wird auch deutlich, dass guter Unterricht ohne das Fach und seine Didaktik nicht zu haben ist – nicht ausschließlich, aber doch in einem hohen Ausmaß.

Die Zusammenhänge zwischen Computereinsatz, Wissensaufbau und Lernerfolg sind komplexer Natur und nicht simpel proportional (vgl. Kozma, 1991; Kozma 1994; Clark, 1983; Clark 1994). Zwei aktuelle Studien auf Basis von PISA-2012-Daten kommen zu vergleichbaren, kritisch-differenzierten Ergebnissen.

- Falck, Mang und Woessmann (2015) konstatieren keine durchschnittliche, leistungsförderliche Wirksamkeit des Computereinsatzes im Mathematikunterricht. Sie deuten mit ihrem Studienergebnis aber gleichzeitig den nächsten Forschungsfokus an: „We suggest that the overall null effect of using computers in schools is a combination of relatively productive and unproductive uses of computers.“[4] Was genau wäre produktiv, was unproduktiv?
- Die OECD (2015) untersucht in ihrer Studie *Students, Computers and Learning: Making the Connection* sowohl Mathematik- als auch Lesekompetenz in Relation zur Computernutzung. Und auch diese Studie führt vor Augen, dass Investition in IT-Ausstattung *alleine* weder Mathematik- noch Leseleistungen verbessert. Allerdings – und dieses Relativierung ist auch hier wesentlich – „ICT is linked to better student performance only in certain contexts, such as when computer software and Internet connections help to increase study time and practice.“[5] Es kommt auf das entsprechende Know-how an!

Die ungebrochene Überzeugung, dass Computereinsatz und Lernen produktiv zu verschränken wären, konvergiert letztlich, bei aller berechtigten Kritik in diesen beiden Studien, auch mit der Erfahrung der Praxis. Andreas Schleicher formuliert es in seinem Vorwort zur oben erwähnten OECD-Studie so: „Another interpretation is that we have not yet become good enough at the kind of pedagogies that make the most of technology; that adding 21st-century technologies to 20th-century teaching practices will just dilute the effectiveness of teach-

4 Falck, O., Mang, C. & Woessmann L. (2015), S. 22.
5 OECD (2015), S. 16.

ing.“ Und Michael Fullan, ein „large-scale“ Schulentwickler, dem man sicherlich nicht digitale Naivität vorwerfen kann, meint ermutigend: „(...) if technology could be thought of as an enabler and tool in the service of deep learning, then we could achieve something new and powerful.“[6]

2 Nutzen und Nachteil des Digitalen für die Fachdidaktik

Vor diesem Hintergrund orientiert und motiviert hat sich im November 2014 eine Gruppe von Praktikerinnen und Praktikern aus der NMS-Lerndesign- bzw. E-Learning-Community in einem Seminar drei Tage lang der Frage gewidmet, was *genau* denn der „Nutzen und Nachteil des Digitalen für die Fachdidaktik“ wäre. Die in diesem Seminar diskutierten Thesen waren dabei die folgenden:

- Digitale Basiskompetenzen sollten alle Schülerinnen und Schüler spätestens auf Mittelstufenniveau verlässlich erwerben. Das digi.komp8-Konzept beschreibt einen der möglichen Wege dazu.
- Es gibt darüber hinaus – aus der Mitte jedes Faches und seiner Didaktik kommend – unterschiedliche digitale Medien und Werkzeuge, die man aus sehr guten Gründen (im Sinne der o.a. erwähnten Standards guten Unterrichts) als unverzichtbar bezeichnen kann.
- Lehrpersonen, die diese digitalen Medien und Werkzeuge nicht in ihren Unterricht inkludieren, enthalten ihren Schülerinnen und Schülern fürs Lernen im jeweiligen Fach Wesentliches vor, unterrichten somit weniger gut und ihre Schülerinnen und Schüler lernen weniger bzw. weniger gut, als es möglich wäre.

Und als Frage im Kontext der Pädagog/innenbildung NEU formuliert: Gibt es ein Minimum (weniger ist gerade im Erststudium und für Anfängerinnen und Anfänger in ihrer Profession mehr) an digitalen Medien und Werkzeugen, die im Interesse des effektiven Unterrichts im jeweiligen Fach unbedingt im pädagogischen Kontext beherrscht werden sollten? Ist „great teaching“ also nunmehr „digital-inklusiv“?

Die Antworten auf die oben gestellten Fragen fielen aus Sicht der Seminarteilnehmenden sehr klar aus und sind im IMST-Newsletter Nr. 43 (Nárosy 2015) nachzulesen: Ja, Unterrichten ohne digitale Medien und Werkzeuge ist nicht mehr gut genug! Und darüber sollte ein breiter Diskurs geführt werden.

6 Fullan, M. & Langworthy, M. (2014), S. 5.

3 Ein (er)nüchtern(d)er Blick auf den Status quo

Strategischer Fokus dieses Textes ist der Standard fachdidaktischer Ausbildung für Pädagoginnen und Pädagogen. Denn wenn digitale Innovationen wirklich von Bedeutung sind, muss dafür gesorgt werden, dass sie auch allen Schülerinnen und Schülern zugutekommen. Die E-Learning-Strategiegruppe der Pädagogischen Hochschulen versuchte Ende 2015, die aktuellen Aussichten auf einschlägig gebildete, neue Pädagoginnen und Pädagogen einzuschätzen. Himpsl-Gutermann et al. (2015) kommen dabei zu einem ernüchternden Ergebnis:

„Es scheint nicht nur die historische Chance vertan, Medienbildung systematisch in der LehrerInnenausbildung und damit in den Schulen zu verankern, sondern durch die fehlende informatische Grundbildung laufen künftige Generationen auch Gefahr, auf zunehmend digitalisierten Arbeitsmärkten den internationalen Anschluss zu verlieren." Und befürchtet werden muss, „dass (...) die künftigen LehrerInnen der Sekundarstufe hinsichtlich dieser Kompetenzbereiche noch schlechter ausgebildet sein werden als dies bisher schon der Fall war."[7]

Das Thema wird derzeit, Himpsl-Gutermann et al. (2015) folgend, also nur ungenügend wahrgenommen, ja noch bedenklicher: Es erodiert sogar die bislang schon hinlänglich prekäre Basis der Medienbildung weiter.

4 Mögliche Meilensteine auf dem Weg vor uns: Ein Ausblick

Welche digitalen Medien und Werkzeuge müssen in Zukunft Standard der unterschiedlichen fachdidaktischen Grundausbildung von Pädagoginnen und Pädagogen sein, damit Lehren und Lernen für die Lernenden „besser" möglich ist?

Die in diesem Artikel vorgestellt Vorgangsweise ist heuristisch: Mit begrenztem Wissen, wenig Zeit und Ressourcen wurde versucht, die Fragestellung zu präzisieren und mögliche Partner in der Beforschung bzw. Umsetzung zu finden. Aus jetziger Sicht sind die bislang im Diskurs befindlichen Personen (ein komplettes Personenverzeichnis findet man in Nárosy 2015) der Meinung, dass die Ausgangsthese belastbar ist und es Sinn macht, ihr weiter nachzugehen.

Sollte sich die Fragestellung und die entlang ihrer Beantwortungsversuche zu Tage kommenden Ergebnisse weiter bewähren, dann bedeutet das eine Herausforderung, aber auch Erweiterung des derzeit aktuellen fachdidaktischen Standards. Möglicherweise wird dadurch auch die Frage relevant, wie Standards der fachdidaktischen Grundausbildung generell zu gewinnen, zu erhalten bzw. weiterzuentwickeln und in der Vermittlung abzusichern wären. In Abhängigkeit

7 http://www.medienimpulse.at/articles/view/868?navi=1, Abrufdatum 27.02.2016.

des Diskursfortgangs kann also Handlungsbedarf für die real existierende Praxis der Fachdidaktiken an allen Institutionen der Pädagog/innenbildung entstehen.

In jedem Fall ist das bisher Erreichte auf eine breitere Basis zu stellen; lernförderlicher Einsatz digitaler Medien und Werkzeuge hat als Forschungs- und Praxisfeld noch großes Entwicklungspotenzial. Es käme darauf an, didaktisches und pädagogisches Wissen sowie das mittlerweile reiche Wissen um Veränderungsprozesse mit den Möglichkeiten der Informations- und Kommunikationstechnologie zu vereinen und systematisch aus den positiven, überzeugenden Beispielen aus der Praxis tausender Lehrpersonen zu lernen.

Literatur

Bundeskanzleramt Österreich und Bundesministerium für Wissenschaft, Forschung und Wirtschaft (2016). *DIGITAL ROADMAP. Diskussionspapier.* Wien: BKA & BMWFW.

Clark, R. (1983). Reconsidering Research on Learning from Media. *Review of Educational Research 53*, S. 445–459.

Clark, R. (1994). Media will Never Influence Learning. *Educational Technology Research and Development 42(2)*, S. 21–29.

Coe, R., Aloisi, C., Higgins, S. et al. (2014). *What Makes Great Teaching? Review of the Underpinning Research.* London: The Sutton Trust.

Falck, O., Mang, C. & Woessmann L. (2015). *Virtually No Effect? Different Uses of Classroom Computers and their Effect on Student Achievement. CESIFO WORKING PAPER NO. 5266.* München: Center for Economic Studies & Ifo Institute.

Fullan, M. & Langworthy, M. (2014). *A Rich Seam. How New Pedagogies Find Deep Learning.* Prentice-Hall: Pearson.

Fullan, M. (2012). *Stratosphere: Integrating Technology, Pedagogy, and Change Knowledge*. Prentice-Hall: Pearson.

Fullan, M. (2014). *The Principal. Three Keys to Maximizing Impact*. Hoboken: John Wiley & Sons Inc.

Himpsl-Gutermann, K., Brandhofer, G., Kohl, A., Nárosy, T. et al. (2015). Wie „zukunftsreich" ist das neue Lehramtsstudium? Bestandsaufnahme zu Medienbildung und digitalen Kompetenzen in den Curriculaentwürfen der Sekundarstufe der PädagogInnenbildung_NEU. *medienimpulse. Beiträge zur Medienpädagogik. 2015,* 4, http://www.medienimpulse.at/articles/view/868?navi=1, Abrufdatum 27.02.2016.

Kozma, R. (1991). Learning with Media. *Review of Educational Research 61*, S. 179–211.

Kozma, R. (1994). The Influence of Media on Learning: The Debate Continues. *School Library Media Research 22*(4).

Nárosy, T. (2015). Auf dem Weg zur „digital-inklusiven" Fachdidaktik. Eine Einladung zum Diskurs. *IMST Newsletter, Jahrgang 14,* Ausgabe 43 Frühjahr/ Sommer 2015, S. 4–8.

OECD (2015). *Students, Computers and Learning: Making the Connection*. PISA, OECD Publishing.

Regula Kunz, Dominik Tschopp, Pilar Gonzalez

Zusammenarbeit in Communities of Practice am Beispiel des Netzwerks „Schlüsselsituationen der Sozialen Arbeit“

Zusammenfassung

Die Soziale Arbeit ist für ihre Professionalisierung und zur Lösung gesellschaftlicher Herausforderungen auf die Zusammenführung des Wissens aus scientific wie professional community angewiesen. In einem drittmittelfinanzierten Projekt wurde ein Netzwerk von PraktikerInnen und AkademikerInnen der Sozialen Arbeit aufgebaut, welche – auch mit Studierenden in der Aus- und Weiterbildung – auf einer internetbasierten Plattform Schlüsselsituationen der Sozialen Arbeit reflexiv erarbeiten, dokumentieren und der Fachöffentlichkeit für den Diskurs zur Verfügung stellen. Diese neue Form der Kooperation überwindet bisherige Grenzen und ermöglicht einen neuartigen Austausch zwischen Hochschulen, Praxis und Fachöffentlichkeit.

1 Professionalisierung durch Communities of Practice (CoP)

Die Soziale Arbeit hat sich im letzten Jahrzehnt als wissenschaftliche Disziplin und Profession rasant entwickelt. Der Wissensbestand ist gewaltig gewachsen und die Profession benötigt dringend neue Instrumente des Wissensaustausches (Sommerfeld, 2014). In einem empirischen Verfahren wurde die Praxis der Sozialen Arbeit systematisch anhand von Schlüsselsituationen beschrieben (Kunz, 2015) und ein achtstufiges Modell zum Beschreiben von Schlüsselsituationen entwickelt (Tov, Kunz & Stämpfli, 2013). Ziel ist, die verschiedenen Wissensbestände zusammenzuführen und in einem Netzwerk von Personen aus Wissenschaft und Praxis gemeinsam deren Bedeutung für professionelles Handeln auszuhandeln. Um den Austausch und die Dokumentation technisch zu unterstützen und für die Fachöffentlichkeit zugänglich zu machen, wurde gemeinsam mit dem Netzwerk eine Online-Plattform entwickelt.

2 Entwicklung von Communities of Practice – theoretisch und praktisch

In den folgenden Abschnitten werden Theorie und Praxis ineinander verwoben. Ausgehend von theoretischen Prämissen wird aufgezeigt, wie wir in unserem Projekt[1] das Netzwerk Schlüsselsituationen der Sozialen Arbeit gestalten.

2.1 Gestaltungsprinzipien und Gelingensfaktoren von CoPs

Basierend auf ersten Studien nannten Wenger, McDermott & Snyder (2002) für Lernen in Communities of Practice förderliche Gestaltungsprinzipien. Bettoni, Clases & Wehner (2004) und Probst & Borzillo (2008) differenzierten weitere Gelingensfaktoren aus.

Erstens wird die Gestaltung auf Evolution ausgerichtet: Communities of Practice sind organische Gebilde, die sich selbst und ihre Mitglieder durch Lernprozesse verändern.

Den Projektplan passten wir laufend an die Bedürfnisse der Community an. So ergaben sich unerwartet schnell neue Kooperationen mit dem Ausland, was die Komplexität erhöhte, Verzögerungen mit sich brachte und zusätzliche virtuelle Formen für den Austausch erforderte.

Zweitens ist ein Dialog zwischen inneren und äußeren Perspektiven zu ermöglichen. Dieser Dialog wird wesentlich von einer offenen Haltung gegenüber den Mitgliedern beeinflusst.

In der Mitte des Netzes hält die Projektleitung die Fäden zusammen, darum herum gruppieren sich mehrere CoPs. Die Koordinatorinnen und die Koordinatoren der einzelnen CoPs sowie die Projektleitung bilden zusammen die Schlüssel-CoP, welche gemeinsam über wichtige Veränderungen in der Gestaltung der Plattform und zur Entwicklung des Netzwerkes entscheidet.

Drittens werden Mitglieder zur Partizipation auf verschiedenen Stufen eingeladen. Neben dem Kern einer Community, gibt es eine aktive Gruppe und viele periphere Mitglieder. Der Grad der Involviertet wechselt stetig, und Mitglieder passen ihr Engagement je nach Aufgaben laufend an.

Wir sehen bei uns diese Tendenzen bestätigt, indem viele Personen die Plattform als Wissensquelle nutzen, jedoch nur wenige im öffentlichen Bereich aktiv mit-

1 Der Aufbau der Plattform wurde durch die Gebert Rüf Stiftung im Rahmen des Programms Brückenschläge mit Erfolg finanziell unterstützt. Weitere Informationen sind auf unserer Website www.schluesselsituationen.net zu finden.

arbeiten. Durch die Einbindung des Netzwerkes in die Lehre wird das Netzwerk regelmäßig durch neues Engagement gespeist.

Viertens müssen öffentliche und private Begegnungsräume entwickelt werden. Eine Gemeinschaft lebt von den sozialen Beziehungen. Diese werden im gemeinsamen Handeln geformt, wobei gerade auch informelle Aspekte eine bedeutende Rolle spielen.

Auf der Plattform hat jede CoP ihren eigenen Bereich, um ihr Profil und ihre Tätigkeiten vorzustellen. So können sich Interessierte orientieren und sich beteiligen. Zudem besteht die Möglichkeit, den Aktivitäten von Personen auf der Plattform zu folgen. Regelmäßige Face-to-face-Treffen in den einzelnen CoPs wie auch im ganzen Netzwerk festigen die Kontakte.

Fünftens wird auf den Nutzen fokussiert. CoPs entstehen und leben, weil sie für ihre Mitglieder nützlich sind, Lernen gefördert und die Partizipation geschätzt wird.

Die Mitglieder von CoPs erleben den fachlichen Austausch über die Grenzen ihrer eigenen Organisation hinweg als gewinnbringend. Der Nutzen liegt bei der einzelnen Person in der Weiterentwicklung ihrer Fachlichkeit. Organisationen können das Modell in ihr System der Qualitätsentwicklung einbinden.

Sechstens wird Vertrautes mit Anregendem kombiniert. Routineaktivitäten sind stabilisierend und wirken sich positiv auf den Beziehungsaufbau und -unterhalt aus. Während anregende und spannende Anlässe neue Perspektiven eröffnen.

Wir haben einerseits eine Kontinuität in den einzelnen CoPs angestrebt und andererseits bei den Netzwerktreffen jeweils neue Inputs mit externen Referierenden angeboten[2].

Siebtens wird ein Rhythmus für die Community und das Netzwerk geschaffen. Regelmäßige Treffen unterstützen Beziehungsaufbau und Partizipation.

Pro Jahr wird eine Tagung für das ganze Netzwerk angeboten. Mindestens halbjährlich treffen sich die einzelnen CoPs face-to-face. Dazwischen treffen sie sich virtuell oder arbeiten über die Plattform zusammen. Dieser Rhythmus ist schwer zu finden und die meisten CoPs ringen noch darum. Wöchentlich trifft sich die Projektleitung in einem kurzen virtuellen Meeting, einmal im Monat erweitert zur Schlüssel-CoP.

Zusätzlich sind eine Steuerungsgruppe und gemäß North, Frank & Lembke (2004) ein „Gardener“ unabdingbar. Diese Personen halten die Gruppe mit

2 Auf unserer Webseite wird ein Eindruck von den Netzwerktreffen vermittelt: http://www.schluesselsituationen.ch/veranstaltungen

Engagement und Charisma zusammen, gewinnen neue Mitglieder und sorgen für Vertrauensbildung.

Für das Netzwerk übernimmt die Projektleitung, teilweise zusammen mit der Schlüssel-CoP, diese Funktion. Es wurde eine differenzierte Vorstellung erarbeitet, wer welche Aufgaben im „community gardening" innehat. In den einzelnen CoPs nehmen die Koordinationspersonen diese Aufgabe wahr.

2.2 Technologische Unterstützung von CoPs

Die primären Herausforderungen, welche Communities dazu veranlassen, Technologien einzusetzen, lassen sich gemäss Wenger, White & Smith (2009) anhand dreier Konzepte respektive Polaritäten aufzeigen. Dabei ist die Konfiguration von Technologien als Ganzes in den Blick zu nehmen.

Rhythmen: Der Einbezug unterschiedlicher Kontexte macht eine CoP attraktiv, gleichzeitig erschweren zeitliche und örtliche Trennung den Austausch. Technologie ist hier insofern von Interesse, als dass sie eine ganz unterschiedliche Bandbreite von Möglichkeiten anbietet, um mit Zeit und Ort umzugehen.

Im Projektteam Schlüsselsituationen nutzen wir neben E-Mail und Diskussionsforum die Möglichkeit, uns in einem wöchentlichen Rhythmus per Videokonferenz auszutauschen. Die Communities of Practice nutzen Videokonferenzen als privaten Raum, um ihre Beziehungen zu festigen und fachlich zu diskutieren. Als zentraler Ort für die Dokumentation und Diskussion der Schlüsselsituationen nutzen wir ein Wiki, welches asynchron den Austausch erlaubt. Eine Website und ein Newsletter informieren generell über Neuigkeiten und die Entwicklung des Netzwerks und der Plattform.

Interaktionen: Partizipation und Reifikation sind fundamentale Prozesse für das Lernen in Communities of Practice. Das Lernen in einer CoP braucht beide Formen in einem sinnvollen Zusammenspiel. Technologie kann zu beidem beitragen, neue Möglichkeiten für die Teilnahme und Interaktion schaffen und das Speichern, Teilen und Organisieren von Daten und anderen Artefakten ermöglichen.

Wikis unterstützen sowohl die Reifikation als auch die Partizipation innerhalb von CoPs (Chen, Jang & Chen, 2014). Auf der Plattform gibt es einen eigens für themenbezogene Diskussionen eingerichteten Bereich. Die Schlüsselsituationen als Kern der Plattform werden direkt auf der jeweiligen Seite kommentiert.

Identitäten: Unterschiedliche Sichtweisen stellen eine Ressource für die Community dar. Technologie ermöglicht Multimitgliedschaften in Communities und hilft gleichzeitig, die Komplexität zwischen Individuum und Gruppe zu managen.

Auf unserer Plattform ermöglicht der Bereich der CoPs die Bildung ihres spezifischen Profils. Der Personenbereich erlaubt, die einzelnen Personenprofile zu konsultieren und interessanten Personen zu „followen".

3 Fazit

Den Ansatz der CoP für ein Netzwerk über organisationale und geographische Grenzen hinweg zu nutzen, über eine Plattform den Austausch, die Reflexion und das Teilen von Wissen zu fördern und dadurch auf neue Weise auch Lehre und Praxis miteinander zu verbinden, ist für die Soziale Arbeit neu und bislang einzigartig.

Literatur

Bettoni, M., Clases, C., & Wehner, T. (2004). Communities of Practice im Wissensmanagement. In G. Reinmann-Rothmeier & H. Mandl (Hrsg.), *Psychologie des Wissensmanagements* (S. 319–328). Göttingen: Hogrefe.

Chen, Y.-H., Jang, S.-J., & Chen, P.-J. (2015). Using Wikis and Collaborative Learning for Science Teacher's Professional Development. *Journal of Computer Assisted Learning, 31* (4), 330–344. doi: 10.1111/jcal.12095

Kunz, R. (2015). *Wissen und Handeln in Schlüsselsituationen der Sozialen Arbeit.* 2015, PhD Thesis, University of Basel, Faculty of Humanities. Official URL: http://edoc.unibas.ch/diss/DissB_11375 (29.02.2016)

North, K., Franz, M., & Lembke, G. (2004). *Wissenserzeugung und -austausch in Wissensgemeinschaften – Communities of Practice*. Berlin: QUEM.

Probst, G., & Borzillo, S. (2008). Why Communities of Practice Succeed and Why They Fail. *European Management Journal, 26*, 335–347.

Sommerfeld, P. (2014). Kooperation als Modus der Verknüpfung von Wissenschaft und Praxis am Beispiel der Sozialen Arbeit. In U. Unterkofler & E. Oestreicher (Hrsg.), *Theorie-Praxis-Bezüge in professionellen Feldern. Wissensentwicklung und -verwendung als Herausforderung* (S. 133–155). Opladen: Budrich UniPress.

Tov, E.; Kunz, R. & Stämpfli, A. (2013). *Schlüsselsituationen der Sozialen Arbeit. Professionalität durch Wissen, Reflexion und Diskurs in CoPs.* Bern: hep.

Wenger, E., McDermott, R., & Snyder, W. M. (2002). *Cultivating Communities of Practice: a Guide to Managing Knowledge*. Boston: Harvard Business School Press.

Wenger, E., White, N., & Smith, J., D. (2009). *Digital Habitats; Stewarding Technology for Communities*. Portland: CPsquare.

Carola Brunnbauer, Daniel Stainhauser

ILIAS-Lernobjekte als multimediale E-Books in der beook-Plattform

Ein Erfahrungsbericht

Zusammenfassung

Die Produktion digitaler Lehrmittel in Form von E-Books stellt viele Verlage und Hochschulen zurzeit vor neue technische Herausforderungen, denn aufgrund verbesserter Ausstattung mit Mobilgeräten und verändertem Nutzungsverhalten gewinnt für Studierende ein flexibler Zugang zu Lehr- und Lernmaterialien an Bedeutung. Ausgehend vom Konzept der Lernobjekte beschreibt dieser Beitrag Vorgehen und Erfahrungen bei der Umwandlung eines ILIAS-Lernmoduls in ein E-Book, analysiert dabei die Rahmenbedingungen für eine erfolgreiche Zusammenarbeit zwischen Hochschule und Wirtschaft und gibt einen Ausblick auf die weitere Erstellung sowie den Einsatz von E-Books an der PH Zürich.

1 Lernobjekte an der PH Zürich

Seit 2009 entwickelt das Digital Learning Center (DLC) im Auftrag des Prorektorats Ausbildung sogenannte Lernobjekte. Dabei handelt es sich um multimediale Lerneinheiten, die bestimmte Anforderungen erfüllen müssen. Lernobjekte sind didaktisch aufbereitet, flexibel einsetzbar (in der Lehrveranstaltung oder zum selbstgesteuerten Lernen, im Präsenzunterricht oder in Online-Phasen, vollständig oder auszugsweise), auf der Lernplattform einfach zu finden und praxisnah (vgl. Ingold & Noetzli, 2011, S. 3). Zurzeit können die Studierenden auf 130 Lernobjekte zugreifen, die bis auf wenige Ausnahmen technisch als ILIAS-Lernmodule umgesetzt sind. Der Planungs- und Produktionsprozess innerhalb der Institution ist gut etabliert und regelt die Auftragserteilung an Dozierende, das Einreichen der Projektskizze, Bewilligung, Produktionsabläufe, die Integration der Lernobjekte ins Curriculum oder deren Veröffentlichung als Open Educational Resources. So steht pro Semester ein Stundenbudget für die Konzeption und Umsetzung neuer bzw. für die Erweiterung und Aktualisierung bestehender Lernobjekte zur Verfügung. Bei der Umsetzung eines Lernobjekts liefern die Dozierenden in erster Linie die fachspezifischen Inhalte, in mediendidaktischer und technischer Hinsicht stehen ihnen die Mitarbeitenden des DLC zur Seite. Zusätzlich soll ein Musterkatalog mit illustrierten Elementen zur Gestaltung die Dozierenden inspirieren und unterstützen. Die Produktion von Videoaufnahmen im Schulfeld, die oftmals das Herzstück von Lernobjekten darstellen und so die Praxis ins Selbststudium bringen, erfolgt durch das DLC. Am Ende des Prozesses steht die Qualitätssicherung anhand von Kriterien[1] durch die Bereichsleitenden. Eine erste Evaluation noch während der Pilotphase im Jahre 2010 (N = 368) hat gezeigt, dass eine große Mehrheit der Studierenden die vorhandenen Lernobjekte überwiegend als selbsterklärend (92%) und praxisnah (75%) beurteilt, sie aber kaum außerhalb der Modulveranstaltungen und ohne Steuerung durch Dozierende nutzt (vgl. Ingold und Baumgartner 2011). Eine zweite Evaluation 2015 (N = 282) fokussierte den subjektiven Nutzen, die Einschätzung der Studierenden zum Lernertrag, den sie auf die Unterstützung durch das Lernobjekt zurückführen (vgl. Baumgartner, 2015b, S. 6). Dieser Nutzen steht in einem engen Zusammenhang mit den Angaben zu Lernzielen, mit genauen Arbeitsanweisungen, Übungsmöglichkeiten, multimedialen Elementen sowie der Thematisierung des Lernobjekts im Unterricht (ebd. S. 13).

2 Offline-Nutzung von Lernobjekten und Produktion von E-Books in Zusammenarbeit mit einem externen Partner

Im Rahmen der Befragung gaben 70% der Studierenden an, dass sie die Lernobjekte nach Abschluss des Studiums weiterverwenden möchten, 68% wünschen eine Offline-Nutzung, d.h. ohne Verbindung zum Internet. Die Rückmeldungen machen aber deutlich, dass die Studierenden bei „offline“ vor allem an Ausdrucke auf Papier denken (vgl. Baumgartner, 2015b, S. 21). An der PH Zürich gilt seit 2012 ein „Laptop-Obligatorium“. Daneben besitzen nahezu alle Studierenden weitere Mobilgeräte, welche sie künftig wohl nicht nur im Alltag, sondern vermehrt auch im Studium und in den Schulen einsetzen werden (vgl. Baumgartner 2015a, S. 4). Vor dem Hintergrund hat das DLC im FS14 begonnen alternative Formen von Lernobjekten zur Offline-Nutzung oder als E-Books zu testen.

Im folgenden Abschnitt werden exemplarisch und entlang einzelner Meilensteine des internen Projekts „From Learning Object to E-Book“ Entscheidungskriterien und Erfahrungen erläutert.

2.1 Anforderungen und Möglichkeiten der E-Book-Produktion

Bedingt durch die Multimedialität von Lernobjekten müssen eigenproduzierte E-Books neben Text, Bild und Grafik auch Audio, Video und interaktive

1 Zu den Qualitätskriterien für Lernobjekte vgl. https://phzh.ch/globalassets/phzh.ch/dienstleistungen/dlc/downloads/qualikriterien-lo-2015.pdf

Elemente beinhalten. Für den Einsatz an der PH Zürich ist eine Nutzung von E-Books sowohl auf dem Computer als auch auf Mobilgeräten, und zwar unabhängig von Betriebssystem oder Plattform, unbedingt erforderlich. Leserinnen und Leser sollten im E-Book Lesezeichen setzen, Textstellen markieren und herauskopieren sowie eigene Notizen anbringen können. So stand am Beginn ein Überblick über mögliche Werkzeuge (EPUB-Editoren, E-Book-Autorentools, Export aus Schreibprogrammen und Apps, E-Book-Plattformen), die für die Erstellung und Distribution von E-Books infrage kommen. Wie Raunig und Lackner (2015, S. 6 und 23) feststellen, sind interaktiven E-Books zurzeit vor allem durch die Reader Grenzen gesetzt. Doch auch die Produktion interaktiver, multimedialer E-Books ist ohne HTML-, CSS- oder JavaScript-Kenntnisse und ein grundlegendes Wissen über die EPUB-Spezifikationen nicht ohne Weiteres zu bewerkstelligen. Für eine breite Nutzung an der Hochschule sind jedoch einfach zu bedienende Tools, in die sich die Dozierenden nicht erst einarbeiten müssen, zwingend notwendig.

2.2 E-Book-Plattform „beook"

Die Wahl für die Umsetzung des Pilotprojektes fiel auf „beook", eine schweizerische Plattform für digitale Lehrmittel der Firma ionesoft GmbH. ionesoft konnte bis 2012 mehrere preisgekrönte digitale Lehrmittel für verschiedene Verlage erfolgreich umsetzen[2,3]. Mit einer mandantenfähigen Plattform hat sich beook auf dem schweizerischen Bildungsmarkt erfolgreich etabliert und eine kontinuierlich wachsende Anzahl von Berufsverbänden, Hochschulen, Verlagen und Weiterbildungsinstitutionen bietet ihre digitalen Lehrmittel in beook an. Die Technologie basiert auf dem EPUB3-Standard[4]. So können sowohl E-Books im Responsive-Design als auch Fixed-Layout-E-Books optimal dargestellt werden. Sämtliche Inhalte lassen sich nach der Installation offline in der beook-App für iOS, Android, Windows und Mac nutzen. Ein Grundsatz der beook-Technologie ist das Single-Source-Prinzip, nämlich Lerninhalte für Druck oder die digitale Nutzung aus den gleichen Programmen oder Dateiformaten (InDesign, FrameMaker, Word, GoogleDocs, HTML und XML für Fließtext oder PDF) zu generieren, da nur so eine kostengünstige und effiziente Digitalisierung möglich ist. Ein weiterer wesentlicher Faktor bei Plattformen für digitale Lehrmittel ist die Benutzeroberfläche. In der beook-App kann das Inhaltsverzeichnis permanent eingeblendet werden. Die digitalen Inhalte lassen sich nicht nur mit Leuchtmarkern und Randnotizen anreichern, sondern durch eigene Seiten,

2 Ausgezeichnet mit dem Deutschen Bildungsmedien-Preis digita-2012, siehe http://www.ils.de/referenzen/auszeichnungen

3 hep verlag gewinnt den Worlddidac Award 2012, http://www.hep-verlag.ch/aktuelles/hep-gewinnt-worlddidac-award

4 EPUB, E-Book Standard der IDPF http://idpf.org/epub

Fotos, Bildannotationen und verknüpfte Dateien individuell erweitern. Eine Volltextsuche über alle Inhalte ermöglicht einen raschen Zugriff auf die gewünschten Textstellen. Zusätzlich erlaubt das Übungs- und Testmodul in beook, Lehrmittel mit 20 verschiedenen Aufgabentypen zu erweitern, die Aufgaben können direkt in der App bearbeitet und von der App automatisch korrigiert werden. In einer ersten erfolgreichen Kooperation zwischen der PH Zürich und ionesoft begleitete das DLC 2012 die Pilotphase des E-Lehrmittels für Allgemeinbildenden Unterricht an Berufsfachschulen des hep verlags. Dabei ging es vor allem darum, geeignete Unterrichtszenarien für den Einsatz zu gewinnen und um die Frage, inwiefern der Lernprozess mit digitalen Lehrmitteln unterstützt werden kann[5]. Die jetzige Auslagerung des Konvertierungsprozesses von E-Books bietet Vorteile für beide Partner, sie nutzt Synergien und spart Ressourcen. Alle Beteiligten können ihre Stärken einbringen und eine gemeinsame Expertise aufbauen.

2.3 Umwandlung, Einsatz und Evaluation des Lernobjekts „Geschichtsbewusstsein“

Das Lernobjekt „Geschichtsbewusstsein“ aus dem Fach Mensch und Umwelt, erläutert die Dimensionen des Geschichtsbewusstseins nach Hans-Jürgen Pandel, illustriert sie mit Videobeispielen von Interviews mit Kindern verschiedener Schulstufen und stellt ein Arbeitsjournal bzw. Aufgaben zur Vertiefung und Selbstkontrolle zur Verfügung. Um auch hier das Single-Source-Prinzip weiter verfolgen zu können, nahm ionesoft den Wunsch und die Anforderungen nach einer automatisierten Umwandlung von ILIAS-Lernobjekten in E-Books auf und entwickelte in engem Austausch mit dem Digital Learning Center einen entsprechenden Konverter, für den die HTML-Exporte der ILIAS-Lernmodule als Ausgangsbasis dienen. Damit können Lernmodule nach geringfügigen Anpassungen relativ unkompliziert umgewandelt werden. Im Herbstsemester 2014 kam das E-Book in drei Modulen (Eingangs-, Primar- und Sekundarstufe) zum Einsatz. Dafür bekamen insgesamt 39 Studierende iPads zur Verfügung gestellt, an der Schlussbefragung beteiligten sich jedoch lediglich 16 Personen. 13 hielten das E-Book für übersichtlich gestaltet. Wenngleich die Bearbeitungsfunktionen wenig genutzt wurden, schätzten 10 diese als intuitiv ein. 12 Studierende haben das E-Book unterwegs, z.B. im Zug, genutzt und 14 beurteilten die Unabhängigkeit von einer Internetverbindung als wichtig oder eher wichtig (vgl. Baumgartner 2015a).

5 Didaktische Hausapotheke 01. eLehrmittel im Unterricht, ein Leitfaden, http://www.hep-verlag.ch/elehrmittel-unterricht

3 Lessons Learned und Ausblick

Nach der Einführungsphase wurde entschieden, die Kooperation mit der Firma ionesoft fortzusetzen. Mittlerweile sind die Prozesse bei der Produktion von E-Books (Ansprechpartner, Vorlagen, Bereitstellung der Exportdateien, Dauer der Konvertierung, Support, Kontrolle und Fehlerkorrektur, Publikation etc.) genau definiert. Die Konvertierung von insgesamt zehn ILIAS-Lernmodulen hat jedoch gezeigt, dass sich nicht alle Lernobjekte gleich gut als E-Books eignen. Deshalb wird künftig bei den Kick-Off-Meetings zur Produktion neuer Lernmedien eine Entscheidungshilfe zum Einsatz kommen. Ziel dabei ist es, durch die Gewichtung verschiedener Kriterien eine Empfehlung abzugeben, ob Lernmedien besser als Lernmodul in ILIAS, als E-Book in beook oder in begründeten Fällen auf beiden Kanälen umgesetzt werden. Neben ILIAS als Ausgangsprodukt sollen auch vermehrt E-Books aus Vorlagen wie Microsoft Word und InDesign produziert werden.

Wie bereits das Pilotprojekt gezeigt hat, reicht es nicht, den Studierenden einfach E-Books zur Verfügung zu stellen. Vielmehr müssen Arbeitstechniken aufgezeigt und diese in Unterrichtsszenarien erprobt werden, damit die Studierenden diese Medien für ihre Bedürfnisse gewinnbringend einsetzen können (vgl. Baumgartner, 2015a, S. 10). Dazu gilt es an der PH Zürich noch mehr Erkenntnisse über das Lern- und Arbeitsverhalten der Studierenden mit E-Books zu gewinnen.

Literatur

Baumgartner, S. (2015a). *Evaluation E-Book Geschichtsbewusstsein*. PH Zürich. Verfügbar unter: https://phzh.ch/globalassets/stud.phzh.ch/dienstleistungen/digital_learning/downloads/evaluation-e-books-2014-baumgartner.pdf [Stand: 07.02.2016].

Baumgartner, S. (2015b). *ILIAS-Lernobjekte. Evaluationsbericht*. PH Zürich. Verfügbar unter: https://phzh.ch/globalassets/phzh.ch/ueber-uns/dlc/downloads/evaluation-ilias-lernobjekte.pdf [Stand: 24.01.2016].

Ingold, U. (2011). *Der Einsatz von Lernobjekten im mediengestützten Selbststudium.* Evaluationsbericht. PH Zürich. Verfügbar unter: https://phzh.ch/globalassets/phzh.ch/ueber-uns/dlc/downloads/evaluationsbericht_lernobjekte.pdf [Stand 24.01.2016].

Ingold, U. & Noetzli, C. (2011). Lernobjekte als Motor der Hochschulentwicklung. *Beiträge zur Lehrerinnen- und Lehrerbildung*, *29*(2), 224–238. Verfügbar unter: http://www.bzl-online.ch/archivdownload/artikel/BZL_2011_2_224-238.pdf [Stand: 24.01.2016].

Raunig, M. & Lackner, E. (2015). *Interaktive E-Books – technische und didaktische Empfehlungen. Leitfaden zur Erstellung und didaktischen Gestaltung von E-Books*. E-Book. Verfügbar unter: http://www.fnm-austria.at/fileadmin/user_upload/documents/Buecher/2015-04_ebook-EPUB2_V10.epub [Stand 07.02.2016].

Ulrike Maier, Armin Egetenmeier, Axel Löffler

Ist Moodle für elektronische Zulassungsverfahren in (fortgeschrittener) Mathematik einsetzbar? – ein Praxisbericht

Zusammenfassung

Elektronische Testsysteme werden inzwischen an vielen Hochschulen und Universitäten eingesetzt, um Eingangskenntnisse von Studierenden zu prüfen oder Klausuren zu automatisieren. Die Einführung solcher elektronischer Prüfungen erweist sich jedoch in technischer, rechtlicher und organisatorischer Hinsicht vielfach als sehr aufwendig. Auch didaktische Aspekte spielen eine große Rolle, da in Papierform vorliegende Unterlagen meist nicht direkt elektronisch übertragen werden können. Der vorliegende Artikel beschreibt Arbeiten zur Implementierung eines elektronischen Zulassungstest im Fach Mathematik 2 an der Hochschule Aalen.

1 Einleitung

Die Nutzung von E-Learning-Elementen in der Hochschullehre und in zugehörigen Prüfungen hat sich in den letzten Jahren deutlich erhöht. Diese elektronischen Elemente dienen häufig dazu, die Eingangskenntnisse der Studierenden in Grundlagenfächern wie z.B. in Mathematik im Selbststudium zu festigen bzw. zu reaktivieren. Oft werden auch digitale, diagnostische Tests eingesetzt, um den aktuellen Leistungsstand für die Studierenden „sichtbar" zu machen (siehe z.B. Greefrath et al. 2014 bzw. Knospe 2012). Einzelne Hochschulen verwenden digitale Tests inzwischen auch in Zulassungsverfahren für Klausuren in Grundvorlesungen (siehe z.B. Daberkow et al. 2016 oder Hochschule Ulm 2016). Daneben beschäftigen sich einige Hochschulen und Universitäten wie beispielsweise die Hochschule Offenburg und die Freie Universität Berlin bzw. die Universität Bremen schon seit längerem mit den organisatorisch, technischen Rahmenbedingungen zur Durchführung von elektronischen Prüfungen (siehe Hochschul Rechenzentrum 2016 bzw. Schulz 2015 oder Bücking 2015).

Der vorliegende Artikel bezieht sich auf die Umstellung eines Zulassungsverfahrens zu einer Semesterklausur einer weiterführenden Mathematik-Vorlesung von Papierform in eine elektronische Form an der Hochschule Aalen. Die Ausführungen beschreiben Fragestellungen, Herausforderungen und Arbeiten zur Realisierung dieser Umstellung.

2 Bisheriges Zulassungsverfahren in Papierform

Zur „Förderung des kontinuierlichen Lernens“ während des Semesters wurde an der Hochschule Aalen im Fach Mathematik 2 des Studiengangs Wirtschaftsingenieurwesen im Wintersemester 2012/13 ein Zulassungsverfahren zur regulären Klausur eingeführt. Hierzu werden seitdem vorlesungsbegleitend wöchentliche Kurztests von 20 Minuten Dauer in Papierform durchgeführt, wobei eine Formelsammlung als Hilfsmittel erlaubt ist. Zur Unterstützung der Studierenden werden außerdem vier Stunden betreute Tutorien pro Woche angeboten, die durchschnittlich eine Teilnahmequote von ca. 60–70% aufweisen. Inhaltlich enthalten die Tests jeweils Wissensfragen (d.h. Fragen zum Vorlesungsskript), eine methodische Aufgabe (zur Abfrage der nötigen Rechentechniken) und eine Verständnisfrage (zur Vertiefung des gelernten Wissens). Insgesamt muss für die Klausurzulassung am Semesterende insgesamt mindestens die Hälfte der möglichen Punkte in den Tests erreicht werden. Dieses Konzept im Fach Mathematik 2 hat sich mit einer Bestehensquote von ca. 70–80% im Zulassungsverfahren und mit bis zu 95% in der Klausur als sehr wirksam herausgestellt. Die Noten in der Klausur haben sich seit Einführung des Zulassungsverfahrens ebenfalls deutlich verbessert. Es gab einige Wiederholer der Klausur, die vor Einführung des Zulassungsverfahrens die Vorlesung besucht hatten und deshalb die Zulassung nicht durchlaufen mussten. Diese Studierenden waren auch bei Klausurwiederholung nicht erfolgreich. Die bestehenden Unterstützungsangebote wurden von dieser Gruppe meist nicht in Anspruch genommen. Da die Durchführung dieses *formativen* Zulassungsverfahrens (d.h. semester-begleitend, siehe Michel & Görtz 2015) personell sehr aufwendig ist, kann es nicht ohne weiteres auf andere Fächer und andere Studiengänge übertragen werden. Im Hinblick auf eine Aufwandsreduktion und die Übertragbarkeit soll daher ein elektronisches Zulassungsverfahren das bisherige Verfahren ergänzen bzw. sogar ersetzen. Hierbei sind insbesondere didaktische Besonderheiten beim Prüfungsdesign (siehe Bücking 2015) zu berücksichtigen. Rechtliche Fragen, die mit der Einführung elektronischer Tests verbunden sind, werden in der Literatur detailliert besprochen (siehe Jeremias 2015) und werden daher hier nicht weiter ausgeführt.

3 Elektronisches Zulassungsverfahren

Als Kernfragen für das Prüfungsdesign ergaben sich folgende übergeordnete Fragen:

- Kann ein elektronisches Zulassungsverfahren das bisherige Verfahren in Papierform generell ersetzen, d.h. ist eine Automatisierung möglich?
- Welcher Aufgabentyp kann elektronisch abgebildet werden?

- Sind die Kenntnisse, die die Studierenden auf diesem Wege erwerben, vergleichbar mit einem Testverfahren in Papierform?

Als Vorarbeit zur eigentlichen Implementierung wurden zunächst folgende Arbeitsschritte durchgeführt: Es wurden Testaufgaben der Papierversion und die zugehörigen Lösungen der Studierenden aus drei Semestern analysiert. Dies ergab eine Liste der häufigen Fehlerquellen und Fehlkonzepte, die insbesondere als Basis für die Entwicklung von Distraktoren (falsche Antwortmöglichkeiten) verwendet werden konnten. Aus den Papieraufgaben wurden anschließend geeignete Aufgaben für die elektronische Aufgabensammlung ausgewählt und in Wissensfragen, Verständnisfragen und methodische Aufgaben eingeteilt. Dabei wurde auch geprüft, welche Fragen ohne Verlust in der Qualität bzw. im Schwierigkeitsgrad direkt in geschlossener Form formuliert werden können. Darüber hinaus standen weitere didaktische Aspekte im Vordergrund: Eine automatisierte Bewertung ist insofern strenger, dass nur richtig/falsch bewertet wird. Trotzdem sollten Verständnis und Ansätze für Rechenaufgaben elektronisch abgefragt und insbesondere eine vergleichbare Hinführung zur Bewältigung von Klausuraufgaben erreicht werden, wie Tests in Papierform es erlauben. Ausgewählte Rechenaufgaben wurden deshalb in Teilaufgaben zerlegt und Zwischenergebnisse über Multiple-/Single-Choice abgefragt. Eine Vorgabe von strikten Rechenwegen automatischer Systeme schränkt Studierende eventuell in der Lösungsfindung ein. Um dennoch genügend Freiheit für mögliche alternative Lösungswege zu gewährleisten, können prinzipiell auch Freitext-Aufgaben verwendet werden. Diese sind aber bei einer (automatischen) Korrektur schwieriger zu bewerten. Für die Umsetzung des elektronischen Zulassungsverfahrens sollte ein passendes Learning Management System (LMS) gesucht werden, das nach Aufbau einer entsprechend umfangreichen Aufgaben-Datenbank eine schnelle und flexible Erstellung neuer Tests ermöglicht und eine schnelle Rückmeldung über den Lernfortschritt liefert. Hierfür stehen verschiedene kommerzielle und Open-Source-Softwarelösungen zur Verfügung (siehe Schulz 2015 oder Huth 2015). Da an der Hochschule Aalen das Open-Source-LMS-Moodle im Einsatz ist, wurde dieses System als Medium für die Implementierung der entwickelten elektronischen Aufgaben verwendet. Für die hier vorgesehene Anwendung des LMS musste geklärt werden, wie Fragen und Aufgabenstellungen in Moodle sinnvoll klassifiziert werden können (Wissensfragen, Verständnisfragen, Analysefragen, Synthesefragen, Anwendungsfragen oder Bewertungsfragen), welche Frageformate in diesem Tool verfügbar sind (z.B. Multiple-Choice, Zuordnung, Lückentext-Frage, Freitextaufgabe) und welche Frageformate für die verschiedenen Fragetypen der Klassifizierung jeweils als geeignet erschienen. Da Moodle über keinen geeigneten Formeleditor zur Eingabe von umfangreichen Formeln verfügt und die Einbindung von Latex-Formeln in Moodle schwierig, fehleranfällig und optisch nicht sehr ansprechend ist, wurde als Ergänzung das Plugin Wiris[1] beschafft. Im Wiris-Editor kann man aus einer Reihe von „Bausteinen" die gewünschte Formel zusammensetzen und auch Größe und Schriftart der Formeln festlegen (ähnlich wie in Word). Neben dem Formeleditor ist ein weiterer Vorteil dieser Moodle-Ergänzung, dass eine Erzeugung und Einbinden von Funktionsgraphen sowie die Programmierung von Varianten zur Erstellung leicht abgewandelter Aufgaben ebenfalls möglich ist. Solche Varianten sind für elektronische Tests dringend erforderlich, um Betrugsversuche leichter zu unterbinden. Da eine Kombination verschiedener Frageformate im LMS-Moodle (sowohl ohne als auch mit Wiris) nicht ohne weiteres möglich ist, haben sich Formelabfragen oder auch die Abfrage von Zwischenergebnissen bei Rechenaufgaben als unerwartet kompliziert herausgestellt und mussten entgegen der ursprünglichen Planung auch mit Hilfe von Multiple-/Single-Choice-Formulierungen umgesetzt werden. So können beispielsweise Aufgaben zur Taylorreihe nicht als Formeln konzipiert werden, in die von den Studierenden Exponenten oder Koeffizienten in einem Lückentext eingefügt werden sollen. An der Hochschule Aalen konnte eine Aufgabensammlung mit derzeit 100 Aufgaben (ohne Zählung von Varianten) zur Vorlesung Mathematik 2 entworfen und umgesetzt werden. Zu allen relevanten Themengebieten der Vorlesung konnten damit Aufgaben für ein Zulassungsverfahren in einer ersten Version angelegt werden.

4 Fazit und Ausblick

Grundsätzlich ist das LMS Moodle zusammen mit dem Plugin Wiris für die Erstellung elektronischer Tests in weiterführender Mathematik gut geeignet. Eine automatische Bewertung der Bearbeitungen ist ebenso möglich wie direkte Rückmeldungen an den Nutzer über die Korrektheit von Testantworten. Verständnisfragen lassen sich gut realisieren (z.B. über Multiple Choice). Formelabfragen und Rechenaufgaben sind schwieriger umzusetzen. Der Anfangsaufwand zum Anlegen einer elektronischen Aufgabensammlung ist beträchtlich (z.B. Aufbereitung von Aufgaben in geschlossene Form oder Zerlegung in geeignete Teilaufgaben). Die eigentliche Testerstellung aus der entwickelten Aufgabensammlung ist hingegen einfach und komfortabel. Die Erfahrungen an der Hochschule Aalen zeigen, dass eine vorherige Analyse häufig vorkommender Fehler/Fehlkonzepte unabdingbar für die Erstellung von Distraktoren ist. Die Umsetzung fortgeschrittener mathematischer Aufgaben in eine elektronische Form sollte von *fachlich* und *didaktisch kompetenten* Personen geleistet werden. Das entwickelte elektronische Testsystem soll in den nächsten Semestern im Studiengang Wirtschaftsingenieurwesen praktisch erprobt werden. Die Rechnerpools, in denen die Tests stattfinden sollen, müssen hierzu noch entsprechend vorbereitet werden (siehe Daberkow et al. 2016 oder Schulz 2015).

1 http://www.wiris.com/

Sobald das System sich etabliert hat, soll es auch auf andere Studiengänge übertragen werden. Die strikte Einhaltung von Form bzw. Gestaltung von Aufgaben sollte einen Transfer des Zulassungsverfahrens erleichtern.

Literatur

Bücking, J. (2015). Qualitätsmanagement bei E-Klausuren: Risikoanalyse und QS-Maßnahmen für Strukturen, Prozesse und Inhalte. In N. Apostolopoulos et al. (Hrsg.), *GML² 2015: Grundfragen Multimedialen Lehrens und Lernens – E-Examinations: Chances and Challenges* (S. 100–112). Münster: Waxmann

Daberkow, A., Klein, O., Frey, E. & Xylander, Y. (2016). Wirksames mediales Lernen und Prüfen mathematischer Grundlagen an der Hochschule Heilbronn. In A. Hoppenbrock et al. (Hrsg.), *Lehren und Lernen von Mathematik in der Studieneingangsphase. Herausforderungen und Lösungsansätze. Herausforderungen und Lösungsansätze* (S. 85–99). Wiesbaden: Springer Spektrum.

Greefrath, G., Neugebauer, C., Koepf, W. & Hoever, G. (2014). Studieneingangstests und Studienerfolg. Mögliche Zusammenhänge am Beispiel zweier Hochschulen. In J. Roth & J. Ames (Hrsg.), *Beiträge zum Mathematikunterricht 2014* (S. 451–454). Münster: WTM-Verlag.

Hochschul Rechenzentrum: *bwEKlausuren*, http://rz.hs-offenburg.de/projekte/laufende-projekte/bweklausuren/, Zugegriffen 29.02.2016.

Hochschule Ulm: *Integriertes Lernen HS Ulm (ILU)*, http://www.hs-ulm.de/org/IHD/IntegriertesLernenHSUlmILU/, Zugegriffen 29.02.2016.

Huth, D. (2015). Vergleich der gängigen Prüfungssoftwarelösungen. In N. Apostolopoulos et al. (Hrsg.), *GML² 2015: Grundfragen Multimedialen Lehrens und Lernens – E-Examinations: Chances and Challenges* (S. 115–133). Münster: Waxmann.

Jeremias, C. (2015). Prüfungsrechtliche Rahmenbedingungen für elektronische (Präsenz-)Prüfungen. In N. Apostolopoulos et al. (Hrsg.), *GML² 2015: Grundfragen Multimedialen Lehrens und Lernens – E-Examinations: Chances and Challenges* (S. 54–62). Münster: Waxmann.

Knospe, H. (2012). *Zehn Jahre Eingangstest Mathematik an Fachhochschulen in Nordrhein-Westfalen,* 10. Workshop Mathematik für ingenieurwissenschaftliche Studiengänge. Hochschule Ruhr-West, Mülheim an der Ruhr.

Michel, L.P. & Görtz, L. (2015). *Digitales Prüfen und Bewerten im Hochschulbereich.* Gütersloh: CHE Centrum für Hochschulentwicklung.

Schulz, A. (2015). E-Examinations in a nutshell: Lessons learnt. In N. Apostolopoulos et al. (Hrsg.), *GML² 2015: Grundfragen Multimedialen Lehrens und Lernens – E-Examinations: Chances and Challenges* (S. 12–34). Münster: Waxmann.

Claudia Börner, Nadine Schaarschmidt, Thomas Meschzan, Sylvia Frin

Innovation in der Lehre – Sind Videos im Hochschulalltag angekommen?

Zusammenfassung

Der Einsatz von Videos in der Lehre stellt kein neues Phänomen dar. Dennoch geraten Videos vor dem Hintergrund des Digital Turn zunehmend in den Fokus formeller und informeller Lehr-/Lernprozesse an den Hochschulen. Dies resultiert vor allem aus den vergleichsweise einfachen Produktions- und Distributionsmöglichkeiten und den Vorteilen, die in Verbindung mit der Lernform Video stehen. So kann es beispielsweise für Studierende durchaus von Vorteil sein, wenn Vorlesungen „konserviert" werden und diese in Abhängigkeit der eigenen Lernvorlieben (mehrfach) konsumierbar sind. Aus Sicht der Lehrenden hingegen handelt es sich um eine vergleichsweise ökonomische Form der Speicherung von Lerninhalten, die gewissermaßen „nebenbei" anfällt.

Der Beitrag geht auf Basis einer empirischen Bedarfs- und Ist-Stand-Analyse der Frage nach der Verbreitung und dem didaktischen Zweck des Videoeinsatzes in der Hochschullehre nach. Der Analyse wurde ein Vorschlag für eine Systematik der verschiedenen Videotypen zugrunde gelegt, die im Rahmen des Beitrages zur Diskussion gestellt wird.

1 Methodisches Vorgehen und Stichprobe

Ziel der durchgeführten Bedarfs- und Ist-Stand-Analyse war die wissenschaftliche Grundlegung einer zu entwickelnden Videoplattform im Freistaat Sachsen[1].

Dabei wurden die Bedarfe der Anwender (Lehrende, Studierende, Forschende, Mitarbeiterinnen und Mitarbeiter der Öffentlichkeitsarbeit)[2] und der technischen Fachexperten im Bereich audiovisueller Medien durch verschiedene Befragungen

1 Das Verbundprojekt „Videocampus Sachsen" (09/2015–12/2016) wird vom Sächsischen Staatsministerium für Wissenschaft und Kunst finanziert und federführend vom Medienzentrums der TU Bergakademie Freiberg koordiniert. Das Projekt ist als interdisziplinäre, kumulative Machbarkeitsstudie angelegt und beinhaltet insgesamt neun Vorhaben von sieben weiteren sächsischen Hochschulen.

2 Der Beitrag bezieht sich lediglich auf Hochschullehrende und Studierende sowie auf den Einsatz von Lehrvideos, nicht auf ihre Produktion. Im Rahmen der durchgeführten empirischen Studien wurden zudem Forschende und Mitarbeiter der Öffentlichkeitsarbeit befragt und darüber hinaus auch die Bedarfe und Schwierigkeiten bei der Produktion von Lehrvideos erfasst.

im Zeitraum von Oktober 2015 bis Februar 2016 erfasst. Im ersten Schritt wurden Gruppendiskussionen an verschiedenen sächsischen Hochschulen durchgeführt. Ziel der Exploration war es, einen Überblick über die Vielfalt der didaktischen Standardszenarien, den Ist-Stand, den Bedarfen und Problemen bei der Produktion und dem Einsatz videobasierter Inhalte zu erhalten. Die Ergebnisse der Inhaltsanalyse stellten die Grundlage für die Klassifikation der Videotypen (vgl. Absatz 2) sowie für die im Anschluss durchgeführte Quantifizierung der Verbreitung in Form einer Fragebogenerhebung dar. Die Stichprobe der Fragebogenerhebung wurde zielgruppenspezifisch erzeugt. Insgesamt haben 1263 Studierende und 83 Hochschullehrende an der Online-Befragung teilgenommen.

2 Typen von Videos – Klassifikation

Um differenzierte Aussagen über die Verbreitung von videobasierten Einsatzszenarien in der Hochschullehre treffen zu können, bedarf es einer Klassifikation bzw. Operationalisierung der verschiedenen Typen von Videos (z.B. Webinar, Vorlesungsaufzeichnung). Bislang existiert noch keine allgemeingültige Taxonomie, wohl aber Versuche, die unterschiedlichen Arten von Videos mittels verschiedener Parameter zu systematisieren. So stellt Handke (2015, S. 59f.) die Aufnahmemethode, die Inhaltsvermittlung, den Aufnahmeort (Setting), die Spieldauer und die Integration als mögliche Parameter zur Diskussion und schlägt schließlich eine Taxonomie anhand der beiden Parameter Setting und Spieldauer vor (vgl. Handke 2015, S. 81). Im Rahmen der Anforderungen der o.g. Bedarfs- und Ist-Stand-Analyse erwies sich die Einordnung der verschiedenen Videotypen hinsichtlich der Parameter Aufnahmeort und Spieldauer als nicht ausreichend differenziert und flexibel. Darüber hinaus war eine Taxonomie erforderlich, die möglichst die in der Hochschullehre verwendeten Begriffe berücksichtigt, da im Rahmen der Fragebogenerhebung Hochschullehrende und Studierende Aussagen über die von Ihnen genutzten Videotypen treffen sollten.

Vor dem Hintergrund der Anforderungen wurde ein weiterer Vorschlag einer Videoklassifikation entwickelt (vgl. Tab. 1), der die terminologische Grundlage der empirischen Erfassung der Szenarien darstellt. Die Klassifikation berücksichtigt die Parameter Produktionsaufwand, Dauer, Interaktionsmöglichkeit (Rückkanal), Aufnahmeort, Aufnahmemethode sowie die zeitliche Verfügbarkeit der Videoinhalte (Echtzeit). Bei der Beschreibung der Videotypen wurde teilweise bewusst auf die Darstellung von Parametern verzichtet. Beispielsweise wenn eine Ausprägung in alle Richtung möglich erscheint und der Parameter damit nicht ausreichend beschreibend ist. Zum Beispiel ist der Parameter Dauer bei dem Videotyp E-Lecture wenig relevant (E-Lectures können eine kurze, aber auch lange Spieldauer haben), wohl aber die Aufnahmemethode, d.h. ob ein Sprecher im Zentrum der Aufnahme steht und somit ein wesentliches Unterscheidungskriterium z.B. vom Tutorial darstellt. Im Zentrum der Beschreibung steht demzufolge jeweils der Parameter, der den entsprechenden Videotyp in geeigneter Weise beschreibt.

Tab. 2: Vorschlag einer Videoklassifikation

Webinare	Online-Veranstaltungen, die mit Hilfe eines Konferenzsystems (z.B. Adobe Connect) live übertragen werden und eine synchrone, aber ortsunabhängige Lehrveranstaltung ermöglichen (Echtzeit). Ein Rückkanal gestattet Interaktionen mit dem Referenten oder unter den Teilnehmenden.
Livestreaming	Livestreaming beschreibt die Übertragung von Ton und Bild von (Lehr-)Veranstaltungen in Echtzeit. Ein Rückkanal ist unüblich.
E-Lectures/ Vorlesungsaufzeichnungen	Ein per Video aufgezeichneter Vortrag (inkl. Folienpräsentation) der Lehrperson oder eines Experten sowie der Mitschnitt wird den Studierenden zur Verfügung gestellt. Der Mitschnitt kann didaktisch nachbereitet (sequenziert, mit zusätzlichem Material angereichert) werden und sowohl in einer Vorlesung als auch unabhängig von einer (Lehr-) Veranstaltung in Präsenz (z.B. im Studio oder Büro) aufgenommen worden sein.
Tutorials/ Erklärvideos	Ein spezifischer Themenausschnitt wird in vergleichsweise kurzer Zeit (wenige Minuten bis max. 20 Minuten) vermittelt; bspw. in Form von Animationen oder Bildschirmaufzeichnungen (Screencasts) aufgezeichnet. Der thematisierte Inhalt wird nicht erschöpfend und umfassend behandelt.
Pod-/Vodcast	Beiträge, die entweder ausschließlich eine Tonspur oder neben dem Audio-Signal auch ein Video-Signal enthalten und zum Abspielen auf mobilen Endgeräte optimiert sind. Die Video-Datei kann durch weitere Informationsträger (z.B. digitalisierte Folien, Sprungpunkte oder Hyperlinks) angereichert werden. Durch die Abonnierfunktion von Pod- und Vodcasts können regelmäßige Beiträge zu einer Themenreihe verfolgt werden.
Lehrfilme	Ein vergleichsweise aufwändig produziertes, didaktisch nachbereitetes Video zu einem spezifischen Themengebiet zur Wissensvermittlung.
Videos als Analysegegenstand	Selbstaufgezeichnetes Material oder Ausschnitte fremdproduzierter Filme dienen u.a. der Veranschaulichung und Analyse von eigenem oder fremden Verhalten bzw. spezifischen Situationen oder sind selbst Gegenstand der Untersuchung (Film als Dokument).

3 Verbreitung und Einsatzzweck von Lehrvideos

Insgesamt kann konstatiert werden, dass Videos im Lehralltag an den Hochschulen angekommen sind[3]: 79% der befragten Studierenden und 83% der befragten Lehrenden verwenden bzw. setzen Videos in der Lehre ein. Bei der Kategorie „Tutorials und Erklärvideos“ handelt es sich über alle Zielgruppen um die am meisten eingesetzte bzw. genutzte Form des Lehrvideos. 72% der Studierenden und 70% der Lehrenden nutzen Tutorials und Erklärvideos regelmäßig bis unregelmäßig.

Die Nutzung von Lehrfilmen im Studium steht bei Studierenden mit 63% an zweiter und bei Lehrenden mit 56% an dritter Stelle. Videos als Analysegegenstand werden bei Lehrenden von 61% der Befragten eingesetzt und rangieren damit auf Platz zwei der am meisten eingesetzten Typen. Bei den Studierenden arbeiten nur 46% mit diesem Videotyp (4. Rangplatz). E-Lectures und Veranstaltungsaufzeichnungen werden nur von knapp der Hälfte der befragten Studierenden (49%) und Lehrenden (45%) verwendet. Eine eher untergeordnete Rolle spielen die Videoarten Webinare, Livestreaming und Pod- bzw. Vodcasts.

Tab. 3: Nutzung spezifischer Videotypen (Studierende: N = 1263, Lehrende: N = 83)

Videotyp	von Studierenden genutzt	von Lehrenden eingesetzt
Tutorials/Erklärvideos	72,4%	69,8%
Lehrfilme	63,0%	56,2%
E-Lectures/Vorlesungs-aufzeichnungen	49,4%	45,2%
Videos als Analysegegenstand	45,6%	60,9%
Pod-/Vodcasts	27,6%	21%
Livestreaming	17,0%	21,9%
Webinare	15,6%	22,2%

Hinsichtlich des Einsatzzweckes wurde die Häufigkeit der Nutzung in Bezug auf verschiedene didaktische Handlungsfelder in der Hochschullehre erfasst (vgl. Tab. 4). Dabei zeigt sich, dass alle in der Studie berücksichtigten Videotypen vornehmlich zum Zweck der Wissensvermittlung (Lehrende) bzw. -aneignung (Studierende) genutzt werden. Eine Ausnahme stellt in diesem Zusammenhang lediglich die Kategorie „Video als Analysegegenstand“ dar, dieser Videotyp wird

3 An dieser Stelle ist der Gültigkeitsbereich der Studie zu berücksichtigen. Die erfassten Daten stammen aus dem Hochschulraum Sachsen. Eine Übertragbarkeit der Ergebnisse auf den bundesweiten Hochschulraum bedarf weiterer repräsentativer Erhebungen. Eine Tendenz der aktuellen Verbreitung ist jedoch ablesbar.

geringfügig häufiger von den Lehrenden zur Reflexion von Lerninhalten und/ oder Verhalten als zur Wissensvermittlung verwendet.

Insbesondere E-Lectures und Vorlesungsaufzeichnungen sowie Tutorials, Erklärvideos und Lehrfilme werden vergleichsweise häufig zum Zweck der Wissensvermittlung bzw. -aneignung eingesetzt. Selten werden hingegen Videos mit dem Ziel der Kommunikation und Kooperation sowie der Wissensüberprüfung/-anwendung verwendet. Nicht erwartungskonform ist dabei der Befund, dass das Webinar – trotz seines deutlich „kommunikativen Potentials" – von Hochschullehrenden häufiger zum Zweck der Wissensvermittlung als zum Austausch (Kommunikation und Kooperation) unter den Studierenden bzw. mit der Lehrperson eigesetzt wird.

Tab. 4: Einsatzzweck erfasster Videotypen (Mittelwerte, Skala: 1 = nie; 4 = immer)

Einsatzzweck Lehrender	Webinar	Livestreaming	E-Lectures/ Vorlesungs-aufzeichnungen	Tutorials/ Erklärvideos	Pod-/Vodcasts	Lehrfilme	Videos als Analyse-gegenstand
zur Wissensvermittlung	2,85	2,58	3,38	3,08	2,20	3,06	2,90
zur Reflexion von Lerninhalten (Wissen) und/oder Verhalten	2,43	1,91	2,17	2,26	2,20	2,32	3,03
zur Kommunikation/Kooperation	2,00	2,00	1,78	1,56	2,00	1,76	2,28
zur Wissensüberprüfung/-anwendung	1,92	1,73	1,42	1,88	1,30	1,77	2,38

4 Herausforderungen und Ausblick

Videos – so legen es die empirischen Daten der Studie nahe – sind im Lehralltag der Hochschulen „angekommen" und werden sowohl von Studierenden als auch von Lehrenden verwendet. Ihr Stellenwert lässt sich jedoch erst im Verhältnis zum Einsatz und zur Nutzung anderer Medien sowie zum Umfang des „normalen" Lehr- bzw. Studienalltag umfassend darstellen. Somit zeigen sich an dieser Stelle Möglichkeiten für weitere Forschung. Weiterhin wird auch deutlich, dass Videos bislang eher einseitig – zur Wissensvermittlung bzw. -aneignung – genutzt und somit Potenziale der Lernform Video nicht umfänglich ausgeschöpft werden. Videos ließen sich neben der Wissensvermittlung z.B. auch zur Interaktion und Kommunikation einsetzen bzw. zur Wissensüberprüfung mittels integrierter Test oder als Abgabegegenstand. Als Schwierigkeiten bzw. Herausforderungen werden seitens der Lehrenden vergleichsweise häufig rechtliche Hürden und organisatorisch-zeitliche Aufwände genannt. Studierende hingegen führen auch organisatorisch-zeitliche Schwierigkeiten an, bemängeln aber gleichzeitig didaktische Probleme, die sie in der mangelnden Interaktion beim Videoeinsatz wahrnehmen.

Die Befunde der Studie geben Aufschluss darüber, dass Videos nicht wie eingangs erwähnt „en passant" entstehen, sondern auch hier seitens der Lehrenden organisatorisch-zeitliche Hürden (z.B. durch das Einbinden zentraler Servicezentren oder gänzlich durch die eigenständige „Produktion" videobasierter Inhalte) bestehen.

Literatur

Handke, J. (2015). *Handbuch Hochschullehre Digital. Leitfaden für eine moderne und mediengerechte Lehre.* Marburg: Tectum Verlag.

Philipp Marquardt

Bildung, (digitales) Medium, Kollaboration: Über die Kompatibilität der Begriffe und Theorien

Zusammenfassung

Aus bildungsphilosophischer Perspektive werden der klassische Bildungsbegriff, aktuelle Bildungstheorien und ihre Kompatibilität mit dem digitalen Medium unter dem Aspekt *Kollaboration* kritisch reflektiert. Über das Phänomen *Medialität,* die Krise des Subjekts und der Netzwerktheorie wird mit der Logik medialer Vernetzung Kollaboration (hier nicht im Sinne kooperativer Arbeitsteilung verstanden, sondern: ‚gemeinsam etwas tun, das allein nicht gelänge') offenbar.

Klassische Bildung, Medium, Kollaboration

In der christlichen Tradition galt es als Ziel des Menschen, sich zum Ebenbild Gottes zu bilden. Der emphatische neuzeitliche Bildungsbegriff ist als Unikum des Deutschen Idealismus (18./19. Jh.) entstanden. Der Begriff lässt sich nicht direkt, z.B. ins Englische, übersetzen, denn seine Bedeutungen sind zu vielfältig. Sie sind: 1. formieren (z.B. eine Reihe bilden), 2. Herstellung (z.B. bildende Kunst), Gründung (z.B. Organisation), Aufbau (z.B. einer Sache), 3. Entwicklung (z.B. Institutionen bilden), 4. Erziehung, Ausbildung, Wissen (Vgl. Sandkaulen, 2004). Dass Kollaboration mit den Bedeutungen 1-3 in Einklang zu bringen oder gar notwendig ist, sollte evident sein. Schwierig wird es für den Punkt 4 und den komplexen Bildungsidealismus. Bildung bedeutete immer Selbstbildung des Individuums, nicht der Gemeinschaft (Vgl. Jörissen 2016, S. 231). Bildung stellte zudem einen Zweck an sich dar und war daher *Praxis* (Sandkaulen, 2004, S. 2) und fand schon technisch-medial statt (Medium Buch). Dies suggeriert Solipsismus, doch Bildung erfolgt auch durch Fremdperspektiven und reziproken Austausch im Sozialisationsprozess (Sandkaulen, 2004, S. 4), sei es auch nur durch Texte. So kann Kollaboration Teil von Bildung, Nebenprodukt, aber nicht kollaboratives Sich-Bilden sein. Klassische Bildung ist noch am ehesten in den Geisteswissenschaften, in denen kollaborative Praxis als „terra incognita" (Schönert, 2015, S. 95) gilt, realisiert. In anderen Wissenschaften hat Kollaboration einen viel höheren Stellenwert. Das mag daran liegen, dass in Natur- und Sozialwissenschaften klare Objekte oder Probleme, die es zu erkennen, erforschen oder lösen gilt, definiert sind, die eben nicht das Selbst und seine kulturellen Erzeugnisse betreffen. Sie sind vielmehr „sachorientiert“ (Schönert, 2015, S. 299), zwar komplex, aber arbeitsteilig (*divide & conquer*) beherrschbar. Unter dem Paradigma von „erlernbarem“ Wissen sowie der Messbarkeit steht einer digitalisierten Automatisierung theoretisch wenig im Wege.[1] Selbstbildung ist aber mehr als das *Lernen* von Faktenwissen und entzieht sich einer quantitativen Beschreibung. In curricularen Studiengängen ist allerdings fraglich, wie viele der Inhalte, insbesondere außerhalb der Geisteswissenschaften, einem Bildungsidealismus gerecht würden. Durch den Medienwandel sehen sich nun traditionelle Strukturen und Rollenbilder (von Lehrpersonen) zusehends genötigt, ihren Bildungswert zu explizieren, um der digitalen Automatisierung zu entgehen oder sie werden in Kollaborationen gedrängt. Muss die Lehrperson, stärker als Vorbild und Person auftreten, die den Bildungswert von Wissen, Situation und Aktion aus größerer Erfahrung heraus einschätzen kann, statt als Wissensträger[2]? Sind sie noch notwendig oder wenigstens nützlich und emphatische Vertreter ihrer Fachtraditionen[3]? Positiv betrachtet stellt dies den Wert klassischen Bildungsidealismus möglicherweise *neu* oder gar erstmals *transparent* heraus. Nicht jedes Grundlagen- und Faktenwissen hat einen idealistischen Bildungswert; trotzdem ist es notwendig. Andererseits wird idealistische Bildung, fernab der Erwirtschaftung von Lebensgrundlagen, Utopie bleiben. Pauschale Rückweisungen des Medialen wären anachronistisch und inkonsequent. Ressentiments sind wohl in Ängsten um Daseinsberechtigung, Niveauverfall oder Entfremdung begründet. Klassische Bildungsinstitutionen werden zudem von instrumentalisierter Bildung zu rein ökonomischen Zwecke privater Anbieter, aber auch durch selbstgenerierte Wissensstrukturen in ‚freien‘ Netzen in Frage gestellt. Kollaboration wird durch digitale Ökonomie begünstigt: ein Produkt muss nicht mehr (auf-)geteilt oder limitiert werden, sondern jeder kann Kopien nach Belieben anpassen. So kann der Nutzen für jeden Einzelnen viel größer als die Summe der Einzelleistungen sein. Die Frage nach Gründen für und Nutzen von Kooperation (als Vorstufe der Kollaboration) ist gar nicht unbedingt notwendig, da sie einfach ‚natürlich‘ stattfindet, wie empirische Forschung dazu zeigt: So wird Kooperation anthropologisch-evolutionär begründet (Tomasello, M. (2011): Warum wir kooperieren; Vgl. Schönert, 2015, S. 296) oder die Spieltheorie wird herangezogen, um das ‚natürliche‘ Phänomen der Kooperation von Egoisten zu beschreiben (Vgl. Schönert, 2015, S. 296).

1 Wahrscheinlich sind auch deshalb die meisten Forschungsprojekte zu ‚Neuen Medien‘/ E-Learning empirisch-quantitativ.

2 Ist Wissen an ein Subjekt (vielleicht auch Kollektivsubjekt) gebunden? So klagt schon Platon über die Schrift als Medium der Rememorierung (*hypomnesis*) und nicht des Wissens (*anamnesis*) (Wimmer, 2013, S. 310). Medien sind dann immer nur eine Annäherung an Wissen oder der Versuch dieses zu induzieren. Daher ist Wissen subjektiv zu besitzen nach wie vor Grundlage von Bildung.

3 Allerdings weicht Medialität Disziplingrenzen auf: die Zwischenräumen der Disziplinen werden medial vernetzt und dadurch schließen sich *gaps* und es folgt ein Mehr an Transdisziplinarität und damit auch Kollaboration, zumindest der Wissenschaften.

Sind die Begriffe *Medium* und *Kollaboration* kompatibel? Ersterer ist traditionell vom Spiritismus geprägt: eine Person oder Sache ist Medium zu Göttern oder Verstorbenen (Vgl. Röttgers, 2003, S. 3). Im Lateinischen ist *Medium* Mitte, Mittelpunkt, ein Mittleres. So kann es auch als ein (ver-)mittelndes oder neuzeitlich als *Mittel* zu einem Ziel, zu Handlungszwecken (Röttgers, 2003, S. 3) aufgefasst werden. Aber bereits die Frage ‚was' ein Medium *ist,* ist falsch, da sie ein substantielles Etwas oder eine Person impliziert. Im Sinne des Mediums als ein *Zwischen* muss die Perspektive verändert und nach der Struktur von Medialität und ihrer Funktion gefragt werden (Röttgers, 2003, S. 8). So sollte das (digitale) Medium mit der Metapher des Feldes, analog zur Theorie des elektromagnetischen Feldes, also als Struktur, verstanden werden (Röttgers, 2003, S. 8): „Problemlösung gleicht im Medium nicht mehr der Auffindung des Oberbegriffs [.,.] auch nicht mehr dem […] Erklären mit Gesetzen […], sondern Problemlösen im Medium ist Mustererkennung […]. Es ist strategisch und nicht axiomatisch" (Röttgers, 2003, S. 8). Die Perspektivenverschiebung geht noch weiter, wenn „nicht mehr deswegen kommuniziert [wird], weil ein autonomes Subjekt es so wollte, sondern es wird kommuniziert, was kommunizierbar ist" (Röttgers, 2003, S. 9). Kollaboration und Kommunikation sind reziprok medial vermittelt: „Das Denken des einen Partners entzündet sich an dem des anderen, und kraft dieser Wechselwirkung bauen sie beide, im Medium der Sprache, eine ‚gemeinsame Welt' des Sinnes für sich auf" (Röttgers, 2003, S. 10).[4] Das Mediale ist ein Apriori: „Es gibt kein Jenseits der Medien […] und Fragen nach einer medial unverfälschten Wirklichkeit verlieren […] ihre Bedeutung […]" sowie: „Das Selbst ist grundlegend medial bedingt" (Wimmer, 2013, S. 310). Bereits das Medium *Schrift*, der *Text*[5], löst sich von der Intention des Subjekts oder Autors, der ein Phänomen des erwachenden Individuums der Aufklärung darstellte und dessen Tod vom Poststrukturalisten Barthes 1968 postuliert wurde. Text knüpft immer schon an Texte an und Sinn erschließt sich quasi in Kollaboration von Autor(en) und Lesern: „es gibt nicht (mehr) jenes als Genie tätige autonome Subjekt, das der Ursprung oder Urheber eines Textes zu sein vermöchte" (Röttgers, 2003, S. 6). Wird die Krise des Subjekts vom Netzwerkdenken weiter vorangetrieben und ermöglicht sie erst Formen genuiner Kollaboration oder *vice versa?* Wie lässt sich der Bildungsbegriff dazu aktualisieren? Sogar aus der Philosophie[6] kommen hierzu revolutionäre Gedanken: „Unter dem Leitbild der Medialität wird man in der Philosophie nicht mehr schauen, was sogenannte große Denker als vermeintlichen Ausdruck aus sich heraus quälten, sondern man wird auf diejenigen Prozesse des Symphilo-

4 Kommunikation ist komplexer als informatische (Shannon) oder kommunikationspsychologische (S.v.Thun) Theorien suggerieren.

5 *Text* trägt im etymologischen Sinne, als ‚Gewebe', schon die Metapher der Vernetzung in sich.

6 Die *prima scientia* im historischen Sinne war und ist immer noch Anwalt der klassischen Bildung.

sophierens zu achten haben, in denen der Gedanke als Gestaltung eines transzendentalen Wir, dessen Ort das Zwischen ist, erscheint. Originalität, d.h. der Gestus, man selbst sei ein Ursprung, ein bedeutender zudem, wird nicht mehr prämiert, sondern die erfolgreiche Vernetzung eines Gedankens“ (Röttgers, 2003, S. 7–8). Auch in der Kunst, einst Refugium des Genies, werden Kollaborationen vollzogen, die sichtbar, motiviert und akzeptiert werden – eben durch die Möglichkeiten medialer Formen (Krebber, 2015, S. 275). Kollaboration in Netzwerken[7] sind im Sinne eines aktualisierten Bildungsbegriffs im Zeitgeist: die veränderte Medialität verändert (reziprok) die Subjektivität (Jörissen, 2015, S. 7). Der subjektzentrierte Bildungsbegriff der Moderne wird nicht mehr als kompatibel mit den auf „kollaborativen und netzwerkförmigen sozio-technischen Prozessen beruhenden Bildungspraktiken in globalen digitalen Kommunikationsnetzen“ angesehen und deshalb wird für einen neuen Bildungsbegriff statt des *Subjekts* der Begriff *Sujet* vorgeschlagen (Meyer, 2015, S. 94). Konnotationen werden dann analog zur Kunstgeschichte, aber im Sinne eines Kollektivsubjekts oder Communities verwendet (Vgl. Jörissen, 2015, S. 8). Netzwerktheoretische oder posthumanistische Bildungstheorien basieren hauptsächlich auf der soziologischen Akteur-Netzwerk-Theorie von Latour. Entgegen erziehungswissenschaftlicher Trends wird in der strukturalen Bildungstheorie nach Marotzki/Jörissen[8] an einer Unterscheidung von Lernen und Bildung festgehalten. Der Begriff erfährt eine theoretische Aktualisierung und wird nicht nach Inhalten (oder Kompetenzen), sondern strukturtheoretisch gefasst (Verständig, 2016, S. 4).[9] Als Denkweise jenseits der Dichotomie Subjekt/Objekt findet Kollaboration auch mit der Technik statt: Sie ist ‚gleichberechtigte Partnerin‘ (Belliger et al. 2013). Latour ging es allerdings nicht um eine Symmetrie von Mensch und Maschine, sondern darum, „nicht a priori irgendeine falsche Asymmetrie zwischen menschlichem intentionalen Handeln und einer Welt kausaler Beziehungen anzunehmen (Brauckmann, 2015, S. 195). Kollaboration ist *strukturell* in der Logik von Netzwerken begründet und kann in einem aktualisierten Bildungsbegriff (im Sinne von Transformation von Selbst- und Weltverhältnissen) erscheinen. Die digitale Epoche ist eine mediale Revolution[10]: Medien sind ubiquitär, polymorph, extrem ökonomisch und initiieren fundamentalen kulturellen Wandel. Dies im Sinne von Bildung und zu humanen (auch ökologischen) Zwecken zu steuern, ist nur medial möglich. Eine vertiefte medienphilosophische Reflexion von Medialität und der *Agency* (also auch Kollaborationen) in dieser ist notwendig.

7 Doch wird dann Bildung sehr im Sinne von Herstellung *(build)* verstanden, wie bei Meyer (Meyer, 2014, S. 150) explizit erwähnt.

8 (Vgl. Verständig et al., 2016, S. 2ff; Brauckmann, 2015, S. 191; Jörissen, 2016).

9 Ein Missverständnis des Bildungsbegriffs läge in bildungsbürgerlichen Bildungsgegenständen, -autoritäten, -systemen und Kanons, was niemals ursprüngliche genuine Intention der Bildungsidealisten war, sondern Verfallsform einer Bildungsrealität wäre.

10 Vgl. dazu auch: Der „vernetzte Computer [hat] ebenso dramatische Folgen […] wie zuvor nur die Einführung der Sprache, der Schrift und des Buchdrucks“ (Meyer, 2015, S. 93).

Klassische Bildung und Medienbildung in diesem Sinne (von, über und in Medialität, mit dem Ziel der Selbstbestimmung), wie von Marotzki entworfen (Vgl. Verständig et al., 2016, S. 3–5), sind daher dann nicht mehr widersprüchlich. Kollaboration ist keineswegs nur durch ein Mehr an technologischen Möglichkeiten bedingt, sondern durch fundamentalen strukturellen Wandel im Feld der Medialität: von ontologisch-hierarchischem zu einem Denken in mediatisierten Relationen. Ist die „Heldenfigur europäischer Subjektivität" (Faßler, 2015, S. 32) am Ende? Trotz des *hypes* um Netzwerke, der *Mediamorphosis* unter der das Subjekt ‚verloren und ratlos' ist (Faßler, 2015, S. 32–34), wird es nach *technical ecstasy* und vermeintlichen Revolutionen des Denkens weiterhin existieren und sich bilden wollen und müssen, denn das Subjekt hat „seinen Tod überlebt" (Wimmer, 2013, S. 295). Kollaborativen (kollektivistischen) Formen steht individualistische, pluralisierte Selbstdarstellung in sozialen Netzen gegenüber. Beide Motivationen zu verbinden kann gerade für den Erhalt des Subjekts und seiner Bildung dienlich sein.

Literatur

Belliger, A. et al. (2013). Die Akteur-Netzwerk-Theorie. In M. Ebner et al. (Hrsg.), *L3T Lehrbuch für Lernen und Lehren mit Technologien.* http://l3t.eu/homepage/das-buch/ebook-2013 (12.02.2016)

Brauckmann, B. (2015). Lernen und Bildung in relationaler Perspektive. In B. Jörissen & T. Meyer (Hrsg.), *Subjekt Medium Bildung* (S. 191–214). Wiesbaden: Springer.

Faßler, M. (2015). Mediales Selbst. Bildung fürs Ungewisse. In B. Jörissen & T. Meyer (Hrsg.), *Subjekt Medium Bildung* (S. 19–38). Wiesbaden: Springer.

Jörissen, B. (2015). Bildung der Dinge: Design und Subjektivation. In B. Jörissen & T. Meyer (Hrsg.), *Subjekt Medium Bildung* (S. 215–234). Wiesbaden: Springer.

Jörissen, B. (2016). Zur bildungstheoretischen Relevanz netzwerktheoretischer Diskurse. In D. Verständig et al. (Hrsg.), *Von der Bildung zur Medienbildung* (S. 231–256). Wiesbaden: Springer.

Krebber, G. (2015). Wir. Kollaborative Subjekte – Künstlerische Identitäten – Kunstpädagogische Feldfrüchte. In B. Jörissen & T. Meyer (Hrsg.), *Subjekt Medium Bildung* (S. 269–281). Wiesbaden: Springer.

Meyer, T. (2015). Ein neues Sujet. In B. Jörissen & T. Meyer (Hrsg.), *Subjekt Medium Bildung* (S. 93–116). Wiesbaden: Springer.

Meyer, T. (2014). Die Bildung des (neuen) Mediums – Mediologische Perspektiven der Medienbildung. In W. Marotzki & N. Meder (Hrsg.), *Perspektiven der Medienbildung.* (S. 149–170). Wiesbaden: Springer.

Röttgers, K. (2003). Wer oder was ist ein Medium? http://www.fernuni-hagen.de/KSW/forschung/pdf/fk1_ksw_roettgers.pdf (12.12.2015)

Sandkaulen, B. (2004). La Bildung. http://www.uni-jena.de/unijenamedia/FAZ_Artikel_La_Bildung_II.pdf (12.02.2016)

Schönert, J. (2015). Zu Nutz und Frommen kooperativer Praxis in der Literaturwissenschaft. In L. Danneberg (Hrsg.), *Ethos und Pathos der Geisteswissenschaften* (S. 295–320). Berlin: De Gruyter.

Verständig, D. et al. (Hrsg.) (2016). Einleitung. In D. Verständig et al. (Hrsg.), *Von der Bildung zur Medienbildung* (S. 1–16). Wiesbaden: Springer.

Wimmer, M. (2013). Das Selbst als Phantom. In R. Mayer et al. (Hrsg.), *Inszenierung und Optimierung des Selbst. Zur Analyse gegenwärtiger Selbsttechnologien* (S. 295–322). Wiesbaden: Springer.

Felix C. Seyfarth, Claudia Bremer, Ines Paland-Riedmüller

Integrative Bildungsangebote für Flüchtlinge online skalieren

Ein didaktisches Modell zur Kompetenzvermittlung

Zusammenfassung

Junge Flüchtlinge in Studiengänge zu integrieren überlastet aktuell vorhandene Kapazitäten der Hochschulen. Ihre stark heterogenen Beratungsbedarfe erfordern ganzheitliche Bildungsangebote, die neben Sachwissen auch Studienkompetenzen und sprachliches Handlungsvermögen umfassen. Sofern entsprechende Didaktik online skaliert, können Flüchtlinge deutschlandweit produktive Lerngruppen formen. Ein Onlinekurs zum Erwerb von Studienfähigkeiten, dessen Curriculum neben Bildungssystem und Studienalltag explizit auf Leistungsprofile und Sprachkompetenzen abstellt, wurde mit 1.200 Teilnehmern pilotiert. Das entwickelte didaktische Modell kombiniert selbstgesteuertes, fallbasiertes Lernen (*problem-based learning*), Elemente konnektivistischer Pädagogik (*peer-learning*) und immersive DaF-Methoden (*content- and language-integrated learning*).

1 Herausforderung: Hochschulsystem und Flüchtlinge

Asylbewerber in Deutschland benötigen Beratung für geeignete Ausbildungswege, wobei Bildungsprofile und Sprachkenntnisse der Geflüchteten bislang nur grob geschätzt werden können. Entsprechende Integrationsangebote können somit nur schwierig zentral entwickelt und national angeboten werden; entstehende Mehraufwände sind an den Hochschulen *bottom-up* zu bewältigen: International Offices, Fremdsprachenzentren und Studienberatungen sind durch die Nachfrage studieninteressierter Flüchtlinge massiv überlastet. Unabhängig von asylrechtlichen und formalen Kriterien der Zulassung zum Studium besteht Informationsbedarf für mögliche Studienwege im deutschen Bildungssystem sowie immenser Lernbedarf für Deutsch als Fremdsprache (DaF). Obwohl die Zielgruppe hinreichend präzise konturiert werden kann, erschwert ihre zufällige Streuung über das gesamte Bundesgebiet, spezifische Bedürfnisse in geeigneten Lerngruppen zu adressieren. Im Auftrag der Bundesagentur für Arbeit hat deshalb ein Partnerkonsortium ein geeignetes Onlineformat für skalierbare Kompetenzvermittlung als *Mentored MOOC* Anfang 2016 deutschlandweit pilotiert[1]. Der Onlinekurs bot parallel zum vermittelten Fachwissen individuelle Reflexionsmöglichkeiten auf eigene Lern- und Studierkompetenzen und trainierte sprachliches Handlungswissen im Kontext des Hochschulalltags mit individuellem Feedback. Grundlage der gemeinsam entwickelten handlungsorientierten Online-Didaktik war das aus unterschiedlichen pädagogischen Ansätzen der Partner gemeinsam definierte Kompetenzmodell, das mit im Kurs generierten Feedback kontinuierlich verfeinert wurde.

2 Innovation: Studienfähigkeiten problembasiert vermitteln

Kursadressaten waren studieninteressierte Flüchtlinge in Deutschland, die ihre akademische Ausbildung hier beginnen oder fortsetzen wollen. Der Pilot sollte erstens die Bedarfslage klären, also konkrete Anforderungen und Voraussetzungen der Zielgruppe im Hinblick auf Motivation, Infrastruktur, sozio-geographische Verteilung, individuelle Lernsituationen und Sprachvermögen erheben (vgl. Gallagher & Gallagher 2015). Untersucht wurde zweitens die Akzeptanz selbstgesteuerter, problembasierter Wissensvermittlung via E-Learning, abhängig von Medien-nutzungsverhalten und Bildungssozialisation. Teilnehmende sollten deshalb über grundlegende Deutschkenntnisse (mind. Niveau B1) verfügen. Die Leuphana Universität hat umfangreiche Erfahrungen im Fallstudiendesign für problembasiertes Lernen (*PBL*) zur Kompetenzvermittlung in Großgruppen (vgl. Keller & Seyfarth 2008, S. 90). Diese didaktischen Prinzipien skaliert die Digital School der Leuphana im Format *Mentored MOOC* digital mit konnektivistischen Mechanismen betreuter Gruppenarbeit und Peer-Feedback-Zyklen (Spoun, Keller & Grünberg-Bochard 2013, Watolla 2016). Integrative Informationsangebote und entsprechende Lernmaterialien des International Office der Goethe-Universität Frankfurt und DaF-Onlinekurse zur Studienvorbereitung von g.a.s.t. e.V. wurden immersiven Ansätzen deutschsprachigen Sachfachunterrichtes (*CLIL*) folgend entsprechend der *Mentored MOOC*-Mechanik didaktisiert. Dafür wurden als Lehrmaterial für Sprachübungen und interkulturelle Kompetenzvermittlung auf dem Campus der Goethe-Universität 35 Videos aus dem Studienalltag (Laufzeit: 78 min) produziert. Die operative Phase des Kurses *Ready for Study (www.ready4study.de)* betreute ein vierköpfiges Lehrendenteam mit Fachhintergrund in Fremdsprachendidaktik, MOOC-Pädagogik und PBL-Design, gestützt von sieben Mentoren für individuelle Betreuung der bis zu 1.200 Lernenden. Das fallstudienbasierte Aufgabendesign lässt Kursteilnehmer in die Rolle von Studienberatern für einen (fiktiven) aus-

1 Unter Federführung der Leuphana Universität waren die Gesellschaft für akademische Studienvorbereitung und Testentwicklung (g.a.s.t.) e.V., das Interdisziplinäre Kolleg Hochschuldidaktik der Goethe-Universität Frankfurt sowie das Institut für Deutsch als Fremdsprache der Ludwig-Maximilians-Universität München, der DAAD sowie die Fernuniversität Hagen beteiligt.

ländischen Studienbewerber schlüpfen und verknüpft somit problembasierte Gruppenarbeit für die Kompetenzvermittlung mit dem handlungspragmatischen Ansatz des betreuten Spracherwerbs in einem geeigneten Rahmen für technologiegestützte Lernprozesse skalierbar für große Teilnehmerzahlen.

3 Skalierbare Didaktik für heterogene Lernbedarfe

Das Konzept des *Mentored Open Online Course* ist eine Ausprägung der *Massive Open Online Courses*, angelehnt an sogenannte *connectivist MOOCs* (*cMOOC*, s. Siemens 2005, Bremer 2012). Im Unterschied dazu liegt dem *Mentored MOOC* die Annahme zugrunde, dass Lernende besonders von problembasierter Interaktion in einer sozialen Lerngemeinschaft profitieren und dies insbesondere dann gelingt, wenn sie individuelles Feedback auf Lernfortschritte erhalten (Hmelo-Silver 2015). Daher verbindet das Konzept selbstgesteuertes, problembasiertes Lernen in Kleingruppen mit der Betreuung durch akademische Mentoren und Lehrpersonal. Besonderes Merkmal des *Mentored MOOC* ist konsequente Aufgabenorientierung: Lernende erstellen in Kleingruppen eigene Lösungen (Produkte) zu fallbasierten Aufgaben, auf die ein Peer-Review-Verfahren folgt (vgl. Boud 1996). Mit diesen Aufgaben begleiten Lernende fiktive Individuen, die sich in ähnlichen Lebens- und Entscheidungssituationen wie sie selbst befinden, durch sechs Phasen bis zum Eintritt in einen deutschen Studiengang: Beginnend mit einem Überblick über das deutsche Hochschulsystem, über die Orientierung auf einem deutschen Campus, bis hin zur Bewerbung für einen Studienplatz. Den Gruppen steht umfangreiches Informationsmaterial innerhalb und außerhalb der Kursplattform zur Verfügung um die Aufgabe zu lösen und das Produkt zu erstellen (Videos, Text, Schaubilder, Webseiten etc.). In den Aktivitäten verzahnen sich dabei Einzel- und Gruppenprozesse: Wissensaneignung und Spracherwerb können individuell validiert werden, interkulturelle Unterschiede und Problemlösungen werden im Team erarbeitet und reflektiert. Die eingesetzten Videos spiegeln dabei die jeweils in der Phase gestellte Aufgabe anhand realer Fälle aus der Lebenswirklichkeit auf dem Campus wieder: Ausländische Studierende erzählen von ihren Erfahrungen beim Studienbeginn in Deutschland, reflektieren eigene Integrationsprozesse und berichten von Strategien für die Bewältigung entsprechender Herausforderungen. Studienberater, Experten der International Offices und Hochschullehrende kommen ebenfalls zu Wort und betten so Wissenserwerb in motivierende, weil hochgradig authentische, Lernsettings ein (Jonassen, 1992; Gräsel et al. 1997). Neben Wissensaneignung und Kompetenzentwicklung der Teilnehmenden in verschiedenen studienrelevanten Bereichen ist ein paralleles Lernziel die Verbesserung von Sprachkenntnissen. Spracherwerb findet auf individueller Ebene statt und steht in sinnvollem, produktorientierten inhaltlichen Handlungszusammenhang mit Kursaufgaben. Um die Teams beim Verstehen der Inputmaterialien sowie bei der sprachlichen Realisierung der geforderten Einreichungen zu unterstützen, wurden aus bestehenden Modulen der Deutsch-Uni Online (*www.deutsch-uni.com*) passende Aufgaben zur Vorbereitung eines Studiums in Deutschland ausgewählt und hinsichtlich technischer Anforderungen (Lernplattform, mobile Endgeräte) überarbeitet. Übungsaufgaben wurden dazu als interaktive PDF-Dateien mit Lösungsschlüsseln zur selbstständigen Bearbeitung bereitgestellt. Im Rahmen des Piloten war das für akademische Wissensvermittlung bewährte Betreuungsmodell der *Mentored MOOCs* der Leuphana Digital School mit dem für Spracherwerb online von g.a.s.t e.V. entwickelten Betreuungsmodell zu verzahnen, um adäquate Betreuung für dieses (beiden Partnern neue) Format zu erreichen. Die Herausforderung bestand darin, das für den Spracherwerb bewährte proportionale Betreuungsverhältnis mit dem didaktischen Ansatz der fallbasierten Produkt-Orientierung und der Betreuung auf Team-Ebene zu vereinbaren. Im Ergebnis fand Betreuung auf zwei Ebenen statt: Auf der Ebene gemeinsam erstellter Produkte erhielten Teams von anderen Teilnehmern und Mentoren inhaltliches Feedback. Daneben erfolgte begrenzte individuelle Betreuung auf sprachlicher Ebene: Aufgrund des sozialen Charakters von Sprache sollte eine Bewertung, die Lernende bei der selbstständigen Arbeit bedarfsgerecht und individuell unterstützt, durch einen sprachlich kompetenten und methodisch-didaktisch geschulten Interaktionspartner und auf Basis einer umfassenden Analyse schriftlicher und mündlicher Texte hinsichtlich inhaltlicher (Aufgabenstellung), pragmatischer (kommunikativer Zweck, Angemessenheit) und sprachlicher Aspekte (sprachliche Korrektheit) erfolgen. Diesem Anspruch waren im Rahmen des Piloten kapazitäre Grenzen gesetzt. Da der Fokus des Kurses auf Teamaufgaben lag, wurde – auch aufgrund der negativen Skaleneffekte des Betreuungsaufwandes im Sprachlernen – der Spracherwerb systematisch der inhaltlichen Arbeit untergeordnet und keine individuellen Leistungen gefordert. Die Nutzung der individuellen Sprachlernübungen blieb Lernenden selbst überlassen und unterlag hoher Selbstregulation. Jedoch war durch Interaktion mit anderen Kursteilnehmern und Mentoren die für das Sprachwachstum wichtige Erprobung und Anwendung neuer Strukturen in realen Kommunikationssituationen und damit die Rückmeldung durch Interaktionspartner ausreichend gewährleistet (Roche et al. 2012; Hölscher et al. 2006).

4 Fazit: Kompetenzvermittlung für den Studienerfolg

Hochschulzugangsberechtigung und Sprachzeugnisse allein bescheinigen nicht hinreichend die Kompetenzen für ein erfolgreiches Hochschulstudium in Deutschland. Für verminderte Beratungsaufwände sind praxisnahe Kompetenzmodelle mit sprachpragmatischen und interkulturellen Komponenten ergänzend erforderlich. Anwendungsgebiete des vorgestellten didaktischen Modells gehen somit über das Format eines *Mentored MOOC* zum Erwerb von Studienfähigkeiten für Flüchtlinge hinaus. Didaktik und Materialien können sowohl in der Präsenzlehre als auch studienvorbereitend im *Blended Learning* eingesetzt werden, z.B. flankierend zu Sprachkursen. Online ist das Modell keineswegs auf die Flüchtlingspopulation innerhalb Deutschlands begrenzt, sondern kann erweitert werden für Flüchtlinge in Transitländern oder ausländische Studieninteressenten generell. Mit Blick auf Studienabbruchquoten könnten auch Bildungsinländer davon profitieren, in Online-Lernformaten eigene Kompetenzen vor Studienbeginn zu reflektieren. Innovative didaktische Ansätze für praxisbezogenen Spracherwerb und selbstgesteuertes ganzheitliches Lernen aus der Präsenzlehre bergen immenses Potenzial für ganzheitliche integrative Bildungsangebote. In Kombination mit mediendidaktisch reflektieren Elementen und Mechanismen konnektivistischer Pädagogik können ihre charakteristischen Stärken inhaltlich zielgerichtet digital skaliert werden für offene Onlinekurse mit großen, heterogenen Teilnehmerzahlen. Der durch digitale Netzwerkeffekte zunehmend nachfragegetriebenen deutschen Hochschullandschaft bieten sich dadurch Ansatzpunkte für institutionelle Profilierungsstrategien.

Literatur

Boud, D. (1996): *Enhancing Learning through Self Assessment.* London: Routledge.

Bremer, C. (2012): OOC als Kursformat? In: N. Apostolopoulos, U. Mußmann, W. Coy, et al. (Hrsg.), *Von der Innovation zur Nachhaltigkeit* (S. 18–33). Münster: Waxmann.

Gallagher, S. A. & Gallagher, J. J. (2015): Problem-based Learning as a Means of Revealing Unseen Academic Potential. In: A. Walker, H. Leary, C. E. Hmelo-Silver et al. (Hrsg.), *Essential Readings in Problem-Based Learning* (S. 239–259). Lafayette: Purdue UP.

Gräsel, C., Bruhn, J., Mandl, H. & Fischer, F. (1997): Lernen mit Computernetzen aus konstruktivistischer Perspektive. *Unterrichtswissenschaft 25* (1), 4–18.

Haug, S. & Wedekind, J. (2013): cMOOC – ein alternatives Lehr-/Lernszenarium? In: R. Schulmeister (Hrsg.), *MOOCs* (S. 161–208). Münster: Waxmann.

Hmelo-Silver, C. E. & Ertmer P. A. (2015): The Learning Space in Problem-based Learning. In: A. Walker, H. Leary, C. E. Hmelo-Silver et al. (Hrsg.), *Essential Readings in Problem-Based Learning* (S. 43–56). Lafayette: Purdue UP.

Hölscher, P., Piepho, H., Roche, J. & Simic, M. (2006): *Handlungsorientierter Unterricht mit Lernszenarien. Kernfragen zum Spracherwerb.* Oberursel: Finken.

Jonassen, D. H. (1992): What are Cognitive Tools? In: P. A. M. Kommers, D. H. Jonassen & J. T. Mayes (Hrsg.). *Cognitive Tools for Learning* (S. 1–6). Berlin: Springer.

Keller, H. & Seyfarth, F. C. (2008): Eine Universität erneuert sich grundlegend: Leuphana Universität. In: K. Siebenhaar (Hrsg.), *Unternehmen Universität* (S. 77–92). Wiesbaden: VS Verlag für Sozialwissenschaften.

Roche, J., Reher, J. & Simic, M. (2012): *Focus on Handlung.* Münster: LIT Verlag.

Siemens, G. (2005): Connectivism: A Learning Theory for the Digital Age. *International Journal of Instructional Technology and Distance Learning 2* (1), 3–10.

Spoun, S., Keller, H. & Grünberg-Bochard, J. (2013): Global Learning in Teams: „Think Tank City". In: R. Schulmeister (Hrsg.). *MOOCs* (S. 127–146). Münster: Waxmann.

Watolla, A. K. (2016): Distributed Teaching: Engaging Learners in MOOCs. In: M. Khalil, M. Ebner, M. Kopp, A. Lorenz & M. Kalz (Hrsg.): *Proceedings of the European Stakeholder Summit on Experiences and Best Practices In and Around MOOCs – EMOOCS 2016* (S. 305–318), Graz: Books on Demand.

Thomas Nárosy, Helga Diendorfer, Thomas Leitgeb

Die NMS-Vernetzungsplattform: ein Raum für Schul- und Professionsentwicklung

Eine Einladung zur Beforschung

Zusammenfassung

In Österreich wurde die Einführung der Neuen Mittelschule (NMS) seit 2008 verschränkt mit einer Zug um Zug wachsenden Arbeitsplattform im Internet: der NMS-Vernetzungsplattform[1]. Keine simple Projektwebsite, sondern ein vielgestaltiger, kommunikativer Lernort, ohne den das mit der pädagogisch-inhaltlichen Entwicklung beauftragte Zentrum für lernende Schulen (ZLS), nach eigener Aussage, nicht mehr wirksam werden könnte.[2] Allen involvierten Akteurinnen und Akteuren ist bewusst, dass hier – metaphorisch gesprochen – unkartiertes Gelände betreten wird, dessen weiße Flecken breiterer Beforschung bedürften und, so meinen die Autorin und die Autoren dieses Beitrags, auch verdienten.

1 Global neu im Schulentwicklungswerkzeugkasten: Das Netz

Michael Fullan ist vielen als „Mastermind" hinter der weltweit beachteten Schulentwicklung im kanadischen Ontario ein Begriff und hinsichtlich digitalen Überschwangs unverdächtig. In *Stratosphere: Integrating Technology, Pedagogy, and Change Knowledge* (Fullan 2012) erklärt er, welche dramatischen neuen Erkenntnisse er bezüglich des Technologieeinsatzes in jüngster Zeit gewonnen hätte und warum er nunmehr die Zeit als reif zum Zusammendenken von Schulreform und digitalen Medien und Werkzeugen einschätze. „So I'd say the tipping point was the realization: We've gone a long way without technology explicitly. Now I see, if you take the iPad as exemplary, just the fantastic explosion of technology."[3] Bei Fullan & Langworthy (2014) ist weiters zu lesen: „(…) if technology could be thought of as an enabler and tool in the service of deep learning, then we could achieve something new and powerful."[4] Es käme also

1 www.NMSvernetzung.at

2 Genau so formulierte es die ZLS-Projektleitung Tanja Westfall-Greiter und Christoph Hofbauer im internen ZLS-Gesamtbericht 2012–2015 an das BMBF auf S. 45 wortwörtlich.

3 YouTube | Dr. Michael Fullan Goes Digital with his new book: Stratosphere, https://www.youtube.com/watch?v=oYimGuToREU – ab 11:47, Abrufdatum 24.02.2015 (Die Transkription wurde gestrafft, um das Zitat lesbarer zu machen.)

4 Fullan, M. & Langworthy, M. (2014), S. 5.

darauf an, didaktisches und pädagogisches Wissen, sowie das mittlerweile reiche Wissen um Innovationsprozesse (vgl. beispielsweise Fullan 2010, Scharmer 2009) mit den Möglichkeiten der Informations- und Kommunikationstechnologie zu vereinen.

Schulreform, die im großen Maßstab *das Netz*, digitale Medien und Werkzeuge als integrativen, ja inkludierten Bestandteil der gesamten Entwicklung nutzt, ist auch im weltweiten Vergleich gesehen sehr neues Phänomen. Eine solche Entwicklung hat in den letzten Jahren, beginnend 2008 mit der Einführung der Modellversuche zur Neuen Mittelschule, auch hier in Österreich begonnen und gestaltet sich als faszinierendes, jedoch weitgehend exploratives Entwicklungsphänomen.

2 Das Phänomen „NMSvernetzung“

Seit dem Schuljahr 2008/09 wird in Österreich die Hauptschule gestaffelt nach Generationen zur Neuen Mittelschule NMS umgestaltet.[5] Insgesamt betrifft das mehr als 1100 Schulstandorte mit ca. 27.000 Lehrkräften. Mit der inhaltlich-pädagogischen Begleitung ist das Bundeszentrum für lernende Schulen (ZLS) beauftragt. Flankiert wird das Reformvorhaben unter anderem von Anfang an durch ein E-Learning-Unterstützungspaket, dessen strategischer Fokus „Kein Kind ohne digitale Kompetenzen!“ lautet.[6]

Bereits früh im Jahr 2008 verständigte man sich darauf, von Anfang an die verschiedenen NMS-Entwicklungsinitiativen über ausschließlich *eine* Plattform im Internet abzubilden, zu dokumentieren und zu fördern. Diese Weichenstellung ermöglichte über die Zeit mit relativ geringen Mitteln ein kontinuierliches, integratives Wachstum, sowohl hinsichtlich der Nutzungszahlen als auch bezüglich der im NMS-Netzwerk online verwendeten Formate. Chronologisch:

- *Die Dokumentation* von Veranstaltungen und wichtigen Dokumenten. (2008)
- *Projektmanagement und die Vernetzung* diverser Stakeholder in den Bundesländern und im Bildungsministerium. (2009)
- *Periodika*, also speziell für unterschiedliche Zielgruppen der NMS-Entwicklung, wie z.B. Schulleitungen, E-Learning-Verantwortliche etc. zugeschnittene Informationsformate. (2010)
- *Austauschforen* für diese Schlüsselpersonen. (2010)
- *Die NMS-Bibliothek* – als Pilot im Frühjahr 2012 erstmals realisiert und mittlerweile wesentlicher Faktor des Wissensmanagements in der gesamten NMS-Entwicklungslandschaft – brachte im darauffolgenden Schuljahr

5 Mehr zur Schulreform auf der Website der Neuen Mittelschule NMS: http://www.neue-mittelschule.at/, Abrufdatum 24.02.2016.

6 Zur NMS E-Learningunterstützung und ihrer Entwicklung wurde zuletzt von Brandhofer; Nárosy; et al. (2012) publiziert.

2012/13 einen starken Anstieg in der Nutzung. Die Zugriffszahlen (vgl. Abb. 1) stiegen durch das Interesse an dieser „teachers knowledge base“[7] merkbar an.

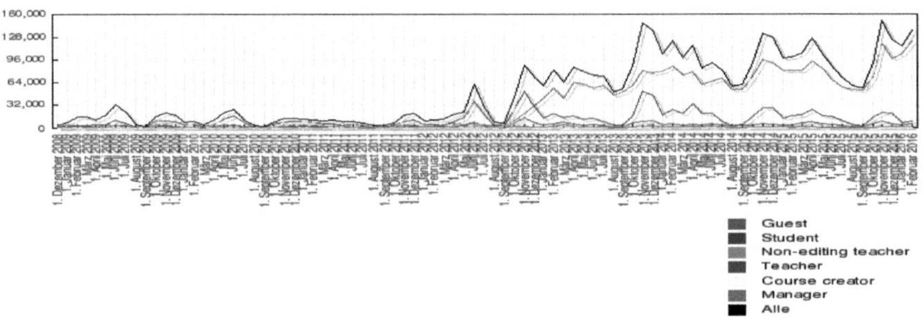

Abb. 1: Die konsolidierte Kursstatistik der letzten sieben Jahre

- *Das Online-Lernatelier für Lerndesigner/innen OLLD* ist ein moderiertes Forum und dient als asynchrones Kommunikations-, Diskurs- und Identifikationsformat für die NMS-Entwicklungsarbeit. Lerndesignerinnen und Lerndesigner sind jene „change agents“[8], die als „teacher leaders“[9] nach einer viersemestrigen Ausbildung an den einzelnen NMS-Standorten in der Schulentwicklung tätig werden. Diese über die NMS-Generationen hinweg gewachsene und über alle Bundesländer verstreute Gruppe wird durch das vom ZLS moderierte und intensiv betreute OLLD vernetzt und steht auch nach Beendigung der Lerndesign-Qualifikation in einem kontinuierlichen Diskurs.
- *Synchrone Kommunikations- und Diskursformate* gewinnen gerade in den letzten beiden Jahren durch die immer leistungsfähigere Technik sowie die deutlich steigende Akzeptanz und Kompetenz der Nutzerinnen und Nutzer laufend an Bedeutung. In sog. eLectures[10] und eKonferenzen referieren Expertinnen und Experten vor Gruppen dislozierter Pädagoginnen und

7 Die OECD stellt immer wieder die Notwendigkeit einer „knowledge base for the teaching profession“ fest – so zB im Rahmen der Tagung Teachers as Learning Specialists – Implications for Teachers‘ Pedagogical Knowledge and Professionalism im Juni 2014 in Brüssel – vgl. http://www.oecd.org/edu/ceri/symposium-teachersaslearning-specialists.htm

8 Diese Terminologie stammt aus dem OECD-Projekt „Innovative Learning Environments“ (ILE), an dem Österreich beteiligt war.

9 Nach den Teacher Leader Model Standards ist Teacher Leadership eine wirksame Strategie um effektive, kollaborative Praxis von Lehrpersonen zu fördern, was infolge zu besseren Lernerfolgen der Schüler/innen führt und zur Entwicklung einer dynamischen Profession für das 21. Jahrhundert beiträgt.

10 „eLecture“ ist der Begriff, unter dem die Virtuelle PH seit mehreren Jahren Webinare anbietet. Mehr Informationen dazu: www.virtuelle-ph.at/electures, Zugriff 26.2.2016.

Pädagogen bzw. tragen quasi via Videokonferenz ihre Expertise unmittelbar in Versammlungen kompletter Kollegien hinein.

3 Indizien für Professionalisierung im Netz

Im Background Report zur CERI (Conference on Innovation, Governance and Reform in Education) Konferenz der OECD (2014) wird davon ausgegangen, dass Lehrkräfte Lernspezialisten sind, von denen erwartet werden kann, dass sie für ihre Tätigkeit relevantes, neues Wissen aufbereiten und evaluieren sowie ihre Grundlagenwissen regelmäßig erneuern, um ihre Unterrichtspraxis zu verbessern und neuen Herausforderungen im Unterricht begegnen zu können. Diese Professionsentwicklung muss andauernd und mit der Praxis verknüpft sein, meint Darling Hammond (2009, S.16). Sie schafft eine starke Arbeitsbeziehung zwischen den Lehrenden. Gelegentliche einmalige Workshops zeigen kaum nachhaltige Wirkung. Timperley (2008, S.15) führt aus, dass Lehrkräfte vielfältige Möglichkeiten brauchen, um Neues zu lernen und dessen Bedeutung für die Praxis zu verstehen. Und diese Begegnungen mit Neuem sollten in einer Umgebung stattfinden, die sowohl Vertrauen als auch Herausforderung bietet. So gesehen bieten das Netz, und damit die NMS-Vernetzungsplattform, günstige Rahmenbedingungen für Professionalisierungsmaßnahmen. Wie sehr Lerndesignerinnen und Lerndesigner an ihrer Professionsentwicklung arbeiten und diese Entwicklung auch in ihre Schulen tragen, und welche Relevanz für diese Prozesse daher vermutlich die NMS-Vernetzungsplattform hat, machen die folgenden Einträge aus dem OLLD[11] ansatzweise – und pars pro doto – deutlich:

- „Hallo Tanja und alle Forumsbesucher, täglich lese ich die neuen Beiträge im NMS-Forum und die Gemeinschaft hier ist fast wie eine vertraute Familie."
- „Mir wird erst heuer nach Beendigung der Ausbildung bewusst, wie wichtig unsere Position und unser Job ist! Ohne uns würde die Umsetzung der NMS-Idee kaum klappen."

4 Chancen und Fragen

Der Betrieb und das Wachstum einer Online-Plattform ist kein Selbstläufer, sondern bedarf kontinuierlicher Pflege und eines, wenn auch geringen, so doch verlässlich verfügbaren Budgets. Sparen am falschen Platz – in wie weit wäre die Vernetzungsplattform so ein falscher Platz? – könnte eine vermutlich positive

11 Beide Zitate sind hier anonymisiert wiedergegeben, da es sich beim OLLD um ein geschlossenes Userforum handelt.

Entwicklung wieder ersticken oder eine andernfalls erfolgreiche „Neuauflage“[12] einer Plattform in anderen Reformbereichen unmöglich machen.

Genauso werden in Zukunft rechtliche und machtpolitische Fragen bedeutsamer werden. Das NMS-Netzwerk zeigt, dass mit dem Digitalen auch neue Einflussfaktoren und -gruppen im schulischen Feld wirksam wurden. Im Wissen um die politische und ökonomische Sensibilität des Schulischen kann man dieses Entwicklungs-, aber auch Konfliktpotenzial nicht unbeachtet lassen. Wie schützt man sich also ggf. vor Missbrauch: beispielsweise von personenbezogenen Daten? Wie gestaltet sich eine Onlineplattform als neuer Einflussfaktor im überkommenen Bund-Länder-Geflecht? Wie sieht eine neue Balance zwischen Präsenz- und Onlinekommunikation aus? Das wären einige interessante Fragen für zukünftige Entwicklungen in unserem Schulsystem.

Zum jetzigen Zeitpunkt wird das Phänomen „NMSvernetzung“ noch nicht wissenschaftlich methodisch untersucht. Kooperation mit dafür kompetenten Personen/Institutionen wäre also wünschenswert – und dieser Beitrag liefert, so hoffen Autorin und Autoren, einen konstruktiven Anstoß in diese Richtung.

Literatur

Barbara, B., Nárosy, T. & Stemmer, H. (2009). eLearning bringt's! *Erziehung und Unterricht 2009,* 7–8, S. 159–168.

Brandhofer, G., Nárosy, T., Prock, A., Riegler, F. & Stemmer, H. (2012). E-Learning an NMS: Stand – Erfolge – Perspektiven. *Erziehung und Unterricht 2012,* 9–10, S. 868–876.

Darling-Hammond, L. et al. (2009). Professional Learning in the Learning Profession: A Status Report on Teacher Development in the United States and Abroad. Stanford University. https://edpolicy.stanford.edu/publications/pubs/187 (Abgerufen am 10.05.2016).

Fullan, M. & Langworthy, M. (2014). *A Rich Seam. How New Pedagogies Find Deep Learning.* Prentice-Hall: Pearson.

Fullan, M. (2010). *All Systems Go: The Change Imperative for Whole System Reform.* Thousand Oaks: Corwin.

Fullan, M. (2012). *Stratosphere: Integrating Technology, Pedagogy, and Change Knowledge*. Prentice-Hall: Pearson.

Nárosy, T. (2013). Raum und Zeit ein Schnippchen schlagen. *Journal für Lehrerinnen- und Lehrerbildung, 2013,* 4, S. 38–42.

12 In vielen Bundesländern wird zurzeit auf Landesebene versucht, die bisherigen Impulse der NMS-Entwicklung aufzugreifen, zu vertiefen und tatsächlich in die Breite der Schullandschaft (auch in die „benachbarten“ Schularten hinein) zu tragen. Jüngstes Beispiel für eine solche Entwicklung ist die Initiative NMS Burgenland – gemeinsam auf dem Weg. https://goo.gl/K8zVQx Abrufdatum 10.5.2016.

OECD (Hrsg.). (2014). *Innovation, Governance and Reform in Education. CERI Conference Background Paper.* https://www.oecd.org/edu/ceri/CERI%20Conference%20Background%20Paper_formatted.pdf (Abgerufen am 10.05.2016).

Scharmer, C. O. (2009). *Theory U. Leading from the Future as It Emerges.* Oakland: Berrett-Koehler.

Teacher Leadership Exploratory Consortium. (2011). *Teacher Leader Model Standards.* http://www.nnstoy.org/teacher-leader-model-standards/ (Abgerufen am 27.02.2016).

Timperley, H. (2008). *Teacher Professional Learning and Development. International Academy of Education, International Bureau of Education,* UNESCO. http://www.ibe.unesco.org/-fileadmin/user_upload/Publications/Educational_Practices/EdPractices_18.pdf (Abgerufen am 10.05.2016).

Westfall-Greiter, T. (2013). *System Monitoring Note 1 Austria. The Lerndesigner-Network in Transition.* http://www.oecd.org/edu/ceri/AUT.MonitoringNote1.pdf (Abgerufen am 27.02.2016).

Michaela Moser, Christian F. Freisleben-Teutscher

Partizipation bei Erweiterung und Gestaltung von Lernräumen

Zusammenfassung

Beim Projekt „FH Campus der Zukunft“ der FH St. Pölten geht es um die Planungen für einen nötigen Zubau sowie Weiterentwicklung bestehender und noch zu errichtender Arbeits- und Lernräumen, die auf einem partizipativen Prozess basiert. Formen der Zusammenarbeit in Forschung, Lehre sowie der Art und Weise, wie insgesamt an einer Fachhochschule kooperiert wird, sollen nicht den Zufall überlassen oder gar von „oben herab“ verordnet werden. Am Projekt sind alle relevanten Gruppen der FH St. Pölten beteiligt, von Beginn an wurden in verschiedenen Formaten Bedürfnisse und Ideen gesammelt bzw. weiterentwickelt.

1 Einleitung

Im Mai 2015 wurde an der FH St. Pölten der Prozess „FH Campus der Zukunft“ gestartet. Schon jetzt nutzt die FH St. Pölten mehrere angemietete Räume. Aufgrund des weiteren Anstiegs der Zahl der Studierenden wird der Platzbedarf in den nächsten Jahren weiter steigen, daher wurde die Errichtung eines Zubaus beschlossen. Das Projekt „FH Campus der Zukunft“ richtet seinen Fokus auch auf die Weiterentwicklung bestehender Arbeits- und Lernräume in den nächsten drei Jahren.

1.1 „FH Campus der Zukunft“ in Zahlen

Campusgebäude aktuell: ca. 14.400qm Netto- und ca. 18.400qm Bruttogrundfläche. Zusätzlich sind ca. 7.000m² Netto- bzw. ca. 10.000m² Bruttogrundfläche erforderlich, die ab Wintersemester 2020 zur Verfügung stehen sollen.

Aktuell halten sich an einem Tag etwa 1.000 Studierende gleichzeitig an der FH auf – diese Zahl wird in den nächsten Jahren durch Ausweitung des Studienangebots steigen. Künftig könnten etwa 1.500 Studierende gleichzeitig den Campus nutzen, davon min. 300 in Selbstlern- und Projektgruppenräumen. Weiters werden sich 350 haupt- und nebenberufliche Lehrende in den beiden Gebäuden befinden.

2 Lernräume und ihre Bedeutung für Didaktik

„Gerade Hochschulen sollten sich … der Frage stellen, wie ‚Raum für Bildung' aussieht und aussehen sollte…" (Brandt & Bachmann, 2014, S. 15). Für Gestaltung und Gelingen von Lernprozessen spielen Lernräume eine wichtige Rolle, werden als „dritte Pädagogen" gesehen. Bei der Planung von universitären Lernräumen sei, wie Brandt & Bachmann kritisieren, dies nur bedingt angekommen. „gemeinschaftliches, aktives Lernen – wie es in kompetenzorientierten Settings unvermeidlich ist – kann in klassischen universitären Lernräumen mit ihrer oft festen Bestuhlung und beschränkten Ausstattung nicht funktionieren." (Lüth & Salden, 2015, S. 200).

Die Entwicklung von Gebäuden im tertiären Bildungsbereich sei in einer vierten Phase: „Now is the era of expanded access to education, lifelong learning and pedagogical changes from a teaching-based culture to a student-centered learning environment for student ‚consumers' who take a far more pro-active role in shaping their education than earlier generations" (AMA, 2007, S. 4). So werde u.a. stärker auf kleinstrukturierte Lernräume gesetzt, in denen intensiver Dialog und Kollaboration durch Raumkonzepte, Möbel, technische Möglichkeiten gezielt gefördert wird.

Der „Campus von morgen" braucht also eine breitere Vielfalt an Lernräumen:
- Lehrräume für die Durchführung und Organisation der Lehrveranstaltungen,
- Lernräume für selbstgesteuertes Lernen, allein oder in Gruppen,
- Zwischenräume für Erholung, Verpflegung, Austausch,
- Prüfungsräume für die Durchführung der oft zeitgleichen Prüfungen,
- Spielräume, für die Entwicklung und Umsetzung innovativer Lehr- und Lernformen." (vgl. Brandt & Bachmann, 2014, S. 16)

Räume an Hochschulen werden unterschiedlich genutzt. Auch von „Lernwanderern" (Brandt & Bachmann, 2014), Personen die zwischen unterschiedlichen Räumen inner- und außerhalb der Universität wechseln, um alleine und gemeinsam zu lernen. Siân Bayne (2014) betont, dass Studierende die Universität als erweiterte Wohnung nutzen, dort u.a. auch Koch- und Rückzugsmöglichkeiten benötigen.

Boys (2010) merkt an, dass viele Universitäten inzwischen zu Lernräumen ganz andere Positionen hätten, sich viel in Bewegung befände. Gleichzeitig nimmt er großen Weiterentwicklungs- und Forschungsbedarf wahr, etwa an der Grenzlinie zwischen formalen und non-formalen Lernen und welche Rolle Räume hier spielen.

Wesentlicher Aspekt der Gestaltung von Lernräumen ist die Einbeziehung digitaler Technologien (vgl. Hochschulforum Digitalisierung, 2015): Nicht nur mobiles Lernens mit Smartphones und Tablets zum Lernen (vgl. de Witt, 2013), sondern auch die Interaktion von analog und digital bzw. den Nutzen hybrider Potenziale.

3 Vorgangsweise beim Projekt „FH Campus der Zukunft"

Für die Planungen an der FH St. Pölten wurde ein breiter Mix aus Beteiligungsformen gewählt. Etabliert wurde eine Arbeitsgruppe mit Hochschulmanagement sowie relevanter Bereiche der Disziplinen und Services der FH. Diese stellte Recherchen zum Themenfeld „Bildung und Architektur" an bzw. zur Fragen, wie Lern- und Arbeitsräume in Hochschulen aussehen können, um aktuellen Trends wie Kooperation, Kollaboration, Partizipation und Student-Centered-Learning zu entsprechen. Neben Literaturrecherchen erfolgten auch Exkursionen und das Sammeln von Bildmaterialien. Die Arbeitsgruppe, deren Tätigkeit im März 2016 endete, bereitete die Beteiligungsformen vor, begleitete diese und fasste sie zusammen.

Für die Beteiligungsverfahren wurden bewusst unterschiedliche Methoden gewählt. Einige Formate waren allen Interessierten zugänglich, für andere wurden per Zufallsauswahl Teilnehmer*innen ausgewählt, dritte ergaben sich mit Blick auf abteilungsspezifische Interessen bzw. Anforderungen. Geplant wurde „laufend", d.h. wiewohl es konzeptionelle Überlegungen zu Beteiligungsformaten gab, wurde deren Einsatz entsprechend dem laufenden Prozess und seiner Ergebnisse angepasst.

Auftakt bildete eine Zukunftswerkstatt (vgl. Jungk & Müllert, 1989) im Herbst 2015, die für den geplanten Zweck adaptiert wurde und an der über 80 Mitarbeiter*innen, sowie 2 Studierendenvertreter*innen teilnahmen. Danach wurden zwei Gruppendiskussionen im Format "Wisdom Council" (vgl. Rough 2002; Zubizarreta & Zur Bonsen, 2014) organisiert, mit Lehrenden und Studierenden. Teilnehmer*innen aus der Gruppe der haupt- und nebenberuflich Lehrenden, sowie der Studierenden wurden per Zufallsauswahl ausgewählt und eingeladen.

Weiters wurde eine „Wahrnehmungsgruppe" etabliert, in der 10 Studierende aus verschiedenen Studienrichtungen im FH-Gebäude unterwegs waren. Eingesetzt wurden Werkzeuge der Sozialraumanalyse und mittels Stecknadelmethode zunächst Wahrnehmungen und Mankos gesammelt. Analysiert wurde dann, welche Räume es aktuell gibt, wie diese genutzt werden und welche Ideen für die (weitere) Nutzung gesammelt. Gemäß den Prinzipien wahrnehmender Beobachtung flossen auch eigene Eindrücke in ein kollaborativ bearbeitetes Dokument ein.

Abschließend wurden noch einmal die Ergebnisse der Stecknadelmethode herangezogen und um Eindrücke aus der bewussten Wahrnehmung ergänzt. Darauf baute ein Brainstorming in Bezug auf den „FH Campus der Zukunft" auf.

Ein weiteres partizipatives Element waren Workshops für verschiedene Arbeitsbereiche und Services der FH St. Pölten. Gemeinsam wurden vorhandene Ideen, etwa aus Zukunftswerkstatt, Wisdom Council und Beobachtungsgruppe aufgenommen, strukturiert und darauf aufbauend konkretisierende Ideen und Anforderungen formuliert. Diese Workshops wurden in Piloträumen umgesetzt, die von der FH St. Pölten aufgrund der Platznot angemietet sind und aktuell vor allem dem Department Soziales Büro- und Seminarräume bieten. Diese Räume wurden im Rahmen eines Planungsworkshops von Lehrende und Mitarbeitenden der Sozialarbeit geplant, die gemeinsam entwickelten, wie Büros, Besprechungsräume und Seminarräume auf innovative Weise eingerichtet werden. So entstand u.a. ein „ruhiges Büro", in dem hochkonzentriertes stilles Arbeiten, ohne Telefonate und Gespräche, im Fokus steht, inkl. Nappingbereich mit bequemen Sitzmöbeln. Ein „kommunikatives Büro" soll Arbeiten im Team erleichtern und bietet neben Schreibtischen Besprechungsmöglichkeiten mit Fauteuils. Die Besetzung der beiden Büroräume orientiert sich an den Prinzipien von Co-Working und Clean Desk, die Schreibtische werden flexibel belegt, jedem/r Mitarbeiter*in steht ein versprerrbarer mobiler Trolley zur Ablage der persönlichen Unterlagen und des Notebooks zur Verfügung. Von den neu eingerichteten Seminarräumen wurde einer mit leicht verstellbaren Tischen (Rollen an zwei der vier Beinen) gestaltet, einer mit „NodeStairs" der Firma Steelcase, ebenso mit Rollen und kleine an den Stühlen angebrachte Tablare. Verschiedene Formen von Kleingruppenarbeiten sind so einfach realisierbar. Zusätzlich verfügt einer der Seminarräume über viele kleine mobile Whiteboards, die für die Präsentation von im Rahmen von Gruppenarbeiten entwickelten Ergebnisse genutzt werden können. Weiters unterstützen große Bildschirme, ein Visualizer, ein intelligenter Stift und ein SmartBoard zeitgemäße Lernarrangements. Ein dritter, kleinerer Raum wurde als KreativLab gestaltet. Bunte Sitzhocker und eine einfach umgestaltbare Tischlandschaft kombiniert mit Kreativmaterialien, großflächigen Whiteboard, Kreide-Tafel und Pinnwände sorgen für eine anregende Atmosphäre.

Die derart neu ausgestatten Räume sind nicht nur ausgezeichnet geeignet, um über die Weiter- bzw. Neuentwicklung von Lernräumen nachzudenken. Gleichzeitig wird hier im Echtzeitprinzip getestet, wie Student-Centered-Teaching durch verschiedene Raumkonfigurationen und Ausstattung gefördert werden kann.

Derzeit werden für weitere, zusätzlich angemietete Räume ähnliche bzw. weitere alternative Konzepte, z.B. mit Hochtischen und -stühlen und X-förmigen Lehr-/Lern-Arrangements umgesetzt. Zudem werden bestehende Seminarräume neu gestaltet. Die Erfahrungen fließen in das Projekt „FH Campus der Zukunft" ein.

4 Erfahrungen und Ausblick

Das Projekt „FH Campus der Zukunft“ zeigt, wie wichtig partizipative Planungsprozesse sind, und welche Herausforderungen sie sich zu stellen haben. Immer wieder zu hören waren im Laufe des Prozesses Ängste, dass die Planung schon beschlossene Sache sei und Mitgestaltung eine Farce. Zudem gab es Befürchtungen, dass es einen großen Unterschied zwischen „altem FH Gebäude“ und neuem Zubau geben könnte. Deutlich fanden sich in den Rückmeldungen jedoch auch Hinweise darauf, dass die Vielzahl an Beteiligungsmöglichkeiten als sehr positiv erachtet werde, genauso wie die Tatsache, dass auch weiterhin die bislang entwickelten Konzepte für weitere Rückmeldungen zur Verfügung gestellt werden. Herausfordernd bleibt, wie Spannungsverhältnisse, die sich aus den Widersprüchlichkeiten rund um Bedürfnisse der Innovation und einer gewissen Beharrlichkeit bzw. Angst vor Veränderungen ergeben, aufgelöst bzw. produktiv genutzt werden können.

Aktuell werden Ergebnisse für den Weg in Richtung Einreichungsplan bzw. Ausschreibung verdichtet und diese für später planende Architekt*innen ‚übersetzt‘.

Literatur

AMA Alexi Marmot Associates (2007). Spaces for Learning – a Review of Learning Spaces in Further and Higher Education.

Bayne, S. (2014). *Digital Education and University Space.* Keynote gehalten auf der Konferenz der Gesellschaft für Medien in der Wissenschaft, 2014.

Brandt, S., & Bachmann, G. (2014). Auf dem Weg zum Campus von morgen. In K. Rummler (Hrsg.), *Lernräume gestalten, Bildungskontexte vielfältig denken.* (S. 15–28). Münster: Waxmann.

Boys, J. (2010). *Towards Creative Learning Spaces: Re-thinking the Architecture of Post-Compulsory Education.* Routledge.

Grünberger, N. (2014). Räume zum Flanieren, Spielen, Lernen. In K. Rummler (Hrsg.), *Lernräume gestalten, Bildungskontexte vielfältig denken* (S. 56ff.). Münster: Waxmann.

Hochschulforum Digitalisierung (Hrsg.) (2015). 20 Thesen zur Digitalisierung der Hochschulbildung, Arbeitspapier Nr. 14.

Rough, Jim (2002). *Society's Breakthrough. Releasing Essential Wisdom and Virtue in All the People.* Bloomington.

Jungk, R. & Müllert, N. R. (1989). *Zukunftswerkstätten. Mit Phantasie gegen Routine und Resignation.* München (Erstveröffentlichung 1981).

Lüth, T. & Salden, P. (2015). Räume für moderne Hochschullehre: Das Beispiel Scale-Up. In G. Kammasch & R. Dreher. *Wie viel (Grundlagen-)Wissen braucht technische Bildung?* Siegen, S. 199–206.

Witt, C. de. (2013). *Mobile Learning: Potenziale, Einsatzszenarien und Perspektiven des Lernens mit Mobilen Endgeräten.* Wiesbaden: Springer VS.

Zubizarreta, R. & Zur Bonsen, M. (Hrsg.) (2014). *Dynamic Facilitation. Erfolgreiche Moderationsmethode für schwierige und verfahrene Situationen.* Weinheim und Basel: Beltz.

Peter Schneckenleitner

Reflexionen über die Bedeutung des Offline-Bereiches für die Bildung am Beispiel der Informationsentwicklung

Zusammenfassung

Neu aufkommende digitale Kommunikationskanäle fordern Lehrende und Lernende gleichermaßen. Es ist nicht nur die unüberschaubare Informationsmenge, die uns immer wieder vor Herausforderungen stellt, sondern auch die stete Zunahme der Kommunikationsgeschwindigkeit. Wichtiger denn je ist dabei die Vermittlung von Medienkompetenz, die noch vor dem Eintritt in die digitale Welt erfolgen muss. Dem Offline-Bereich kommt somit gerade in der digitalen Evolution eine herausragende Bedeutung zu. Dieses Paper versteht sich als Plädoyer für die Offline-Kommunikation, zeigt Handlungsfelder auf und betont die Bedeutung eines frühzeitigen, analogen Wissenstransfers im Zeitalter der digitalen Kommunikation.

1 Beschleunigung von Kommunikation

Drei Formen von Kommunikationsbeschleunigung – alle mit direkten Auswirkungen auf unsere Kommunikationsprozesse – können unterschieden werden: technische Beschleunigung, Beschleunigung des sozialen Wandels und die allgemeine Beschleunigung des Lebenstempos (Rosa 2013, S. 20ff.). Eine E-Mail ist schneller geschrieben als ein Brief und noch viel schneller abgesandt und zugestellt. Dennoch ergibt sich für uns daraus meist ein negatives Zeitkonto, sprich wir haben keine Zeit gewonnen, sondern verloren, da wir im Gegensatz dazu empfangene E-Mails wieder abarbeiten müssen. Rosa bringt es auf den Punkt: „Wachstumsraten sind höher als Beschleunigungsraten, und aus diesem Grund wird Zeit trotz technischer Beschleunigung immer knapper.“ (Rosa 2013, S. 32f.) Ähnliche Logik gilt für Smartphones und Mobile Devices. Whatsapp, E-Mails, Facebook und Co. tragen zur steten Beschleunigung unserer Kommunikationsaktivitäten bei.

Unsere Kommunikation hat sich durch die Digitalisierung verändert und wird sich weiter verändern. Nach Niklas Luhmann (1991) muss jede Kommunikation an weitere Kommunikationen anschließen. Diese Logik ist übertragbar für Medien, woraus sich folgender Schluss ergibt: Je mehr Medien entstehen, umso schneller entstehen noch mehr Medien (Merten 1994, S. 153). In anderen Worten: Kommunikation produziert sich selbst. Und je mehr Kommunikation (oder eben auch Medien) existieren, desto schneller reproduziert sich noch mehr Kommunikation.

2 Wachstum von Information

Beschleunigung von Kommunikation führt zu Wachstum von Kommunikation. Seien es gedruckte Bücher oder digitale Daten, Social-Media-Kanäle oder SMS-Nachrichten – Kommunikation wächst durch die stete Zunahme der Kommunikationsmedien. Das Phänomen ist nicht ganz neu, erklärt Medienhistoriker James Gleick: „Vor vierhundert Jahren beklagte Gottfried Wilhelm Leibniz die Überforderung durch die zeitgenössische Informationsflut durch den Buchdruck, weil es auf einmal ‚zu viele Bücher' gab.“ (Becker 2011).

Informationsverbreitung war immer geprägt von Produktions- und Kapazitätsengpässen. Digitalisierung und Internet entziehen sich erstmals dieser historisch gewachsenen Schranke. Die Kapazitäten sind heute so groß, dass der Mensch keinen Engpass in der Informationsverbreitung spürt, ganz im Gegenteil. Die heutige Gesellschaft wird mit Informationen geflutet. „Charakteristisch für die Informationsgesellschaft ist nun aber gerade nicht, dass Information einen besonderen Wert annähme. Charakteristisch ist vielmehr deren nicht mehr zu bewältigende Flut. Zum Engpass wird die Kapazität zur Verarbeitung der Reize beziehungsweise der Signale.“ (Franck 1999, S. 21). Zusätzlich verdichtet sich Kommunikation. Bisher technologiefreie, kommunikationsfreie Sphären füllen sich heute mit Kommunikation. Pausen, Wartezeiten, Busfahrten – Situationen, die in der Vergangenheit für Kommunikation weitgehend ungenutzt blieben, „einem selbst überlassen waren“, werden heute dazu genutzt Whatsapp- oder SMS-Nachrichten zu versenden, Facebook-Einträge zu prüfen oder Fotos auf Instagram zu laden (vgl. Döbler 2014).

3 Digitale Vorbildung im analogen Raum

Die zunehmende Geschwindigkeit und Menge von Information und die damit einhergehende Verdichtung der Kommunikation stellen die Gesellschaft und somit auch das Bildungswesen vor neue Herausforderungen. Die Digitalisierung im Bildungsbereich wird auch die Bildungsstrukturen verändern und das Monopol der institutionalisierten Bildung beenden (vgl. Dräger & Müller-Eiselt 2015, S. 128f.). Individuell zugeschnittene, zeitlich und räumlich weitgehend unabhängige Online-Bildungsangebote brechen das bislang starre Bildungskonstrukt auf. Durch die Digitalisierung wird aber nicht nur der Bildungsbereich verändert, die Gesellschaft als Ganzes verändert sich. „(Das Internet) fördert den antiinstitutionellen Impuls der Menschen. Das Antielitäre.

Das Autonome." (Brauck 2016, S. 63). Somit scheint es nicht verwunderlich, wenn Didaktik-Experten heute den klassisch Lehrenden in der neuen, kooperativen Rolle des Lernbegleiters sehen. Dieser ist auch dringend notwendig, in einer Zeit in der die Nutzer durch die Informationsmenge und Kommunikationsgeschwindigkeit zunehmend an ihre Grenzen stoßen. „Wer jederzeit alles Wissen kann, der verliert irgendwann die Übersicht. (…) Je mehr die Menschen zu wissen glauben, desto weniger können sie damit umgehen. Einerseits glauben sie niemanden mehr, andererseits glauben sie oft fanatisch das Falsche. Das ist das Paradox des digitalen Zeitalters." (Buse 2016, S. 63f.).

Das digitale Zeitalter macht Bildung in Medienkompetenz unabkömmlich. Fragen zu Verantwortung, Moral und Ethik stehen dabei im Mittelpunkt. Medienkompetenzbildung muss der digitalen Welt vorauseilen und diese später ergänzen, begleiten und – gegebenenfalls – ihr auch Grenzen setzen. Die Basis dafür wird in der analogen Welt gelegt.

Somit sollte Medienkompetenz elementarer Bestandteil von Erziehung und Bildung sein. Dies ist eine bekannte Forderung, die jedoch nach wie vor viel zu selten in der Praxis umgesetzt wird (vgl. Ashley 2015, S. 171). Ein Grund dafür ist, dass Eltern und Lehrer der Geschwindigkeit der digitalen Welt immer weniger folgen können (Radovanovic et al 2015, S. 1746). Studien belegen zudem, dass die Motivation der Studierenden beim Thema Nutzung von neuen Technologien und Internetdiensten im Vergleich zu Professoren deutlich höher ist (Boyd, 2014; Eynon 2010). Es bleibt somit die Frage, wie das Lehrpersonal diesen Wissens- und Motivationsrückstand aufholen kann? Wie das Lehrpersonal kompetente Lernbegleiter werden können? Zudem sind viele der aktuellen Themen, bei denen das Lehrpersonal gefordert ist, höchst komplex. Internetrecht, Datenschutz, Big Data oder Privatsphäre stellen sogar Fachexperten regelmäßig vor neue Herausforderungen.

Basiswissen über diese wichtigen Themenbereiche ist aber gerade vor dem Eintritt in die digitale Welt unabdingbar. So plädiert der Sozialpsychologe Harald Welzer: „Gegen die smarte Diktatur, die digitale Entlebendigung, muss man das analoge Leben setzen." (2016, S. 129). Für den Bildungsbereich öffnet sich eine große Wirkstätte, geht es doch um kontinuierliches, lebenslanges Lernen. Medienkompetenz mit dem klaren Fokus auf Medienkritik und Mediennutzung darf nicht nur als eine Lehrveranstaltung oder Unterrichtsstunde geplant werden, sondern muss sich von frühster Kindheit bis zum Schul- und Studium-Abschluss im Curriculum durchziehen. Unentbehrlich dafür sind verpflichtende Weiterbildungskurse für das Lehrpersonal, um die Qualität und Aktualität der Lehre zu sichern. Auch Eltern haben in Sachen Medienkompetenz eine wichtige Funktion zu erfüllen, sind sie für die Erziehung ihrer Kinder hauptverantwortlich. Themen wie korrekte Umgangsformen sind in der Offline-Welt zu erlernen und in Zeiten des digitalen Trolltums gefragter denn je. Und auch bei Senioren kann der Bildungssektor einen wertvollen Beitrag zum kompetenten Vorwissen für den Umgang mit der digitalen Welt leisten.

Medienkompetente Nutzer können Informationsqualität beurteilen, erkennen die Unterschiede zwischen Nachricht und Meinung und setzen sich mit der Produktion von Inhalten auseinander. Native Advertising oder beispielsweise der Einsatz von Adblockern und die damit einhergehende zunehmende Unterwanderung von redaktionellen Inhalten durch werbliche Anzeigen wird es in Zukunft noch schwieriger machen zwischen Werbung und redaktioneller Nachricht im digitalen Raum zu unterscheiden. Es ist auch Aufgabe der Lehrenden dieses Wissen zu vermitteln. Ein Wissen, das sich letztlich auch auf die Qualität des Lernerfolges auswirken wird, da die Lernenden somit in der Lage sind, qualitativ geeignete Informationen zu verwenden.

Kritisches Hinterfragen von Texten und Artikeln zeichnet medienkompetente Nutzer aus. Ist das was wir im Internet sehen tatsächlich das was geschieht? Eli Pariser bezweifelt dies und spricht in dem Zusammenhang von einer „Filter Bubble“ (Pariser 2012). Die zunehmende Personalisierung des Internet führt dazu, dass wir bereits nach unseren Vorlieben gefilterte Informationen bekommen und damit im Netz immer mehr unsere eigenen Standpunkte wiederfinden. Wir befinden uns in unserer eigenen „Filter Blase“ und merken es nicht einmal. Die vermeintlich objektive Wirklichkeit verengt sich auf eine Gesinnungsrealität. Erkennbar wird dies aber erst in der analogen Welt. Ähnliches trifft auch auf Suchmaschinen zu: „Die Auswahl von Google beruht bekanntlich darauf, was alle anderen denken, was die große Masse wichtig findet. Die Suchergebnisse entsprechen in diesem Sinn Allerweltweisheiten. Für individuelle Fragen kann das natürlich ganz verkehrt sein.“ (Becker 2011). Über die Auswirkungen dieser Informationsselektion auf das Bildungsniveau unserer Gesellschaft darf bislang nur spekuliert werden. Hinzu kommt, dass Google heute nach wie vor überwiegend als nützliche Suchmaschine betrachtet wird und nicht als das was es ist: Ein milliardenschweres Unternehmen, das mit personalisierter Werbung hohe Profite erwirtschaftet (Stalder et al. 2011).

Fest steht, dass der Bildungsbereich das große Feld der Medienkompetenz bislang unzureichend bearbeitet und aufgenommen hat. Die Gefahren und Chancen der digitalen Welt sind zu oft unbekannt, konkrete Bildungsangebote sind aber nach wie vor Mangelware. Vielleicht hängt die Ursache auch damit zusammen, dass dieses Wissen oftmals ausschließlich für den privaten Bereich elementar und für eine berufliche Karriere nicht unbedingt Voraussetzung ist. Die kostenlose Google-Suche, das Gratis-Spiel nach erfolgter Registrierung, die Einladung dem Sozialen Netzwerk LinkedIn beizutreten oder das lustige Pinnen von Fotos bei Pinterest. Es wäre Aufgabe der zukünftigen Lernbegleiter Hintergründe zu liefern: „If you are not paying for the product, you are the product.“

Literatur

Ashley, S. (2015). Media Literacy in Action? What Are We Teaching in Introductory College Media Studies Courses? *Journalism & Mass Communication Educator, 2015, Vol. 70*(2), 161–173.

Becker, M. (2011). *„Zum ersten Mal in der Geschichte prägen die Massen die Überlieferung." Interview James Gleick.* Abgerufen am 25. Februar 2016, http://www.heise.de/tp/artikel/35/35888/1.html.

Boyd, D. (2014). *It's complicated: The Social Lives of Networked Teens*. New Haven: Yale University Press.

Brauck, M. et al. (2016). Die Vertrauensfrage. *Der Spiegel, 7/2016*, 58–64.

Buse, U. (2016). Siri und der Sinn des Lebens. Spiegel Gespräch. *Der Spiegel, 6/2016*, 60–63.

Dräger, J. & Müller-Eiselt, F. (2015). *Die digitale Bildungsrevolution. Der radikale Wandel des Lernens und wie wir ihn gestalten können*. München: DVA.

Döbler, T. (2014). Das Ende der Verbindlichkeit? Veränderungen sozialer Beziehungen durch mobiles Kommunikationsverhalten. In J. Wimmer & M. Hartmann (Hrsg.), *Medienkommunikation in Bewegung* (S. 139–154). Wiesbaden: VS Verlag für Sozialwissenschaften.

Eynon, R. (2010). *Supporting the „Digital Natives": What is the Role of Schools? Proceedings of the 7th International Conference on Networked Learning.* Abgerufen am 28. Februar 2016, http://papers.ssrn.com/sol3/papers.cfm?abstract_id=2206931.

Franck, G. (1999). Jenseits von Geld und Information. Zur Ökonomie der Aufmerksamkeit. In K. Kirchhoff & M. Piwinger (Hrsg.), *Die Praxis der Investor Relations* (S. 21–31). Neuwied: Luchterhand.

Luhmann, N. (1991). *Soziale Systeme. Grundriss einer allgemeinen Theorie* (4. Auflage). Frankfurt: Suhrkamp.

Merten, K. (1994). Evolution der Kommunikation. In K. Merten, S. J. Schmidt & S. Weischenberg (Hrsg.), *Die Wirklichkeit der Medien. Eine Einführung in die Kommunikationswissenschaft* (S. 141–162). Opladen: Westdeutscher Verlag.

Pariser, E. (2012). *Filter Bubble. Wie wir im Internet entmündigt werden*. München: Hanser Verlag.

Radovanovic, D., Hogan, B. & Lalic, D. (2015). Overcoming Digital Divides in Higher Education: Digital Literacy Beyond Facebook. *New Media & Society, 2015, 17*(10), S. 1733–1749.

Rosa, H. (2013). *Beschleunigung und Entfremdung*. Berlin: Suhrkamp.

Stalder, F. & Mayer, C. (2011). Der zweite Index. Suchmaschinen, Personalisierung und Überwachung. In: *Bundeszentrale für politische Bildung*. Abgerufen am 28. Februar 2016, http://www.bpb.de/gesellschaft/medien/politik-des-suchens/75895/der-zweite-index?p=all.

Welzer, H. (2016). Das Leben ist analog. *Der Spiegel, 17/2016*, 128–129.

Michael Steiner

Flipped Professional Team Coaching in der prozessorientierten Begleitung von Schulen im Rahmen des KidZ-Projekts (Klassenzimmer der Zukunft)

Zusammenfassung

Flipped Professional Coaching is one of three models of Flipped Professional Development (Daniels, 2013) in the field of teacher education. It can be applied in various educational settings and is now used by the University of Teacher Education Vienna (PH Wien) in context of the nationwide Austrian KidZ project ("Klassenzimmer der Zukunft", engl. "Classroom of the Future"). KidZ is an innovative educational project initiated by the Federal Ministry of Education and Women in Austria in the year 2013, which aims to make learning with ICT visible and part of regular school life.

1 Modelle des Flipped Professional Development

Kristin Daniels unterscheidet drei Modelle des Einsatzes von Flipped Professional Development in der Hochschuldidaktik. „**Flipped Faculty Meetings** provide an easy entry point into flipped learning while **Flipped Workshops** can provide teachers the opportunity to explore a topic in greater depth. Ultimately, **Flipped Professional Coaching** has the greatest impact on teachers. But like a flipped classroom, flipped professional development models require many iterations to meet the needs of individuals, schools and districts." (Daniels, 2013, S. 293) Basierend auf dieser Kategorisierung lassen sich Flipped-Modelle für einzelne Lehrveranstaltungen, Workshops und Veranstaltungsreihen sowie für prozessorientierte Begleitung von Lehrer/inne/n und Teams unterscheiden. Im KidZ-Wien-Projekt wurde neben Flipped-Workshops besonders das Modell des Flipped Professional Coaching erprobt. Im Unterschied zu Kristin Daniels, die den Fokus vor allem auf das individualisierte Coaching in der Gruppe richtet, stehen im KidZ-Projekt der Austausch und das Peer Learning in vernetzten Teams von Lehrpersonen im Vordergrund.

2 Das KidZ-Wien-Projekt

Das österreichweite bmbf-Projekt „Klassenzimmer der Zukunft“ (KidZ) visioniert unter dem Motto „Dem Neuen eine Chance geben!“ Lehren und Lernen der Zukunft.[1] Wie gestalten KidZ-Schulen innovative Unterrichtsentwicklung mit digitalen Medien? Wie lassen sich solche Prozesse zur Implementierung von digitalen Medien im Unterricht und an Schulen nachhaltig begleiten? Die Pädagogische Hochschule Wien unterstützt im Zeitraum von vier Schuljahren vier AHS und sechs NMS aus dem regionalen Wien-Cluster.[2] Das eigens dazu entwickelte „Begleitangebot“ bietet neben Fach-, Prozess- und Teambegleitung auch Komplementärberatung an. Die Schulen planen damit ihre Fortbildung gezielt im Hinblick auf ihre pädagogischen Ziele sowohl betreffend der Unterrichtsentwicklung, der benötigten (digitalen) Kompetenz-, Organisations- und Teamentwicklung.

3 Zum Flipped Professional Team Coaching Modell

Die Flipped-Methoden können bei dieser prozessorientierten Begleitung in einem Blended-Learning-Zyklus helfen, die Anzahl großer Face-to-Face-Meetings zu verringern sowie Treffen im virtuellen Austausch vorzubereiten und zu reflektieren. Kristin Daniels sieht Flipped Professional Coaching besonders als individualisierte Begleitung von Lehrpersonen in einem Team. Dieser Professionalisierungsprozess ist durch vereinbarte Zielsetzungen und Lernphasen strukturiert. Im KidZ-Projekt liegt der Focus des Flipped Professional Coachings in der Begleitung von vernetzten Gruppen aus KidZ-Schulen mit entsprechenden Teamzielsetzungen und Erarbeitungsphasen. Beiden Modellen gemeinsam ist die prozessorientiert ausgerichtete Begleitung.

Durch die Kollaboration und Vernetzung der Lernenden und die Arbeit mit verschiedenen Quellen und Medien in unterschiedlichsten Formaten während der Online-Phase, entspricht das Flipped Professional Team Coaching besonders der Lerntheorie des Konnektivismus. Der Lernprozess geschieht hierbei durch das dialogische Lernen, das als Blended-Learning-Prozess mit Lernvideos und Materialangeboten designt ist. Die Lernenden vernetzen sich innerhalb einer komplexen Gruppenaufgabe in Cluster-Teams. Sie analysieren, verifizieren, erstellen und vernetzen schließlich Inhalte, beispielsweise im KidZ-Projekt mit der Lernplattform Moodle und dem E-Portfolio-Tool Mahara, das wiederum andere für ihren Lernprozess nutzen können (vgl. Arnold, 2011, S. 106). Nach

1 KidZ bmbf Projekt Beschreibung: http://www.elsa.schule.at/elsa-newsletter/KidZ-Kurzinformation.pdf 13.12.2015.

2 ZLI (Zentrum für Lerntechnologie und Innovation an der PH Wien), KidZ Wien: www.kidz.wien, 13.12.2015.

der Lerntheorie des Konstruktivismus und Konnektivismus ist Lernen immer in einen in diesem Fall schulischen Kontext eingebettet und damit ein sozialer Prozess. Lernen geschieht in Gruppen, die im KidZ-Projekt als Professionelle Lerngemeinschaften (PLG) von Lehrer/inne/n an Schulen und als Professionelle Cluster Lerngemeinschaften (PCLG) von Schulkoordinator/inn/en aus verschiedenen teilnehmenden Schulen strukturiert sind (vgl. Rolff, 2015, S. 564).

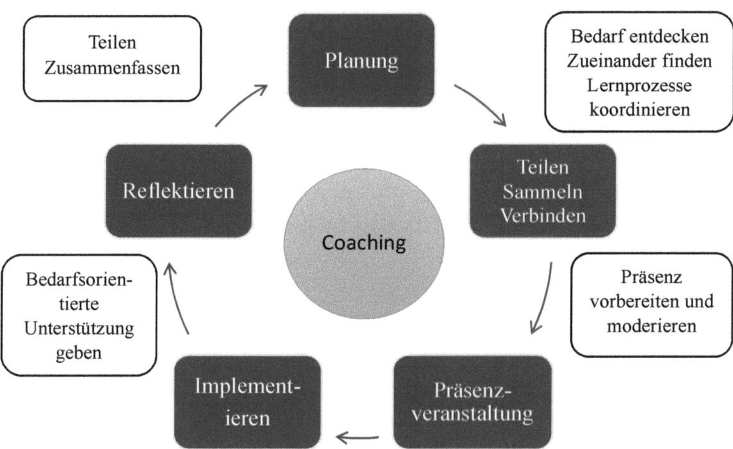

Abb. 1: adaptiertes Modell von Kristin Daniels, 2013, S. 297, 299

Den Prozessphasen *Planen, Teilen, Präsenzveranstaltung, Reflektieren* entsprechen spezifischen Steuerungen und Tätigkeiten als Coach (vgl. Reschke, 2007, S. 25). „Unter Steuerung sind alle Abstimmungs- und Entscheidungsprozesse zu verstehen, die nötig sind, eine schlüssige Idee erfolgreich umsetzen zu können.“ (Schmid, 2007, S. 207) Für die Vorbereitung der Präsenzphase dienen besonders folgende Tätigkeiten als Coach: *Teilen* – ermöglicht schon im Vorfeld den online Zugriff auf die angedachten Schwerpunkte der Erarbeitungsphase. Ebenso können Informationen und Erklärvideos virtuell über Lernplattformen und Social Media verbreitet werden. *Sammeln* – betrifft Informationen, wie Erwartungen, Anliegen und To-Dos der Teilnehmenden. *Verbinden* – der gesammelten Informationen um gemeinsam das weitere Prozedere und die Präsenzveranstaltung im Blick auf die Erwartungen und Anliegen in Foren zu adaptieren und in eine Konversation einzusteigen. Zudem können schon Leitfäden, Reflexionsbögen und weitere Materialien vorbereitet und ausgetauscht werden.

Die virtuelle Vorbereitung und selbstgesteuerte Aneignung im gecoachten Prozess bleibt nicht auf das Arbeiten mit Lernvideos reduziert (vgl. Weidlich & Spannagel, 2014, S. 238). Sie verlangt eine Reihe weiterer Methoden der moderierten Aktivierung und Reflexion und des koordinierten asynchronen Austausches vor und nach Meetings sowie der Begleitung bei der Implementation und dem Teilen der gemachten Erfahrungen (vgl. Daniels, 2013, S. 202).

4 Flipped Professional Team Coaching in der Praxis

Der Verlauf von Flipped Professional Team Coachings in Professionellen Lerngemeinschaften (PLG) und Professionellen Cluster Lerngemeinschaften (PCLG) lässt sich anhand eines exemplarischen Prozesses aus dem KidZ-Projekt aufzeigen.

4.1 Exemplarischer Flipped-Begleitprozess: Good-Practice-Beispiele für digital integrativen Unterricht

Prozess	Begleitung	Praxis
Planung	**Online-Koordination selbstgesteuerter Lernprozesse von PLGs**	Ziel war es, Beispiele für Good Practice auszutauschen. Online wurden die Ziele und der Ablauf mit den beteiligten KidZ-Schulen, vereinbart. Zur Anregung dienten Beispiele von DigiKomp und E-Learning 1x1 mit entsprechenden Videoanregungen. Ebenso wurde ein Leitfaden für die Durchführung vereinbart und bereitgestellt.
Teilen, Sammeln, Verbinden	**Online Moderation selbstgesteuerter Lernprozesse in PCLGs**	Die KidZ-Teams wählten ihr Good-Practice-Beispiel. Für die Reflexion wurde ein Evaluierungsbogen vorgestellt und beschlossen, den die Lehrenden nach der Durchführung der Beispiele auf der Lernplattform in einem Forum einreichten.
Präsenz	**Analoge Moderation von PCLGs**	Bei der Präsenzveranstaltung wurden die Beispiele narrativ mit der Methode des Storysharing präsentiert und besprochen.
Implementieren	**Online bedarfsorientierte Unterstützung von PLGs**	Die Beispiele wurden in der Folge mit den Informationen aus den Evaluierungsbögen zusammengefasst und wieder zum Ausprobieren für andere Schulteams im Cluster bereitgestellt.
Reflektieren	**Teilen & Zusammenfassen von PLG Produkten und Prozessen**	Die Good-Practice-Beispiele finden sich nach einem synchronen und asynchronen Reflexionsprozess mit PLG und dem Austausch in PCLG als Onesider im KidZ-Mahara-Schaufenster der jeweiligen Schule veröffentlicht. http://www.mahara.at/artefact/file/download.php?file=713392&view=99986)

Literatur

Arnold P. (2011). *Handbuch E-Learning – Lehren und Lernen mit digitalen Medien.* W. Bertelsmann.

Daniels, K. (2013). Professional Development. In J. Bretzmann (Hrsg.), *Flipping 2.0 – Practical Strategies for Flipping Your Class* (S. 290–331). The Bretzmann Group http://www.flippedpd.org/

Hasselhorn. M. & Gold A. (2013). *Pädagogische Psychologie – erfolgreiches Lernen und Lehren 3*. Kohlhammer.

Reschke, J. (2007). *Coaching im Kontext von Schule und Schulentwicklung – Eine Arbeitshilfe zur Beratungsform Coaching.* Kinder- und Jugendstiftung.

Rolff, H.G. (2015). Professionelle Lerngemeinschaften als Lösungsweg. In H.G. Rolff (Hrsg.), *Handbuch – Unterrichtsentwicklung* (S. 564–575). Beltz Verlag.

Schmidt, B. (2007). Coaching und Team-Coaching aus systemischer Perspektive. In C. Raun (Hrsg.), *Handbuch Coaching* (S. 199–215). Hogrefe Verlag.

Weidlich, J. & Spannagel, C. (2014). Die Vorbereitungsphase im Flipped Classroom – Vorlesungsvideos versus Aufgaben. In K. Rummler (Hrsg.), *Lernräume gestalten – Bildungskontexte vielfältig denken* (S. 237–248). Bd. 67 Medien in der Wissenschaft. Waxmann. http://www.waxmann.com/buch3142

Sabine Seufert, Christoph Meier

Digitale Transformation: Vom Blended Learning zum digitalisierten Leistungsprozess ‚Lehren und Lernen‘

Zusammenfassung

Dieser Beitrag fokussiert das Thema ‚digitale Transformation‘ im Hinblick auf den Kernprozess ‚Lehren und Lernen‘ in Bildungsorganisationen. In dem Masse, in dem Lehr-/Lernaktivitäten auch in Präsenzphasen durch digitale Materialien und Werkzeuge unterstützt werden, rückt die Frage, was online bzw. ausserhalb des physischen Kursraums passiert und was im physischen Kursraum in den Hintergrund. In den Vordergrund rückt das Orchestrieren von verschiedenen Lehr-/Lernaktivitäten und deren Unterstützung durch digitale Werkzeuge, Materialien und Systeme. Im Beitrag wird aufgezeigt, welche Werkzeuge und Lernmedien bei der Unterstützung der einzelnen Schritte relevant und bereits verfügbar sind.

1 Einleitung

Das Thema ‚digitale Transformation‘ wirkt auch in Bildungsorganisationen hinein. Zum einen über die Frage, welche Kompetenzen in einer digitalisierten (Wirtschafts-)Welt erforderlich sind. Zum anderen über die Frage, wie Bildungsverantwortliche die Bewältigung der digitalen Transformation unterstützen können. Wir gehen von der These aus, dass Bildungsorganisationen diese Transformation nur dann wirkungsvoll unterstützen können, wenn sie selbst die eigene digitale Transformation erleben und vorantreiben (Schuchmann/Seufert 2015). Wir führen aus, was digitale Transformation für Bildungsorganisationen beinhaltet und inwiefern sich diese von der Einführung von E-Learning/Blended Learning unterscheidet. Der Fokus liegt dabei auf dem Leistungsprozess ‚Lehren und Lernen‘ (vgl. ergänzend zu diesem Beitrag Seufert/Meier 2016).

2 Lehren und Lernen in einer digitalisierten Welt

Aus der Sicht von Kerres (Kerres, 2016, S. 4) ist die Rede von der „Digitalisierung der Bildung“ eine Kurzformel für weitergehende Transformationsprozesse in der Bildungsarbeit. Im Unterschied zu E-Learning (verstanden als das Lehren und Lernen mit digitalen Medien) versteht Kerres „Digitalisierung von Bildung“

als eine Transformation, die den gesamten Prozess der Wissenserschliessung und -kommunikation betrifft. Dieser Prozess beinhaltet auch vor- und nachgelagerte Aktivitäten wie etwa die Studienberatung, das Anmelden für sowie Buchen und Bezahlen von Bildungsdienstleistungen, digitalisierte Prüfungsprozesse (E-Assessment) und schließlich Online-Communities und -Netzwerke wie sie beispielsweise für die Alumni-Arbeit von Bedeutung geworden sind.

In der Praxis wird häufig davon ausgegangen, dass digitale Medien primär in den Online-Phasen (z.B. vorbereitendes Selbststudium) sinnvoll zum Einsatz kommen, nicht aber in Präsenzphasen. Lernende und Lehrpersonen sind aber zunehmend immer und überall mit mobilen Endgeräten online – auch im physischen Kursraum. Damit rückt die Frage, über welche Abfolge von Online- und Präsenzphasen ein Lerndesign realisiert wird und was online (sprich: ausserhalb des physischen Kursraums) passiert und was in Ko-Präsenz (sprich: im physischen Kursraum) in den Hintergrund. Im Vordergrund steht dann das Orchestrieren von verschiedenen Lehr-/Lernaktivitäten, dazugehörigen digitalen Werkzeugen und Materialien sowie Lernunterstützungssystemen (digitalisierte Lernarchitektur, vgl. Abbildung 1).

Ein Lehr-/Lernprozess kann verallgemeinernd wie in Abbildung 1 („Lehr-/Lernaktivitäten") dargestellt werden (vgl. Euler & Hahn, 2014, S. 317ff.). Neben dem Verfügbarmachen von Lernmaterialien erfolgt zu Beginn in der Regel eine erste Orientierung zu Inhalten und geplantem Ablauf. Eine individuelle Standortbestimmung im Hinblick auf die Inhalte und angestrebten Lernziele ermöglicht eine Personalisierung des Standard-Lernwegs in Richtung individualisierter Lernpfade – etwa, wenn deutlich wird, dass Vorwissen vorhanden ist und bestimmte Grundlagen nicht mehr bearbeitet werden müssen. In der Folge sind verschiedene weitere Aktivitäten möglich: das Darbieten bzw. das Aufnehmen von Inhalten; das Entwickeln bzw. Erarbeiten von Inhalten; das Anwenden und Üben von Methoden und Lösungsstrategien; das Austauschen von und Diskutieren über erarbeitete Lösungen und Ergebnisse. Die Abfolge dieser Aktivitäten kann variabel gestaltet werden. Elemente wie eine neuerliche Standortbestimmung sowie ggf. das Dokumentieren und Reflektieren sind sinnvoll am Ende des Lernprozesses platziert.

Für eine zielorientierte Umsetzung dieser Lehr-/Lernaktivitäten können verschiedene digitale Medien unterstützend eingesetzt werden. So können allgemeine Lernwege (und individualisierte Lernpfade) in einem LMS abgebildet und Lernmaterialien dort verfügbar gemacht werden. Die Orientierung zu Inhalten und Ablauf kann auf der Grundlage eines digitalen Advance Organizers, einer digitalen Infografik oder eines Kurzvideos erfolgen.

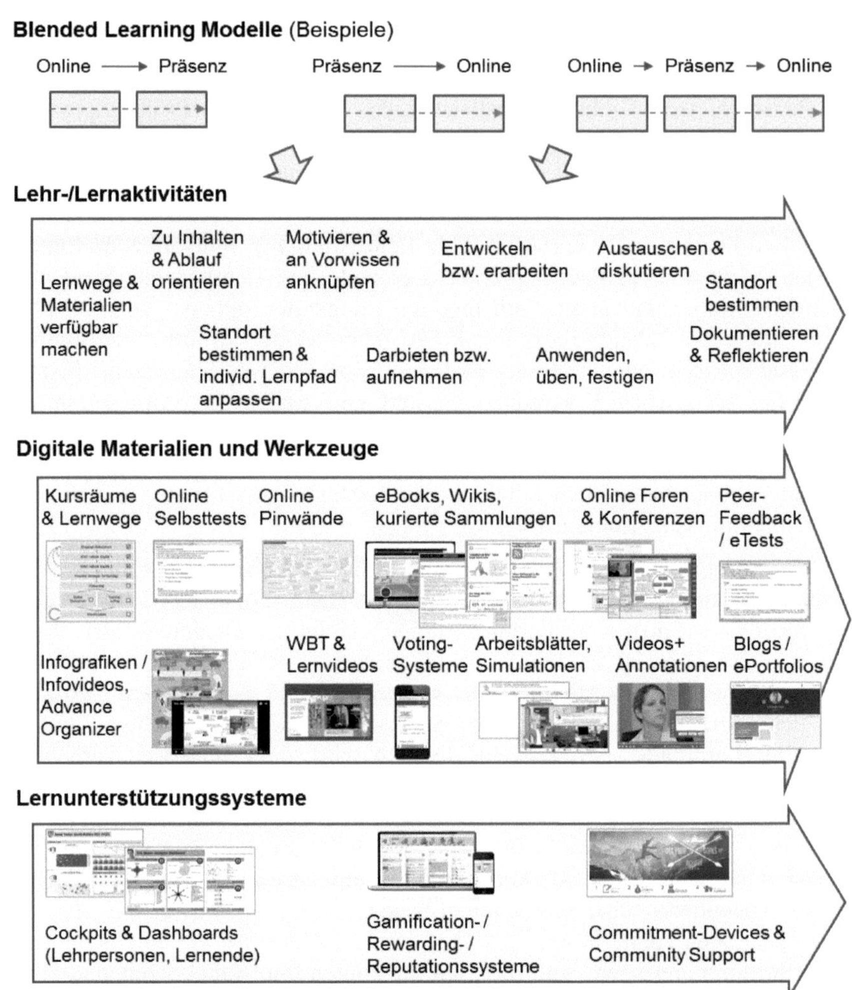

Abb. 1: Digitalisierte Lernarchitektur (Quelle: eigene Darstellung)

Elektronische Standortbestimmungen (E-Tests) können die Lernenden für den Lernprozess motivieren und ihnen aufzeigen, wo sie an schon vorhandene Grundlagen anknüpfen können und wo sie Lücken haben. Über virtuelle Pinnwände oder Abstimmungssysteme können Fragen, Anliegen und Befindlichkeiten von Lernenden abgeholt werden. Darüber hinaus können solche Systeme auch für die Umsetzung von Classrooms Assessments genutzt werden. Über WBT und Lernvideos können Inhalte dargeboten werden – sowohl in Selbststudiumsphasen als auch in Präsenzphasen. Das Entwickeln bzw.

Erarbeiten von Inhalten kann durch eBooks ebenso unterstützt werden wie durch kuratierte Sammlungen von Inhalten aus dem WWW, durch persönliche digitale Notizbücher und Lernjournale sowie durch Wikis bzw. online verfügbare Office-Dokumente. Letztere können auch für die Dokumentation von Arbeiten in Präsenzphasen genutzt werden.

Digitale Arbeitsblätter und Arbeitshilfen vermeiden Medienbrüche indem sie von den Lernenden unmittelbar in das eigene digitale Ablagesystem integriert und dann später bzw. am Arbeitsplatz angepasst oder weiterverwendet werden können. Über geeignete Applikationen können (selbst erstellte) Videomaterialien zu komplexen Verrichtungen (z.B. Beratungsgespräche, Vorträge, Moderationen) gemeinsam in der (räumlich verteilten) Lerngruppe detailliert betrachtet, annotiert und diskutiert werden (*Social Video Learning*). Der Austausch zu und die Diskussion von Themen oder Arbeitsergebnissen (Einzelergebnisse oder Gruppenergebnisse) kann durch online Foren bzw. online Conferencing (virtuelles Klassenzimmer) auch zwischen Sitzungen unterstützt werden. Zudem können so auch externe Experten für kurze Impulse im Rahmen von Präsenzsitzungen hinzugezogen werden.

Für die Dokumentation von und Reflexion zu individuellen Lern- und Entwicklungsprozessen können Weblogs oder E-Portfolio-Systeme herangezogen werden. Diese erlauben bei Bedarf die selektive Freigabe von ausgewählten Dokumenten oder Reflexionstexten, beispielsweise im Rahmen von (Peer-)Feedback-Prozessen. (Peer-)Feedback-Systeme und E-Tests können dann am Ende des Lehr-/Lernprozesses für neuerliche Standortbestimmungen (gegebenenfalls mit Blick auf bevorstehende Prüfungen) eingesetzt werden.

Abbildung 1 impliziert nicht, dass die angeführten Aktivitäten und Medien nur an einem bestimmten Punkt im Gesamtprozess sinnvoll sind. Viele der genannten Aktivitäten und Werkzeuge/Medien können sinnvoll an verschiedenen Punkten im Lehr-/Lernprozess eingesetzt werden. Darüber hinaus gilt, dass der Einsatz digitaler Medien zur Unterstützung von Lehr-/Lernprozessen kein Selbstzweck ist. Leitlinie für ihren Einsatz ist der durch sie erbrachte Nutzen (z.B. im Hinblick auf kostengünstige Distribution, schnelle Aktualisierung, einfaches Teilen mit anderen, anschauliche Darstellung, etc.). Der sinnvolle Einsatz von Lehr-/Lernmedien ergibt sich aus der Schrittfolge: didaktische Ziele –> geeignete Methoden zur Umsetzung –> erforderliche Medien und Materialien (Reinmann, 2005)

Digitale Medien spielen nun aber nicht nur bei der Gestaltung des Lehr-/Lernprozesses eine Rolle, sondern auch bei dessen Unterstützung. Ein übergreifender Trend ist, dass Lernende mehr Verantwortung im Lehr-/Lernprozess übernehmen sollen. Entsprechend wird die Bedeutung von Selbstorganisation, Selbststeuerung und Selbstbestimmung herausgestellt (vgl. Zürcher, 2007, S. 36). Um die Lernenden hierbei zu unterstützen, werden technische Systeme entwickelt und eingesetzt, die Fokussierung, Zeitmanagement, Selbstverpflichtung, etc. erleichtern (Schulmeister, 2015, S. 48f.). In die gleiche Richtung wirken auch Bemühungen um das Gamifizieren von Lehr-/Lernprozessen (Kapp, 2012).

Durch den zunehmenden Einsatz von digitalen Medien entstehen immer mehr digitale Datenspuren der Lernenden. Systeme, die diese Datenspuren analysieren, können die Lernbegleitung ebenso wie die Selbststeuerung von Lernenden unterstützen, etwa durch Cockpits für Lehrpersonen oder Lernende (vgl. Siemens u. a., 2011). Darüber hinaus gibt es Systeme, die Erinnerungsfunktionen oder sogar das Blockieren von nicht studienrelevanten Webseiten unterstützen (Patterson, 2015, S. 13f.). Neben solchen eher hochschulspezifischen Applikationen gibt es auch öffentlich verfügbare Webservices, die die Nutzer dabei unterstützen, eigene Ziele zu formulieren, sich darauf zu verpflichten und Unterstützung aus dem eigenen sozialen Netzwerk beizuziehen (z.B. https://www.stickk.com/).

Literatur

Euler, D. & Hahn, A. (2014). *Wirtschaftsdidaktik* (3., aktualisierte Auflage). Bern: Haupt.

Kapp, K. (2012). *The Gamification of Learning and Instruction: Game-based Methods and Strategies for Training and Education*. San Francisco, CA: Pfeiffer.

Kerres, M. (2016). Beitrag 2.22: E-Learning vs. Digitalisierung der Bildung? Neues Label oder neues Paradigma? In K. Wilbers (Hrsg.), *Handbuch E-Learning. Expertenwissen aus Wissenschaft und Praxis, 61. Ergänzungslieferung*, Januar 2016. Köln: Wolters Kluwer/Deutscher Wirtschaftsdienst.

Patterson, R. W. (2015). *Can Behavioral Tools Improve Online Student Outcomes? Experimental Evidence from a Massive Open Online Course* (Report). Cornell University, Department of Policy Analysis and Management.

Reinmann, G. (2005). *Blended Learning in der Lehrerbildung: Grundlagen für die Konzeption innovativer Lernumgebungen*. Lengerich: Dustri.

Schuchmann, D. & Seufert, S. (2015). Corporate Learning in Times of Digital Transformation: A Conceptual Framework and Service Portfolio for the Learning Function in Banking Organisations. *International Journal of Advanced Corporate Learning (iJAC), 8*(1), 31–39.

Schulmeister, R. (2015). *Abwesenheit von Lehrveranstaltungen. Ein nur scheinbar triviales Problem*. Hamburg. https://www.campus-innovation.de/fileadmin/dokumente/Schulmeister_Anwesenheit__Abwesenheit__2_.pdf.

Seufert, S. & Meier, C. (2016). *From eLearning to Digital Transformation: A Framework and Implications for L&D*. Paper presented at ICELW 2016, June 15-17, New York.

Siemens, G., et al. (2011, Juli 28). *Open Learning Analytics: an Integrated & Modularized Platform*. http://solaresearch.org/OpenLearningAnalytics.pdf.

Zürcher, R. (2007). *Informelles Lernen und der Erwerb von Kompetenzen. Theoretische, didaktische und politische Aspekte.* Wien: Bundesministerium für Unterricht, Kunst und Kultur.

Anna-Sophia Bahl, Peter Hager, Tamara Peljord, Markus Pichler

It's a Match!

Eine online-ethnographische Untersuchung der App „Tinder" aus Sicht der Medienbildung

Zusammenfassung

Dieses Paper eröffnet ein neues Themengebiet und bietet aktuelle Erkenntnisse, welche für zukünftige Forschungen in den Bereichen Medienkommunikation und Mediensoziologie sowie Lehren und Lernen mit digitalen Medien an Hochschulen von Relevanz sein können. Ausgehend von der bildungstheoretischen Relevanz des Kulturraums Internet wird der Frage nachgegangen, wie junge Menschen im Alter von 19 bis 29 Jahren im Raum Innsbruck über die Dating-App „Tinder" kommunizieren. Anhand einer online-ethnographischen Untersuchung und einer vorhergehenden theoretischen Auseinandersetzung mit dem Thema werden unterschiedliche Kommunikationsmuster deutlich. Im empirischen Teil werden die Ergebnisse zu den Konstellationen Frau sucht Mann, Mann sucht Frau und Mann sucht Mann dargestellt.

1 Einleitung

Lehren und Lernen mit digitalen Medien wird in allen Bildungsbereichen eingesetzt und bietet im Hinblick auf das bildungspolitische Paradigma „Lebenslanges Lernen" das Potenzial einer individualisierten, zeit- und ortsflexiblen Lernform und Unterstützung von Lernprozessen über die gesamte Lebensspanne von Menschen hinweg an (vgl. Kimpeler, 2010, S. 366). Die Zielgruppe von mediengestützter Hochschuldidaktik stellen sogenannte „Digital Natives" dar, also Anwender_innen, welche aufgrund ihrer Mediensozialisation mit Internet-Anwendungen aktiv gestaltend umgehen und somit selbst die Entwicklung des Lehrens und Lernens mit digitalen Medien beeinflussen (vgl. Kimpeler, 2010, S. 327). Die zweite Generation von computer- und netzbasierten Lerntechnologien zeichnet sich vor allem durch webbasierte Social-Software-Anwendungen und durch das Lernen in Online-Communities aus (vgl. Kimpeler, 2010, S. 366). Diese neue Generation der Lernenden und die sich verändernde Lernkultur stellen die Passfähigkeit von bestehenden mediendidaktischen Konzepten in Frage. Es bedarf Entwicklung innovativer Lernformen und didaktischer Konzepte, welche die Mediennutzungsweise der Zielgruppe berücksichtigen (vgl. Kimpeler, 2010, S. 373). Dafür ist es allerdings in einem ersten Schritt nötig, zu erforschen, wie sich Studierende auf Social-Network-Anwendungen und in Online-Communities abseits von mediengestützten Lernplattformen bewegen. Hierfür wird exemplarisch die Dating-App Tinder ausgewählt.

Es ist anzunehmen, dass im Raum Innsbruck aufgrund der hohen Dichte an Studierenden besonders viele Personen aus der Zielgruppe von Lehrenden und Lernenden mit digitalen Medien auf Tinder vertreten sind. Es stellt sich also die Frage, wie junge Menschen im Alter von 19 bis 29 Jahren im Raum Innsbruck über die Dating-App „Tinder“ kommunizieren.

2 Einführung in die Dating-App Tinder

Tinder ist eine Dating-App (vgl. James, 2015), welche auf Smartphones und Tablets angeboten wird und den Benutzer_innen ermöglicht, Menschen in der näheren Umgebung kennen zu lernen. Für die Anmeldung bei Tinder wird ein Facebook-Profil benötigt mit dem sich die App verbindet und die so erhaltenen Angaben zur Erstellung der jeweiligen Tinderprofile verwendet. Tinder verwendet den Vornamen, das Alter, die Freundesliste, Interessen und fünf Bilder aus der Rubrik „Profilbilder" von Facebook. Die App zeigt nach der Anmeldung den Namen, das Alter und die Fotos anderer Nutzer_innen, die sich in einer vorher ausgewählten Entfernung befinden, an. Es werden mittels ortungsbasierter Software nur Personen in der Nähe angezeigt, die anhand der im Facebook-Profil angezeigten Informationen der Nutzer_innen zusammenpassen (vgl. James, 2015). Die Profile können mit einem Tippen auf das X oder durch nach links wischen (von engl. *to swipe left*) als uninteressant markiert werden und werden somit nicht mehr angezeigt. Das fremde Profil kann auch mit einem Tippen auf das Herzsymbol oder durch nach rechts wischen (von engl. *to swipe right*) als interessant markiert werden. Nur wenn beide Seiten das jeweils andere Profil nach rechts wischen, ergibt sich ein so genanntes „Match“. Das übereinstimmende Profil wird nun permanent als Match angezeigt; erst jetzt kann von beiden Seiten aus kommuniziert werden.

3 Theoretische Auseinandersetzung aus der Sicht der Medienbildung

Medien prägen und strukturieren nachhaltig die Welterfahrung jedes Einzelnen und stehen im Zentrum von Medienpädagogik und Medienwissenschaft (vgl. Vollbrecht, 2001, S. 9). Bildungs- und Subjektivierungsprozesse bewegen sich in medialen Zusammenhängen und die vorhandenen Strukturen und Muster der Weltordnung werden durch komplexere Sichtweisen auf Welt und Selbst ersetzt (vgl. Marotzki & Jörissen, 2008, S. 100). Bildungsprozesse haben mit gesellschaftlicher Partizipation und mit Artikulation der eigenen Sichtweisen zu tun. Ein artikulierender Mensch zeigt seine qualitative Erfahrung, indem er diese zum sprachlichen Ausdruck, zum Bild, zur Musik oder wozu auch immer bringt (vgl. Marotzki & Jörissen, 2008, S. 102). Der Alltag von Kindern und Jugendlichen ist von Medien geprägt, denen wir uns nur schwer entziehen können, wie Hintergrundmusik in Kaufgeschäften, Werbeplakaten etc. (vgl. Gross, 2015, S. 164). Jugendliche bewegen sich in virtuellen Welten, zu denen ältere Menschen keinen Zugang haben, und haben damit einen Rückzugsraum, einen Kompetenzvorsprung, einen Raum für Distinktion, Identitätsbildung und Orientierung (vgl. Gross, 2015, S. 127). Über Kommunikation im Internet kann somit eine Selbstpräsentation erfolgen (vgl. Gross, 2015, S. 174).

4 Online-Ethnographie als methodische Grundlage

Zur Bearbeitung der Fragestellung wird die Methode der Online-Ethnographie verwendet (vgl. Marotzki, 2003, S. 149). Der Kulturraum „Internet" eröffnet neue Möglichkeiten um das Verhältnis zwischen selbst und Welt aufzubauen (vgl. Marotzki, 2003, S. 150). Durch die Möglichkeit der Selbst- und Weltreferenz zeigt sich die bildungstheoretische Relevanz des Mediums „Internet" und macht es zum qualitativen Forschungsgegenstand (vgl. Marotzki, 2003, S. 150). Für die online-ethnographische Untersuchung des Kulturraums „Tinder" wird die „teilnehmende Beobachtung" verwendet (vgl. Flick, 2014, S. 287). Somit wird eine fremde Kultur aus der Sichtweise der dort Lebenden verstanden und beschrieben.

5 Ergebnisse der Untersuchung

Untersucht wird Tinder aus drei verschiedenen Perspektiven: (1) Frau sucht Mann; (2) Mann sucht Mann; (3) Mann sucht Frau. Die Konstellation (4) Frau sucht Frau wird ebenfalls berücksichtigt, führt aber zu keinen Ergebnissen, da es zu wenige Vorschläge und kein einziges Match gibt.

Die Anzahl der Menschen, die mit einem Herzen versehen werden, wurde auf 60 Personen begrenzt, die sich im Alter von 19 bis 29 Jahre und in einer maximalen Entfernung von 30 Kilometern befinden. Es wurde festgelegt, dass alle von Tinder vorgeschlagenen Profile mit einem Herzen versehen werden; Ausnahmen stellen jedoch Freund_innen oder Bekannte dar. Des Weiteren wurde beschlossen, dass die Forscher_innen aus forschungsethischen Gründen keine Nachrichten via Instant-Messaging versenden, sondern die erhaltenen lediglich dokumentieren.

Die Erhebung der Daten findet pro Forscher_in an insgesamt drei Tagen in Innsbruck statt. Die Personen, welche mit einem Herz versehen werden, hatten ein Durchschnittsalter von 25,1 Jahren. Dabei werden bei der Suche (1) Frau sucht Mann 60 Herzen vergeben, von denen vier aus nachfolgend beschriebenen Gründen entfernt werden mussten, bei der Suche (2) Mann sucht Mann 35 Herzen und bei der Suche (3) Mann sucht Frau 79 Herzen vergeben. Bei der Kategorie (1) Frau sucht Mann sind vier von den 60 Profilen weiblichen Geschlechts und können, da dies das Ergebnis verfälschen würde, nicht in die Auswertung der Daten miteinbezogen werden. Bei der Kategorie (2) Mann sucht Mann werden nach 35 Profilen keine männlichen Profile mehr angezeigt; es kommt lediglich die Aufforderung, den Suchradius zu erweitern und bei der Perspektive (3) Mann sucht Frau werden im ersten Moment 60 Herzen verteilt, aufgrund der wenigen Daten müssen weitere Herzen verteilt werden, wodurch jedoch keine weiteren Matches erzielt wurden.

Nachrichten können erst versendet und empfangen werden, wenn eine beidseitige Übereinstimmung, also ein Match, besteht. Bei der Konstellation (1) Frau sucht Mann kommt es zu 49 Matches und 21 Nachrichten, bei (2) Mann sucht Mann zu 21 Matches und vier Nachrichten und (3) Mann sucht Frau hat drei Matches und eine sehr vulgäre Nachricht erhalten. Das ergibt insgesamt 70 von Männern erhaltene Matches und drei von Frauen erhaltene, sowie 25 empfangene Nachrichten von Männern und eine empfangene Nachricht von einer Frau.

Die empfangenen Nachrichten enthalten größtenteils nur ein „Hey" und teils den Zusatz „Wie geht es dir?". Jedoch gibt es auch einige Ausnahmen, wie zum Beispiel: „Hey nachdem wir uns offensichtlich gefallen (was mich freut) frag ich dich einfah ganz direkt -> wieso bist du auf tinder und worum geht's bei dir?" (Wortwörtliche Nachricht, welche auf Tinder empfangen wurde).

Besonders auffallend ist hierbei der geschlechtsspezifische Unterschied. So scheinen Frauen weitaus zögerlicher in der Kontaktaufnahme zu sein als Männer.

6 Diskussion und Fazit

Nach theoretischer und empirischer Auseinandersetzung mit der Frage, wie junge Menschen im Alter von 19 bis 29 Jahren im Raum Innsbruck über die Dating-App Tinder kommunizieren, gewährt diese Untersuchung einen Einblick in den Kulturraum Internet am Beispiel Tinder. Es wird deutlich, dass Frauen ein anderes Kommunikationsverhalten haben als Männer. Im Feld Tinder wird sichtbar, dass Frauen so gut wie nie die Kontaktaufnahme beginnen. Es kann davon ausgegangen werden, dass Frauen allgemein auf medienbasierten Plattformen ein anderes Kommunikationsverhalten haben als Männer und nicht mit der ersten Kontaktaufnahme starten. Dies bedarf jedoch noch weiterer Untersuchungen und Forschungen und sollte auf Plattformen zum Lehren und Lernen mit digitalen Medien berücksichtigt werden.

Die hiermit aufgezeigten Erkenntnisse eröffnen die Möglichkeit, zukünftig weitere Erhebungen auf diesem Feld durchzuführen. Ein solches Potenzial wird besonders im Hinblick auf gendersensitive, mediengestützte Hochschuldidaktik gesehen.

Literatur

Flick, U. (2014). *Qualitative Sozialforschung: eine Einführung* (vollst. überarb. und erw. Neuausg., 6. Aufl.). Reinbek bei Hamburg: Rowohlt-Taschenbuch-Verl.

Gross, F. von (2015). Medien und ihre Chancen und Herausforderungen für das Jugendalter. In F. von Gross, D. M. Meister & U. Sander (Hrsg.), *Medienpädagogik: ein Überblick* (S. 164–194). Weinheim, Basel: Beltz Juventa.

James, J. L. (2015). *Mobile Dating in the Digital Age: Computer-Mediated Communication and Relationship Building on Tinder* (Thesis M.A.). Texas State University. Dept. of Journalism and Mass Communication.

Kimpeler, S. (2010). Lernen mit Online-Medien – E-Learning. In W. Schweiger & K. Beck (Hrsg.), *Handbuch Online-Kommunikation* (S. 364–384). Wiesbaden: VS Verlag für Sozialwissenschaften.

Marotzki, W. (2003). Online-Ethnographie – Wege und Ergebnisse zur Forschung im Kulturraum Internet. *Jahrbuch Medienpädagogik, 3*, 149–165.

Marotzki, W. & Jörissen, B. (2008). Medienpädagogik. In U. Sander, F. von Gross & K.-U. Hugger (Hrsg.), *Handbuch Medienpädagogik*. Wiesbaden: VS Verlag für Sozialwissenschaften.

Vollbrecht, R. (2001). *Einführung in die Medienpädagogik*. Weinheim: Beltz.

Nicola Würffel

Virtual Mobility fördern und Internationalisierung stärken durch transnationale, kooperative Blended-Learning-Seminare

Zusammenfassung

Digitale Medien werden erstaunlich wenig genutzt, um die Internationalisierung von Hochschullehre voranzubringen. Ein niedrigschwelliges Angebot zur Förderung der virtuellen Mobilität von Studierenden können transnationale Blended-Learning-Seminare darstellen, in denen Studierende an Hochschulen in verschiedenen Ländern kooperativ an Fachinhalten arbeiten. Solche Veranstaltungen werden bislang weder flächendeckend angeboten noch gibt es wirklich befriedigende Forschungsergebnisse zu den existierenden Realisierungen, ihren Potenzialen und Schwierigkeiten. Diesem Desiderat begegnet eine Grounded-Theory-Studie zum Lernen in transnationalen Blended-Learning-Seminaren in der Ausbildung von Deutsch-als-Fremdsprache-Lehrenden (DaF-Lehrenden), die Besonderheiten der computergestützten transnationalen kooperativen Zusammenarbeit beleuchtet.

1 Internationalisierung, digitale Medien und virtuelle Mobilität

Digitale Medien spielen bei den Internationalisierungsstrategien von Hochschulen bislang eine erstaunlich geringe Rolle:

> „Internationalisierung und Digitalisierung werden an Hochschulen derzeit kaum zusammen gedacht. Dabei setzen gerade moderne Technologien und das Internet die Orts- und Zeitgebundenheit der Lehre außer Kraft. […] Lehrende und Hochschulen können durch den Einsatz digitaler Lehr- und Lernformate noch intensiver und flexibler mit anderen Lehrenden und Hochschulen international kooperieren und sich weltweit noch stärker vernetzen" (Zawacki-Richert & Bedenlier 2015: 5).

Internationalisierung kann nicht nur durch eine Steigerung der physischen Mobilität von Studierenden und Lehrenden erreicht werden – sie kann sich auch in einer vermehrten virtuellen Mobilität von Hochschulangehörigen ausdrücken. Virtuelle Mobilität lässt sich verstehen als

> „set of ICT supported activities that realise or facilitate international, collaborative experiences in a context of teaching and/or learning" (http://move-it.europace.org/page8/page8.html) .

Virtuelle Mobilität kann genutzt werden, um „Internationalisierung der Lehre und neue Formen grenzüberschreitenden Lernens" (Seifer 2006: 249) zu ermöglichen sowie Lehrenden und Studierenden erste Erfahrungen in der Arbeit in internationalen, kooperativen Projekten zu erlauben. Man könnte deshalb vermuten, dass eine Erhöhung der virtuellen Mobilität im internationalen Raum im Interesse von Hochschulen läge und deshalb in diesem Bereich vermehrte Anstrengungen unternommen würden. Die von Zawacki-Richert & Bedenlier 2015 durchgeführte Studie zur Erfassung der Rollen, die digitalen Medien in den Internationalisierungsstrategien der Hochschulen in Deutschland zugeschrieben werden, zeigt aber ein ernüchterndes Ergebnis: In Strategiepapieren jedweder Art tauchten digitale Medien kaum auf, und auch die Befragung von Verantwortlichen über Fragebögen (Rücklauf gerade mal 12%) ergab, dass die Potenziale der digitalen Medien in äußerst geringem Maße genutzt werden. Die Autoren bescheinigen Deutschland deshalb „noch ein erhebliches Entwicklungspotenzial in Hinblick auf die Nutzung digitaler Medien zum Ausbau der Internationalisierung und zur Erschließung internationaler Zielgruppen" (ebd.: 23).

Mögliche Gründe für die geringe Anzahl von Projekten, in denen die digitalen Medien dazu genutzt werden, transnationale Bildungsangebote durchzuführen, liefert schon Seifer 2006: Sie nennt neben Studiengebühren, sprachlichen Hürden und unterschiedlichen kulturellen Zugängen vor allem auch das Problem des Regelungsbedarfs bezüglich der Akkreditierung und Standardisierung sowie des Credit-Transfers (vgl. ebd.: 245f.). Während sich Seifer in ihrem Artikel auf Angebote virtueller Hochschulen bezieht, betrachtet Pietraß (2014) die Förderung virtueller Mobilität durch die Nutzung freier Bildungsangebote in Form von OER (wobei sie sich vor allem auf MOOC bezieht) und konstatiert auch hier vergleichbare Schwierigkeiten (sozialkulturelle und politische Hürden sowie Probleme der Standardisierung). Sie weist zudem auf die im Zusammenhang mit MOOC häufig konstatierten hohen Abbruchquoten hin. Aus ihrer Sicht kann aber erst dann von einer Erhöhung der virtuellen Mobilität gesprochen werden, wenn virtuelle Lehrveranstaltungen erfolgreich abgeschlossen werden (vgl. ebd.: 106).

In der Diskussion um die Nutzung der digitalen Medien zum Zweck der Internationalisierung von Hochschulen wird viel im Großen gedacht und diskutiert. Zu wenig Beachtung finden niedrigschwellige Möglichkeiten, für die viele der oben genannten Hindernisse nicht gelten, die aber trotzdem die virtuelle Mobilität von Studierenden und Lehrenden fördern und deshalb bei einer ‚Internationalisierung 2.0' mitgedacht werden könnten und sollten.

2 Transnationale kooperative Blended-Learning-Seminare

Zu diesen niedrigschwelligen Angeboten gehören transnational ausgebrachte Seminare im Modus des Blended Learning (BL), in denen Dozierende und Studierende aus unterschiedlichen Ländern während eines ganzen Semesters oder während einer begrenzten Phase des Semesters mit Hilfe digitaler Medien zusammenarbeiten. Die Vorteile scheinen auf der Hand zu liegen: Der Regelungsbedarf ist geringer, die Einbettung in die Studieninhalte ist gewährleistet, Abbrüche sind sehr viel unwahrscheinlicher. Trotzdem findet eine flächendeckende Nutzung dieser Möglichkeit zur Förderung der virtuellen Mobilität offensichtlich kaum statt. Dies mag u.a. auch mit der unbefriedigenden Forschungslage zusammenhängen, die dazu führt, dass fächerübergreifende (generelle und fachspezifische) Vorteile nicht erkannt und Lösungen für (generelle und fachspezifische) Herausforderungen noch nicht formuliert werden können.

Unbefriedigend ist die Forschungslage, weil für viele Fächer Ergebnisse nur in geringem Umfang vorliegen; Ergebnisse aus anderen Bereichen (z.B. zum BL oder zum computergestützten kooperativen Lernen) sind wiederum nur in Teilen übertragbar, da hier noch zu wenig zu transkulturellen Kontexten geforscht worden ist.

Zudem gibt es zwar ein Fach, in dem schon eine solide Datengrundlage vorliegt; die Ergebnisse werden aber über die Fachgrenzen hinweg nur unzureichend wahrgenommen und haben offensichtlich wenig Einfluss auf die Internationalisierungsbestrebungen von Hochschulen. Es handelt sich um die Fremdsprachenphilologien bzw. dort um den Bereich der Ausbildung von Fremdsprachenlehrenden. Die Nutzung digitaler Medien hat hier zum Herstellen von Kontakten zum Zielsprachenland in Form von Telekollaborationsprojekten in der universitären Ausbildung von Fremdsprachenlehrenden eine lange Tradition. Häufig standen und stehen in der sogenannten Telekollaborationsforschung das sprachliche und das interkulturelle Lernen im Vordergrund (vgl. O'Dowd & Ritter 2006). Es finden sich aber auch spezifischere Ergebnisse zur Förderung der Autonomie und der Medienkompetenz der Studierenden (vgl. Fuchs, Hauck & Müller-Hartmann 2012), zu möglichen methodischen Ansätzen für solche Seminare (wie z.B. der Aufgabenorientierung) und zur Gestaltung von sinnvollen Aufgaben (vgl. O'Dowd 2016), zur Rolle des Lehrenden (vgl. u.a. Chun 2015) und zur Einflussnahme der verschiedenen digitalen Werkzeuge (vgl. Malinowski & Kramsch 2014). In einigen wenigen Studien geht es ferner um den Gewinn solcher transnationalen Seminare für die nachhaltige Vermittlung von fachlichen und fachdidaktischen Inhalten (vgl. Kleban & Bueno-Alastuey 2015). Dabei kommt der kooperativen Zusammenarbeit eine entscheidende Rolle zu. Deshalb wurde dieser Aspekt auch als ein Fokus im Rahmen einer Grounded-Theory-Studie gewählt (vgl. Würffel 2011).

3 Ergebnisse einer GT-Studie zu transnationalen BL-Seminaren in der Ausbildung von DaF-Lehrenden

Es wurde u.a. eine Seminarphase untersucht, in der angehende DaF-Lehrende aus Heidelberg und aus Madrid im BL-Modus an fachdidaktischen Themen zusammen arbeiteten. Die sechswöchige Seminarphase umfasste erste synchrone Präsenztreffen der lokalen Partner, eine gemeinsame Online-Phase sowie ein zweites synchrones Treffen der gesamten Gruppe (lokal in Präsenz, transnational virtuell). Das genutzte Lernmaterial (vgl. Würffel 2011) machte mehrfach ein kooperatives Bearbeiten von Aufgaben notwendig. In der GT-Studie wurde u.a. untersucht, wie die Studierenden die Möglichkeiten und Herausforderungen der virtuellen Mobilität in Bezug auf die kooperative Arbeit im Seminar wahrnahmen. Insgesamt wurden die kooperativen Lernphasen mit den lokalen wie auch den transnationalen Mitstudierenden positiv bewertet. Drei Charakteristika der virtuellen Zusammenarbeit waren den Studierenden besonders wichtig: die Möglichkeit zum asynchronen Arbeiten und damit zum zeit- und ortsunabhängigen Lernen, die Möglichkeit zur Dokumentation aller Lernprozesse und die besondere Form der digital vermittelten Kommunikation (mit der sie u.a. charakterisierenden Kanalreduktion). Darüber hinaus benannten fast alle die Ausweitung der Multiperspektivität als einen großen Vorteil ihrer virtuellen Mobilität im Seminar. Diese Ergebnisse erscheinen prinzipiell nicht überraschend, da vor allem die ersten drei Charakteristika in zahlreichen Studien im Bereich der Forschung zum Online-Lernen generell oder zum computergestützten kooperativen Lernen speziell als Vorteile genannt werden. Bemerkenswert ist aber, wie ambivalent die Haltung der Lernenden zu den genannten Charakteristika mit Bezug zum kooperativen Lernen zum Teil war. So zeigten sich bei den Studierenden große Unterschiede in der Einschätzung der Vor- und Nachteile der asynchronen Phasen für das kooperative Arbeiten: Während einige in den offeneren Zeitfenstern der asynchronen Phasen eine Möglichkeit zur Qualitätssteigerung der hergestellten Produkte sahen, empfanden andere die synchronen Gruppenarbeitsphasen mit ihren deutlichen (und engen) Zeitvorgaben als vorteilhafter. Unterschiedlich bewertet wurden auch die Dokumentationsmöglichkeiten durch die digitalen Medien: Einige empfanden den sozialen Druck beim kooperativen Arbeiten durch die Dokumentationsmöglichkeiten in den Online-Phasen als höher, für andere stellte sich die Verbindlichkeit und der soziale Druck in der direkteren Interaktion in der synchronen Phase als bedeutender dar. Die sehr unterschiedlichen Einschätzungen der Befragten machen deutlich, wie differenziert auch niedrigschwellige Angebote zur Förderung der virtuellen Mobilität geplant werden müssen, damit Lernende mit unterschiedlichen Lerngewohnheiten sich effektiv einbringen und von diesen maximal profitieren können. Die Ergebnisse der Studie deuten darauf hin, dass die Potenziale des Zusammenbringens und der Nutzung multipler Perspektiven in transnationalen Seminaren verlässlicher genutzt werden können. Die Zusammenarbeit mit einer Seminargruppe in einem anderen Land lenkt die Aufmerksamkeit der Studierenden offensichtlich besonders auf diese Aspekte des kooperativen Arbeitens. Die Perspektiven, die die Studierenden, die in einem anderen Land leben, in die Gruppenarbeit einbringen, werden bewusster wahrgenommen; eine Nutzung dieser unterschiedlichen Perspektiven für die Ko-Konstruktion von Wissen erscheint damit zumindest wahrscheinlicher. Hier ist aber dringend weitere Forschung nötig.

Literatur

Chun, D. M. (2015). Language and Culture Learning in Higher Education via Telecollaboration. *Pedagogies: An International Journal, 10*, 1, 1–17.

Fuchs, C., Hauck, M. & Müller-Hartmann, A. (2012). Promoting Learner Autonomy Through Multiliteracy Skills Development in Cross-institutional Exchanges. *Language, Learning & Technology, 16*, 3, 82–102. http://llt.msu.edu/issues/october2012/fuchsetal.pdf (28.02.2016).

Kleban, M. & Bueno-Alastuey, M. C. (2015). Creating Pedagogical Knowledge Through Electronic Materials in a Telecollaboration Project for Pre-Service Teacher Trainees. In A.M. Gimeno Sanz; M. Levy; F. Blin, & D. Barr (Hrsg.), *WorldCALL: Sustainability and Computer-Assisted Language Learning* (S. 39–52). London u.a.: Bloomsbury Academic.

Malinowski, D. & Kramsch, C. (2014). The Ambiguous World of Heteroglossic Computer-Mediated Language Learning. In A. Blackledge & A. Creese (Hrsg.), *Heteroglossia as Practice and Pedagogy* (S. 155–178). Dordrecht: Springer.

O'Dowd, R. (erscheint 2016). Learning from the Past and Looking to the Future of Online Intercultural Exchange. In R. O'Dowd & T. Lewis (Hrsg.), *Online Intercultural Exchange: Policy, Pedagogy, Practice*. London: Routledge.

O'Dowd, R. & Ritter, M. (2006). Understanding and Working with 'Failed Communication' in Telecollaborative Exchanges. *CALICO Journal, 23*, 3, 1–20.

Pietraß, M. (2014). Können digitale Bildungsangebote die Internationalität von Universitäten erhöhen? In DAAD (Hrsg.), *Die Internationalisierung der deutschen Hochschule im Zeichen virtueller Lehr- und Lernszenarien* (S. 102–115). Bielefeld: Bertelsmann.

Seifer, K. (2006). Virtuelle Mobilität im Hochschulbereich: Beispiele von Fernstudium und virtuellen Universitäten. *Tertium Comparationis. Journal für international und interkulturell vergleichende Erziehungswissenschaft, 12*, 2, 233–251.

Würffel, N. (2011). Blended Learning als Lern- und Lehrform an deutschen Hochschulen. Ergebnisse einer Implementierung von Schule im Wandel in der Ausbildung angehender DaF-Lehrender. In N. Würffel & A. Padrós (Hrsg.), *Fremdsprachenlehrende aus- und fortbilden im Blended-Learning-Modus. Erfahrungen und Erkenntnisse aus dem Comenius-Projekt „Schule im Wandel“* (S. 132–156). Tübingen: Narr.

Zawacki-Richter, O. & Bedenlier, S. (2015). *Zur Rolle und Bedeutung von digitalen Medien in Internationalisierungsstrategien deutscher Hochschulen.* Hochschulforum Digitalisierung, Arbeitspapier Nr. 12. Essen: Edition Stifterverband.

Adina Koller, Bernhard Koller

Konzepte von E-Learning in MMORPGs und Perspektiven zur Übertragung in den Bildungsbereich

Zusammenfassung

Der Artikel dokumentiert die Suche nach der Analogie zwischen E-Learning-Settings in computergestützten MMORPGs[1] und den didaktischen Szenarien von Bildungseinrichtungen. Die Literaturstudie erörtert, wie weit und in welcher Form sich Lernsituationen in MMORPGs im Rahmen didaktischer Szenarien verorten lassen. Die Grundlage war eine im Vorfeld erfolgte Einordnung in die didaktische Taxonomie nach Baumgartner (2011). Zentraler Bestandteil sind nicht einzelne Spiele, sondern die darin aufgefundenen – und als solche identifizierten – didaktischen Aspekte, welche schon seit den frühen 90ern im Computerspielsektor zur Anwendung kommen. Eine erfolgreiche Einbindung der relevanten Merkmale von MMORPGs stellt einen begünstigten Übergang in E-Learning-Strukturen, relevante Motivationssteigerung und eine positive Auswirkung auf den Lern-Outcome in Aussicht. Die gefundene enge Korrelation zwischen den Unterrichts-, Organisation- und Ablaufmethoden von MMORPGs und den in Bildungseinrichtungen verwendeten didaktischen Methoden stützen die Forderung nach einem Paradigmenwechsel in der Gestaltung der Bildungsstrukturen.

1 MMORPGs verwenden Lernvorgänge als Droge

MMORPG ist ein Spielkonzept, das im Jahr 1991 mit „Neverwinter Nights (AOL)“ in die Online-Welt Einzug gehalten hat und bis heute – Beispiel „World of Warcraft (Blizzard)“ – sehr erfolgreich am Computermarkt besteht. Es ist weitgehend computergesteuert[2] und kann theoretisch eine unbegrenzte Anzahl[3] an TeilnehmerInnen verwalten. Im Bereich der Bildungswissenschaft

1 „massively multimedia online roleplaying game“ (dt. Massentaugliches Onlinerollenspiel).

2 Unter Mitarbeit von TechnikerInnen, ProgrammierInnen, SpielbegleiterInnen (Hotlines, Volunteer-Programm).

3 10 Mio. reg. User weltweit in WoW (lt. Blizzard Entertainment, http://warcraft.blizzpro.com/2014/0/page/5/, zugegriffen 28.04.2016) – als Vergleich dazu der „MOOC-Hype“ mit 120.000 registrierten Teilnehmern (Schulmeister, 2013, S. 7).

wird versucht, Erkenntnisse aus der Spieletheorie durch Lernspiele[4] und Gamification[5] in die Bildungswelt zu übertragen. Die technische Evolution regt die Wissenschaft dazu an, Bildungskonzepte mit elektronischer Unterstützung umzusetzen. Dabei existieren organisatorische und technische Grenzen, die von Bildungseinrichtungen gemeistert werden müssen. MMORPGs bieten dabei bereits vollständige E-Learning-Strukturen. Diese begleiten SpielerInnen vom Erlernen der basalen Bedienungstechnik über die Beherrschung diverser Kompetenzen bis hin zu einem Höchstleistungswettkampf, der sich inzwischen zu einem Leistungssport (eSports) entwickelt hat. Die Ansicht, dass nicht nur spielerische Faktoren das Lernen verbessern, sondern dass die Faszination des Lernens – so sie entsprechend genutzt wird – überhaupt erst den Erfolg von Spielen ausmacht, ist die Grundlage dieser didaktischen Spielanalyse. „With games, learning is the drug“ (Koster, 2013, S. 40). Es geht hier nicht darum, „etwas Neues“ zu erfinden, sondern im Besonderen den Wissenstransfer nicht aus der Didaktik in die Spielwelt, sondern aus der gelebten Spielrealität in die didaktische Struktur zu vollziehen und damit einen wissenschaftlichen Paradigmenwechsel der Sichtweise anzuregen.

2 Bildungssettings in MMORPGs führen zu LernerInnen-Gruppen

Die konzeptuelle Vergleichbarkeit von Lernabläufen in MMORPGs und didaktischen Szenarien ist gegeben, weil in beiden Fällen theoretisches Wissen und persönliche Erfahrung zur Kompetenzsteigerung führt. Herauszustreichen ist dabei die Unabhängigkeit von den jeweiligen Lerninhalten. Wenn MMORPGs tatsächlich ein entsprechendes Suchtpotenzial besitzen (Mörsen, Wölfling, 2009), liegt es nahe, diese Motivationsfaktoren auch für Bildungssettings zu verwerten. McGonigal (2011) fasste die relevanten Merkmale in vier Gruppen zusammen: „A goal“ (Zielsetzung[6]), „Rules“ (Spielregeln[7]), „Feedback“[8] und

4 Lernspiele sind „Aktivitäten […], deren Inhalte, Struktur und Aufbau in pädagogischer Absicht und auf der Grundlage didaktischer Prinzipien gestaltet sind, die zugleich aber zentrale Merkmale von Spielen enthalten“ (Meier/Seufert, 2013, S. 3; zit. nach Arnold et al., 2013, S. 154).

5 Im Rahmen von „Gamification“, dem „Verspielern“, versucht man „die Einbettung (unangenehmer) reeller Handlungen in das Spielkonzept“ (Ben-Mamer, 2012, S. 140).

6 **Zielsetzungen** in MMORPGs existieren sehr vielschichtig: langfristig (ähnlich dem mehrjährigen Curriculum), kurzfristig (z.B. als Microlearning) oder als „didaktische Interaktion“ unterschiedlicher Länge (Baumgartner, 2011, S. 64).

7 **Spielregeln** sind einem steten Wandel unterzogen und reagieren auf Regelverletzung bevorzugt mit Inkorporierung der neuen Möglichkeiten, statt mit Bestrafung („it's not a bug, it's a feature“).

8 **Feedback** ist in MMORGs unmittelbar und ausschließlich positiv belegt. Negatives Feedback ist zwar vorgesehen, wird aber positiv verpackt („die schönsten Hopplas“) oder durch positive Aspekte ausgeglichen (z.B. Schwierigkeitsstufe).

„Voluntariness" (Freiwilligkeit[9]). In diesem Rahmen bringen MMORPGs fünf grundsätzliche didaktische Strukturen – samt ihren Zwischenstufen – hervor (Koller A., 2015, Kap. 6): Das **Tutorial** als klassisches Lernsetting, nicht nur zu Beginn, sondern über den ganzen Spielverlauf in unterschiedlichen Kompetenzstufen. Das **Volunteerprogramm** als Implementierung des Unterrichtes in der Form „teaching on demand" durch MitspielerInnen mit sektoralen Expertisen ohne Notwendigkeit einer universellen Wissensbasis. **Random-Groups** spiegeln das didaktische Setting der kollaborativen Teamarbeit wieder, bei der die TeilnehmerInnen willkürlich[10] zusammengestellt sind. Soziale Strukturen zur Einbettung und Begleitung von Lehr- und Lerngruppen sind **Anfänger-/Freizeitgilden** (ausgezeichnet durch sanfte, rücksichtsvolle und anleitende Abläufe), wie auch **Achievementgilden**, wo der Erfolg von ehrgeizigen TeilnehmerInnen im Vordergrund steht. A posteriori lassen sich alle MMORPG-Lernsettings diesen Gruppen zuordnen, obgleich ihre Aus- und Durchführung über alle Produkte nicht einer einheitlichen Regel folgen. Die richtige Mischung dieser Motivationsfaktoren ermöglicht individuelle – durch die SpielerInnen orchestrierte – Organisationsformen, welche allen Lehr- und Lernenden den maximalen Freiraum bieten.

3 Vergleich zur schulischen Didaktik

Die hier aus MMORPGs extrahierten Lernsettings lassen sich nicht nur praktisch durch ihre Ausführung, sondern auch rein formal als didaktische Szenarien taxieren. Eine entsprechende detaillierte Übertragung in die Taxonomie von Unterrichtsmethoden (Baumgartner, 2011) wurde in „eLearning in MMORPGs" (Koller A., 2015) durchgeführt. Bei der Übertragung ist auffallend, dass sich die Unterrichtsmethoden in ihrem Kern, dem Aufbau und der Prinzipienorientierung nicht wesentlich unterscheiden. Die Differenzen finden sich im Ausmaß (Reichweite[11]), Ausführung (zeitlicher[12] und inhaltli-

9 **Freiwilligkeit** wird durch das Fehlen von Pflichten unterstrichen. Trotzdem organisieren sich SpielerInnen selbst – mitunter streng in Bezug auf Zeitrahmen, Aufgaben und Teilnahmen – und zeigen eine starke intrinsische Motivation.

10 Es werden selbstgebildete Gruppen und Einzelpersonen bis zur notwendigen Gruppengröße nach den vorgegebenen Anforderungen des Programmes automatisch zusammengefügt (engl. Queue-System).

11 **Physische Anwesenheit** ist bei reinem E-Learning naturgemäß kein notwendiger Bestandteil der Organisation.

12 Der **Zeitrahmen** der „Übungs-, Lehr- und Lerneinheiten" ist im Rahmen von MMORPGs nicht vorgegeben. Die Sessions sind zeitlich unbeschränkt. Der positive Abschluss eines Assessments (z.B. bestimmtes Monster besiegen) wird allen zugestanden, die zu diesem Zeitpunkt anwesend waren und teilgenommen haben.

cher[13] Ablauf) und Organisation (Verfügbarkeit[14]). Hierbei sind die didaktischen Abläufe in MMORPGs weitgehend uneingeschränkt. Rahmen, Struktur und Ablauf der Unterrichtseinheiten entwickeln sich individuell erst durch die (virtuelle) Anwesenheit und Entscheidung der TeilnehmerInnen und bieten dabei eine Flexibilität, die sich im Rahmen einer Bildungseinrichtung schwer finden lässt. Es steht die Flexibilität von E-Learning – und die daraus resultierenden Vorteile – den starren Strukturen einer Bildungsinstitution entgegen. Im Rahmen der technischen Bildungsentwicklung wäre es angebracht, sich auch ideologisch schrittweise aus den starren Ausführungs-Strukturen zu lösen, um günstigere Bedingungen für die Implementierung von E-Learning zu schaffen, ohne „die frontalunterrichtliche Wissensmast sozusagen virtuell zu verdoppeln" (Arnold, 2006, S. 23). Dabei ist es die Interpretation und Implementation des didaktischen Spiel-Designs, die ein anderes Gesamtbild formt. Die Zielsetzung (**Lernziel**) in MMORPGs wird völlig transparent und für die Zielgruppe verständlich kommuniziert und in eine globale „Fortschrittsmatrix" eingeordnet (engl. Achievementsystem). Kompetenzstufen sind hierbei keine interpretierbare verbale Annahme von Kompetenzen, sondern die beglaubigte Bewältigung von Aufgaben. Das dazugehörige **Assessment** (Summe der möglichen „Prüfungsfragen") ist als objektive Zielsetzung vordefiniert und wird durch die permanente Verfügbarkeit zum integralen Bestandteil des Lernweges. In der Schuldidaktik hingegen ist die finale Leistungsüberprüfung der Abschluss des Lernvorgangs und kann daher weder gezielt erarbeitet, noch als kontinuierliches **Feedback** herangezogen werden. In MMORPGs gilt jede Aufgabenbewältigung als Leistungsüberprüfung und Teil des Lernfeedbacks. Durch die Prozentbewertung der Lösung ergibt sich eine ausschließlich positive Beurteilung. Für das Weiterkommen sind 100% der Aufgabe zu bewältigen, wobei schnellere/bessere Lösungen zusätzliche „Belohnungen" produzieren können. Daraus resultiert ein undefinierter, uneingeschränkter und ungesteuerter **Lernweg**, der eine Kompetenzsteigerung im Bereich von Problemlösungs- und Organisations-Strategien erzeugt. Das **Regelwerk** in MMORPGs umfasst den allgemeinen Aktivitätsrahmen, erzwingt jedoch nicht den Ablauf im individuellen Fortschritt oder Weg zur Zielerreichung. Wie durch diesen Freiraum ein Zugewinn von Kompetenzen erreicht werden kann, findet sich in „Minecraft als Spiegel sozialer Kompetenzen im Schulbereich" (Koller B., 2015). Die

13 Der verfügbare **Kompetenzlevel** unterscheidet sich in MMORPGs und Bildungseinrichtungen. In MMORPGs ist die Rückkehr zu bereits erledigten Aufgaben sinnvoll. Man hilft dabei Mitspielern oder erzielt selbst „Zusatzqualifikationen" für erschwerte Aufgabenstellungen oder effektivere Lösungen. Mögliche Aufgaben und Assessments können von den Spielern selbständig gegen äquivalente Aufgaben ohne Einschränkung des Vorwärtskommens kombiniert werden.

14 Die Verfügbarkeit beträgt 100% da **zeitliche Vorgaben** fehlen. Sessions werden von Teilnehmern gemeinschaftlich vereinbart. Beim Volunteer-Programm ist der Zeitrahmen (Anwesenheit) statisch vorgegeben, allerdings im Allgemeinen 24/7 verfügbar, was wiederum für die Lernenden keine Einschränkung bewirkt.

Freiwilligkeit in MMORPGs umfasst die Möglichkeit das System jederzeit zu verlassen, kurzzeitig zu pausieren und zu einem beliebigen Zeitpunkt in dasselbe System zurückkehren bzw. übergangslos anzuknüpfen. „Lebenslanges Lernen“ in der Realität bezieht sich auf Inanspruchnahme von weiterführenden Bildungsangeboten. Gleichermaßen eingeschränkt ist die Wahl der Bildungsinstitution, der Lerngruppe, der Themen und Aufgaben und des persönlichen Lernweges[15]. Der Entfernung dieses bildungstechnischen Korsetts und der daraus resultierenden kritischen Hinterfragung einer möglichen Öffnung der Lernstrukturen kann nur eine Einigung auf Basis der Vergleichbarkeit der Kompetenzlevel vorausgehen. Die oben verwendeten vier relevanten Spiel-Merkmale als Säulen von MMOPGs konstruieren einen vollständigen Rahmen für eine schulische Didaktik unter Verwendung eines individuellen E-Learning-Unterrichts, der motivationsfördern ist und individuelle Flexibilität bei standardisierten Ergebnissen bietet.

4 Fazit

MMORPGs inkludieren Lernumgebungen ohne zeitlich/räumliche Vorgaben in elektronischer Form, die als angewandtes E-Learning fungieren. Die eigenständige Entwicklung und Organisation von gesellschaftlichen Strukturen in der Spieler-Community als notwendige Ergänzung in diesem Szenario erzwingt eine Neubewertung didaktischer Betrachtungen, zumal sich die Lehr- und Lernvorgänge in MMORPGs sine dubio beobachten, klassifizieren und taxieren lassen. Eine technik- und informationsgestützte Didaktik darf die Auffassungs- und Ablaufunterschiede, welche hier erfolgreich auftreten, nicht ignorieren. Es wäre zu einfach, die Entstehung von derartigen Strukturen a priori zu verlangen und die basalen Merkmale von MMORPGs im Bildungssystem durch wie auch immer geartete Verankerung zu erzwingen. Vielmehr muss die Erkenntnis greifen, dass eine andere Betrachtungsweise und Bewertung der Lehr- und Lernvorgänge zu einer neuen Didaktik für E-Learning führen muss. Im Mittelpunkt stehen Lernende, die unterstützende Strukturen dann generieren, wenn das Umfeld suffizient ist. Das umfasst organisatorische, technische und soziale Änderungen der Rahmenbedingungen für Bildungseinrichtungen ebenso wie die Prämisse, dass das Wohlfühlen von Lernenden im Vorfeld notwendig ist, damit das System seine lehrenden Kräfte aktivieren kann, welche dann zum Erfolg des Individuums führen.

15 Der Lernweg in MMORPGs ist im Gegensatz zu Bildungseinrichtungen weitestgehend selbstbestimmt. Aufgaben, Gilden und Gruppen sind frei wählbar. Die Zuordnung zu Fächern, Inhalten und Klassen sind in Schulen starr vorgegeben. Änderungen dazu gibt es und werden getestet – allerdings nicht im Regelschulbetrieb.

Literatur

Arnold, R. (2006). Die Unzeitgemäßheit der eLearning-Didaktik. In R. Arnold (Hrsg.), *eLearning-Didaktik* (S. 11–29). Baltmannsweiler: Schneider Verlag Hohengehren.

Arnold, P., Kilian, L., Thillosen, A. & Zimmer, G. M. (2013). *Handbuch E-Learning. Lehren und Lernen mit digitalen Medien* (3., aktualisierte Aufl.). Bielefeld: wbv.

Baumgartner, P. (2011). *Taxonomie von Unterrichtsmethoden. Ein Plädoyer für didaktische Vielfalt.* Münster: Waxmann.

Ben-Mamer, I. (2012). Von Öko-Shootern und Ego-Aktivisten. In W. Kaminski & M. Lorber (Hrsg.), *Gamebased Learning. Clash of Realities 2012* (S. 133–152). München: kopaed.

Koller, A. (2015). *eLearning in MMORPGs.* Master Thesis, Donau Universität Krems.

Koller, B. (2015). *Minecraft als Spiegel sozialer Kompetenzen im Schulbereich.* Master Thesis. Donau Universität Krems.

Koster, R. (2013). *A Theory of Fun for Game Design* (2. Aufl.). Sebastopol, CA: O'Reilly Media Inc.

McGonigal, J. (2011). *Reality is Broken. Why Games Make us Better and How They Can Change the World.* New York: Penguin Press.

Meier, C. & Seufert, S. (2013). *Game-Based Learning: Erfahrungen mit und Perspektiven für digitale Lernspiele in der betrieblichen Bildung.* https://www.alexandria.unisg.ch/export/DL/34407.pdf. Zugegriffen 07.08.2014.

Mörsen, C. & Wölfling, K. (2009, 23. April). Wenn Spielen zur Sucht wird. *Pharmazeutische Zeitung 154* (17/2009), 16–23.

Schulmeister, R. (2013). *MOOCs – Massive Open Online Courses. Offene Bildung oder Geschäftsmodell?* Münster: Waxmann.

Christian F. Freisleben-Teutscher

Angewandte Improvisation: Beiträge zu Kooperation und Peer Learning

Zusammenfassung

Methoden aus der Angewandten Improvisation gehen auf eine lange Tradition zurück. Das Aufeinander-Hören und gegenseitige Achtsamkeit werden dabei ebenso erlebt und intensiviert wie insgesamt Kompetenzen, die Grundlagen für Kooperation und Peer Learning im Bildungsbereich sind. Im Workshop wird mit diesen Methoden experimentiert; dabei werden Effekte von Kooperation und Peer Learning erlebbar. Geliefert werden auch Hinweise zur Anwendung von Improvisationsmethoden in Online-Settings.

1 Begriffsklärung und historische Entwicklung

Mit dem Begriff „Angewandte Improvisation“ sind Spiele und Methoden gemeint, die sich in dieser Form vom Beginn an des 20. Jahrhundert entwickelt haben. Deren Wurzeln lassen sich bis zum Anbeginn der Menschheitsgeschichte zurückverfolgen:

Kreieren, Erzählen und Nacherzählen von Geschichten erfolgte bereits an den ersten Lagerfeuern sowie bei verschiedenen Formen ritueller Tänze und Zeremonien, die zum einen mündlich übermittelte Versatzstücke enthielten, zum anderen spontan entstandene Elemente (vgl. Frost & Yarrow, 2015). Schon hier war das von- und miteinander Lernen durch Darstellung, Verfremdung und Improvisation eine wesentliche Motivation. Im zweiten Jahrhundert vor Christus entstand in Griechenland das Mimus, ein Vorläufer der Komödie, das auch als Straßentheater oder in einfachen Bretterverschlägen gespielt wurde. Es gab keine Textbücher, die Stücke lebten von der Spontanität der Spielenden, die sich gleichzeitig in der Rolle sahen, Menschen Bildungsinhalte zu vermitteln bzw. diese zu partizipativem Verhalten zu motivieren. Damit war auch der Vorläufer der *Commedia dell' arte* geboren – Gruppen von SchauspielerInnen zogen von Ort zu Ort und bezogen in ihre Inszenierungen tagesaktuelle und politische Themen ein bzw. improvisierten ebenso aufgrund von Reaktionen des Publikums (vgl. Schmitt, 2010; Scott, 2014). In den 1950er Jahren entstanden dann, diese Traditionen wieder aufgreifend, erste Improvisationstheatergruppen. Ein zentrales Gestaltungselement ist, dass auf Eingaben und Reaktionen des Publikums immer wieder eingegangen wird und diese als Inspiration genutzt werden (vgl. Scott, 2014).

2 Angewandte Improvisation in Bildungssettings

Schon in den 1920er sammelte die Soziologin und Erziehungswissenschafterin Neva L. Boyd verschiedene Spiele und Übungen, auf dieser Sammlung baute dann Viola Spolin auf, die dabei vor allem die Bereiche Schule und Sozialarbeit im Fokus hatte (vgl. Lösel, 2013). Spolin trug so zu Grundlagen bei zum Einsatz von Improvisations-Games im Bildungsbereich. Diese können in sehr unterschiedlichen Settings umgesetzt werden, auch in Räumen wie einem Hörsaal in denen auf den ersten Blick sehr wenige Bewegungsfreiheiten bestehen. Spolins Ziel war u.a. Kompetenzen wie Kreativität, Selbstwirksamkeit und Kooperationsfähigkeit zu stärken. Ein wichtiges Merkmal der Übungen und Spiele ist dabei, dass die Grenzen zwischen Agierenden und Zuschauenden immer wieder durchbrochen bzw. zu einem synchronen Ablauf werden – ein Ansatz der sich besonders stark auch in Übungen findet, die Augosto Boal gesammelt und entwickelt hat (vgl. Fritz, 2013).

Damit diese Form von Synchronität zwischen Spielen, Wahrnehmen und Reflektieren gelingt ist gegenseitige Achtsamkeit der Agierenden notwendig sowie das konstruktive Aufgreifen von verbalen sowie nonverbalen Impulsen von anderen Personen also grundlegende Elemente von Kooperation und Kollaboration. Gemeinsam werden Momente erschaffen, in und von denen alle Beteiligten lernen können (vgl. Sawyer, 2011; Becker, 2012) – und zwar offline, online und in Blended-Learning-Settings.

3 Hinweise zum Einsatz

Für die Anwendung von Methoden der Angewandten Improvisation sind u. a. folgende Aspekte für die Auswahl, Planung, Implementierung und Reflexion wichtig:

Bezug zum Thema: Gemeint ist damit das gesamte didaktische Design (vgl. Reinmann, 2015). Also eine Auseinandersetzung mit Zielen einer Lehrveranstaltung auf Ebene von inhaltlichem Wissen als auch von Kompetenzen (vgl. Astleitner, Wageneder, Lengenfelder & Jekel, 2015). Diese nimmt im Idealfall auch Bezug zu Zielen auf Ebene etwa eines Moduls und des Currciulums eines Studiengangs oder eines Bildungsangebots. Davon ausgehend werden dann für verschiedene Inhalte sowie Lernphasen in Offline- und Onlinesettings verschiedene Methoden ausgewählt, sowohl für die Vermittlung als auch das Assessment. Verschiedene Methoden können dann eben aus dem Feld der Angewandten

Improvisation kommen – sie sind, wie alle anderen Methoden, bewusst ausgewählt, auch in Hinblick auf die Platzierung im Ablauf. Über diesen Bezug zum Thema müssen auch die Teilnehmenden ausreichend früh informiert werden bzw. gilt es darüber gemeinsam zu reflektieren.

Raum für Debriefing: Reflektierende Herangehensweisen und Methoden tragen wesentlich zum Gelingen und zu nachhaltigen Effekten von Lernprozessen bei. Dazu verweist Smith (1999) u. a. auf die Forschungen des Pädagogen John Dewey, des Philosophen Donald Schön sowie von Lerntheoretikern wie David A. Kolb. Wichtig ist nach jedem Einsatz von Improvisationsmethoden eine Zeit für die Reflexion vorzusehen sowie dazu gezielt Methoden und Fragestellungen auszuwählen. Ein wichtiges Thema im Zusammenhang zum didaktischen Design ist die Reflexion der Auswahl der jeweiligen Methode.

Aufwärmen: Die Praxis zeigt, dass es verschieden ‚intensive' Formen von Improvisationsmethoden gibt. Für manche ist es wichtig, dass es vorangehende Spiele gibt, die eine Annäherung an die Methoden unterstützen, u. a. einfache Assoziationsspiele mit Worten, Gesten bzw. im gemeinsamen Gehen (vgl. Berk & Treiber, 2009). Auch bei diesen Spielen ist der Bezug zum Thema wichtig.

Partizipation: Ein wesentliches Grundprinzip von Improvisationsmethoden sind Vorgaben etwa zu Orten, Emotionen, Beziehungen, Genres oder Zeitpunkt von Handlungssequenzen. Es ist wichtig, dass diese möglichst bald von den Agierenden selbst formuliert werden, auch damit deren Themen noch stärker einfließen können. Gefördert wird so auch dass kooperative Lernen in/mit Improvisationsmethoden (vgl. Berk & Treiber, 2009).

Ergebnissicherung: Ein wichtiger Aspekt bei Improvisation ist ‚im Moment zu sein': Ergebnisse von Improvisation sind flüchtig, ja unwiederholbar (vgl. Scott, 2014). Umso wichtiger ist, die Dokumentation so sicherzustellen, dass sie zum einen den intuitiven Prozess nicht stört und gleichzeitig auch asynchronen Zugang zu entstehenden Ideen, Konzepten, Einsichten usw. ermöglicht.

4 Der Workshop

Im Workshop werden gemeinsam verschiedene Improvisationsmethoden ausgetestet – ein wesentlicher Aspekt für die nachhaltige Wirksamkeit ist dabei bewusst gewählte Fragen und Methoden für eine Reflexion des Erlebten sowie von entstandenen Ideen und Erkenntnissen. Eine zentrale Fragestellung ist dabei, wie solche Methoden weiterentwickeln werden können um Kooperation zu initiieren, begleiten und immer wieder neu anzustoßen. Weiters wird dabei der Einsatz der Methoden für die Förderung und Umsetzung von Peer Learning analysiert – dies erfolgt im gemeinsamen Tun in einer Art und Weise, die gleichzeitig unmittelbar erleben lässt, wie Improvisationsmethoden konstruktivistische Lernprozesse ermöglichen und fördern können (vgl. Scott, 2014).

Ausgangspunkt für den Workshop ist ein Blogpost, der sowohl schon im Vorfeld eine Auseinandersetzung mit der Thematik unterstützt als auch eine reflektierende Nachbereitung. Darin fließen auch Ergebnisse des Workshops u. a. in Form von Fotos ein. Dieser Workshop versteht sich als Teil des Dissertationsprojekts improflair, bei dem ich den Einsatz von Improvisationsmethoden in Offline- und Online-Lernsettings untersuche (http://www.improflair.at/zum-begriff-improflair/improflair-die-dissertation).

Literatur

Astleitner, G., Wageneder, G., Lengenfelder P. & Jekel A. (2015). *12 Tipps für eine kompetenzorientierte Lehre.* Universität Salzburg. http://www.uni-salzburg.at/fileadmin/multimedia/Qualitaetsmanagement/documents/Handbuecher/12_Tipps_f%C3%BCr_eine_kompetenzorientierte_Lehre.pdf (Abgerufen am 18.07.2016).

Becker, T. (2012). Evaluating Improvisation as a Technique for Training Preservice Teachers for Inclusive Classrooms. University of Central Florida, Orlando. Abgerufen von http://etd.fcla.edu/CF/CFE0004516/Becker_Theresa_C_201212_PhD.pdf (Abgerufen am 18.07.2016).

Berk, R. A., & Trieber, R. H. (2009). Whose Classroom Is It, Anyway? Improvisation as a Teaching Tool. *Journal on Excellence in College Teaching, 20*(3), 29–60.

Fritz, B. (2013). *Auf den Spuren des revolutionären Theaters von Augusto Boal zur autopoietischen Theaterarbeit ins 21. Jahrhundert.* Abgerufen von http://othes.univie.ac.at/28450/ (Abgerufen am 18.07.2016).

Frost, A., & Yarrow, R. (2015). *Improvisation in Drama, Theatre and Performance: History, Practice, Theory* (3. Ausgabe). London: Palgrave Macmillan.

Lösel, G. (2013). *Das Spiel mit dem Chaos: Zur Performativität des Improvisationstheaters.* Bielefeld: Transcript.

Reinmann, G. (2015). *Studientext Didaktisches Design.* Hamburg. Abgerufen von http://gabi-reinmann.de/wp-content/uploads/2013/05/Studientext_DD_Sept2015.pdf (Abgerufen am 18.07.2016).

Sawyer, R. K. (Hrsg.). (2011). *Structure and Improvisation in Creative Teaching.* Cambridge, New York: Cambridge University Press.

Scott, J. (2014). *Improvisation in the Theatre: An Intersection Between History, Practice, and Chaos Theory.* Texas Tech University, Lubbock. Abgerufen von https://repositories.tdl.org/ttu-ir/handle/2346/58714?locale-attribute=de (Abgerufen am 18.07.2016).

Schmitt, N. C. (2010). Improvisation in the Commedia dell'Arte in its Golden Age: Why, What, How. *Renaissance Drama, 38*(1), 225–249. http://doi.org/10.1353/rnd.2010.0005

Smith, M. (1999). Reflection, Learning and Education. http://infed.org/mobi/reflection-learning-and-education/ (Abgerufen am 18.07.2016).

Sindy Riebeck

Digitale Vernetzung der Lehrerbildung in Schulen und Hochschulen – ein Pilotprojekt

Zusammenfassung

Technologische Infrastrukturen mit Single-Sign-on-Anwendungen und vernetzten Lernplattformen in den Bildungsbereichen Schule und Hochschule bieten zahlreiche Möglichkeiten, alle Phasen der Lehrerbildung über zu entwickelnde Nutzungsszenarien digital zu vernetzen und zu unterstützen. Das Konzept für eine solche bereichsübergreifende technologische Infrastruktur im Bundesland Sachsen sowie Ansätze für Nutzungsszenarien sollen vorgestellt und diskutiert werden.

1 Lehrerbildung in Schulen und Hochschulen vernetzen

Das Vorhaben „Lehrerbildung in Schulen und Hochschulen vernetzen" wird im Rahmen der gemeinsamen „Qualitätsoffensive Lehrerbildung" von Bund und Ländern aus Mitteln des Bundesministeriums für Bildung und Forschung gefördert und ist ein Strukturprojekt[1], welches einen stärkeren Praxisbezug in der Lehrerbildung sowie eine Intensivierung der Kooperation der Lernorte Schule und Hochschule ermöglichen soll. Unter Nutzung digitaler Medien wird die Vernetzung und Unterstützung aller Phasen der Lehrerbildung (Studienentscheidung, Studienorientierung, Studieneinstieg, Studium, schulpraktische Studien, Referendariat, Berufseinstieg, Fort- und Weiterbildung) angestrebt.

Zwei zentrale Ziele des Projektes sind:
- Bereitstellung zentraler Dienste für Schulen zur Kommunikation und Kooperation (Single-Sign-on-Portal „Schullogin") und
- Entwicklung digital unterstützter Szenarien für alle Phasen der Lehrerbildung.

1.1 Ein Single-Sign-on-Portal für Schulen – Schullogin

Das Ziel des Single-Sign-on-Portals „Schullogin" für Schulen ist es, den Schülerinnen und Schülern sowie Lehrerinnen und Lehrern über ein zentral ver-

1 Vorhaben im Maßnahmenpaket „Synergetische Lehrerbildung im exzellenten Rahmen (TUD-Sylber)" an der Technischen Universität Dresden.

waltetes Login, Zugang zu schulrelevanten Web-Diensten (u.a. Lernplattformen) und damit das Lehren und Lernen in einer geschützten Umgebung zu ermöglichen. Sie benötigen nur einen Zugang für verschiedene Dienste und können diesen beim Wechsel der Schule innerhalb des Bundeslandes behalten. Die Vorteile einer solchen Single-Sign-on-Anwendung im schulischen Kontext sind unter anderem die zentrale Nutzerverwaltung sowie die Bereitstellung sorgfältig geprüfter Web-Dienste.

1.2 Eine gemeinsame Lernplattform an Schulen und Hochschulen

Ein wechselseitiger Übergang zwischen zwei Instanzen des gleichen Lernmanagementsystems ohne erneute Authentifizierung stellt eine in Deutschland einzigartige technische Infrastruktur im Bildungsbereich dar. Die damit auf technologischer Basis zu schaffende Durchlässigkeit zwischen den Bildungssystemen Schule und Hochschule ermöglicht die Vernetzung verschiedener Lernorte und erlaubt die institutions- und fachübergreifender Zusammenarbeit. Dies eröffnet die Chance, insbesondere für die Lehrerbildung entsprechende digitale Nutzungsszenarien an der Schnittstelle Schule-Hochschule zu entwickeln und zu etablieren.

2 Nutzungsszenarien zur Unterstützung der Lehrerbildung

Die Online-Vernetzung der Institutionen Schule und Hochschule über die Lernplattform-Instanzen ermöglicht verschiedenste Formen der Zusammenarbeit zwischen den Akteur(inn)en. Abbildung 1 stellt mögliche Verknüpfungen dar.

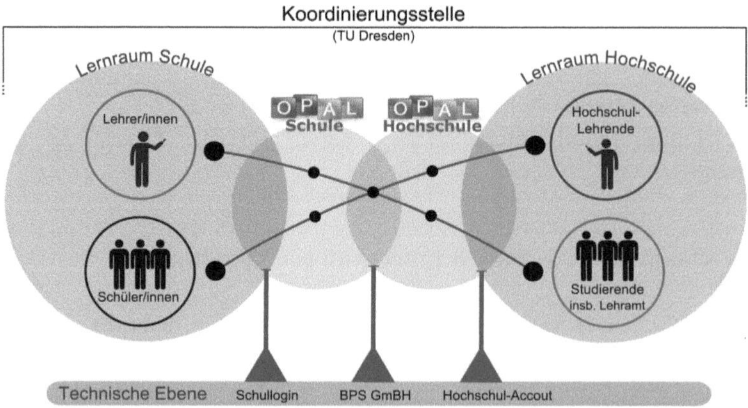

Abb. 1: Technologie-gestützte Verschränkung der Lernräume Schule und Hochschule

Beispielhaft seien die Studienorientierung sowie die Lehramtsaus- und -fortbildung genannt. Das eingereichte Poster soll neben der allgemeinen Darstellung des Strukturprojektes erste Ideen für Szenarien zur digitalen Unterstützung aller Phasen der Lehramtsausbildung präsentieren und zur Diskussion stellen.

Elske Ammenwerth, Werner Hackl

Interaktionsnetzwerke zur Analyse der Kooperation in virtuellen Lerncommunities

Zusammenfassung

Eine Herausforderung beim onlinebasierten Lernen ist es, die Kommunikation und Kollaboration der Teilnehmer auch bei rein asynchroner Lernsettings zu fördern. Im Rahmen eines Online-Kurses wurden Lernaufgaben eingesetzt, um den Aufbau einer virtuellen Lerncommunity zu unterstützen. Um Umfang und Beteiligte der virtuellen Kommunikation zu beschreiben, wurden über den gesamten Kursverlauf Interaktionsnetzwerke extrahiert und modelliert. Die Ergebnisse zeigen, dass sich die Teilnehmer im Lauf des Kurses als virtuelle Lerngruppe sozialisieren und zunehmend eng zusammenarbeiten. Aus dieser Analyse können Erkenntnisse bezüglich des Aufbaus von virtuellen Lerncommunities abgeleitet werden.

1 Einleitung

Lernen ist ein konstruktiver und sozialer Prozess, der in Interaktion mit anderen Personen abläuft (Kerres, 2013). Eine Herausforderung in onlinegestützten Lernsetting ist es, Kommunikation und Kollaboration der Teilnehmer untereinander sowie mit den Lehrenden bei rein asynchroner Kommunikation zu ermöglichen.

2 Methodik

Im Rahmen eines 4-wöchigen Online-Kurses mit 15 Teilnehmern aus vier Ländern wurde Lernaufgaben (so genannten *Etivities*) eingesetzt, um den Aufbau einer virtuellen Lerncommunity zu unterstützen. Die Lernaufgaben umfassten die individuelle Bearbeitung einer Aufgabe sowie die anschließende gegenseitige kritische Diskussion der Beiträge. Als Lernplattform wurde Moodle eingesetzt. Es wurden alle Kommunikationsprozesse per SQL-Abfragen aus der Moodle-Datenbank anonymisiert extrahiert. Dann wurden mittels der Netzwerkanalyse- und Visualisierungsplattform Gephi (https://gephi.org) Interaktionsnetzwerke modelliert. Diese beschreiben Art, Umfang und Beteiligte einer Kommunikation im virtuellen Kursraum. Außerdem erfolgte eine Befragung der Teilnehmer zu ihren Erfahrungen in der virtuellen Community.

3 Ergebnisse

Abbildung 1 zeigt die Veränderung der Interaktionsnetzwerke im Zeitverlauf. Die Ergebnisse deuten darauf hin, dass sich die Teilnehmer im Lauf des Kurses eng sozialisieren und zunehmend zusammenarbeiteten. Die Rolle des Lehrenden (im Zentrum der Netzwerke dargestellt) dagegen veränderte sich von einer zunächst zentralen Rolle in eine eher unterstützende Rolle. Die Teilnehmenden kommunizierten mit der Zeit zunehmend selbständig untereinander.

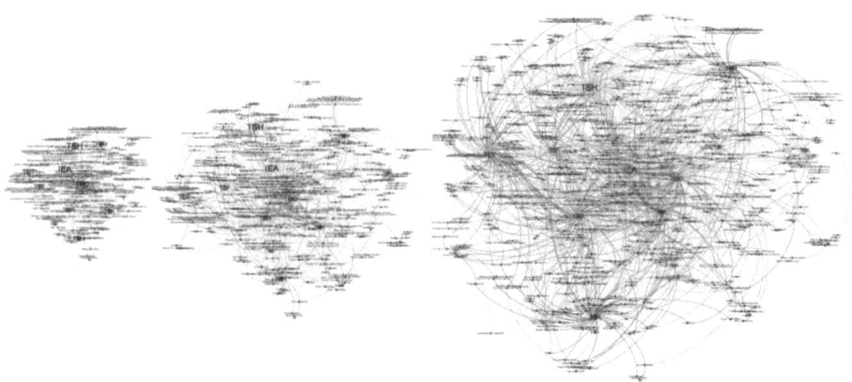

Abb. 1: Interaktionsnetzwerke in Woche 1, 2 und 4 nach Kursbeginn. Es werden nur Kommunikationsbeziehungen mit mindestens einer Interaktion (Antworten auf Beiträge) nach dem Start eines Diskussionsstranges dargestellt.

4 Diskussion

Im beschriebenen Kurs führten die eingesetzten Lernaktivitäten dazu, dass die Teilnehmer wie geplant zunehmend eng kommunizierten. In den abschließenden Befragungen drückten alle Teilnehmer aus, dass sie überrascht waren von der Intensität der Diskussionen und der gefühlten starken Interaktivität im virtuellen Raum, obwohl die Kommunikation immer asynchron war.

Literatur

Kerres, M. (2013). *Mediendidaktik* (4. Auflage). München: Oldenbourg.

Arne Beckmann, Anna-Maria Kamin, Alain Michel Keller, Silke Kirberg, Kathrin Pahlke-Kullik, Timon T. Temps, Yvonne Wegner, Dorothee M. Meister, Gudrun Oevel

„E-Assessment NRW": Vernetzungspotenziale, Good Practices und Praxiserfahrungen

Ausgangslage

Unterschiedliche elektronische Prüfungsformate finden immer mehr Eingang in die Hochschullehre. Von einem weitem Verständnis ausgehend sind E-Assessments in drei Bereiche zu differenzieren (Schmees & Horn, 2014, S. 17): *diagnostische Assessments* dienen der Ermittlung von Vorwissen *vor* einer Lernphase (z.B. elektronische Studienzulassungs- oder Studienfachfindungstests), *formative Assessments* der Messung des Lernfortschritts während einer Lernphase (z.B. computerunterstützte Testate und Quizzes) und *summative Assessments* der abschließenden Leistungsüberprüfung *am Ende* einer Lernphase (z.B. E-Klausuren).

An vielen Hochschulen wird der bildungspolitische Wille, E-Assessments voranzubringen, aktuell aufgegriffen, indem unterschiedliche Szenarien entwickelt und erprobt werden. Die konkrete Umsetzung in der Lehre beschränkt sich aber zumeist auf einzelne technische Applikationen und auf ausgewählte Fächer (vgl. Handke, 2015). Wenn auch einzelne Hochschulen eine Vorreiterposition einnehmen, sind sie von einem fächerübergreifenden Einsatz und einer systematischen Integration in ein hochschulisches Lehrkonzept noch weit entfernt. Zudem sind E-Assessment-Angebote in Form von Good Practices hochschulintern und -übergreifend oft wenig bekannt, ebenso wenig wie das didaktische Potenzial von E-Learning und E-Assessments in der Hochschullehre (Handke, 2014, S. 56). Weiterhin bestehen erhebliche Unsicherheiten bezüglich rechtlicher Rahmenbedingungen bei der Durchführung von elektronischen Prüfungen.

Projektkonzeption

Im Verbundprojekt „E-Assessment NRW" werden diese Fragestellungen bearbeitet (Laufzeit: 07/2014–12/2016). Das vom Ministerium für Innovation, Wissenschaft und Forschung des Landes Nordrhein-Westfalen (MIWF) geförderte Projekt wird von den Universitäten Paderborn, Duisburg-Essen und der Bergischen Universität Wuppertal sowie den Hochschulen Niederrhein und

Ostwestfalen-Lippe im Auftrag der Prorektoren und Vizepräsidenten für Studium und Lehre der Universitäten und Hochschulen in NRW durchgeführt. Ziel ist es, hochschulübergreifende Handreichungen und Handlungsempfehlungen zum Thema E-Assessment zu entwickeln, eine intensive Vernetzung zwischen den E-Assessment-Akteuren in NRW zu fördern sowie Kooperationspotenziale und praktikable Strategien der Verbreitung von E-Assessments auszuloten (vgl. Projekthomepage). Das Poster stellt die unterschiedlichen Aufgabenfelder und bislang erarbeiteten Ergebnisse dar.

Arbeitsschwerpunkte und Ergebnisse

Zu Projektbeginn wurde der Status Quo der im Land NRW genutzten E-Assessments (diagnostisch, formativ und summativ) im Rahmen einer umfangreichen Bestandserhebung ermittelt. Auf Basis dieser Analyse wurden anhand eines validierten Kriterienkatalogs Good Practices identifiziert. Zunächst bezogen sich diese auf die verwendeten technischen Systeme. Zudem wurden Handlungsempfehlungen für räumliche und didaktische Einsatzszenarien entwickelt, die dem Potenzial von E-Assessments in diesem Bereich Rechnung tragen (vgl. Hochschulforum Digitalisierung, 2015). In der laufenden Projektarbeit werden technisch-didaktische Beratungsstrukturen in den Blick genommen und hier mögliche Good Practices identifiziert. Die Projektergebnisse werden laufend auf www.eassessmentnrw.de veröffentlicht, um Vernetzungsmöglichkeiten zwischen Aktiven und Interessierten zu schaffen. Über die rechtliche Fragen von E-Assessments, insbesondere zum Prüfungs- und zum Datenschutzrecht (vgl. Kalberg, 2009, S. 21ff.), wurde eine gutachterliche Stellungnahme in Auftrag gegeben, auf deren Basis Handlungsempfehlungen erarbeitet werden. Diese sollen Interessierten und bereits aktiven Akteuren eine Orientierung bieten und den Einstieg in den Bereich der E-Assessments in rechtlicher Hinsicht erleichtern.

Literatur

Handke, J. (2014). *Patient Hochschullehre*. Marburg: Tectum.

Handke, J. (2015). *Handbuch Hochschullehre Digital*. Marburg: Tectum.

Hochschulforum Digitalisierung (2015). *Digitales Prüfen und Bewerten im Hochschulbereich*. Essen: Edition Stifterverband. Verfügbar unter: https://hochschulforumdigitalisierung.de/sites/default/files/dateien/HFD%20AP%20Nr%201_Digitales%20Pruefen%20und%20Bewerten.pdf [24.02.2016].

Kalberg, N. (2009). Rechtsfragen computergestützter Präsenzprüfungen im Antwort-Wahl-Verfahren. *Deutsches Verwaltungsblatt, 2009,* S. 21–29.

Projekt „E-Assessment NRW“ (2016). Projekthomepage. Verfügbar unter: www.eassessmentnrw.de [24.02.2016].

Schmees, M. & Horn, J. (2014). *E-Assessments an Hochschulen*. Münster: Waxmann.

Sabine Witt, Vinzenz Rast

Eine Website als Unterrichtsmedium: Zusammenarbeit und Sichtbarkeit im hybriden Unterrichtsformat

Zusammenfassung

Die Website ist die kommunikative Schaltzentrale von Unternehmen. Im Kommunikationsunterricht an der Hochschule Luzern – Wirtschaft ist sie nicht nur Untersuchungsgegenstand, sondern gleichzeitig ein didaktisches Medium, das den Unterricht hybridisiert, die Sichtbarkeit von studentischen Arbeiten erhöht und die Zusammenarbeitsmöglichkeiten medial erweitert. Auf einer Lerngruppen-Website werden Arbeitsergebnisse aus Selbststudium und Präsenzunterricht dokumentiert, Überarbeitungs- und Konstruktionsprozesse sichtbar und nachvollziehbar gemacht.

1 Ausgangslage und didaktische Ziele

Das Modul „Texte und Konzepte für Unternehmen" an der Hochschule Luzern – Wirtschaft hat die Erweiterung der Schreib- und Konzeptionskompetenz im Berufsalltag zum Ziel. Es wurde vom klassischen Format zu einem hybriden Unterrichtsformat umgewandelt. Jeder Lerngruppe dient eine Website als Arbeitsplattform, auf der die Studierenden ihre Textaufgaben ablegen, miteinander kommunizieren und sich über den Unterricht informieren. Didaktische Ziele waren die grössere Sichtbarkeit von Arbeitsergebnissen, der Austausch sowie Feedbackmöglichkeiten innerhalb der Lerngruppe. Die Hybridisierung[1] des Bildungsraums sollte fliessende Übergänge zwischen Präsenzunterricht und Selbststudium erlauben. Nach ersten Erfahrungen wurde die Anlage optimiert, um die Online-Plattform noch besser mit dem Unterrichtsinhalt zu verzahnen. Eine Besonderheit ist die Doppelfunktion der Website als Unterrichtsmedium und als Unterrichtgegenstand.

2 Umsetzung und Kritik

Eine Wordpress-Website sowie passwortgeschützte Videokanäle bildeten die Plattform für alle Arbeiten in diesem Lernmodul. In einem Menü wurden thematische Unterkategorien gebildet. Dies entsprach einer realen Website von

1 Vgl. Arnold et al (2015), S. 61ff.

Kommunikationsagenturen; die Studierenden konnten ihre thematisch abgelegten Arbeitsaufträge unmittelbar miteinander vergleichen.

Folgende Aspekte wurden systematisch durch die Vorgaben in den Arbeitsaufträgen umgesetzt: Alle Text-, Bild- und Videobeiträge waren im Blog sichtbar und thematisch geordnet darstellbar. Die Kommentarfunktion wurde für (Peer-)Feedback genutzt. Feedbacks wurden in Revisionen umgesetzt und Beiträge in mehreren, gekennzeichneten Versionen abgelegt. Im Forum wurde diskutiert sowie eine qualitative Evaluation durchgeführt. Im Blog wurden Unterrichtspräsentationen, -materialien und instruktive Videos dokumentiert. Zudem wurden ein Online-Tool zur gegenseitigen Bewertung von Videos sowie eine Twitter-Timeline genutzt.

Durch das praxisähnliche Publizieren, doppelte Feedbackschlaufen und Revisionen wuchsen zusehends das Verständnis digitaler Textsorten sowie die Fähigkeit, Bilder und Videos angemessen auszuwählen und einzubinden. Blogbeiträge wurden im Präsenzunterricht im Plenum besprochen, was die darauffolgenden Beiträge sichtbar verbesserte. Abschliessende, für alle sichtbare Korrekturen der Dozentin wurden ebenfalls rasch eingearbeitet.

Die Rückmeldungen der Studierenden zeigen, dass sie die Arbeit mit einem Tool schätzen, das in der Praxis eingesetzt wird. Sie gaben an, von der Sichtbarkeit der anderen Beiträge profitiert zu haben, sie liessen sich etwa von diesen inspirieren. Kritisiert haben sie den grösseren Arbeitsaufwand durch die visuelle Gestaltung der Website sowie technische Probleme.

Künftig müsste die Stoffmenge zugunsten der Qualität und zeitaufwändigen Feedbackschlaufen und Revisionen reduziert werden. Die Chancen des Flip Teaching könnten mit Hilfe der Website noch besser genutzt werden. Das Fazit der Dozierenden: Der Aufwand lohnt sich, da das Niveau der Texte und Präsentationen durch den Publikationsdruck, Austausch und die Sichtbarkeit erheblich erhöht wurde.

Literatur

Arnold, P. et al. (2015). *Handbuch E-Learning. Lehren und Lernen mit digitalen Medien* (4. Auflage). Bielefeld: W. Bertelsmann.

Schach, A. (2015). *Advertorial, Blogbeitrag, Content-Strategie & Co. Neue Texte der Unternehmenskommunikation.* Wiesbaden: Springer.

Wild, E. & Wild, K. (2002). Jeder lernt auf seine Weise … Individuelle Lernstrategien und Hochschule. In B. Berendt (Hrsg.), *Neues Handbuch Hochschullehre* (S. 1–22). Stuttgart: Raabe.

Franziska Chen, Dominik Klaus, Anna Palienko-Friesinger

From team teaching to shared responsibility – Teaching Labs zur Förderung der Zusammenarbeit von Lehrenden

Zusammenfassung

Im Fachgebiet „Zukunftsfähiges Wirtschaften“ (ZuWi) an der Wirtschaftsuniversität Wien werden mehr als 30 Lehrveranstaltungen angeboten, die von externen Lehrenden geleitet werden. Diese Lehrveranstaltungen stellen die Basis für nachfolgende Seminare dar und haben zum Ziel, Studierenden ein Grundverständnis von Nachhaltigkeit zu vermitteln sowie prozesshaftes Lernen zu fördern. Um die Lehrenden bei der Erreichung des Ziels zu unterstützen, wird bereits in der Vorbereitung und Planung zusammengearbeitet, was zu einer Verbesserung der Lernprozesse führt und dabei hilft, gemeinsame Lehrstandards zu definieren (Hardmann 2009, S. 583). Um ein gemeinsames Grundverständnis von Nachhaltigkeit und Lehrstandards sowie -methoden zu entwickeln, welche zur Förderung reflexiver Lernprozesse führen sollen, werden Teaching Labs angeboten. Die Pilotphase der Teaching Labs läuft seit April 2016 und wird durch konstante Rückmeldemechanismen und Feedbackschleifen begleitet. Dadurch können die gesammelten Erfahrungen direkt in die laufende Arbeit integriert werden um eine stetige Verbesserung der eingesetzten Konzepte zu erreichen.

Teaching Labs

Die Lehrveranstaltungen aus ZuWi schaffen die gemeinsame Basis zum Thema Nachhaltigkeit für nachfolgende Seminare, die auf das dort erworbene Grundwissen und die Basiskompetenzen zurückgreifen und unterschiedliche Themensetzungen weiter vertiefen. Dafür benötigt es ein gemeinsames Verständnis von Nachhaltigkeit bei den Studierenden und Lehrenden. Eine besondere Herausforderung besteht darin, dass einige der 30 Lektor/inn/en nicht hauptberuflich lehren und nicht im Department eingebunden sind. Dadurch ergeben sich Schwierigkeiten in der Koordination der Lehrenden und die Herausforderung, neben den individuellen Vorstellungen von Nachhaltigkeit auch ein gemeinsames Verständnis zu entwickeln. In einem ersten Projekt wurden Lehrenden Unterlagen auf der Lernplattform der WU angeboten, die ein gemeinsames Verständnis von Nachhaltigkeit vermitteln sollen. Zusätzlich wird beabsichtigt gewisse Vorbehalte gegen den Einsatz der Lernplattform und den Lehrtechnologien bei den Lehrenden abzubauen. Dabei zeigte sich, dass die Musterlernmaterialien wenig in Anspruch genommen wurden. Aus dieser Erfahrung entwickelte sich die Idee der gemeinsamen Erarbeitung eines Nachhaltigkeitsverständnisses und von Lehrstandards zwischen den Lehrenden. Ein gemeinsames Verständnis von Nachhaltigkeit und die Entwicklung von technologiegestützten Lehrsettings werden somit in Kooperation der Lehrenden und durch Diskussionen und Berücksichtigung der Stellungnahmen aller Lektor/inn/en entstehen. Durch diesen gemeinsamen Prozess und die Einbindung der Lehrenden soll Widerstand reduziert und die Motivation gesteigert werden, erarbeitete Materialien in der Lehrveranstaltung einzusetzen (Fernandez; Rainey 2006 S. 170). Neben dem Nachhaltigkeitsverständnis besteht die gemeinsame Vision durch aktivierende Methoden in der Lehre, die durch den Einsatz von interaktiven Medien unterstützt werden, reflexive Lernprozesse zu fördern und die Lernerfolge der Studierenden zu steigern. Die Herausforderung liegt hier in der Umsetzung. Daher stehen die Teaching Labs zusätzlich als gemeinschaftsorientierte Werkstätten bzw. Makerspace für Lehrende zur Verfügung, um Lehrsettings für die von den Lehrenden betreuten Lehrveranstaltungen zu entwickeln und auszuprobieren (Barniskis 2014, S. 6). Damit soll die didaktische Integration des Einsatzes von Medien gefördert werden, um das Lernen sowohl in der Präsenzeinheit als in informellen Kontexten anzuregen (Baumgartner; Herber 2013, S. 333). Um die Weiterentwicklung und Optimierung der Teaching Labs zu gewährleisten liegt einer der Schwerpunkte des Projekts im Bereich Feedback und Reflexion. Am Ende jedes Teaching Labs findet eine gemeinsame Rekapitulation und Diskussion der Inhalte statt. So bekommen die Teilnehmer/innen unmittelbar die Möglichkeit Punkte anzusprechen, die ihnen gefehlt haben oder die sie als nicht zielführend empfunden haben. Zusätzlich werden die Lehrenden nach Beendigung ihrer Lehrveranstaltungen mündlich dazu befragt, ob und wie sie die erarbeiteten Unterlagen aus den Teaching Labs für ihre Lehrveranstaltung nutzen konnten. Erste Ergebnisse liegen Ende des Sommersemesters 2016 vor und werden im Rahmen der Tagung vorgestellt.

Literatur

Barniskis, S. (2014). Makerspaces and Teaching Artists. *Teaching Artist Journal, 12*, 6–14.

Baumgartner, P. & Herber, E. (2013). Höhere Lernqualität durch interaktive Medien? – Eine kritische Reflexion. *Erziehung & Unterricht*, Nr. 3–4, 327–335.

Hardman, M. (2009). Redesigning the Preparation of all Teachers Within the Framework of an Integrated Program Model. *Teaching and Teacher Education, 25*, 583–587.

Fernandez, S. & Rainey, H.G. (2006). Managing Successful Organizational Change in the Public Sector. *Public Administration Review, 66*, 168–176.

Urban Lim, Samuel Witzig

Koordinierte Förderung der akademischen Medienkompetenz an der Hochschule

Die Gestaltung von Lehr- und Lernangeboten an Hochschulen sowie deren Nutzung durch Studierende erfordern sowohl bei Dozierenden als auch bei Studierenden verschiedene Kompetenzen. Mit dem Einzug der Digitalisierung von Bildungsangeboten an Hochschulen gewinnt die akademischen Medienkompetenz (z.B. Wedekind, 2008; Mayrberger, 2010; Reinmann et al., 2013) zunehmend an Bedeutung. Akademische Medienkompetenz umfasst die Bereiche der Lehre, Forschung und Selbstverwaltung sowohl für Studierende als auch für Lehrende (vgl. Reinmann et al., 2013). Anliegen von Lehrenden zur Gestaltung von mediengestützten Angeboten als auch Fragen zur Nutzung solcher Angebote durch Studierende können daher allgemein unter den Begriff der akademischen Medienkompetenz subsumiert werden.

An der Zürcher Hochschule für Angewandte Wissenschaften (ZHAW) wurde im Jahr 2013 die Verwendung von E-Learning-/Blended-Learning-Szenarien im Unterricht bei Lehrenden (N=153, Rücklaufquote von 12%) erhoben. Es zeigte sich, dass der Einsatz von E-Learning im angereicherten Konzept zwar weit verbreitet war, mediendidaktisch durchdachtere Blended-Learning-Konzepte jedoch noch relativ wenig vertreten waren[1]. Trends und die Erfahrung an der ZHAW seit 2013 deuten jedoch darauf hin, dass sich die Szenarien mehr in Richtung Blended Learning wandeln, wie der hochschulweite Diskurs in Fachgremien sowie verschiedene Auszeichnungen für Best Practices in der Lehre an der ZHAW belegen[2]. Die Nutzung solcher Angebote erfordern auf Studierendenseite erweiterte Kompetenzen, wie z.B. die Produktion eigener Medien und medialer Beiträge in Form von Portfolio-Ansichten oder Kenntnisse der Urheberrechte. An der ZHAW wurde im Jahr 2013 eine quantitative Umfrage mit N=928 Studierenden aus der grundständigen Lehre durchgeführt, um die Medienkompetenz in einer Selbstevaluation zu erheben. Bei den Studierenden wurde Handlungsbedarf in den Bereichen „Selbstorganisiertes Lernen und

---

1 Auf einer Skala von 1 (trifft gar nicht zu) bis 4 (trifft voll und ganz zu) wurden u.a. folgende Selbsteinschätzungen zur Verwendung gemacht: Verteilen von Lehrmaterialen 3.8 von 4, Versenden von Ankündigungen 3.3 von 4. Hingegen wurde bspw. die orts- und zeitunabhängige Betreuung von Studierenden nur mit 2.6 von 4 eingeschätzt, der Austausch von Aufgaben mit 2.51 von 4, das Einschätzen des Lernstandes durch formative Tests mit 2.01 von 4 oder die Durchführung von notenrelevanten Leistungsnachweisen mit 1.39 von 4.

2 https://www.zhaw.ch/de/studium/vor-dem-studium/wissensbasiert-und-kompetenzorientiert/ (Abgerufen am 29.04.2016).

Gestaltung von Lernumgebungen“, „Persönlichkeits- und Urheberrechten“ sowie „Beurteilung von Quellen“ festgestellt.

Hochschulweit existierte bis zum Jahr 2013 keine Koordination in Bezug auf Anfragen zur akademischen Medienkompetenz. Aufgrund der Ergebnisse der Befragungen wurde u.a. die Empfehlung umgesetzt, eine ‚Koordinationsgruppe akademische Medienkompetenz‘ zu konstituieren, die sich aus Vertretern folgender Organisationseinheiten der Hochschule zusammensetzt: Die E-Learning-Supporteinheiten, die Hochschulbibliothek, der Rechtsdienst und die ICT-Sicherheit. Die Koordinationsgruppe soll aktuelle Themen aus verschiedenen Hochschulgremien beobachten, Empfehlungen für hochschulweite Unterstützungsangebote daraus ableiten sowie eigene Angebote gemeinsam durchführen.

Es konnten bereits Erfolge verzeichnet werden, die auf der Verbesserung der interdisziplinären Zusammenarbeit basieren: Hochschulweit werden seit dem Jahr 2015 gemeinsame Fortbildungsprogramme für Dozierende angeboten. So wurde ein Angebot der zentralen E-Learning-Supporteinheit und des Rechtsdienstes zu den rechtlichen Aspekten, insbesondere dem Urheberrecht und dem Datenschutz, des E-Learning/Blended Learning geschaffen. Ein weiteres Angebot, das die E-Learning-Supporteinheit zusammen mit der Hochschulbibliothek konzipiert hat, richtet den Fokus auf die Produktion und Verwendung von bestehenden OER in Bildungskontexten. Der Mehrwert solcher Kursangebote besteht aus der ganzheitlichen Betrachtung der Themengebiete durch die Beteiligung von Experten aus verschiedenen Fachgebieten an den Angeboten.

Für Studierende startete kürzlich ein hochschulweites Pilot-Angebot, welches die Themen „Lernstrategien und Lerntechniken“, „Verwendung von digitalen Medien zu Lernzwecken sowie zur Selbstorganisation“, „Einsatz von Strategien zur Literatursuche und Beurteilung von Quellen“ und „Einschätzung von Risiken und Identifikation angemessener Schutzmassnahmen“ umfasst. Das Online-Angebot wurde durch Mitglieder der Koordinationsgruppe durchgeführt und soll zukünftig zu verschiedenen Zeitpunkten innerhalb der Studiensemester veranstaltet werden, damit Studierende dann teilnehmen können, wenn der Bedarf an Unterstützung besteht.

Literatur

Mayrberger, K. (2012). Medienpädagogische Kompetenz im Wandel – Vorschlag zur Gestaltung des Übergangs in der Lehrerbildung am Beispiel mediendidaktischer Kompetenz. In R. Schulz-Zander, B. Eickelmann, H. Moser, H. Niesyto, & P. Grell (Hrsg.), *Jahrbuch Medienpädagogik 9* (S. 389–412). Wiesbaden: VS Verlag für Sozialwissenschaften.

Reinmann, G., Hartung, S. & Florian, A. (2013). *Akademische Medienkompetenz im Schnittfeld von Lehren, Lernen, Forschen und Verwalten.* Verfügbar unter: http://gabi-reinmann.de/wp-content/uploads/2013/07/AkademischeMedienkompetenz_Reinmann_ Hartung_Florian.pdf (abgerufen am 29.02.2016).

Wedekind, J. (2008). Medienkompetenz für (Hochschul-)Lehrende. *Zeitschrift für E-Learning, Lernkultur und Bildungstechnologie, 3*, 2, 24–37.

Gerhard Brandhofer

Digitale Evangelisten, Apokalyptiker, Diskurssucher, Verweigerer und Münchhausens Trilemma

Zusammenfassung

Die Diskussionen rund um das Digitale in der Bildung sind in ihrer Vielfalt kaum mehr nachzuvollziehen. Es wird zunehmend schwerer, im Feld für den Diskurs Relevantes ausfindig zu machen. Das liegt auch daran, dass tatsächlich viele Beteiligte wenig Interesse daran haben, ihre Positionen dem wissenschaftlichen Diskurs auszusetzen.

1 Der Versuch einer Rasterung

Die Lüge der digitalen Bildung, die *digitale Demenz* aber auch die *digitale Bildungsrevolution* sind der Grund für viele, sich mit digitalen Medien in der Bildung zu beschäftigen und Gegenpositionen zu formulieren. In sozialen Netzwerken wie auch in den Printmedien werden unzählige – mehr oder weniger – gehaltvolle Texte zum Einsatz digitaler Medien in der Bildung veröffentlicht.[1]

Enzensberger hat in seinem Beitrag *Das digitale Evangelium* zwischen digitalen Evangelisten und digitalen Apokalyptikern unterschieden (Enzensberger, 2000). Verwendet man dieses Gegensatzpaar, so sind die Evangelisten jene, die sich für die Digitalisierung der Bildung ohne Wenn und Aber aussprechen. Die Apokalyptiker wären dann jene, welche Medien – insbesondere digitale – am liebsten zur Gänze von Kindern und Jugendlichen fernhalten wollen. Diese beiden Extreme können als Endpunkte einer Skala von -10 bis +10 herangezogen werden. Neben diesem Aspekt ist aber noch ein zweiter wesentlicher Faktor zu berücksichtigen: den der Diskursfähigkeit. Nimmt man das Prinzip der kritischen Prüfung als Grundlage wissenschaftlicher Arbeit, so sollte man den eigenen Thesen immer nur vorläufige Gültigkeit zugestehen und dem Diskurs (der kritischen Prüfung) aussetzen um so Münchhausens Trilemma zu entkommen. Tatsächlich stoßen manche intensiv die Diskussion zu ihren Thesen an (positive Achse der zweiten Dimension), andere lassen den Diskurs geschehen, ohne sich selbst zu beteiligen oder daraus Schlussfolgerungen zu ziehen (0). Und einige Meinungsmacher verweigern sich nicht nur dem Diskurs, sondern ver-

1 Erläuternde Grafiken und weitere Literaturangaben zu diesem Beitrag sind hier veröffentlicht: http://www.brandhofer.cc/gmw2016/ ↑

unmöglichen diesen durch Argumente ad hominem, Totschlagargumente, etc. (negative Achse). Wenig überraschend sind das vor allem jene im Feld, die Extrempositionen vertreten. Folglich die zweite Dimension: Diskursbereitschaft. Eine dritte Dimension wäre durch die Endpunkte *Didaktisierung* und *Entdidaktisierung* gegeben, denkbar aber auch *Theoretiker* und *Praktiker*.

These für das Knowledge Café: Extrempositionen auf der ersten Achse werden vor allem dann eingenommen, wenn dadurch ein ökonomischer Vorteil entsteht, oder auch aus egozentrischen Motiven, daher ist die Diskursbereitschaft auch nicht sehr hoch. Standpunkte verändern sich im Laufe der Zeit, Bewegungen in allen drei Dimensionen und in allen Kombinationen sind denkbar. Zuordnungen in diesem System betreffen die durch die Person vertretene Position und nicht die Person selbst. Was bewirken Lembkes, Spitzers und Drägers Veröffentlichungen, sind sie Opium für das Volk? Folgt den digital-skeptischen wie digital-euphorischen Diskussionen tatsächlich eine Veränderung im Bildungsalltag? Gibt es einen nennenswerten Impact? Und inwiefern ist *Groupthink* in diesem Zusammenhang ein Hemmschuh in der Entwicklung? Ich habe den Versuch unternommen, die ersten beiden Skalen mit sechs Fragen zu operationalisieren. Diese Fragen habe ich Studierenden einer Pädagogischen Hochschule und den Teilnehmerinnen und Teilnehmern der EDU|days online zur Beantwortung vorgelegt. Für Gruppe 1 ergeben sich die Mittelwerte von 4,2/-2,4 (s=2,28/5,97; n=37), Gruppe 2 6,3/-5,3 (s=2,85/5,42; n=63).

2 Ausblick

Veröffentlichte Beiträge sollten nicht ausschließlich der untaugliche Versuch sein, aus persönlichen Erlebnissen allgemeingültige Theorien abzuleiten ohne seine eigene Meinung auch zur Disposition zu stellen. Auch sollte nicht der ökonomische Vorteil sondern wissenschaftsethische Prinzipien das Leitsystem des Handelns sein. Die Debatte muss für einen nennenswerten wissenschaftlichen Fortschritt tatsächlich und mehrheitlich dem Prinzip der kritischen Prüfung folgen. Mit diesem Beitrag soll die Notwendigkeit der Beachtung des Prinzips der kritischen Prüfung in Zusammenhang mit digitalen Medien in der Bildung betont werden. Halten wir uns den Horizont offen, fördern wir die kritische Prüfung unserer Theorien und durchbrechen wir das Ingroupverhalten!

Literatur

Enzensberger, H.M. (2000, Januar 10). Das digitale Evangelium. *Der Spiegel*, *2*. Zugriff am 10.2.2016. Verfügbar unter: http://www.spiegel.de/spiegel/print/d-15376078.html

Jörg Hafer, Frederic Matthé, Marlen Schumann

E-Teaching-Badgevergabe – Kollegiales Feedback als Qualitätsentwicklungsinstrument

Zusammenfassung

Gegenstand des Posters ist der Vergabeprozess des E-Teaching-Badge der Universität Potsdam, wobei der Prozess der Antragstellung, Begutachtung und Ausstellung des Badge unter Einbeziehung der gegebenen Rahmenbedingungen und aktueller Entwicklungen vorgestellt wird. Ausgewählte Kriterien zur Bewertung von E-Teaching-Szenarien geben eine Orientierung für das kollegiale Feedback und bilden zugleich die Grundlage für das Peer-Assessment als Qualitätsentwicklungsinstrument. Diese werden auf dem Poster gesondert hervorgehoben und erste Erfahrungen aus dem laufenden Pilotprozess dargestellt.

1 Inhaltliche Einführung

Während die Gestaltung computergestützter Lernarrangements in der Regel einen sehr großen Zeit- und Arbeitsaufwand mit sich bringt, wird dieser oft ungenügend honoriert. Badges bieten die Möglichkeit, den Aufwand sichtbar zu machen sowie die Leistungen von Lehrenden aufzuzeigen. Aufgrund detaillierter Informationen über die Art des Einsatzes kann ein Badge den Lehrenden auch dazu dienen, ihre E-Teaching-Kompetenzen zu dokumentieren.

2 E-Teaching-Badge der Universität Potsdam

Der E-Teaching-Badge der Universität Potsdam wird an Lehrende vergeben, die sich einer quantitativen und qualitativen Begutachtung einer (oder mehrerer) ihrer mediengestützten Lehrveranstaltung(en) stellen. Einzureichen sind hierfür eine kurze Verschriftlichung des Lehrkonzeptes sowie Informationen zum Zugang zu den eingesetzten digitalen Medien. Die Begutachtung erfolgt einerseits durch eine/n Mitarbeiter/in des Bereichs Lehre und Medien des Zentrums für Qualitätsentwicklung in Lehre und Studium der Universität Potsdam und andererseits mithilfe eines Peer-Assessments, d.h. die teilnehmenden Lehrenden erklären sich bereit ihre Lehrveranstaltung anhand hochschuldidaktischer Kriterien von anderen Lehrenden und begutachten zu lassen sowie selbst ein entsprechendes Feedback für eine andere Lehrperson zu schreiben. Der kollegiale Austausch umfasst dabei in der Regel auch ein direktes Gespräch der Peers. Die Erfahrung und das Wissen anderer Lehrender werden so genutzt, um die eigene Umsetzung zu reflektieren, neue Perspektiven zu eröffnen und Impulse für die Weiterentwicklung des Lehrhandelns zu geben. (Vgl. Kempen & Rohr, 2009, S. 7; Reinmann et al., 2010, S. 2f.) Der Badge zertifiziert eine Lehrperson als E-Teacher und wird für den adäquaten und zielführenden Einsatz von E-Teaching-Methoden und -Instrumenten vergeben. Die Vergabe ist somit personen- und nicht veranstaltungsbezogen. Art und Umfang des Medieneinsatzes werden aus den Metadaten des Badge ersichtlich, beispielsweise in welchen Handlungsfeldern von Lehrpersonen[1] E-Teaching-Elemente eingesetzt wurden. Ziel ist nicht, in möglichst vielen Handlungsfeldern E-Teaching einzusetzen, sondern dort, wo dies erfolgt, den Einsatz angemessen zu gestalten. Auch aus diesem Grund wird nur ein Badge vergeben. So gibt es auch keine Mindestanzahl an Kriterien, die erreicht werden müssen – lediglich die adäquate Vorbereitung und Gestaltung der Lernumgebung wird als Voraussetzung angesehen, da ohne „Lernraum" (sei es ein Moodle-Kurs, ein Blog oder ein WBT) keine weiteren Lehr-Lern-Aktivitäten stattfinden können.

3 Zertifizierung von Lehrenden mit dem E-Teaching-Badge

Der E-Teaching-Badge bietet eine Möglichkeit, den Einsatz von E-Teaching wertzuschätzen sowie die Leistungen der Lehrenden anhand ausgewählter didaktischer Kriterien aufzuzeigen. Er ist damit nicht nur eine Form der Anerkennung, sondern gibt dem E-Teacher Orientierung im Einsatz digitaler Medien in der Lehre und dient als Anstoß zur qualitativen Weiterentwicklung. Zusammenfassend stellt der E-Teaching-Badge der Universität Potsdam ein "Gütesiegel" für Online-Lehre dar und dient gleichzeitig als Qualitätsentwicklungsinstrument.

Literatur

Kempen, D., Rohr, D. (2009). From Peer to Peer: Kollegiale Hospitationen in der Hochschule. *Neues Handbuch Hochschullehre*, L.3.5, S. 1–31.

Reinmann, G., Sippel, S. & Spannagel, C. (2010). *Peer Review für Forschen und Lernen: Funktionen, Formen, Entwicklungschancen und die Rolle der digitalen Medien.* http://gabi-reinmann.de/wp-content/uploads/2010/05/PeerReview_GMW10.pdf (Abgerufen am 29.02.2016).

1 Nachzulesen: https://www.uni-potsdam.de/zfq/lehre-und-medien/services/e-teaching-badge.html (Abgerufen am 13.05.2016).

Anton Tremetzberger

Einsatz von Technologie in der Lehre – angereizt, gereizt oder ausgereizt?

Zusammenfassung

Der immer stärker werdende Technologiezuwachs in Bildungsinstitutionen erfordert bei Stakeholdern an Bildungsinstitutionen (Serviceeinrichtungen, ForscherInnen, Lehrende und Studierende) eine hohe Kompetenz im Umgang mit diesen neuen Technologien. Teils hohe Erwartungen der Lehre treffen auf Ressourcenknappheit bei den Serviceeinrichtungen. Umgekehrt werden Technologien angeboten, die nur wenig genutzt oder ausgereizt werden. Der Beitrag bietet einen Abriss dessen, welche Technologien gewünscht sind, wie sie genutzt werden, welche Anreize und Motivationsfaktoren zur Nutzung bestehen und wie sie von Stakeholdern wahrgenommen werden.

1 Einleitung

Bildungseinrichtungen jeder Art bieten ein umfangreiches Portfolio an Technologien und Dienstleistungen zur Unterstützung der Lehre an: Lernmanagementsysteme (Moodle, OLAT, Blackboard), Umfragesysteme (ARSnova, Pingo), Webkonferenzsysteme (Adobe Connect, Skype), Audio- und Videoportale, elektronische Prüfungssysteme, etc.

Die Entscheidung, welche Technologie verwendet wird, ist von unterschiedlichen Faktoren abhängig: zur Verfügung stehende Ressourcen, Anreize, Motivationsfaktoren, Pilotprojekte, technologische Rahmenbedingungen, (zukünftige) Trends, NutzerInnenwunsch, Erfahrungen von anderen Bildungsinstitutionen, technologiegetriebene Entwicklungen, etc.

Sind diese Technologien etabliert, besteht ein gewisses „Restrisiko“ und folgende Fragestellungen drängen sich auf:

- Wie schafft man Anreize und Motivationsfaktoren, diese Technologie zu nutzen?
- Entspricht die Technologie den Anforderungen der Stakeholder?
- Welche Lehr- und Lernszenarien werden damit abgedeckt?
- Wie geht man mit Änderungen und Anpassungen der Technologien um?
- Entspricht die Technologie auch den Trends und den zukünftigen Entwicklungen?

Der Beitrag wird zwar keine eindeutige Antwort auf die oben genannten Fragen bringen, soll aber einen Teil dazu beitragen, welche Technologien gefragt sind, wie sie genutzt, umgesetzt und eingesetzt werden.

2 Schwerpunkte des Beitrags: Anreize und Motivationsfaktoren

Der Beitrag setzt den Schwerpunkt auf die Fragestellung der Anreize und Motivationsfaktoren für den Einsatz von Technologien in der Lehre. Beispiele der Universität Innsbruck werden dabei mit Hilfe von Postern präsentiert und zeigen, welche Anreize und Motivationsfaktoren für den Einsatz von Technologien an der Universität Innsbruck bestehen oder erforderlich sind und wie diese von den einzelnen Stakeholdern wahrgenommen werden.

In dem Beitrag besteht für alle TeilnehmerInnen der Tagung die Möglichkeit, sich aktiv an der Gestaltung zu beteiligen. Dabei können die Poster ergänzt, korrigiert oder weitere Ideen entwickelt und eingebracht werden. Auch weitere Fragestellungen, wie Anforderungen an die Technologie, Technologietrends, Abdeckung von Lehr- und Lernszenarien, etc. können einfließen.

Vorrangiges Ziel des Beitrags ist, vorhandene Anreize und Motivationsfaktoren aufzuzeigen, zu ergänzen, kritisch zu hinterfragen und daraus gewonnene Erkenntnisse beim bestehenden oder geplanten Einsatz von Technologien einfließen zu lassen. Der Beitrag richtet sich an alle TeilnehmerInnen der Tagung (Lehrende, Studierende, ForscherInnen, MitarbeiterInnen von Serviceeinrichtungen, etc.) und hat daher den Vorteil, dass unterschiedlichste Ansätze und Sichtweisen von verschiedensten Institutionen und Stakeholdern betrachtet werden können.

Martina Friesenbichler

Einsatz sozialer Medien zur Stakeholderkommunikation und -aktivierung im Rahmen interdiszplinärer Praktika

Zusammenfassung

Der Beitrag stellt ein von Studierenden initiiertes Projekt zum Thema Lebensmittelverschwendung vor, das im Rahmen einer interdisziplinären Lehrveranstaltung und in Zusammenarbeit mit ExpertInnen aus der Praxis umgesetzt wurde. Ziel des Projektes war es, über soziale Plattformen sowie einem Aktionstag, Wissen zum Thema Lebensmittelverschwendung zu vermitteln. Primäre Zielgruppen waren junge Erwachsene und Personen, die sich intensiver mit dem Thema „Foodwaste“ auseinandersetzen. Das Erreichen der Zielsetzungen erforderte dabei eine in hohem Maße zielgerichtete und eigenverantwortliche (Online)Zusammenarbeit in verschiedenen Akteurskonstellationen.

1 Projektziele

Der Umstand, dass etwa 1/3 aller produzierten Lebensmittel auf dem Müll landen (FAO, 2013) führte zur Initiierung eines bewusstseinsbildenden Lernprojektes zum Thema Lebensmittelverschwendung, das im Rahmen eines interdisziplinären Praktikums[1] des Studiums der Umweltsystemwissenschaften in Zusammenarbeit mit ExpertInnen aus der Praxis organisiert und umgesetzt wurde.

Das Projekt verfolgte zwei grundlegende Zielsetzungen: Von Studierenden aufbereitetes Wissen zum Thema Lebensmittelverschwendung sollte über soziale Medien den Zielgruppen zugänglich gemacht werden. Die Studierenden wiederum sollten neben der inhaltlichen Auseinandersetzung mit dem Thema, die Potenziale sozialer Medien für kollaborative und partizipative Lern- und Arbeitsprozesse kennenlernen und in der Praxissituation erproben.

---

1 Die Interdisziplinären Praktika im Studium der Umweltsystemwissenschaften an der Universität Graz werden im Bakkalaureats- und Masterstudium jährlich durch eigenes Engagement der Studierenden organisiert. In Teamarbeit wird eine konkrete, meist umweltbezogene Problemstellung behandelt und an einer Lösung gearbeitet.

2 Projektergebnisse

Für die Erstellung und Verbreitung von Wissen zum Thema Lebensmittelverschwendung sowie für die interne Zusammenarbeit im Projekt kamen u.a. die in der Tabelle angeführten sozialen Medien zum Einsatz. Konkret sollte damit das gemeinsame Erstellen und Bearbeiten von Lernobjekten ermöglicht und soziales Lernen, d.h. Lernen durch soziale Interaktion in sozialen Netzwerken unterstützt werden (Reed, 2010). Die Auswahl der sozialen Medien sollte eine zielgruppengerechte Verbreitung der Inhalte gewährleisten und möglichst viele Menschen zur Teilnahme am Aktionstag bewegen.

Tab. 1: Übersicht über Ziele und eingesetzte soziale Medien

Ziel	**Soziales Medium**
Interne Zusammenarbeit organisieren, informelles & selbstorganisiertes Lernen unterstützen	Facebook-Gruppen, Google Drive
Teilhabe ermöglichen, zur Teilnahme am Aktionstag bewegen	Blog, FB-Fanpage, Twitter, YouTube
Inhalte aufbereiten und verbreiten	ThingLink, Blog, FB-Fanpage,

Fazit des Social Media Einsatzes:

- Schnelles Feedback, unkompliziertes gemeinsames Problemlösen und gegenseitige Unterstützung empfanden die Studierenden als besonders vorteilhaft bei der Projektzusammenarbeit über soziale Medien.
- Äußerst herausfordernd gestaltete sich die Miteinbeziehung der externen ProjektpartnerInnen (Akzeptanzprobleme von Online-Kollaborationsformen).
- Die Zugriffszahlen auf die eingesetzten sozialen Plattformen übertrafen die Erwartungen um ein Vielfaches. Der Blog (http://restlfestl.wordpress.com) verzeichnete über 43.000 Aufrufe. Auf der FB-Fanpage (http://bit.ly/1Tg915i) betrug die durchschnittliche Beitragsreichweite etwa 1600 pro Tag. Der Veranstaltungstrailer wurde über 1000 mal aufgerufen (http://bit.ly/ZmKTVl).
- Insgesamt nahmen mehr als 1000 BesucherInnen am Aktionstag teil.

Literatur

Food and Agriculture Organization of the United Nations (FAO) (2013). *Food Wastage Footprint. Impacts on Natural Resources.* http://www.fao.org/docrep/018/i3347e/i3347e.pdf (Abgerufen am 01.03.2016).

Reed, M. S. et al. (2010). What is social learning? Ecology and Society 15(4):r1. http://www.ecologyandsociety.org/vol15/iss4/resp1/ (Abgerufen am 02.03.2016).

Claudia Bremer, Martin Ebner, Andrea Gumpert, Sandra Hofhues, Beat Doebeli Honegger, Thomas Köhler, Anja Lorenz, Heinz Werner Wollersheim

Mediale Megatrends und die Position(-ierung) der Hochschulen zur Digitalisierung

Zusammenfassung

Die Digitalisierung erfordert die Positionierung der Hochschulen. Sie vereint unterschiedliche bzw. separierte Medien-Entwicklungen in Forschung, Lehre und Transfer. Aber: Um welche medien- und bildungstechnologischen Entwicklungen handelt es sich im Einzelnen? Wie steht es um deren Verbreitung an Hochschulen? Wer sind die handelnden Akteure? Der Workshop untersucht diese Fragen in Form eines Stakeholder-Dialogs aus Hochschulen, DienstleisterInnen und Netzwerken.

1 Workshop-Skizze

Ziel des Workshops ist es, mediale Megatrends hinsichtlich ihrer Bedeutung für Hochschulen zu diskutieren. Hierzu laden wir als GMW-Vorstand alle **Stakeholder** (landesweite Arbeitskreise, Studierendenverbände, E-Learning-Unternehmen, Zentren für Hochschuldidaktik u.a.) ein, um mit uns über die **digitalen Herausforderungen aus organisationaler Sicht** in einen Dialog zu treten. Es wird gemeinsam nach Lösungsoptionen gesucht, wie Hochschulen mediale/ digitale Entwicklungen produktiv in ihre Organisationsentwicklungsprozesse aufnehmen können und welches Wissen und Können hierfür seitens der beteiligten Akteure benötigt wird. Skizziert wird u.a. ein Ansatz, jener der „Learning and Competence Development Spaces“ (Wollersheim 2015). Ein Augenmerk liegt zudem auf der Kooperation, denn: Der Umgang mit Megatrends macht die Zusammenarbeit der Stakeholder zur Notwendigkeit. Als strukturierende **Methode** wird deshalb auch ein partizipativer Multi-Stakeholder-Dialog (runder Tisch) genutzt.

Folgende **Fragenkomplexe** werden im Workshop fokussiert und diskutiert:

1. Inwieweit sind WissenschaftlerInnen in der Lage, die für die Beantwortung ihrer Forschungsfragen nötigen Werkzeuge zu nutzen (Pscheida et al., 2015)? Inwieweit werden Möglichkeiten einer Digital Science (vs. Digitized Science, Donk, 2012) ausgeschöpft? Welche Chancen und Grenzen bestehen

in Ansätzen wie Social Academic Analytics (Stützer et al. 2015)? Wie ist die Durchdringung von Open Access einzuschätzen? (***Forschung***)

2. Inwieweit werden digitale Möglichkeiten in Hochschulen genutzt (Kahnwald et al. 2016)? Wie begrenzen sie die Kreativität in der Umsetzung von organisations- und lehr-lern-bezogenen Innovationsprozessen? Wie ist die Diversifizierung in Richtung E-Assessment und Videolectures einzuschätzen (BS 2015)? Warum wird in Bezug auf die Mediennutzung an die Verantwortungsübernahme der Lehrenden appelliert (Persike & Friedrich, 2016)? Kann Bring Your Own Device (BYOD) Lehre und Lernen an Hochschulen befruchten? (***Lehre***)
3. Wie können Hochschulen durch digitale Medien Einblick in Wissenschaft geben (Citizen Science)? Welche Austausch-Formen über digitale Medien sind *zwischen* Wissenschaft und Öffentlichkeit denkbar? Welche spezifischen Kompetenzen müssten WissenschaftlerInnen entwickeln, Öffentlichkeit an Lehre und Wissenschaft zu beteiligen? Inwieweit ist Service Learning überdies als integraler Bestandteil einer hochschulischen Medien-/Entwicklungsstrategie zu denken? (***Verwaltung/Transfer***)

Literatur

BS – Bildungsportal Sachsen (2015). *Zur Entwicklung des e-learning an sächsischen Hochschulen. Bericht zur Zielvereinbarung 2014.* https://bildungsportal.sachsen.de/e5105/e3700/e3701/e6317/berichte_e_learning_2014_ger.pdf

Donk, A. (2012). The Global Science Village? Wissenschaftler in der digitalen Welt. *medien + erziehung (merz) Wissenschaft.* 6, 103–113.

Fischer, H. (2014). E-Learning-Trends an Hochschulen. Befunde aus der inhaltsanalytischen Analyse von GMW- und DeLFI-Beiträgen von 2007 bis 2013. In: Rummler, K. (Hrsg.) *Lernräume gestalten – Bildungskontexte vielfältig denken.* Reihe: Medien in der Wissenschaft, Band 67; Münster: Waxmann.

Kahnwald, N., Albrecht, S., Herbst, S. & Köhler, T. (2016). *Informelles Lernen Studierender mit Social Software unterstützen. Strategische Empfehlungen für Hochschulen* (Band 69). Münster: Waxmann.

Persike, M. & Friedrich, J.-D. (2016). *Lernen mit digitalen Medien aus Studierendenperspektive. Sonderauswertung aus dem CHE Hochschulranking für die deutschen Hochschulen.* Arbeitspapier Nr. 17. Essen: Edition Stifterverband.

Pscheida, D., Minet, C, Herbst, S, Albrecht, S. & Köhler, T. (2015). *Use of Social Media and Online-based Tools in Academia. Results of the Science 2.0-Survey 2014*; Dresden, TUD Press. SLUB: http://nbn-resolving.de/urn:nbn:de:bsz:14-qucosa-191110

Stützer, C. M., Breiger, R. & Köhler, T. (2015). Social Academic Analytics in Higher Education; In: *Abstracts of the Sunbelt XXXV International Sunbelt Social Network*, ISNA Publishers, Brighton.

Wollersheim, H.-W. (2015). Qualitätssicherung elektronischer Prüfungen mit geschlossenen Aufgaben-Formaten; In: Apostolopoulos, N., Schulz, A. & Coy, W. *GML² 2015. E-Examinations: Chances and Challenges* (S. 89–99). Münster: Waxmann.

Claudia Bremer, Sandra Hofhues, Kerstin Mayrberger, Timo van Treeck

Offene Lehr-/Lernszenarien und Open Educational Practices an Hochschulen

Zusammenfassung

Während die Diskussion um Open Educational Resources nicht zuletzt auch durch aktuelle Forschungs-/Praxisstudien (*mappingOER* u.a.) und Veranstaltungen (z.B. *OER Fachforum2016, OERFestival2016*) mehr Aufmerksamkeit in Wissenschaft und Bildung erlangt, ist nach wie vor offen, wie es Hochschulen gelingt, Lehrende zur Nutzung von OER zu gewinnen – bis hin zur Entwicklung, Reflexion und Untersuchung offenerer Lehr- und Lernräume und Weiterentwicklung sowie Erstellung von OER gemeinsam mit Studierenden. Im Workshop werden entsprechende „Praktiken“ beleuchtet und untersucht, welche Ansätze in Deutschland etabliert sind, unter welchen *(Gelingens-)Bedingungen* sie sich entwickelt haben und welche Ansätze auf andere Hochschulen übertragbar sind.

1 Von OER zu offenen Lehr-/Lernszenarien: Überlegungen

Aktuelle Forschungs-/Praxisstudien (Wikimedia 2016; Deimann et al. 2015) sowie Tagungen haben der Diskussion um OER Vorschub geleistet. Auch eine entsprechende BMBF-Ausschreibung hat Akteure aus Wissenschaft und Bildung zusammengebracht und lässt Qualifizierungs- und Informationsangebote rund um OER entstehen. Gleichzeitig ist es vielerorts offen, unter welchen Bedingungen Lehrende OER nutzen, erstellen, verändern und eigene neu produzierte und vorhandene digitale Inhalte als OER der Öffentlichkeit zuführen. Der hier skizzierte Workshop möchte die Nutzung und Erstellung von OER durch Lehrende thematisieren, sowie der Frage nach einer offenen Lehrpraxis nachgehen. Wie Mayrberger & Hofhues (2013) in Anlehnung an Wiley (2010) deklarieren, genügt hier nicht eine stärkere Bekanntmachung des Themas; die Nutzung und Erstellung von OER setzt eine partizipative Haltung voraus, die Wiley als „acts of generosity, sharing, and giving" beschreibt und in eine „partizipative Mediendidaktik“ mündet (Mayrberger 2013; Mayrberger & Hofhues 2013), in der Studierende z.B. selbst Tools wählen, die sie zur Bearbeitung einer kollaborativen Aufgabe nutzen oder selbst OER auswählen, verändern, weiterverarbeiten und bereitstellen. Eingebunden werden didaktische Szenarien dieser Art vielerorts: in der grundständigen Lehre bis hin zu einer Art offenen Curriculum.

2 Zielsetzung, Inhalte und Zielgruppe des Workshops

Der Workshop hat das Ziel,

- Beispiele für offene Lehr-/Lernszenarien an Hochschulen aufzuzeigen,
- zu beschreiben, unter welchen Bedingungen diese sich entwickelt haben und welche Rahmenbedingungen an der Hochschule vorhanden und förderlich waren (z.B. Infrastrukturen, lehrbezogene Haltungen, Lernkultur),
- die Übertragbarkeit solcher Ansätze an andere Hochschulen zu diskutieren
- und dabei mögliche Hemmnisse und Herausforderungen wie die Qualitätssicherung und bestehende rechtliche Rahmenbedingungen zu identifizieren und gemeinsame Lösungen für diese zu entwickeln.

Der Workshop richtet sich insbesondere an Lehrende und MultiplikatorInnen im E-Learning-Bereich und in der Hochschuldidaktik (vgl. Leitlinien bei Ebner & Schön 2013), die neben der Nutzung, Weiterentwicklung, Erstellung und Verbreitung von OER die Umsetzung offener Handlungspraktiken in (offenen) Lehr-/Lernszenarien interessiert, die Beispiele einbringen oder kennenlernen wollen sowie am Transfer in die eigenen Hochschulen interessiert sind.

Literatur

Deimann, M.; Neumann, J. & Muuß-Merholz, J. (2015). *Whitepaper Open Educational Resources (OER) an Hochschulen in Deutschland – Bestandsaufnahme und Potenziale 2015.* URL: http://open-educational-resources.de/oer-whitepaper-hochschule/ [05.03.2016].

Ebner, Martin & Schön, Sandra (2013b). Offene Bildungsressourcen als Auftrag und Chance – Leitlinien für (medien)didaktische Einrichtungen an Hochschulen. In G. Reinmann; M. Ebner & S. Schön (Hrsg.), *Hochschuldidaktik im Zeichen von Heterogenität und Vielfalt,* S. 7–28. URL: http://bimsev.de/festschrift. [05.03.2016].

Mayrberger, K. & Hofhues, S. (2013). Von frei zugänglichen Bildungsmaterialien zu offenen Bildungspraktiken: Eine (medien-)didaktische Sicht auf aktuelle Entwicklungen. *Hamburger eLearning Magazin,* Nr. 11/2016, URL: https://www.uni-hamburg.de/elearning/hamburger-elearning-magazin-11 [05.03.2016].

Mayrberger, K. (2013). Eine partizipative Mediendidaktik (nicht nur) für den Hochschulkontext? In C. Bremer & D. Krömker (Hrsg.), *E-Learning zwischen Vision und Alltag. Zum Stand der Dinge* (S. 96–106). Münster: Waxmann.

Wiley, D. (2010). Openness as Catalyst for an Educational Reformation. *EDUCAUSE Review*, 45(4), (14–20), http://net.educause.edu/ir/library/pdf/ERM1040.pdf [05.03.2016].

Wikimedia Deutschland (2016). *Praxisrahmen für Open Educational Resources (OER) in Deutschland.* URL: http://mapping-oer.de/praxisrahmen/ [29.02.2016].

Katja Wengler, Judith Hüther, Claudia Bremer

Wie lassen sich hochschul- und standortübergreifende Lehrveranstaltungen realisieren?

Die zunehmende Heterogenität der Studierenden und die Notwendigkeit nach individuellen Lernmethoden weckt das Interesse vieler Hochschulen nach neuen didaktischen Konzepten, die sich zusätzlich als standortübergreifende Lehrveranstaltung oder in Kooperation mit anderen Hochschulen realisieren lassen. Im Workshop wollen wir existierende Ansätze vorstellen und diskutieren, um neue Impulse für die Weiterentwicklung existierender als auch für die Entwicklung neuer Angebote geben.

Hochschulen kooperieren in verschiedenen Settings miteinander, die sich entlang folgender Struktur abbilden lassen:

Kooperation auf Landesebene z.B. durch die gemeinsame Nutzung und Bereitstellung von Infrastrukturen, Serviceangeboten und Qualifizierungsangeboten. Hierzu werden oftmals auf Landesebene Mittel bereitgestellt, Infrastrukturen zu schaffen, die von mehreren Hochschulen genutzt werden (Bremer et al 2010). Alternativ können diese Strukturen auch durch Mitgliedsbeiträge oder eine gemeinsame Finanzierung der Hochschulen realisiert werden.

Im Rahmen diverser Förderprogramme wie z.B. solche des Ministeriums für Wissenschaft, Forschung und Kunst in Baden-Württemberg wurden und werden explizit die **Entwicklung und Umsetzung kooperativer Bachelor- und Masterprogramme** von ein oder mehreren Hochschulen initiiert.[1] Solche Förderlinien wurden auch schon im Rahmen des Programms *Neue Medien in der Bildung I* und der damals finanzierten Bundesleitprojekte in diesem Feld finanziert. Beispiele für solche Angebote sind der Bachelor Soziale Arbeit (BasaOnline)[2], an dem mehrere Hochschulen beteiligt sind. Hier entstanden auch Kooperationen zwischen kleineren Fächern wie beispielsweise der damalige *Master Skandinavistik online* dreier Hochschulen aus drei Ländern

Kooperation auf der Ebene von Contenttausch und -entwicklung: Ebenfalls im Rahmen der ehemaligen Förderprogramme des deutschen Bundesministeriums für Bildung und Forschung (BMBF) wurden Kooperationen zur gemeinsamen Contententwicklung initiiert, die zum Teil bis heute in rudimentärer oder veränderter Form existieren. Beispiele sind die Projekte *kmed* (wurde

1 https://mwk.baden-wuerttemberg.de/de/service/presse/pressemitteilung/pid/land-foerdert-ausbau-berufsbegleitender-masterangebote-mit-6-millionen-euro-1/

2 http://www.basa-online.de/

vom Land Hessen weiterfinanziert), *prometheus Bildarchiv* (wurde als Verein gegründet) oder das heute noch existierende Portal *webgeo.*

Institutionalisierte Kooperationen wie z.B. die *Virtuelle Hochschule Bayern* (vhb)[3] und die virtuelle Fachhochschule[4] in denen eine inzwischen meist durch das Bundesland eine Kooperation zwischen Hochschulen für die gemeinsame Generierung von digitalen Studienangeboten unterstützt und zum Teil mit Anreizen oder geeigneten Rahmenbedingungen begleitet wird.

Ziele, Inhalte und Zielgruppe des Workshops

Der Workshop möchte verschiedene Ausprägungen der Kooperation zwischen Hochschulen vorstellen, die von der gemeinsamen Entwicklung von digitalen Inhalten bis hin zu online Studiengängen oder Studiengängen im Blended Learning-Format reichen. Diese werden auch anhand von Beispielen verdeutlicht.

Ein Beispiel wird die Lehrveranstaltung „Algorithmen & Datenstrukturen" an der Dualen Hochschule Baden-Württemberg sein. Anhand dessen demonstriert werden wird, wie Blended Learning standortübergreifend umgesetzt werden kann. Das didaktische Konzept einer Lerneinheit sieht die Bereitstellung von Lernzielen, vorwissensaktivierenden Aufgaben, problemorientierter Wissensvermittlung und Selbstkontrollaufgaben inklusive Anknüpfungspunkten zur Präsenzveranstaltung vor. Kern des Konzepts ist die modulare Struktur, die eine bausteinbasierten Zusammensetzung der Vorlesungsinhalte individualisiert erlaubt. Dieses Blended Learning-Konzept kommt an den Standorten Karlsruhe und Mannheim zuerst zum Einsatz, wird evaluiert und an dann im Rahmen der Projekts „DHBW eCampus" an weiteren Standorten etabliert.

Es soll zudem mit den Teilnehmenden erarbeitet werden, unter welchen Bedingungen solche Kooperationen entstehen und wie sie gelingen können und Anregungen für die Gestaltung solcher Kooperationsbeziehungen entwickelt werden.

Zielgruppe des Workshops sind Personen, die an der Kooperation zwischen Hochschulen zur gemeinsamen Contententwicklung bis hin zur Studiengangsentwicklung mit digitalen Elementen an Hochschulen interessiert sind.

Literatur

Bremer, C., Göcks, M., Rühl, P. & Stratmann J. (Hrsg.) (2010). *Landesinitiativen für E-Learning an deutschen Hochschulen.* Waxmann: Münster.

3 https://www.vhb.org/startseite/
4 https://www.vfh.de/

Marc Egloffstein, Elvira Schulze, Karina Piersig

Didaktische Gestaltung von Massive Open Online Courses: Rahmung, Rollen, Handlungsfelder

Zusammenfassung

In diesem Workshop sollen Rollen und Handlungsfelder bei der didaktischen Gestaltung von MOOCs thematisiert sowie Good Practices für die Einbettung in den akademischen Lehrbetrieb vorgestellt und diskutiert werden.

1 Hintergrund

Nach dem Abflachen des ersten „Hypes" etablieren sich Massive Open Online Courses (MOOCs) inzwischen auch im deutschsprachigen Raum als akademisches Lehrformat (Jungermann & Wannemacher, 2015). Dies geschieht allerdings nicht sprunghaft als vermeintlich „disruptive Innovation", sondern inkrementell und spezifisch auf geeignete Anwendungskontexte und Ziele hin ausgerichtet. In Erweiterung der traditionellen Vorlesungslogik können xMOOCs ein geeignetes Veranstaltungsformat darstellen, um große Studierendengruppen zu erreichen. Wird dabei die postulierte Offenheit auch umgesetzt, können vielfältige Querbezüge zu Open Education und der OER-Bewegung entstehen. Gleichzeitig aber bieten xMOOCs in der üblichen Umsetzung zuweilen Anlass zur Kritik aus pädagogisch-didaktischer Perspektive (Schulmeister, 2013). Es liegt also nahe, dass für eine Weiterentwicklung und nachhaltige Verankerung von MOOCs didaktische Gesichtspunkte stärker als bisher zu beachten sind. Dies betrifft sowohl die Gestaltung der Online-Kurse (didaktisches Design i.e.S.) als auch deren didaktische Rahmung wie bspw. die Einbettung in den akademischen Lehrbetrieb.

2 Ziele des Workshops

Vor diesem Hintergrund sollen in einem Workshop Handlungsfelder der didaktischen Gestaltung von MOOCs abgesteckt und systematisiert werden. Neben Empfehlungen für das didaktische Design sollen Ansätze für die Einbettung in den Lehrbetrieb diskutiert und (weiter-)entwickelt werden. Beispielhafte Fragestellungen lauten in diesem Zusammenhang:

- Wer ist an der MOOC-Umsetzung beteiligt, und welche Intentionen und Sichtweisen auf Lehren und Lernen kommen dadurch zum Tragen? Welche Formen der Zusammenarbeit sind in der MOOC-Umsetzung denkbar?
- Welche Spielräume bestehen hinsichtlich der didaktischen Gestaltung von MOOCs? Sind diese technikdeterminiert, also bspw. plattformabhängig?
- Was sind geeignete Kriterien für die Beurteilung der didaktischen Qualität von MOOCs? Wo gibt es diesbezüglich konzeptuelle Leerstellen?
- Auf welche Weise können MOOCs zielführend in den Lehrbetrieb eingebunden werden? Wie können passende Rahmungen durch Blended Learning oder Inverted-Classroom-Modelle aussehen?

Diese und weitere Fragen sollen im Workshop aufgegriffen und anhand von theoretischen Systematisierungen, Kurskonzepten, Demonstrationen und konkreten Beispielen aus der Hochschulpraxis diskutiert werden. Ziel des Workshops ist der Austausch über das Didaktische Design von MOOCs. Zielgruppe sind Personen, die MOOCs entwickeln und einsetzen bzw. dies zukünftig tun wollen. Die Ergebnisse des Workshops sollen dokumentiert, der Austausch fortgesetzt werden.

Literatur

Haavind, S. & Sistek-Chandler, C. (2015). The Emergent Role of the MOOC Instructor: A Qualitative Study of Trends Toward Improving Future Practice. *International Journal on E-Learning, 14* (3), 331–350.

Jungermann, I. & Wannemacher, K. (2015). *Innovationen in der Hochschulbildung. Massive Open Online Courses an den deutschen Hochschulen.* Studien zum deutschen Innovationssystem Nr. 15-2015. Berlin: EFI.

Khalil, M., Brunner, H. & Ebner, M. (2015). Evalation Grid for xMOOCs. *International Journal of Emerging Technologies in Learning, 10* (4), 40–45.

Kruse, A. & Schulze, E. (2016). How MOOCs Are Impacting Campus at the Technische Universität München. In M. Khalil, M. Ebner, M. Kopp, A. Lorenz & M. Kalz (Hrsg.), *Proceedings of the European Stakeholder Summit on experiences and best practices in and around MOOCs (EMOOCS 2016)* (S. 339–347). Norderstedt: Books on Demand.

Margaryan, A., Bianco, M. & Littlejohn, A. (2014). Instructional Quality of Massive Open Online Courses (MOOCs). *Computers & Education, 80*, 77–83.

Schulmeister, R. (2013). Der Beginn und das Ende von OPEN. Chronologie der MOOC-Entwicklung. In R. Schulmeister (Hrsg.), *MOOCs – Massive Open Online Courses. Offene Bildung oder Geschäftsmodell?* (S. 17–59). Münster: Waxmann.

Swan, K., Day, S., Bogle, L. & van Prooyen, T. (2015). AMP. A Tool for Characterizing the Pedagogical Approaches of MOOCs. In C. J. Bonk, M. M. Lee, T. C. Reeves & T. H. Reynolds (Hrsg.), *MOOCs and Open Education Around the World* (S. 105–118). New York: Routledge.

Martina Mauch, Susanne Lutz, Gina Wiesweg, Tobias Falke, Alexander Kirchhof

Hochschulübergreifende technologiebasierte Kollaboration zur Qualifizierung studentischer E-Tutor/inn/en

Zusammenfassung

Hochschulen setzen bei digitalen Medien in der Lehre immer häufiger auf eine studentisch getragene E-Learning-Supportstruktur. Ein wesentlicher Erfolgsfaktor ist dabei eine intensive Qualifikation der studentischen E-Tutor/inn/en, die Lehrende und Studierende didaktisch und technisch beim Einsatz digitaler Medien in der Lehre unterstützen und beraten. Durch die hochschulübergreifende Zusammenarbeit vier Brandenburger Hochschulinstitutionen wurde ein Qualifikationsangebot für studentische E-Tutor/inn/en realisiert. Im Rahmen des Workshops berichtet der Hochschulverbund über dieses Angebot und diskutiert mit den Workshop-Teilnehmenden, inwieweit online-gestützte Basiselemente einer E-Learning-Qualifikation von vielen Hochschulen gemeinsam genutzt, gepflegt und erweitert werden können. Darüber hinaus werden Herausforderungen technologiebasierter hochschulübergreifender Zusammenarbeit thematisiert und Ideen für den Umgang mit diesen gesammelt und dokumentiert.

1 Thematischer Hintergrund und Qualifikationskonzept

Der Einsatz digitaler Medien ist ein integraler Bestandteil moderner Hochschullehre geworden. Erfahrungen und Studien zum Kompetenzerwerb bei Hochschullehrenden zum Einsatz digitaler Medien zeigen, dass persönliche Beratung ein angemessenes Weiterbildungsinstrument darstellt (vgl. u.a. Stratmann, Voß & Kerres, 2008) und dass studentische Mitarbeitende Hochschullehrende bei der Umsetzung von E-Learning-Angeboten erfolgreich unterstützen können (Schumacher & Otto, 2009; Wipper, 2009). Ein wesentlicher Erfolgsfaktor studentischer Beratungseinsätze ist eine intensive Qualifikation der studentischen Mitarbeitenden zu Beginn ihrer Tätigkeit (Mauch, 2015). Diese Qualifikation kann in hochschulübergreifender Kollaboration effektiver und effizienter gestaltet werden. Der hier eingereichte Workshop befasst sich mit der Herausforderung hochschulübergreifender technologiegestützter Zusammenarbeit bei der Qualifikation studentischer E-Tutor/inn/en und ermöglicht den Austausch sowie die Netzwerkbildung der Teilnehmenden.

Innerhalb des E-Learning-Netzwerkes Brandenburg (eBB) standen die Fachhochschule Potsdam, die Technische Hochschule Wildau, die Brandenburgische Technische Universität Cottbus-Senftenberg und die Europa-Universität Viadrina Frankfurt (Oder) vor der Herausforderung, studentische E-Tutor/inn/en zu qualifizieren. Durch die Kooperation bündelten die Partner/innen ihre Ressourcen und ihr Wissen zum Einsatz digitaler Medien in Lehr-/Lernprozessen. Aufbauend auf der 2011 von der Fachhochschule Potsdam erprobten Qualifikation wurde die Weiterbildung der studentischen E-Tutor/inn/en im August 2013 erstmalig kollaborativ realisiert. Im darauffolgenden Jahr wurde das Konzept gemeinsam modifiziert und erneut von den vier Partnerhochschulen im bewährten Blended-Learning-Format durchgeführt: Innerhalb von sechs Wochen machen die Teilnehmenden in einem Mix aus Präsenzzeiten an den beteiligten Hochschulen und dazwischenliegenden betreuten Online-Phasen eigene Erfahrungen mit der eingesetzten Lehr-/Lernumgebung. Diese Erfahrungen in den Bereichen Mediendidaktik, Medientechnik, Beratungskompetenz und Medienrecht bilden die Grundlage für die Reflexion ihrer Rolle als zukünftige studentische E-Tutor/inn/en. Die Evaluation der Weiterbildung, die Nachfrage der Lehrenden nach Unterstützung durch E-Tutor/inn/en und die Evaluation der studentischen Beratungseinsätze bestätigen den Erfolg der Qualifikation.

2 Ablauf des Workshops

Nach der Vorstellung des Hochschulverbundes erfolgt eine inhaltliche Einführung in das Thema des Workshops. Hierfür werden Erfolgsfaktoren studentischer Beratungseinsätze dargestellt, wobei die intensive Qualifikation im Mittelpunkt steht. Anschließend werden die Herausforderungen der hochschulübergreifenden technologiegestützten Kollaboration und der unterschiedliche Einsatz der studentischen E-Tutor/inn/en an den Verbundhochschulen erläutert. Im Verlauf des Workshops stellen die teilnehmenden Hochschulvertreter/innen ihre Qualifizierungsangebote studentischer E-Tutor/inn/en vor und identifizieren im diskursiven Austausch mit allen Teilnehmenden gemeinsame Basiselemente solcher Qualifizierungen. Kooperationsideen werden gemeinsam geprüft und Möglichkeiten für den Umgang mit Herausforderungen hochschulübergreifender technologiegestützter Kollaboration gesammelt und dokumentiert. Dabei wird auf die Erfahrungen der Workshop-Moderation und auf die der Teilnehmenden zurückgegriffen. Zum Abschluss werden konkrete Verabredungen bezüglich der weiteren Kollaboration vorgenommen.

Die Literaturangaben können bei den Autor/inn/en angefragt werden.

Thomas Sporer, Claudia Bremer

Offene Bildungsressourcen für das Lernen durch Verantwortung in Schule, Hochschule und Zivilgesellschaft

Open Educational Resources (OER) basieren auf dem Engagement von Lehrenden und Lernenden, die Lernmaterialien und -werkzeuge sowie Lehr-, Projekt-, Mediennutzungs-, und Prüfungskonzepte nutzen, (weiter-)entwickeln, kombinieren, und diese Ressourcen unter freier Lizenzierung zur Verfügung stellen. Sie verkörpern einen Bildungsansatz, der zum einen die Verbesserung des Lehrens und Lernens zum Ziel hat und zum anderen in der Umsetzung dieses Ziels auf Partizipation und Mitgestaltung setzt.

Da die OER-Bewegung maßgeblich zu einer zivilgesellschaftlichen Öffnung von Bildungsinstitutionen beiträgt, ist sie auch für die sogenannte "Civic Education" von Bedeutung, die darauf abzielt „bei den Mitgliedern der Gesellschaft zivilgesellschaftliche bzw. demokratische Kompetenzen aufzubauen, die ihr Handeln beeinflussen und sicher stellen, dass die Zivilgesellschaft und das demokratische Gesellschaftsmodell in der Praxis funktionieren" (Frank, 2005, vgl. auch Sliwka, 2001).

In diesem Zusammenhang etabliert sich aktuell zunehmend ein Ansatz, der als „Service Learning" bezeichnet wird (vgl. Baltes, Hofer & Sliwka 2007; Reinders, 2016). Dabei handelt es sich um eine Lehr-/Lernform, die fachliches und überfachliches Lernen mit gesellschaftlichem Engagement verbindet und die Wertebildung fördert. Beispielsweise engagieren sich Studierende im Rahmen curricular verankerter Lehrveranstaltungen für gemeinnützige Projekte und arbeiten mit zivilgesellschaftlichen Organisationen zusammen. Das Lernen der Studierenden ("learning") resultiert dabei zugleich in einem Dienst am Gemeinwohl ("service").

Der Konnex zwischen Service Learning und OER wird mit Blick auf den Mitmach-Ansatz der Open-Bewegung deutlich und verbindet die beiden Ansätze konzeptionell. Doch während sich Service Learning an deutschen Hochschulen zunehmender Verbreitung erfreut (vgl. Backhaus-Maul & Roth, 2013; Reinders, 2016), steht es bislang in geringem Ausmaß mit OER in Verbindung. Gleichzeitig stellt gerade die Kombination von Service Learning mit OER eine viel-versprechende Verknüpfung dar: Durch neue Formen des Lernens in Netzwerken und der internetgestützten Kollaboration und Kooperation ermöglichen OER eine zeitliche Flexibilisierung und örtliche Öffnung des Lehrens und Lernens. Service Learning leistet wiederum eine pädagogisch angelegte Verankerung des Lernens in authentisch-situierten Kontexten und betont die soziale Interaktion und zwischenmenschliche Kommunikation. Diese Verbindung lässt sich in Szenarien realisieren, in denen Studierende gemeinsam mit Lehrenden im Rahmen von Lehrveranstaltungen oder in studentischen Initiativen offene Bildungsressourcen gestalten, um sie öffentlich und frei zugänglich zu machen (vgl. Dürnberger, Hofhues & Sporer 2011).

Konkrete Szenarien sind beispielsweise die studentische E-Learning-Förderung der Goethe-Universität Projekte (SeLF), in der Studierende eigenständig Projekte umsetzen und Bildungsressourcen gestalten, die innerhalb und außerhalb der Universität zum Einsatz kommen. Auch die studentischen Medienproduktionen im Rahmen der Ringvorlesung „Medien und Gesellschaft", in der Lehramtsstudierende digitale Produkte erstellen, die zum Teil in Schulen zum Einsatz kommen, können als exemplarische Szenarien herangezogen werden (Bremer 2011).

Für die weitere Entwicklung interessant wäre es vor allem, die unterstützende Funktion von Service Learning für die Gestaltung und Verbreitung von OER-Materialien und -Praktiken zu thematisieren und mögliche Ansatzpunkte für Folgeaktivitäten zu identifizieren. Indem die partizipativen und sinnstiftenden Aspekte einer „Civic Education" in der Debatte um OER stärker aufgegriffen werden, kann ein soziales und kulturelles Innovationspotenzial entstehen. Es kann die Nutzung und Entwicklung von OER in der Lehrpraxis befördert werden sowie offene Materialien und Praktiken gemeinsam mit Akteuren aus Schule, Hochschule und Zivilgesellschaft weiterentwickelt und angewendet werden.

Literatur

Baltes, A.; Hofer, M. & Sliwka, A. (2007). *Studierende übernehmen Verantwortung – Service Learning an deutschen Universitäten.* Weinheim/Basel: Beltz.

Backhaus-Maul, H. & Roth, C. (2013). *Service Learning an Hochschulen in Deutschland. Ein empirischer Beitrag zur Vermessung eines jungen Phänomens.* Wiesbaden: Springer VS.

Bremer, C. (2011). Studentische E-Learning Projekte in der Hochschule. In H. Dürnberger, S. Hofhues & T. Sporer (Hrsg.), *Offene Bildungsinitiativen: Fallbeispiele, Erfahrungen und Zukunftsszenarien* (S. 41–55). Münster: Waxmann.

Dürnberger, H., Hofhues, S. & Sporer, T. (Hrsg.) (2011). *Offene Bildungsinitiativen: Fallbeispiele, Erfahrungen und Zukunftsszenarien.* Münster: Waxmann.

Frank, S. (2005). *Demokratiebaustein: „Civic education" – was ist das?* Berlin: BLK.

Reinders, H. (2016). *Service Learning – Theoretische Überlegungen und empirische Studien zu Lernen durch Engagement.* Weinheim: Beltz.

Sliwka, A. (2001). *Demokratie lernen und leben: Gutachten und Empfehlungen.* Weinheim: Freudenberg Stiftung.

Petra Missomelius, Michael Kern

Die visuelle Verbreitung von Wissen

Zur Reflexion des Visuellen in multimodalen Lernkonfigurationen (Ein Workshop in Kooperation mit LeOn, einem Anbieter von Online-Lehr-/Lernmaterialien)

Zusammenfassung

Davon ausgehend, dass die Herstellung und Distribution von Wissen ein historischer und vor allen Dingen ein diskursiver Prozess ist, der mit den Produktionsmitteln und -methoden medialer Vermittlung verhandelt wird, ist es für eine fächerübergreifende Forschung unabdingbar notwendig, visuelle Medien in eine selbstreflexive Analyse von Lernmitteln miteinzubeziehen

In der Konzeption von Lehr-/Lernmaterialien werden Bewegtbilder und visuelle Medien zwar immer häufiger verwendet und ihr einprägender, den visuellen Sinn ansprechender und komplexitätsreduzierender Charakter hervorgehoben. Diese Fokussierung auf den Gegenstandsbereich steht allerdings dem Umstand gegenüber, dass diese Bilder in ihrer wahrnehmungsformenden und darstellenden Funktion selbst nicht thematisiert werden.

1 Visuelle Wissensvermittlung

Bild-Text-Kombinationen sind in der kondensierten Wissensvermittlung unserer heutigen Medienkultur geradezu selbstverständlich. Beispielhaft sollen hier nur einige genannt sein: Schaubilder, Infografiken, Diagramme, Erklärvideos und Simulationen etwa. Es gibt mittlerweile zahlreiche medienpsychologische Untersuchungen und Empfehlungen zur optimalen Ausgestaltung derartiger Lernmaterialien. Dabei steht im Vordergrund, wie ein festgelegtes Lernziel bestmöglich erreicht und wie hierfür interaktive und animierte Bilder effektiv in multimediale Angebote integriert werden können.

Was jedoch – besonders vor dem Hintergrund der Medienbildung – ein Desiderat bleibt, ist die bewusste Nutzung und Reflexion dieser Formen in Lehr-/Lernszenarien. Grafische Darstellungen dienen der Bewältigung von Komplexität und Abstraktion und gewinnen auch neben der Wissenschafts- und Wissensvermittlung zunehmend an Relevanz, wenn es um die Kommunikation von Sachverhalten geht. Bei der Erörterung von Produktionsmitteln und -methoden medialer Vermittlung, ist es für eine fächerübergreifende Forschung unabdingbar, visuelle Medien in eine selbstreflexive Analyse von Lernmitteln mit einzubeziehen. In der Konzeption von Lehrmaterialien werden Bewegtbilder und visuelle Medien zwar immer häufiger verwendet und ihr einprägender Charakter hervorgehoben. Der Fokussierung auf den Gegenstandsbereich steht allerdings der Umstand gegenüber, dass diese Bilder in ihrer wahrnehmungsformenden und darstellenden Funktion selbst nicht thematisiert werden. So gehören bereits jetzt und erwartbar in Zukunft noch stärker Diagramme zum Standardinventar der Repräsentation komplexer Sachverhalte, bringen aber auch jeweils mediale Logiken, Ein- und Ausschlüsse mit sich, die für ein Verständnis ihrer Aussagekraft und deren Bewertung essentiell sind. Der Tagungsworkshop thematisiert, wie jenseits einer Überwältigung auf dem Stand aktuell diskutierter Kompetenzmodell und Konzepte etwa der Bildkompetenz und der visual literacy durch das Visuelle eine Sensibilisierung für Visualisierungen in der Wissensvermittlung Eingang in den Lern- und Erkenntnisprozess finden kann.

2 Ansatz des Workshops

Bei dem Workshop-Angebot handelt es sich um eine Kooperation zwischen einem Anbieter schulischer Lernmaterialien und der medienwissenschaftlichen Beschäftigung mit Fragen der Bildkompetenz, welche im Rahmen des Workshops den Umgang mit digitalen visuellen Medien und die Frage der Bild-Text-Relation in multimodalen Lernmaterialien in der (Hochschul-)Lehre thematisieren und anhand von Beispielen aus dem Angebot des Bildungsanbieters LeOn diskutieren. Mit dem Medienportal LeOn („Lernen Online“) des Medienzentrums Tirol steht Lehrpersonen über den Zugang zum Portal Tirol die internetgestützte elektronische Distribution von Unterrichtsmedien zur Verfügung: verfügbare Module beinhalten Filme, Animationen, Audiomodule, Bilder, Grafiken, Arbeitsblätter, interaktive Übungen, didaktische und methodische Vorschläge sowie Linklisten. Aktuell sind rund 41.000 Medienmodule in 1300 Themenpaketen zu finden. Die AusrichterInnen des Workshops bringen ihre Expertise aus der medienbezogenen Bildungsarbeit in den Bereichen Lehramtsausbildung, LehrerInnenbildung, Wissenschaftstheorie und Medienbildung ein. Der Workshop will besonders im Hinblick auf die visuellen Elemente in den angebotenen Modulen den derzeitigen Entwicklungsstand des Medienportals vorstellen, diskutieren und Entwicklungsperspektiven eruieren. Ein besonderes Augenmerk wird hierbei Animationen sowie Text-Bild-Relationen in grafischen Darstellungen und interaktiven Übungen gelten.

Timon Tobias Temps, Alain Michel Keller, Kathrin Pahlke-Kullik, Anna-Maria Kamin, Dorothee M. Meister, Gudrun Oevel

Rechtliche und didaktische Fragen zu elektronischen Prüfungsformen – Erfahrungen und Handlungsempfehlungen aus dem Projekt „E-Assessment NRW“

Zusammenfassung

Elektronische Prüfungsformate gewinnen in Zeiten großer Studierendenzahlen und fortschreitender Digitalisierung zunehmend an Bedeutung. Es zeigt sich, dass insbesondere in zwei zentralen Bereichen von E-Prüfungen noch deutlicher Klärungsbedarf besteht: Zum einen sind Desiderate bei der didaktischen Gestaltung von Prüfungen im Allgemeinen und von E-Prüfungen im Speziellen erkennbar (Tinnefeld, 2013, S. 13ff.; Hochschulforum Digitalisierung, 2016, S. 9ff.). Zum anderen existieren noch erhebliche Unsicherheiten bezüglich der rechtlichen Rahmenbedingungen von E-Prüfungen. Diese Problemstellungen bilden Arbeitsschwerpunkte des Projekts „E-Assessment NRW“. Dieses Verbundprojekt nordrhein-westfälischer Hochschulen hat zum Ziel, hochschulübergreifende Handreichungen und Handlungsempfehlungen zum Thema E-Assessment zu entwickeln, eine intensive Vernetzung zwischen den einzelnen Akteuren zu fördern und Kooperationspotenziale auszuloten, um E-Assessment in den NRW-Hochschulen zu etablieren. Im Workshop werden auf Basis der bisherigen Projektergebnisse didaktische Fragen und die rechtliche Ausgestaltung von E-Prüfungen diskutiert.

1 E-Prüfungen – didaktische und rechtliche Aspekte; Zielsetzung und Ablauf des Workshops

Mit der Einführung von E-Prüfungen wird an die betreuenden Rechen- und Medienzentren insbesondere auch der Wunsch nach didaktischer Unterstützung herangetragen. Da alle Hochschulen prüfungsdidaktische Konzepte und Fortbildungen benötigen, ist es sinnvoll, diese im Verbund zu erarbeiten, wie bereits in Baden-Württemberg und Sachsen geschehen (vgl. KOMET und TASKtrain). Zentrale Fragestellungen sind die Einbettung in (medien-) didaktische Gesamtkonzepte, die Aufarbeitung und Validierung von Forschungsergebnissen der Testtheorie bezüglich Fragen- und Testerstellung sowie Qualitätssicherung von Prüfungen, das Erproben neuer Prüfungsformate und die weitere prüfungsdidaktische Forschung. Eine weitere schon bei der Erstellung der Prüfung zu berücksichtigende Frage betrifft die rechtlichen Rahmenbedingungen von E-Prüfungen. In der Praxis besteht häufig Unsicherheit darüber, wie diese eingehalten werden können (Kalberg, 2009, S. 21ff.).

2 Zielsetzung und Ablauf des Workshops

Nach einem kurzen Impulsreferat zu den zentralen didaktischen und rechtlichen Fragestellungen der Gestaltung von E-Prüfungen werden im Rahmen des Workshops in einer Gruppenarbeitsphase anhand von Fallbeispielen noch offene Aspekte mit den Teilnehmer*innen herausgearbeitet und erörtert. Diese sind zum Beispiel:

- Wie kann der Spagat zwischen Vernetzungsbestrebungen und dem Bedarf von Hochschulen und deren Lehrenden unterschiedlicher Fachkulturen an individuellen Lösungen gelingen? Dies betrifft insbesondere die Zusammenarbeit bezüglich Fortbildungen, Handlungsempfehlungen und didaktischen Fragestellungen (z.B. Fragenpools).
- Kollidieren didaktische und rechtliche Anforderungen bei der Entwicklung von kompetenzorientierten Prüfungsfragen im Antwort-Wahl-Verfahren?
- Gelten die rechtlichen Anforderungen zum Antwort-Wahl-Verfahren auch für Mischklausuren, die nur zum Teil Fragen im Antwort-Wahl-Verfahren enthalten?

Literatur

Hochschuldidaktisches Zentrum Sachsen (2014). *TASKtrain.* Online verfügbar unter: http://www.erzwiss.uni-leipzig.de/images/Info/Informationen_TASKtrain.pdf [22.02.2016].

Hochschulforum Digitalisierung (2016). *Design digitaler Lehr-, Lern- und Prüfungsangebote* (Veröffentlichung der Themengruppe „Curriculum Design & Qualitätsentwicklung“ im Hochschulforum Digitalisierung, 2. akt. Aufl.). Essen: Edition Stifterverband – Verwaltungsgesellschaft für Wissenschaftspflege mbH.

Kalberg, N. (2009). Rechtsfragen computergestützter Präsenzprüfungen im Antwort-Wahl-Verfahren. *Deutsches Verwaltungsblatt, 2009*, S. 21–29.

Tinnefeld, T. (2013). *Dimensionen der Prüfungsdidaktik. Analysen und Reflexionen zur Leistungsbewertung in den modernen Fremdsprachen.* Saarbrücken: htw saar.

Josef Buchner

Die umgedrehte Lehrveranstaltung: Digitale Lernmaterialien produzieren

Zusammenfassung

Der Workshop bietet einen Überblick über aktuelle Forschungsergebnisse zum Einsatz von Flipped/Inverted Classroom in der Hochschullehre und zeigt, wie man selber digitale Lehr-Lern-Materialien erstellen kann.

1 Einleitung

Die Anforderungen an die Hochschullehre haben sich seit dem Aufkommen der digitalen Medien stark verändert. Studierende aller Fachrichtungen können bereits jetzt auf ein großes Angebot an Bildungsmaterialien, das frei im Netz zur Verfügung steht, zugreifen. In Massive Open Online Courses (MOOCs) können Lernende aus allen Teilen der Welt miteinander lernen und ihre Kompetenzen erweitern (Handke, 2015). Manche Autoren schreiben daher von einer digitalen Bildungsrevolution, in der tertiäre Bildungsinstitutionen zu reinen Materialienlieferanten degradiert werden (Dräger & Müller-Eiselt, 2015). Aktuelle Forschungsergebnisse zeigen jedoch, dass nur eine sehr geringe Anzahl von Teilnehmern diese Kurse auch erfolgreich abschließt. Um eine funktionierende Lernumgebung zu schaffen braucht es eine Begrenzung bei den Teilnehmerzahlen. Auch der Ruf nach Betreuung durch einen Dozenten/ eine Dozentin wird wieder lauter. Das neue Angebot: SPOCs – Small Private Online Courses (Deimann, 2015; Garlock, 2015; Lankau, 2014). Eine Möglichkeit, die Vorteile von Online-Lernen (z.B. flexible Zeiteinteilung) und Präsenzlehre (Betreuung durch Spezialisten) zu verbinden, ist das Lernmodell Flipped bzw. Inverted Classroom. Dabei bereiten sich die Lernenden mithilfe von Lernmaterialien inhaltlich auf die jeweilige Lehrveranstaltung vor. In der Präsenzphase stehen nun die Studierenden im Mittelpunkt und arbeiten aktiv an Problemen, Aufgaben oder Diskussionsbeispielen. Die Rolle der Lehrenden verändert sich von „sage on the stage to a guide on the side“ (Lage et al., 2000). Es gibt viele verschiedene Möglichkeiten Flipped bzw. Inverted Classroom in Lehrveranstaltungen umzusetzen. Eine Möglichkeit ist, Lernvideos zur Verfügung zu stellen. Diese sollten nicht länger als 10–20 Minuten sein und um aktivierende Aufgaben ergänzt werden (van Treeck et al., 2013). In den USA ist dieses Lehrkonzept bereits weit verbreitet. Bei einer Befragung des Center for Digital Education gaben 29% der Hochschullehrenden an Flipped Classroom einzusetzen und weitere 27% hatten vor innerhalb eines Jahres ihre Lehrveranstaltungen umzudrehen (Johnson et al., 2015). Im NMC Horizon Report 2015 – Higher Education Edition wird Flipped Classroom als wichtige digitale Strategie und lehr-/lerntechnologische Entwicklung für den Hochschulbereich angesehen.

2 Zielsetzung des Workshops

Die Teilnehmerinnen und Teilnehmer kennen aktuelle Erkenntnisse zum Einsatz von Inverted Classroom und können nach dem Besuch des Workshops:

- Ein Konzept für die eigene umgedrehte Lehrveranstaltung erstellen
- Lehr-Lern-Videos produzieren (Inputphase)
- Audience Response Systeme einsetzen (Präsenzphase)
- Ausgewählte Web-2.0-Tools verwenden (zur Aktivierung der Studierenden sowohl in der Input- als auch der Präsenzphase)

Literatur

Deimann, M. (2015). *Die erfundene Revolution.* Blogbeitrag Hochschulforum Digitalisierung. Verfügbar unter: https://hochschulforumdigitalisierung.de/blog/administrator/markus-deinmann-erfundene-revolution-digitale-bildungsrevolution [26.05.2016].

Dräger, J. & Müller-Eiselt, R. (2015). *Die digitale Bildungsrevolution. Der radikale Wandel des Lernens und wie wir ihn gestalten können.* DVA.

Garlock, St. (2015). Is Small Beautiful? Online education looks beyond the MOOC. *Harvard Magazine.* Verfügbar unter: http://harvardmagazine.com/2015/07/is-small-beautiful [26.05.2016].

Handke, J. (2015). Shift Learning Activities – vom Inverted Classroom Mastery Model zum xMooc. In N. Nistor & S. Schirlitz (Hrsg.), *Digitale Medien und Interdisziplinarität.* (S. 113–123). Münster: Waxmann.

Johnson, L., Adams Becker, S., Estrada, V., and Freeman, A. (2015). *NMC Horizon Report: 2015 Higher Education Edition.* Deutsche Ausgabe (Übersetzung: Helga Bechmann, Multimedia Kontor Hamburg). Austin, TX: The New Media Consortium.

Lage, M. J., Platt, G. J. & Treglia, M. (2000). Inverting the classroom: A gateway to creating an inclusive learning environment. *Journal of Economic Education, 31*(1), 30–43.

Lankau, R. (2014). Ohne Dozenten geht es nicht. Online Kurse produzieren Lernsklaven und höchste Abbrecherquoten. Zeit Online. Verfügbar unter: http://www.zeit.de/2014/03/online-kurse-anti-mooc [26.05.2016].

van Treeck, T., Himpsl-Gutermann, K. & Robes, J. (2013). Offene und partizipative Lernkonzepte. E-Portfolios, MOOCs und Flipped Classrooms. In M. Ebner & S. Schön (Hrsg.), *Lehrbuch für Lernern und Lehren mit Technologie.* Verfügbar unter: http://l3t.tugraz.at/index.php/LehrbuchEbner10/article/view/149/104 [26.05.2016].

Autorinnen und Autoren

Univ.-Prof. Dr. Elske Ammenwerth ist Professorin für Medizinische Informatik an der UMIT – Priv. Universität für Gesundheitswissenschaften, Medizinische Informatik und Technik. Sie ist Gründerin und Sprecherin der Arbeitsgruppe Hochschuldidaktik an der UMIT und derzeit beauftragt mit der Konzeption eines online-basierten Lehrganges.

Anna-Sophia Bahl, BA, geboren 1990 in Feldkirch (AT), ist Studierende im Masterstudiengang Erziehungs- und Bildungswissenschaften an der Fakultät für Bildungswissenschaft und im interfakultären Masterstudiengang Gender, Culture and Social Change und studentische Mitarbeiterin am Institut für Erziehungswissenschaft an der Leopold-Franzens-Universität Innsbruck.

Niko Baldus, M.A. ist stellvertretender Leiter des Referats Hochschuldidaktik der Universität Mannheim und hat dort auch die Leitung des Inverted Classroom-Services sowie der E-Learning-Beratung inne. Seine Interessensschwerpunkte liegen bei E-Learning insb. Blended-Learning-Szenarien und bei der strukturellen Entwicklung von E-Learning an Hochschulen.

Stefanie Bärtele, M.A. ist wissenschaftliche Projektmitarbeiterin der School of Advanced Professional Studies (SAPS), einem Zentrum für berufsbegleitende universitäre Weiterbildung an der Universität Ulm. Ihr Studium der Bildungswissenschaften mit dem Schwerpunkt E-Education absolvierte sie berufsbegleitend bis zum M.A.-Abschluss 2015 an der Fernuniversität Hagen. Von 2011 bis 2013 war sie Projektmitarbeiterin im berufsbegleitenden Master-Online Studiengang Advanced Oncology an der Medizinischen Fakultät der Universität Ulm. Seit 2013 ist Stefanie Bärtele Projektmitarbeiterin an der School of Advanced Professional Studies in den Projekten Mod:Master (Modular zum Master) und EffIS (Effizient interaktiv studieren). Ihr Interesse richtet sich in diesem Kontext besonders auf die Anforderungen an E-Learning-Szenarien, die durch die User an virtuelle Lernumgebungen gestellt werden.

Dr. Petra Bauer ist wissenschaftliche Mitarbeiterin in der AG Medienpädagogik am Institut für Erziehungswissenschaft der Johannes Gutenberg-Universität Mainz. Ihre aktuellen Arbeitsschwerpunkte betreffen das Lehren und Lernen mit neuen Medien, E-Learning in der Erwachsenenbildung und Themen der Hochschuldidaktik.

Reinhard Bauer promovierte 2014 an der Alpen-Adria-Universität Klagenfurt. Er lehrt und forscht am Institut für übergreifende Bildungsschwerpunkte (IBS) der Pädagogischen Hochschule Wien, wo er sich im Zentrum für Lerntechnologie und Innovation (ZLI) mit den Einsatzmöglichkeiten von digitalen Technologien, Medien und Werkzeugen für eine zeitgemäße und innovative (Hochschul-)Didaktik beschäftigt.

Univ. Prof. Dr. Peter Baumgartner ist Professor für Technologieunterstütztes Lernen und Multimedia an der Donau-Universität Krems (Österreich) und Leiter des Departments für Interaktive Medien und Bildungstechnologien (IMB). Er promovierte in Soziologie an der Universität Wien, habilitierte an der Universität Klagenfurt und hatte danach Professuren in Münster/Deutschland, Innsbruck/ Österreich und an FernUniversität in Hagen/Deutschland inne. Arbeits- und Forschungsschwerpunkte: E-Learning und Hochschuldidaktik. Er hat 12 Bücher und über 200 Artikel publiziert. Weitere Informationen gibt es in seinem Weblog „Gedankensplitter“: http://peter.baumgartner.name/

Arne Beckmann, M.A. ist Wissenschaftlicher Mitarbeiter am Arbeitsbereich Medienpädagogik und empirische Medienforschung am Institut für Medienwissenschaften an der Universität Paderborn. Seine Forschungsinteressen sind Gestaltung von Online-Lernumgebungen und E-Assessment an Hochschulen.

Silke Bellanger, M.A. ist Fachreferentin für Sozialwissenschaften an der Zentral- und Hochschulbibliothek Luzern/Hochschule Luzern – Soziale Arbeit und Fachverantwortliche Informationskompetenz im Bibliotheksverbund IDS Luzern.

Mag.ª Dr.in Ingrid Bergner studierte Amerikanistik und Anglistik sowie Philosophie, Psychologie und Pädagogik. Sie unterrichtete im Präsenz- und Fernstudium am Abendgymnasium für Berufstätige in Innsbruck und promovierte an der FernUniversität in Hagen zu: „Internet Communication and Practices of Scientists in the Academic World. An Intercultural Approach“. Sie war Visiting Professor an der St. Petersburg State University of Telecommunications und ist (inter)national als freiberufliche Universitätslektorin und Trainerin tätig. Schwerpunkte: Interkulturelle Studien, Cross Cultural Management, Soft Skills, Projektmanagement, Methodik wissenschaftlichen Arbeitens, Gestaltungs- und Führungskompetenzen in (internationalen) Blended Learning Arrangements.

Dr. Claudia Börner leitet als wissenschaftliche Mitarbeiterin die Abteilung Digitales Lehren und Lernen am Medienzentrum der Technischen Universität Dresden. In dieser Funktion berät und unterstützt sie Hochschullehrende beim Einsatz digitaler Medien in der Lehre und koordiniert Forschungs- und Entwicklungsprojekte im Bereich der Mediendidaktik. Nach dem Studium der Erziehungswissenschaft, Psychologie und Medienwissenschaften an den Universitäten Potsdam und Bergen promovierte sie 2014 an der Fakultät Erziehungswissenschaften der Technischen Universität Dresden.

Prof. Dr.-Ing. Hulusi Bozkurt ist Studiengangsleiter im Studiengang Maschinenbau an der Dualen Hochschule Baden-Württemberg (DHBW) am Standort Mannheim. In der Lehre vermittelt er die Fächer Konstruktionslehre und Konstruktions- und Entwicklungstechnik. Sein Forschungsschwerpunkt liegt in der Entwicklung didaktischer Ansätze für die Konstruktionsmethoden. Er setzt in dem Studiengang Maschinenbau Lernangebote mit projektorientiertem Lernen sowie Blended Learning ein. Weitere Informationen zum Autor finden Sie unter http://www.mb.dhbw-mannheim.de/ansprechpartner/prof-dr-hulusi-bozkurt.html

Mag. Dr. Gerhard Brandhofer, BEd. ist Professor an der Pädagogischen Hochschule für Niederösterreich. Er ist tätig in der Fortbildungsplanung, Lehrgangsleitung, der Lehre und Forschung. Veröffentlichungen und Vorträge zu den Arbeits- und Forschungsschwerpunkten: digitale Medien und informatische Bildung in der Schule und Hochschule; Kompetenzmodelle, didaktisches Design. Lehramtsstudium an der Pädagogischen Akademie Baden, Diplomstudium Philosophie, Psychologie und Soziologie an der FernUniversität Hagen, Doktoratsstudium an der TU Dresden.

DI Dr. Erwin Bratengeyer studierte Philosophie an der Universität Wien und Nachrichtentechnik an der Technischen Universität Wien. Nach dem Studium war er als freiberuflicher E-Learning Berater tätig. Seit 1996 ist er an der Donau-Universität Krems tätig als Lehrgangsleiter, Entwickler von Lehrgängen, Lektor und Autor von Fachartikeln sowie Mitveranstalter von einschlägigen Konferenzen zum Thema Bildungstechnologien. Seit 2009 leitet er das E-Learning Center der Donau-Universität Krems.

Claudia Bremer, Goethe-Universität Frankfurt am Main, berät und unterstützt Lehrende, Unternehmen und Bildungseinrichtungen rund um den Einsatz digitaler Medien in Lernprozessen, bei der Konzeption und Umsetzung von E-Learning-Szenarien und -Strategien. Ihre Forschungsschwerpunkte liegen in den Bereichen E-Learning, Medienkompetenz und Organisationsentwicklung. Seit 2015 ist sie als Wissenschaftlerin am Interdisziplinären Kolleg Hochschuldidaktik der Goethe-Universität Frankfurt tätig, seit 2014 Mitglied der Themengruppe „Change Management und Organisationsentwicklung“ des Hochschulforums Digitalisierung und 2009 bis 2014 war sie Geschäftsführerin von studiumdigitale, der E-Learning-Einrichtung der Goethe-Universität. Weitere Informationen: www.bremer.cx

Carola Brunnbauer, **M.A.** absolvierte nach vielen Jahren im Lehrberuf das Nachdiplomstudium „E-Learning und Wissensmanagement“ am ikf in Luzern und studierte Educational Sciences (Schwerpunkt Erwachsenenbildung) an der Universität Basel. Seit 2013 ist sie als Dozentin und E-Learning-Beraterin im Digital Learning Center (DLC) der Pädagogischen Hochschule Zürich tätig. Sie ist hauptverantwortlich für die Konzeption und Durchführung der Weiterbildung „Medienkompetenzen für Dozierende und wissenschaftliche Mitarbeitende“ und leitet das Projekt „Eigenproduktion von E-Books“.

Mag. Josef Buchner arbeitet an der Pädagogischen Hochschule für Niederösterreich und ist zuständig für Umsetzung, Durchführung und Evaluation des Inverted Classroom Models. Zusätzlich ist er verantwortlich für Audio- und Videoproduktion und unterstützt Lehrende bei der Produktion digitaler Lernmaterialien. Weiters ist er Lehrer am Gymnasium Polgarstraße, Vortragender für Digitale Lernszenarien in der LehrerInnen-Fortbildung, der Virtuellen-PH und Mitbegründer des Netzwerks Flipped Classroom Austria. Weitere Details finden Sie unter e.ph-noe.ac.at.

Franziska Chen ist Mitarbeiterin der Teaching & Learning Services der Wirtschaftsuniversität Wien und entwickelt sowie betreut die E-Learning-Plattform Learn@WU. Sie ist zudem für die Kommunikationsagenden der Abteilung sowie für die Koordination der E-Learning-Mitarbeiter/innen zuständig.

Maria del Pilar Gonzalez arbeitet als wissenschaftliche Assistentin an der Fachhochschule Nordwestschweiz, studiert Arbeits- und Organisationspsychologie an der Hochschule für Angewandte Psychologie FHNW und ist seit zwei Jahren am Aufbau des Netzwerks Schlüsselsituationen beteiligt.

Helga Diendorfer, MA BSc BEd. unterrichtet seit fast vierzig Jahren als Lehrerin für Englisch und Musikerziehung an einer NMS in St. Pölten. Daneben absolvierte sie ein Bachelorstudium in Psychologie und ein Masterstudium in Bildungswissenschaft eEducation an der FernUniversität in Hagen, sowie einen Masterlehrgang in Begabungs- und Begabtenförderung an der Donau-Universität Krems. Seit 2013 ist sie Mitarbeiterin am Bundeszentrum für lernende Schulen (ZLS). Ihre Arbeitsschwerpunkte liegen auf der Betreuung, Begleitung und Entwicklung diverser Kurse und der Online-Bibliothek auf der NMS Vernetzungsplattform. Die Professionsentwicklung der österreichischen NMS Lehrkräfte ist ihr ein großes Anliegen.

Prof. Dr. Beat Döbeli Honegger hat an der ETH Zürich in Informatik promoviert und ist Professor für Medien- und Informatikdidaktik an der Pädagogischen Hochschule Schwyz. Er beschäftigt sich seit über 15 Jahren in Forschung und Lehre mit allen Aspekten der Digitalisierung im Bildungswesen.

Prof. Dr. med. Margrit Ebinger arbeitet als Studiengangsleiterin am Studienzentrum Gesundheitswissenschaften & Management an der DHBW Stuttgart. Ihre Kompetenzbereiche im Studiengang Angewandte Gesundheitswissenschaften für Pflege sind Indikatoren und Datenquellen im Gesundheitswesen, Gesundheitswissenschaften und benachbarte Disziplinen sowie Public Health und Versorgungsforschung. Weitere Details zur Person unter: http://wirtschaftskompetenz.dhbw-stuttgart.de/experten-fakultaet-wirtschaft/gesundheitswissenschaften-management/margrit-ebinger/.

Univ.-Doz. Dr. (habil) Martin Ebner ist Leiter der Abteilung Lehr- und Lerntechnologien an der Technischen Universität Graz und ist dort für sämtliche E-Learning-Belange zuständig. Weiters forscht und lehrt er als Medieninformatiker am Institut für Informationssysteme Computer Medien rund um technologiegestütztes Lernen. Seine Schwerpunkte sind E-Learning, M-Learning, Social Media, Learning Analytics und Open Educational Resources. Er bloggt unter http://elearningblog.tugraz.at und weitere Details finden Sie unter http://www.martinebner.at

Armin Egetenmeier, M. Sc., studierte Wirtschaftsmathematik an der Universität in Ulm. Er ist seit 2013 als akademischer Mitarbeiter am Grundlagenzentrum der Hochschule Aalen tätig, welches sich hochschulübergreifend mit der fachlichen Betreuung der Studierenden in der Studieneingangsphase, vorrangig in den mathematischen und naturwissenschaftlichen Grundlagefächern befasst. Ein Schwerpunkt seiner Arbeit ist die wissenschaftliche Begleitforschung. Weitere Informationen: www.hs-aalen.de/glz

Marc Egloffstein, Diplom-Handelslehrer, Diplom-Wirtschaftsinformatiker, ist wissenschaftlicher Mitarbeiter am Lehrstuhl Wirtschaftspädagogik, Technologiebasiertes Instruktionsdesign der Universität Mannheim sowie Projektkoordinator Online Learning an der Mannheim Business School. Aktuelle Arbeitsschwerpunkte sind Lehren und Lernen mit digitalen Medien, didaktische Gestaltung von offenen Online-Kursen, Professional Learning sowie Hochschuldidaktik.

Tobias Falke, M.A., Medienwissenschaftler und Projektkoordinator des Projekts „Anfangshürden erkennen und überwinden: Blended Learning zur Unterstützung der fachspezifischen Studienvorbereitung und des Lernerfolges im ersten Studienjahr“ an der Brandenburgischen Technischen Universität Cottbus-Senftenberg. Seine Arbeits- und Forschungsschwerpunkte sind sowohl E-Learning, Medien- und Hochschuldidaktik als auch audiovisuelle Medien in E-Learning-Szenarien.

Christian F. Freisleben-Teutscher, Mag. studierte Kommunikationswissenschaft, Politik- und Theaterwissenschaft in Wien. Seit 1999 beschäftigt er sich intensiv mit Methoden und Werkzeugen zu Blended Learning sowie zu Angewandter Improvisation. Er hat seit über 20 Jahren Erfahrungen als

Berater, Referent (div. Fachhochschulen und Universitäten sowie Institutionen) und Journalist mit den Schwerpunkten Bildung, Gesundheit und Soziales. Er ist seit Mai 2014 halbtags Mitarbeiter der FH St. Pölten (Hochschuldidaktik, Fachexperte Inverted Classroom). Seit Herbst 2015 arbeitet er an einer Dissertation zum Einsatz von Improvisationsmethoden in offline und online Bildungssettings (#improflair).

Martina Friesenbichler, Mag. studierte Betriebswirtschaftslehre mit Schwerpunkt Innovations- und Umweltmanagement an der Karl-Franzens-Universität Graz. Seit 2007 leitet sie den Fachbereich Qualitätsmanagement & Innovation an der Akademie für Neue Medien und Wissenstransfer der Universität Graz. Sie ist Lehrbeauftragte am Institut für Systemwissenschaften, Innovations- und Nachhaltigkeitsforschung sowie am Institut für Erziehungs- und Bildungswissenschaft der Universität Graz.

Sylvia Frin studierte Landschaftsarchitektur an der TU Dresden. Seit 2009 ist sie wissenschaftliche Mitarbeiterin in der Abteilung Digitales Lehren und Lernen am Medienzentrum der TU Dresden. Sie berät und unterstützt Hochschullehrende beim Einsatz digitaler Medien in der Lehre.

Fabian Geib ist Master-Student im Studiengang Medienpädagogik und Erwachsenenbildung. Außerdem arbeitet er als wissenschaftliche Hilfskraft in der AG Medienpädagogik sowie in der AG Erwachsenenbildung/Weiterbildung am Institut für Erziehungswissenschaft der Johannes Gutenberg-Universität Mainz. Er befasst sich momentan mit den Forschungsschwerpunkten Film- und Videoarbeit, Kulturelle Bildung, Interdisziplinarität, Bildungspotential von Videospielen.

Dr. Natasha Giardina ist Manager, Learning and Teaching Technologies (Learning Design) an der Queensland University of Technology (QUT), wo sie ein zentral organisiertes Team von Learning Designern leitet. Vorher war sie als Learning Designer, Senior Project Manager und Manager (Governance and Quality) in die verschiedensten Aspekte von E-Learning Support und Implementierung an der QUT involviert. Dr. Giardina schrieb ihre Dissertation im Bereich Kinderliteratur und war als Lektorin an der James Cook University, der Australian Catholic University und QUT tätig. Sie hat in den Bereichen E-Learning-Kompetenzentwicklung für Hochschullehrende sowie Umgang von Jugendlichen mit digitaler Information publiziert.

Catrina Grella ist derzeit wissenschaftliche Mitarbeiterin und Doktorandin am Hasso-Plattner-Institut für Softwaresystemtechnik GmbH (HPI) an der Universität Potsdam. Am Lehrstuhl für Internet-Technologien und Systeme von Prof. Dr. Christoph Meinel ist sie für die sozialwissenschaftliche Begleitforschung der Online-Bildungsplattform openHPI verantwortlich. Catrina Grella hat Soziologie und Erziehungswissenschaften an der Universität Potsdam und der Freien Universität Berlin studiert. Ihre Forschungsinteressen liegen in der digitalen Bildung sowie der informationstechnischen Bildung von Mädchen und Frauen, insbesondere auch im Hinblick auf quantitative Methoden.

Dr. Gabriele Gröger ist seit 2011 Geschäftsführerin der School of Advanced Professional Studies (SAPS), dem Zentrum für berufsbegleitende universitäre Weiterbildung an der Universität Ulm. Sie ist Diplom-Chemikerin und promovierte 1989 zum Dr. rer. nat. Von 1996 bis 2011 war sie Leiterin der Koordinierungsstelle des BioRegionUlm Förderverein Biotechnologie e.V. sowie Leiterin der Geschäftsstelle der Akademie für Wissenschaft, Wirtschaft und Technik an der Universität Ulm. Parallel dazu leitete sie die Abt. Entwicklungsplanung der Zentralen Universitätsverwaltung und war damit zuständig für die Erstellung der Struktur- und Entwicklungspläne der Universität, für die Etablierung einer Alumni- und einer Career Service-Geschäftsstelle sowie für Projekte für Schülerinnen und Schüler.

Nina Grünberger, MMag.a ist wissenschaftliche Mitarbeitern am Seminar für Medienbildung der Europa-Universität Flensburg. Im Projekt MediaMatters! erforscht sie mit ihren Kolleg*innen Strukturen von Bildung an Schulen am Weg zu einer zeitgenössischen Medienbildung. Darüber hinaus promoviert sie an der Universität Innsbruck. Ihr Forschungsinteresse gilt der Frage nach gegenwärtigen und möglichen zukünftigen Herausforderungen für Bildungsprozesse angesichts sozio-kultureller Entwicklungen wie Mediatisierung, Globalisierung, Pluralisierung und Beschleunigung.
Kontakt: nina.gruenberger@uni-flensburg.de

Andrea Gumpert ist Mitarbeiterin an der PHBern, Institut Vorschulstufe und Primarstufe. Sie berät Dozierende zum Einsatz digitaler Medien in Lehre und Forschung und wird zukünftig als Dozierende für die Didaktik der Informatik und Medienbildung arbeiten. 2013 schloss sie das Studium der Berufspädagogik an der TU Dresden mit dem Master of Education ab und arbeitete bis 2015 als wissenschaftliche Mitarbeiterin und Doktorandin am Medienzentrum der TU Dresden.

Ass.-Prof. Dr. Werner Hackl ist Assistenz-Professor für Medizinische Informatik an der UMIT – Priv. Universität für Gesundheitswissenschaften, Medizinische Informatik und Technik. Seine Forschungsprojekt liegen im Bereich der Sekundärdatenanalyse und der Datenvisualisierung. Er wirkt an der Konzeption und Evaluierung des online-basierten Lehrganges mit.

Jörg Hafer, M.A. ist Leiter des Bereichs Lehre und Medien des Zentrums für Qualitätsentwicklung in Lehre und Studium der Universität Potsdam. Er arbeitet seit über 15 Jahren in unterschiedlichen Bereichen des E-Learning. Schwerpunkt seiner Tätigkeit im Zentrum für Qualitätsentwicklung in Lehre und Studium ist die Konzeption und Implementation von E-Learning-Maßnahmen sowie die Beratung und Qualifizierung von Anwender(inn)en und Entscheidern. Derzeitige Interessenschwerpunkte sind E-Portfolios, Hochschulentwicklung und Vorgehensmodelle für E-Learning.

Peter Hager, BA, geboren 1993 in Innsbruck (AT), Studierender im Masterstudiengang Erziehungs- und Bildungswissenschaften an der Fakultät für Bildungswissenschaft Leopold-Franzens-Universität Innsbruck. Mitarbeiter in einem Sachverständigenbüro mit Schwerpunkt hinsichtlich Aufdeckung von Kindesmissbrauch.

Prof. Dr. Julia Hansch ist Professorin der Betriebswirtschaftslehre an der Dualen Hochschule Baden-Württemberg in Mannheim und konzipiert dort gemeinsam mit Kollegen im Rahmen des Projekts eCampus die Vorlesung „Betriebliche Personalarbeit". Zuvor hat sie im Online-Studiengang BWL der Ostfalia HAW eine Professur im Rahmen der ABWL ausgefüllt und dort ausschließlich virtuelle Lehrveranstaltungen durchgeführt. Darüber hinaus forscht und lehrt sie als Visiting Professor an der ESMT Berlin und der EDHEC Lille zu den Themenbereichen Corporate Governance und International HRM.

Klaus Himpsl-Gutermann ist ehemaliger Lehrer für Mathematik, Physik und Informatik und seit mehr als 15 Jahren in der Lehrer/innenfortbildung tätig. Nach sechs Jahren im Umfeld der universitären Weiterbildung an der Donau-Universität Krems arbeitet er seit 2013 an der Pädagogischen Hochschule Wien (Institut für übergreifende Bildungsschwerpunkte). Er ist Hochschulprofessor für Professionsforschung mit Schwerpunkt Lifelong Learning, Institutskoordinator und Leiter des Zentrums für Lerntechnologie und Innovation (ZLI), das sich mit den Themenfeldern Didaktik, Medienbildung und E-Learning in Schule und Hochschule beschäftigt. Seit 2015 ist er Mitglied des Editorial Boards der GMW.

Michael Heinecke, Dipl. Psychologe, ist seit 2009 Leiter des E-Learning-Büros der Fakultät für Mathematik, Informatik und Naturwissenschaften der Universität Hamburg. Er ist in der Lehre im Studiengang Human-Computer-Interaction des Fachbereichs Informatik tätig. Seine Schwerpunkte liegen in der Produktion digitaler Lehrmedien, eAssessment, Evaluation und Erprobung innovativer technologischer Ansätze im E-Learning. Seit 2016 ist er Teil des Support-Teams der Hamburg Open Online University.

Dr. Sandra Hofhues ist Juniorprofessorin für Mediendidaktik/Medienpädagogik im Institut für Allgemeine Didaktik und Schulforschung der Humanwissenschaftlichen Fakultät an der Universität zu Köln. Von 2013 bis 2015 forschte sie als PostDoc für „Digital Education“ am Lehrstuhl für Hochschuldidaktik an der Zeppelin Universität Friedrichshafen. Zuvor war sie an verschiedenen deutschen Universitäten und Hochschulen in der Hochschul- und Mediendidaktik tätig. Forschungsschwerpunkte: kollaboratives und vernetztes Lernen, (Medien-)Projekte zwischen Bildungsinstitutionen und weiteren Organisationen, Öffnung und Entgrenzung mit/durch digitale Medien. Weitere Informationen unter: www.sandrahofhues.de.

Anita Holdener, MSc, ist Wissenschaftliche Mitarbeiterin am Zentrum für Lernen und Lehren der Hochschule Luzern sowie Mitarbeiterin im Team Digitale Lehre und Forschung der Universität Zürich.

Prof. Dr. Andrea Honal ist als Professorin mit dem Fokus auf Marketing, Management und Digitale Medien an der DHBW Mannheim tätig. Sie beschäftigt sich dort seit einigen Jahren mit den Auswirkungen von neuen Technologien, innovativen Ansätzen und medialen Trends in der Hochschulwelt. Seit 2015 ist sie wissenschaftliche Leiterin des Forschungsprojektes „eBIB2020“, das sich mit den Wirkungseffekten innovativer Lehr- und Lernmethoden auf die Studien-/Lernperformance der Studierenden beschäftigt. Darüber hinaus ist sie in verschiedenen Projekten zum Thema „E-Learning in der dualen Lehre“ involviert, hält Vorträge in diesem Themenfeld und arbeitet in internationalen Forschungskooperationen mit dem Fokus auf „Lernen und Lehren 2.0“ mit.

Sebastian Horndasch ist Referent beim Stifterverband und ist dort als Programmmanager im Projekt Hochschulforum Digitalisierung tätig. Seine Arbeitsschwerpunkte sind dabei Open Science, neue Technologien in der Lehre, Reformen von Curricula sowie Lebenslanges Lernen. Vorher arbeitete er bei Wikimedia Deutschland, wo er für das Thema Open Educational Ressources zuständig war. Er hat einen Master in Volkswirtschaftslehre (Universität Nottingham) und einen Bachelor in Staatswissenschaften (Universität Erfurt).

Sabine Hueber ist seit 2014 Mitarbeiterin am Mediencampus der Hochschule Darmstadt. Seit zwanzig Jahren beschäftigt sie sich intensiv mit der Kommunikation von Wissensinhalten. Derzeit forscht Frau Hueber zu den Themen Onlinekommunikation und -kollaboration sowie Öffentliche Wissenschaft. Kurzlebenslauf: 1996 bis 2002 Studium Visuelle Kommunikation an der Hochschule Darmstadt, 2002 bis 2005 wissenschaftliche Mitarbeiterin, Fraunhofer IGD, u.a. im Forschungsprojekt „Neue Medien in der Bildung“. 2005 bis 2014 Consultant, Bereich Kommunikation und E-Learning (www.designeon.de).

Seit 2005 ist Frau Hueber in verschiedenen Online-Communities aktiv. Sie ist Mutter von zwei erwachsenen Kindern.

Judith Hüther, M.A. ist Mitarbeiterin im Education Support Center (ESC) an der DHBW Karlsruhe. Zu Ihren Aufgaben gehört die (medien)didaktische Beratung der Lehrenden intern und extern. Ihre Arbeitsschwerpunkte sind E-Learning, Fachdidaktik, aktivierende Lehrmethoden und Tutorienarbeit.

Tanja Jadin hat an der Universität Salzburg Psychologie und im Erweiterungsstudium Kommunikationswissenschaft studiert und in Psychologie an der Universität Salzburg promoviert. Bisher war sie an verschiedenen Forschungsprojekten beteiligt und hat umfassende Erfahrung als Lektorin. Seit September 2011 ist sie Professorin für E-Learning an der FH OÖ, Fakultät für Informatik, Kommunikation und Medien. Seit Juni 2013 ist sie zusätzlich Pädagogische Koordinatorin des Masterstudiengangs Kommunikation, Wissen, Medien der FH OÖ. Ihre **Forschungsschwerpunkte** sind Medienkompetenz von Kinder und Jugendlichen, selbstreguliertes und informelles Lernen mit digitalen Medien, computerunterstütztes kollaboratives Lernen und Arbeiten sowie Lernen in Online Communities.

Mag. Dr. Elke Jantscher war sowohl an der Universität Graz als auch bei der JOANNEUM RESEARCH Forschungsgesellschaft mbH in der Forschung und Projektarbeit tätig. Seit 2014 ist sie als Projektkoordinatorin des HRSM-Kooperationsprojektes „PädagogInnenbildung NEU – Entwicklung und Durchführung eines einheitlichen Aufnahme- und Auswahlverfahrens“ tätig. Hierbei trägt sie unter anderem die Verantwortung für die Koordination des gemeinsamen Aufnahmeverfahrens und fungiert als Schnittstelle für alle Einrichtungen im „Verbund Aufnahmeverfahren Österreich“.

Dr. Anna-Maria Kamin ist Wissenschaftliche Mitarbeiterin am Arbeitsbereich Medienpädagogik und empirische Medienforschung am Institut für Medienwissenschaften der Universität Paderborn. Ihre Forschungsschwerpunkte liegen im Bereich der Lehr- Lernforschung mit digitalen Medien in der beruflichen Bildung, Medien und soziokulturelle Ungleichheiten sowie im Bereich der empirisch-qualitativen Sozialforschung.

Dr. Christine Kapper, Bakk. ist seit 1998 im Bereich Neue Medien an der Universität Graz tätig und beschäftigt sich seither mit elektronischen Prüfungen und Lernplattformen. Derzeit ist sie Abteilungsleiterin für Lehr- und Forschungsunterstützung mit den Aufgabengebieten Neue Medien (E-Learning), Software und Clientmanagement. Im gemeinsamen Aufnahmeverfahren für Lehramtsstudien zeichnet sie verantwortlich für die technische Umsetzung des zentralen Anmeldeportals, der Online Prüfungen und des Face-to-Face-Assessments.

Alain Michel Keller, M.A. arbeitete während und nach seines Studiums der Anglistik und Geschichte als Hilfskraft im Bereich E-Learning am Institut für Wissensmedien der Universität Koblenz-Landau. Seit 2014 ist er wissenschaftlicher Mitarbeiter im Zentrum für Informations- und Medienverarbeitung an der Bergischen Universität Wuppertal. Dort leitet er das Projekt E-Prüfungen und ist Mitarbeiter im Verbundprojekt E-Assessment NRW.

Michael Kern leitet seit 1998 den Fachbereich Medienzentrum des Landes Tirol (www.tirol.gv.at/bildung/medienzentrum/). Das Tiroler Bildungsinstitut-Medienzentrum unterstützt das Lernen mit Medien, stellt innovative Medien bereit, fördert die kompetente Mediennutzung, schafft Rahmenbedingungen für die Produktion und für den optimierten Einsatz von Bildungsmedien. Er ist verantwortlich für die Entwicklung des Medienportals LeOn („Lernen Online") zur Online-Distribution von Unterrichtsmedien. 420 Tiroler Schulen nutzen 45.000 Medienobjekte (Filme, Bilder, Grafiken, Arbeitsblätter, interaktive Übungen, didaktische Vorschläge), zum Tiroler Moodle besteht eine direkte Schnittstelle. Mit LeOn wird das Lehren und Lernen mit Medien massiv unterstützt.

Silke Kirberg ist an der Hochschule Niederrhein im Hochschulzentrum für Lehre und Lernen für E-Learning verantwortlich und in den Projekten „Offene Hochschulen/BMBF" und „E-Assessment NRW" tätig. Zuvor war sie Referentin für E-Learning an der Deutschen Sporthochschule Köln. U.a. berät sie Lehrende, die virtuelle Formate durchführen möchten und koordiniert die Weiterentwicklung der Strukturen für E-Learning und E-Assessment.

Alexander Kirchhof (Dipl. Des.) leitet seit 2010 den zentralen Bereich E-Lectures an der Fachhochschule Potsdam und ist dort u.a. verantwortlich für die Beratung von Lehrenden und didaktische Konzepte mit digitalen Medien, die Schulung von stud. Mitarbeitenden und Konzeption und Aufbau der Infrastruktur für die automatisierte Aufzeichnung, Verarbeitung und Bereitstellung von Lehre. Die nachhaltige Unterstützung guter Hochschullehre mit digitalen Medien steht seit 2001 in seinem Fokus, so auch mit dem Projekt „KI-SMILE" zur kollaborativen Erstellung und Bereitstellung interaktiver digitaler Lehrmaterialien und als Berater am Center für Digitale Systeme (CeDiS) der Freien Universität Berlin.

Dominik Klaus hat Sozioökonomie an der Wirtschaftsuniversität Wien studiert. Seit 2013 arbeitet er am Institut für Soziologie und empirische Sozialforschung der WU. Derzeit ist er als eDeveloper für die Entwicklung neuer E-Learning-Materialien und die Gestaltung der Teaching Labs zuständig.

Melanie Klinger, Diplom-Handelslehrerin, ist Leiterin des Referats Hochschuldidaktik und Neue Medien in der Stabsstelle Studium und Lehre der Universität Mannheim. Dazu Tätigkeit als freiberufliche Trainerin, seit 2015 von der Akkreditierungskommission (AKKO) der Deutschen Gesellschaft für Hochschuldidaktik (dghd) akkreditiert. Arbeitsschwerpunkte sind u.a. Qualität von Lehre sowie der Einsatz von E-Learning in der Hochschullehre.

Christian Kogler, BEd, MSc, Professor an der Pädagogischen Hochschule Oberösterreich, Lehre im Bereich Medienpädagogik, Koordination internationaler Projekte und Mobilitätsprogramme, Autor, langjährige Tätigkeit in schulischer und außerschulischer Bildungsarbeit, sowie in der Erlebnis- und Sozialpädagogik, Videoproduktion.

Prof. Dr. Thomas Köhler ist seit 2005 Professor für Bildungstechnologie und Direktor des Medienzentrums der TU Dresden. Er studierte Physik, Psychologie und Soziologie an der Friedrich-Schiller-Universität Jena sowie am Liberal Arts College in Swarthmore (USA) und schloss 1999 seine Promotion zu computervermittelter Kommunikation an der Universität Jena ab. 2002–2005 Juniorprofessor für „Lehr-Lern-Forschung unter besonderer Berücksichtigung multimedialen Lernens" an der Universität Potsdam, internationale Lehrtätigkeiten an den Universitäten Innsbruck, Bergen, Bejing Institut of Technology, Yogjakarta State University u.a.. Aktuell Sprecher des Vorstandes der GMW e.V. Forschungsschwerpunkte u.a. Online-Learning, ICT und OE, OER, eScience.

Adina Koller, M.A.-Studium „eEducation", ist als Logistikerin (Informatik, TU-Wien), Fachlehrerin/Jahrgangsleiterin (PTS) und Ausbildungsleiterin Fachbereich Layout (Spiel & Presse e.V.) multidisziplinär im Team mit ihrem Gatten Bernhard Koller in verschiedenen Bereichen tätig. Sie arbeitet seit 2008 am Bildungsprojekt „Infoshaper" zur Findung neuer Lernzugänge im Bildungsbereich. Ihr Schlüsselthema ist die umfassende Abbildung von Gamification-Modellen auf den Lernprozess und die Steigerung des belegbaren Lern-Outcomes. Der Ausstieg 2016 aus dem Schulalltag brachte eine Ausweitung der wissenschaftlichen Forschungsvorhaben und die Suche nach einem möglichen Dissertationsthema.

Bernhard Koller, M.A.-Studium „eEducation", ist als Informatiker (TU-Wien), Fachlehrer/Jahrgangsleiter (PTS) und Journalist (Chef-Redaktion SpielxPress) fächerübergreifend im Team mit seiner Gattin Adina Koller in verschiedenen Bereichen tätig. Er arbeitet seit 2008 am Bildungsprojekt „Infoshaper" zur Findung neuer Lernzugänge im Bildungsbereich. Sein Schlüsselthema ist die andauernde, intrinsische Motivation in Hinblick auf das Thema „lebenslanges Lernen" unter Verwendung von Gamification-Reizen unterschiedlichster

Ordnung. Der Ausstieg 2016 aus dem Schulalltag brachte eine Ausweitung der wissenschaftlichen Forschungsvorhaben und die Suche nach einem möglichen Dissertationsthema.

Mag. Corinna Koschmieder ist seit 2013 Psychologin im Projekt „PädagogInnenbildung Neu – Entwicklung und Durchführung eines einheitlichen Aufnahme- und Auswahlverfahrens". Ihre Forschungsschwerpunkte beschäftigen sich mit psychologischen Merkmalen (v.a. emotionale Kompetenzen und Persönlichkeit) und testtheoretischen Fragestellungen. Im Kooperationsprojekt koordiniert sie die inhaltliche Entwicklung und Auswertung der Computertestung, sowie deren Evaluation und Validierung an den beteiligten Institutionen.

Fabian Krapp M.Sc. ist Informatiker und brachte zwischen 2010 und 2015 seine Erfahrungen als Verlagsgeschäftsführer u. a. im Projekt Mod:Master an der Universität Ulm ein. Er war maßgeblich beteiligt am Aufbau der nutzerzentrierten SAPS-Lernplattform, zuständig für die Einrichtung redaktioneller Prozesse sowie die Medienproduktion für die Studiengänge Sensorsystemtechnik und Innovations- und Wissenschaftsmanagement. Zwischenzeitlich berät er als Inhaber des Medienhaus Krapp sowie Gesellschafter des Schulbuchverlags Krapp&Gutknecht kleine und mittlere Unternehmen sowie Bildungseinrichtungen zu praxisnahen Prozessen und Umsetzungsmethodiken im Bereich E-Learning. http://www.medienhaus-krapp.de

Prof. Dr. Regula Kunz leitet das Bachelor-Studium Soziale Arbeit an der Fachhochschule Nordwestschweiz, ist Mitglied der Hochschulleitung, baut als Co-Präsidentin das internationale Netzwerk Schlüsselsituationen auf. Themenschwerpunkte in Forschung, Entwicklung und Lehre: Wissensaustausch durch Communities of Practice, Lehren und Lernen an Hochschulen, Curriculumsentwicklung, Kasuistik, Hochschulmanagement.
http://www.fhnw.ch/personen/regula-kunz/

Claudia Kuttner, M.A. studierte u.a. Kommunikations- und Medienwissenschaft an der Universität Leipzig. Wissenschaftliche Mitarbeit in verschiedenen medienpädagogischen Forschungsprojekten an der Universität Leipzig (z.B. ‚Medienkonvergenz Monitoring III') und der Hochschule für Technik, Wirtschaft und Kultur Leipzig (‚Barrierefreie Medien – Generationenübergreifende Nutzungskonzepte'). Seit 2015 wissenschaftliche Mitarbeiterin an der Europa-Universität Flensburg im Forschungs- und Entwicklungsprojekt „MediaMatters!". Aktuelle Interessen und Arbeitsschwerpunkte: Medienaneignungsforschung, Alter(n) und Medien sowie (intergenerative) Medienbildung in der Schule. Dem letztgenannten Themenfeld widmet sie sich auch in ihrem Promotionsvorhaben (Universität Leipzig). Kontakt: mail@claudia-kuttner.de

MMag. Dr. Elke Lackner ist seit 2010 Mitarbeiterin an der Akademie für Neue Medien und Wissenstransfer der Universität Graz und dort als Leiterin des Fachbereichs „Mediendidaktik“ tätig. Sie lehrt Medien- und Fachdidaktik an der Universität Graz und den Fachhochschulen im Burgenland und in Kärnten und hält Fortbildungen für Pädagogische Hochschulen. Ihre Forschungs- und Interessensgebiete sind Social Media, Open Educational Resources, Medien- und Sprachdidaktik, elektronische/digitale Publikation im Hochschulbereich sowie gattungstheoretische Überlegungen. Sie bloggt unter http://fremdsprachen-undwebzweinull.blogspot.co.at/ sowie http://foreignlanguageteachingresources.blogspot.co.at/.

Thomas Leitgeb, BEd. lehrt seit 2006 an der NMS Mattersburg. Als Klassenvorstand seit der ersten Generation NMS hat er alle Entwicklungen des Systems miterlebt und -getragen. Die Veränderung der Lernkultur von der Lehr- hin zur Lernseitigkeit führte ihn zum E-Learning, da die Möglichkeiten für die Lernenden bei komplexen Abläufe und personalisierten Lernanlässe durch digitale Hilfsmittel stark erhöht werden. Seit 2013 im Burgenland als IT-Betreuer für die Ausrollung des digi.komp8-Konzepts zuständig und entwarf dafür u.a. einen Musterkurs, der den digi.komp8-Aufgabenpool mit einer kompetenzorientierten Darstellung in LMS.at kombiniert. Seit 2015 Mitarbeiter der PH Burgenland am Instituts für Personal- und Schulentwicklung; berät im Rahmen dieser Tätigkeit Schulen bei ihrer Entwicklung.

Silke Laubert ist seit 2013 am Präsidium der Dualen Hochschule Baden-Württemberg im Bereich Lehre tätig und betreut seit 2016 selbständig das Projekt „OpenLearn“. Zielsetzung des vom Land finanzierten Projekts ist die Schaffung von Voraussetzungen zum Teilen von Lehr-und Lernmaterialien an der gesamten Hochschule. Silke Laubert studierte Betriebswirtschaftslehre mit Schwerpunkt Marketing an der Hochschule Ludwigshafen am Rhein, Hochschule für Wirtschaft. Seither war sie im Bereich Marketing/Vertrieb in der freien Wirtschaft tätig.

Prof. Dr. Bianka Lichtenberger ist seit 2014 Prorektorin und Dekanin der Fakultät Wirtschaft an der DHBW VS. Als Professorin für Personalmanagement und Organisation liegen Ihre Schwerpunkte im Bereich der grenzüberschreitenden innovativen Lehr- und Lernformen und dem Kompetenztransfer für die digitalisierte Wirtschaft. Als Senior Advisor hat sie u.a. Accenture beim Aufbau und der Entwicklung von HR und Learning Analytics unterstützt. Davor war sie in der Führungsverantwortung für Organisations- und Personalentwicklung von internationalen Konzernen tätig, zuletzt für die globalen HR Prozesse eines international führenden Unternehmens der Energie- und Automationstechnik.

Helge Lamm ist wissenschaftlicher Mitarbeiter am Seminar für Medienbildung an der Europa-Universität Flensburg. Dort ist er lehrend im Modul „Medien und Bildung" der Lehramtsstudiengänge und mitgestaltend in dem Forschungs- und Entwicklungsprojekt *MediaMatters!* tätig. Seine Interessensschwerpunkte sind Mediendidaktik, technische Infrastrukturen und Big Data – alles vor dem Hintergrund des Sozialen. Mit seinem Promotionsvorhaben nimmt er die Bedingungen des Handelns in und mit schulischen IT-Infrastrukturen in den Blick. Kontakt: lamm@uni-flensburg.de

Urban Lim, M.A., ist wissenschaftlicher Mitarbeiter an der Zürcher Hochschule für Angewandte Wissenschaften (ZHAW) und leitet dort die Fachgruppe Blended Learning. Er befasst sich mit Mediendidaktik und berät Hochschullehrende beim Einsatz digitaler Medien in der Lehre.

Prof. Dr. Axel Löffler hat an der Universität Paderborn im Fach Elektrotechnik promoviert. Danach hat er als Systemingenieur für Satellitentechnik (Firma EADS-Astrium, Friedrichshafen) und als Entwicklungsingenieur (Firma Bosch, Stuttgart) gearbeitet. Er ist seit 2009 Professor für Mathematik, Physik und Systemdynamik im Studiengang Wirtschaftsingenieurwesen der Hochschule Aalen und leitet das Grundlagenzentrum. Forschungsinteressen liegen in den Anwendungen der Systemdynamik, insbesondere in den Bereichen Erneuerbare Energien und Lernprozesse. Weitere Informationen: www.hs-aalen.de/glz

Anja Lorenz arbeitet am Institut für Lerndienstleistungen an der Fachhochschule Lübeck. Nach ihrem Studium der Medieninformatik an der Technischen Universität Dresden setzte sie ihre wissenschaftlichen Schwerpunkte in den Bereichen E-Learning, Social Media und Open Education. Seit 2013 entwickelt und erforscht sie MOOCs in unterschiedlichen Formaten und engagiert sich für OER und Open Access.

Susanne Lutz (Dipl.-Ing. Architektin und Projektmanagerin für Interaktive Medien) ist seit 2011 als E-Learning-Beraterin an der Technischen Hochschule Wildau tätig und erarbeitete u.a. ein spezifisches Blended-Learning-Konzept für einen berufsbegleitenden Studiengang. Im Bereich Service Lernen und Lehren [SeL^2] ist sie für die Konzeption und Koordination Hochschuldidaktik verantwortlich. Sie entwickelt und koordiniert Weiterbildungsangebote für Lehrende und Studierende (u.a. für studentische E-Learning-Berater*innen).

Dr. Ulrike Maier hat an der Universität Dortmund im Fach Mathematik promoviert. Danach hat sie an Lehrstühlen für Mathematik (Universitäten Dortmund und Gießen), am Fraunhofer-Institut für Algorithmen und wissenschaftliches Rechnen (SCAI, Sankt Augustin) sowie am Lehrstuhl für Optoelektronik (Universität Mannheim) und am Kommunikations- und Informationszentrum der Universität Ulm gearbeitet. Schwerpunkte waren neben der Lehre auch Forschungsprojekte der Industrie. Seit 2012 arbeitet sie am Grundlagenzentrum der Hochschule Aalen. Neben der fachlichen Betreuung von Studienanfängern ist die wissenschaftliche Begleitforschung ein Schwerpunkt der Arbeit. Weitere Informationen: www.hs-aalen.de/glz

Philipp Marquardt, M.A., Dipl.-Ing.(FH), Jg. 1981, schloss das Studium der technischen Informatik an der FH-Kiel 2005 mit dem Diplom(FH) ab. Er arbeitete als Softwareentwickler bei der LaserSoft Imaging AG Kiel (2004-2006), der Native Instruments GmbH in Berlin (2006-2007) und war IT-Mitarbeiter in der Arbeitseinheit Psychologie für Pädagogen (2007-2012) der Christian-Albrechts-Universität Kiel. Berufsbegleitend folgte ein Studium der Philosophie, Literatur-, Medien- und Musikwissenschaft. Abschluss des Magisterstudiums und Beginn der Tätigkeit als Softwareentwickler (2012) im interdisziplinären BMBF-geförderten „Projekt erfolgreiches Lehren und Lernen“ (Qualitätspakt-Lehre) an der CAU Kiel.

Frederic Matthé, M.A. studierte Erziehungswissenschaften im Schwerpunkt Erwachsenenbildung/ Weiterbildung und Medienpädagogik und ist seit 2014 wissenschaftlicher Mitarbeiter im Bereich Lehre und Medien im Zentrum für Qualitätsentwicklung in Lehre und Studium der Universität Potsdam. Schwerpunkte seiner Tätigkeit sind die Mitverantwortung des eTEACHiNG-Programms, die Konzeption und Durchführung von Workshops und Schulungen für Hochschullehrende rund um das Thema digitale Medien in der Lehre sowie die Beratung von Lehrenden bei der Umsetzung digital unterstützter Lehrvorhaben. Informationen: www.uni-potsdam.de/zfq/lehre-und-medien.

Dr. Martina Mauch, Dipl.-Psychologin, Dipl.-Medienberaterin wurde nach Studienabschluss Stipendiatin des virtuellen Graduierten Kollegs „Wissenserwerb und Wissensaustausch mit Neuen Medien" der Deutschen Forschungsgemeinschaft in Heidelberg. Anschließend lehrte und forschte sie am Institut für Psychologie und Arbeitswissenschaft der Technischen Universität Berlin. In 2007 schloss sie ihre Promotion im Bereich Medien- und Sozialpsychologie ab. Seit 2008 ist sie als akademische Mitarbeiterin in verschiedenen Drittmittelprojekten insbesondere zu den Themen „Online-gestützte Lehre/E-Learning" und „Studentisches E-Learning-Supportteam“ an der Fachhochschule Potsdam u.a. koordinierend und beratend tätig.

Prof. Dr. phil. Kerstin Mayrberger, seit Oktober 2014 am Hamburger Zentrum für Universitäres Lehren und Lernen (HUL) Professorin mit Schwerpunkt Mediendidaktik, Beauftragte der Universität Hamburg für Digitalisierung von Lehren und Lernen (DLL) und Mitglied der Lenkungsgruppe der Hamburg Open Online University (HOOU). Ihre Forschungsschwerpunkte: Lernen mit digitalen, vernetzten, mobilen Medien, Open Educational Practice mit Open Educational Resources (OER), partizipative Mediendidaktik sowie (medien-)pädagogischen Professionalität von Lehrenden. Kontakt: http://kerstin.mayrberger.de

Thomas Meschzan studierte Geowissenschaften an der Universität Potsdam. Seit 2010 ist er wissenschaftlicher Mitarbeiter in der Abteilung Digitales Lehren und Lernen am Medienzentrum der TU Dresden. Er berät und unterstützt Hochschullehrende beim Einsatz digitaler Medien und Technologien in der Lehre und ist in entsprechenden Forschungs- und Entwicklungsprojekten tätig.

Christoph Meier, Dr. rer.soc., Projektleiter und Lernbegleiter/Fachexperte am swiss centre for innovations in learning (scil) der Universität St.Gallen. Arbeitsschwerpunkte im Bereich Bildungsmanagement: digitale Transformation im Bildungswesen, Innovatives Blended Learning Design, Bildungsmarketing, Qualitätsmanagement und Wertbeitrag von Bildungsarbeit. Dufourstrasse 40a, 9000 St.Gallen, Switzerland, christoph.meier@unisg.ch.

Prof. Dr. Christoph Meinel ist wissenschaftlicher Direktor und Geschäftsführer des HPI. Als ordentlicher Professor für Informatik hat er den Lehrstuhl für Internet-Technologien und Systeme inne. Seine Forschung bezieht sich auf die Informationssicherheit, Web 3.0 sowie innovative Internetanwendungen, vor allem auch zum E-Learning. Zudem forscht er zur Stanforder Innovationsmethode Design Thinking. Meinel ist (Co-)Autor von 9 Büchern, 4 Anthologien, diversen Tagungsbänden, mehr als 400 wissenschaftlichen Arbeiten in angesehenen Journalen und auf internationalen Konferenzen. Er ist Mitglied der acatech Deutsche Akademie der Technikwissenschaften und in zahlreichen Gremien und Aufsichtsräten.

Prof. Dr. Dorothee M. Meister ist seit 2004 Professorin für Medienpädagogik und empirische Medienforschung an der Universität Paderborn und Leiterin des Verbundprojekts „E-Assessment NRW“.

Christine Michitsch ist mediendidaktische Mitarbeiterin am Institut für Baumechanik und Numerische Mechanik der Leibniz Universität Hannover (http://www.ibnm.uni-hannover.de). Sie arbeitet und forscht im Bereich der digitalen Bildungsprozesse. Die Diplom-Journalistin ist zudem Beraterin für (Wissenschafts-)Kommunikation. Sie hat den onlinegestützten Master-Studiengang Cross Media an der Hochschule Magdeburg-Stendal mit aufgebaut, war wissenschaftliche Koordinatorin für den Bereich Journalismus und initiierte die internationale Fachkonferenz Think Cross – Change Media. Christine Michitsch war darüber hinaus fünf Jahre lang als Online-Redakteurin für den Mitteldeutschen Rundfunk tätig.

Petra Missomelius Dr. phil., Medienwissenschaftlerin Universität Innsbruck, Arbeitsbereich Medienbildung und Kommunikationsforschung an der Fakultät für Bildungswissenschaften. Habilitationsprojekt zu „Bildung im Kontext transformativer Medienkulturen". http://tinyurl.com/Petra-Missomelius

Seraina Mohr, lic. phil I, ist Leiterin CC Online Kommunikation am Institut für Kommunikation und Marketing der Hochschule Luzern – Wirtschaft.

FH-Prof. Mag. Dr. Michaela Moser, Studium der Theologie, Philosophie und Public Relations. Seit 1995 Mitarbeit in Jugend-, Frauen- und sozialen Organisationen. Seit 1998 Mitarbeit im Koordinationsteam der Armutskonferenz und im Executive Committee des European Anti Poverty Networks EAPN, 2006-2012 Vizepräsidentin des EAPN. 2004-2012 Leitung des PR-Büros der Dachorganisation der staatlich anerkannten Schuldenberatungen (asb). Lehraufträge zu Sozialethik, Sozialpolitik, Armut, Lebensqualität und Verteilungsfragen an den Universitäten Innsbruck, Salzburg, Graz, und Winchester, sowie an der Wirtschaftsuniversität Wien. Seit 2012: Dozentin am Department Soziales der FH St. Pölten.

Dipl.-Inf. Steffen Moser ist seit 2012 wissenschaftlicher Mitarbeiter an der School of Advanced Professional Studies (SAPS) der Universität Ulm. Er studierte Informatik mit Anwendungsfach Physik und schloss sein Studium im Jahr 2007 als Diplom-Informatiker ab. Er ist Doktorand am Institut für Eingebettete Systeme/Echtzeitsysteme und beschäftigt sich im Rahmen seiner Dissertation mit der Echtzeitkommunikation in mobilen Ad-Hoc-Netzen. Von 2012 bis 2015 war er im Rahmen seiner Tätigkeit bei der SAPS unter anderem an den Projekten Mod:Master, EffIS und NOW:Master beteiligt. Seit 2016 arbeitet er am Projekt Software Platform Embedded Systems Dissemination and Transfer (SPEDiT), v.a. ist er an der technischen Konzeption, am Aufbau und der Entwicklung der Lernumgebung maßgeblich beteiligt. Weiterhin ist er Studiengangskoordinator für den Masterstudiengang Sensorsystemtechnik.

Claudia Müller, M.A. päd., ist wissenschaftliche Mitarbeiterin und Dozentin an der Ludwig-Maximilians-Universität München. Sie arbeitet(e) in unterschiedlichen Projekten rund um das Themenfeld Lehre und Studium, derzeit im Projekt Rakoon (vgl. www.openorganisation.de). Ihre Spezialgebiete umfassen didaktische Methoden, Lehre, Evaluation, Problembasiertes Lernen & Game Based Learning. Sie hat die Grundausbildung in Themenzentrierter Interaktion (TZI) erlangt.

Prof. Dr.-Ing Udo Nackenhorst leitet an der Leibniz Universität das Institut für Baumechanik und Numerische Mechanik (http://www.ibnm.uni-hannover.de). Das Ziel seiner Lehre – ob in Grundlagenveranstaltungen oder Modulen weiterführender Masterstudiengänge – ist stets die integrale Kompetenzvermittlung, um Studierende zu befähigen, eigne Ergebnisse selbstkritisch zu bewerten. Dabei erforscht er alternative Lehrmethoden und nutzt neue Medien, um die oftmals schwierig empfundenen Zusammenhänge noch nachhaltiger zu vermitteln. Für dieses Engagement erhielt Prof. Nackenhorst mehrere nationale Lehrpreise.

Thomas Nárosy, BEd MBA MAS. Projektmanager, Organisationsarchitekt und Bildungsinnovations-Konsulent bei der Firma Education Group GmbH. Schwerpunkt E-Learning und IT-Integration in Schulentwicklungsprozessen. (Lehramts-)Studien an der TU-Wien, Uni-Wien, Pädak Baden und WU-Wien. MBA-Masterthese (WU-Wien) zum Thema Schulmanagement und IT-Integration. Von 2000 bis 2009 Leiter von e-LISA academy (Vorläuferorganisation der Virtuellen PH). Seit 2005 durchgehend koordinierend und beratend tätig in zahlreichen BMUKK, BMBF- und PH-Projekten: EPICT Implementierungsprojekt; NMS E-Learning-Unterstützung; Virtuelle PH; edumoodle; SQA; Schulleiter²; schulleitung.schule.at; KidZ; Mobile Teaching; digi.komp4.8.12.P; DIGI*check*; eEducation Austria.

Kristin Narr ist Medienpädagogin (M.A.) und beschäftigt sich in Texten, Workshops und Vorträgen damit, was Menschen mit Medien oder auch was Medien mit Menschen machen (können). Ihre Arbeitsschwerpunkte liegen in den Bereichen Heranwachsende und digitale Medien, Beteiligung mit und durch Medien, insbesondere in Form partizipativer Formate, sowie Open Educational Resources. Weitere Informationen unter: http://kristin-narr.de

Univ.-Prof. Dr. Aljoscha Neubauer ist seit 1998 Professor für Differentielle Psychologie an der Universität Graz und leitet diesen Arbeitsbereich. Er ist außerdem der derzeit amtierende Präsident der Österreichischen Gesellschaft für Psychologie (ÖGP). Seine Forschungsschwerpunkte liegen auf menschlichen Begabungen (Intelligenz, Kreativität, soziale und emotionale Kompetenz, praktische Intelligenz) und ihren neurowissenschaftlichen Grundlagen. Seit 2 Jahren hat er die wissenschaftliche Leitung des Projekts Auswahlverfahren für die „PädagogInnenbildung neu“.

Dr. Sandra Niedermeier ist Beraterin für digitale Lernmedien und Trainerin beim Bildungswerk der bayerischen Wirtschaft (bbw) gGmbH für den Bereich digitale Lernmedien vgl. www.bbw-seminare.de/bbw-digital. Zudem ist sie Lehrbeauftragte an der Ludwig-Maximilians-Universität München und der Hochschule für angewandte Wissenschaften Kempten. Ihre Spezialgebiete sind Lehren und Lernen mit digitalen Medien, problembasiertes Lernen und die Gestaltung von modernen Lernszenarien.

Mag. Regina Obexer, M.Ed., ist Hochschullektorin am Management Center Innsbruck und seit über 15 Jahren im E-Learning Bereich tätig. Sie hat an der Universität Innsbruck, Griffith University und Queensland University of Technology (beide Australien) organisationsweite E-Learning Projekte geleitet und verschiedene Führungspositionen innegehabt. Ihre Forschungsinteressen sind blended und online Lehr- und Lernstrategien, Organisations- und Personalentwicklung, sowie Strategieentwicklung und Veränderungsmanagement im Rahmen von E-Learning Implementierung. Ihre Lehrtätigkeit umfasst unter anderem Orientierungslehrveranstaltungen für Studierende in Blended Learning Programmen und Qualifizierungsangebote für Lehrende.

Prof. Dr. Gudrun Oevel ist CIO (Chief Information Officer) und Leiterin des Zentrums für Informations- und Medientechnologien (IMT) der Universität Paderborn. Zusammen mit Dorothee Meister leitet sie das Verbundprojekt „E-Assessment NRW".

Kathrin Pahlke-Kullik ist Juristin. Nach einer Tätigkeit als wissenschaftliche Mitarbeiterin am Lehrstuhl für Bürgerliches Recht, Handels- und Gesellschaftsrecht, Internationales Privatrecht und Rechtsvergleichung (Prof. Dr. Kindler) an der Ruhr-Universität Bochum arbeitete sie als Rechtsanwältin auf dem Gebiet des Arbeits- und des Vertragsrechts. Seit 2012 ist sie wissenschaftliche Mitarbeiterin an der Universität Duisburg-Essen; zunächst am Lehrstuhl für Wirtschaftsprivat- und Arbeitsrecht (Prof. Dr. Hamann), seit September 2014 am Zentrum für Informations- und Mediendienste im Rahmen des Verbundprojekts E-Assessment NRW.

Ines Paland-Riedmüller hat Deutsch als Fremdsprache, Spanische Literaturwissenschaft und Interkulturelle Kommunikation an der Ludwig-Maximilians-Universität München studiert. Nach Stationen in der Tutorenbetreuung und der Projektkoordination der *Deutsch-Uni Online* ist sie dort aktuell als Abteilungsleiterin tätig. Sie erfüllt einen Lehrauftrag am *Institut für Deutsch als Fremdsprache*. Ihr Forschungsinteresse gilt v.a. dem Einsatz von Blended Learning im Fremdsprachenunterricht und der Erforschung des funktionalen Mehrwerts des Medieneinsatzes im Fremdsprachenunterricht.

Anna Palienko-Friesinger studiert Sozioökonomie an der Wirtschaftsuniversität Wien und ist seit 2013 am Institut für Soziologie und empirische Sozialforschung tätig. Als eAssistentin arbeitet sie dort an der Gestaltung der Teaching Labs und der Weiterentwicklung des E-Learning-Angebots.

Prof. Dr. Christopher Paul ist Professor für Personalmanagement an der DHBW Mannheim. Davor war er in unterschiedlichen Positionen in der Unternehmenspraxis tätig, zuletzt als HR Manager Europe eines multinationalen

Maschinenbaukonzerns. Seine Lehr- und Forschungsschwerpunkte liegen im Personalmanagement, Industrielle Beziehungen und Mitarbeiterführung.

Markus Peißl ist Lehramtsstudent für Mathematik, Informatik und Informatikmanagement und schließt sein Studium Juni 2016 mit der Diplomarbeit „Making an Schulen: Potentialanalyse eines Workshops über 3D-Druck, VR-Brillen und Podcasting" ab. Im nächsten Schuljahr beginnt er sein Unterrichtspraktikum und verbindet den Informatik-Unterricht mit der Making-Bewegung, Multimedia und Open Educational Resources. Sein Blog ist unter http://www.markuspeissl.at zu finden.

Tamara Peljord, BA, geboren 1989 in Memmingen (DE), Studierende im Masterstudiengang Erziehungs- und Bildungswissenschaften an der Fakultät für Bildungswissenschaften an der Leopold-Franzens-Universität Innsbruck.

Prof. Dr. Dominik Petko ist Professor für Medienpädagogik, Mediendidaktik und empirische Methoden an der Pädagogischen Hochschule Schwyz. Hier ist er zudem Prorektor für Forschung und Entwicklung und Leiter des Instituts für Medien und Schule. Seine Arbeitsschwerpunkte liegen in Fragen der Medienintegration in Schulen sowie in der Nutzung digitaler Medien in der Lehrpersonenaus- und -weiterbildung. In den letzten Jahren hat er sich einerseits mit den Potenzialen von Weblogs und andererseits mit Fragen des Game-based Learning beschäftigt.

Markus Pichler, BA, geboren 1989 in Bozen (IT), Studierender im Masterstudiengang Erziehungs- und Bildungswissenschaften an der Fakultät für Bildungswissenschaften an der Leopold-Franzens-Universität Innsbruck, pädagogischer Mitarbeiter in einer sozialpädagogischen Wohngruppe im Jugendland Arzl.

Karina Piersig, M.A. studierte Ethnologie, Medien- und Musikwissenschaft mit den Schwerpunkten kognitive Anthropologie und Medienanthropologie. Als Ethnologin war sie jahrelang tätig in den Forschungsprojekten der Empirischen Bildungsforschung der FU Berlin und des Zentrums für interkulturelle Psychiatrie der Charite. In ihrer Tätigkeit als Projektkoordinatorin Online Learning an der German Graduate School in Heilbronn entwickelt sie neue digitale Bildungsformate.

Mag. Jürgen Pretsch ist als Psychologe im Projekt „PädagogInnenbildung Neu – Entwicklung und Durchführung eines einheitlichen Aufnahme- und Auswahlverfahrens" unter anderem für die (Weiter-)Entwicklung eines Sprachkompetenz-Erhebungsverfahrens zuständig. Außerdem entwickelt er in diesem Kontext ein Face-To-Face-Verfahren und ist hier für das Training entsprechender AssessorInnen zuständig. Sein Forschungsinteresse gilt der Vorhersage von Studienleistungen.

Vinzenz Rast ist seit 2001 Dozent für Kommunikation Deutsch an der Hochschule Luzern – Wirtschaft und leitet am Institut für Marketing und Kommunikation das Comepetence Center für professionelle Kommunikation. Seit 1997 ist er Inhaber und Geschäftsführer der Büro für Sprache GmbH, Luzern. Seine Schwerpunkte in der Kommunikation liegen in der Präsentationsrhetorik, im Konfliktmanagement und im Schreibcoaching.

Mag. Dr. Michael Raunig ist seit 2006 Mitarbeiter an der Akademie für Neue Medien und Wissenstransfer der Universität Graz und dort als Leiter des Fachbereichs „Contentmanagement" tätig. Interessensgebiete sind aktuelle Web- und Bildungstechnologien, multimediale Anwendungen, elektronische/digitale Publikation im Hochschulbereich sowie medientheoretische Überlegungen.

Sindy Riebeck, Diplom-Kommunikationspsychologin (FH), ist wissenschaftliche Mitarbeiterin am Institut für Software- und Multimediatechnik, Arbeitsgruppe Didaktik der Informatik/Lehrerbildung an der Technischen Universität Dresden und seit 2010 in verschiedenen E-Learning-Projekten im Schulbereich tätig. Seit März 2016 leitet sie das Einzelvorhaben „Lehrerbildung in Schulen und Hochschulen vernetzen" im Maßnahmenpaket „Synergetische Lehrerbildung im exzellenten Rahmen (TUD-Sylber)". Ihre Schwerpunkte sind die digitale Medienbildung, Bildungsnetze und die Schnittstelle Schule-Hochschule.

Dr. Hannes Rothe M.Sc. ist Betriebswirt und Verlagskaufmann. Als wissenschaftlicher Mitarbeiter an der Professur Gersch, Department Wirtschaftsinformatik der Freien Universität Berlin, forscht und lehrt er zum Thema IT Service Engineering. Seine Forschungsschwerpunkte liegen in den Bereichen technologiebasierter Lehre, Learning Analytics und Online Communities, wo er international veröffentlicht und bereits ausgezeichnet wurde. Mehr hier: http://tinyurl.com/pgl68tb und http://blog.wingsof.de/

Prof. Dr.-Ing. Thorsten Sauer leitet die Vertiefung „Entwicklung Mechatronischer Systeme" im Studiengang Maschinenbau als Studiengangsleiter. In der Lehre vermittelt er die Fächer Konstruktion, Maschinenelemente und Methoden der Produktentwicklung. Sein Forschungsschwerpunkt liegt in der Entwicklung didaktischer Ansätze für die Vermittlung von Produktentwicklungsmethoden und ihren Transfer in die praktische Anwendung. Er setzt in seinem Studienangebot auf projektorientiertes Lernen in Form von Blended Learning.

Nadine Schaarschmidt ist wissenschaftliche Mitarbeiterin in der Abteilung Digitales Lehren und Lernen am Medienzentrum der TU Dresden. Ihre Arbeitsschwerpunkte liegen im Bereich der E-Learning-Konzeption, der mediendidaktischen Beratung von Hochschullehrenden sowie in der wissenschaftlichen Begleitung von Forschung- und Entwicklungsprojekten. Sie studierte Kommunikationspsychologie an der Hochschule Zittau/Görlitz.

Felix Michael Schmitz hat in Bern Medien-, Wahrnehmungs- und Sozialpsychologie sowie Medienwissenschaften studiert. Während seines Studiums hat er erste Forschungsprojekte begleitet, war Hilfsassistent in der Abteilung für kognitive Psychologie und hat als wissenschaftlicher Assistent für ein ETH Spin-Off gearbeitet. Seit seinem Lizentiat 2009 ist Felix Schmitz als wissenschaftlicher Mitarbeiter am Institut für Medizinische Lehre der Universität Bern tätig. Er ist dort in den Bereichen Usability-Consulting, Lehre und Forschung aktiv. Im Juni 2013 wurde er im PhD Programm der „Graduate School for Health Sciences“ aufgenommen. Im Rahmen seiner Thesis untersucht er die Eignung multimedialer Ansätze zur Verbesserung der Medizinischen Ausbildung.

Dr. Peter Schneckenleitner lehrt seit 2015 als Hochschullehrer für Kommunikationsmanagement an der Fachhochschule Kufstein Tirol. Er promovierte in Publizistik- und Kommunikationswissenschaften an der Universität Wien und war anschließend über 15 Jahre als Kommunikationsmanager international erfolgreich tätig. Sein Forschungsschwerpunkt ist integrierte Unternehmenskommunikation und Public Affairs.

Dr. Sandra Schön ist Erziehungswissenschaftlerin, forscht bei der Salzburg Research Forschungsgesellschaft zu innovativen Formen des Lernens und des Arbeitens mit dem Web und leitet beim BIMS e.V. unregelmäßig medienpädagogische Projekte. Ihr Fokus liegt auf Technologien, Materialien und Werkzeugen, die unkompliziert und kostenfrei nutzbar sowie im besten Fall offen zugänglich sind – allen voran offene Bildungsressourcen. Details unter: http://sandra-schoen.de

Elvira Schulze, M.A. studierte Pädagogik, Psychologie und Kunstgeschichte an der LMU München. Seit 2007 ist sie wissenschaftliche Mitarbeiterin im E-Learning Team des Medienzentrums der TU München. Sie berät und schult Lehrende der TUM zu vielfältigen Aspekten des Einsatzes von digitalen Medien in der Lehre (Blended Learning, Iverted Classroom, Rechtsfragen, OER, etc.) und ist in der Projektbegleitung u.a. Ansprechpartnerin für die didaktische Gestaltung von MOOCs.

Prof. Dr.-Ing. Hermann Schumacher ist wissenschaftlicher Leiter der School of Advanced Professional Studies der Universität Ulm. Er promovierte 1986 im Institut für Halbleitertechnik der RWTH Aachen. Von 1986 bis 1990 war Dr. Schumacher Member of Technical Staff bei Bellcore, Red Bank, NJ, USA. Seit 1990 ist er Professor im Institut für elektronische Bauelemente und Schaltungen der Universität Ulm; seit 2010 als Institutsdirektor. Seit 2011 leitet er zusätzlich die School of Advanced Professional Studies. Mit Multimedia-Einsatz in der Lehre beschäftigt er sich seit 1996; sein besonderes Interesse gilt Simulationstechniken in der Online-Lehre.

Marlen Schumann, M. A. ist wissenschaftliche Mitarbeiterin im Bereich Lehre und Medien des Zentrums für Qualitätsentwicklung in Lehre und Studium der Universität Potsdam. Im Rahmen ihrer Tätigkeit führt sie Weiterbildungsangebote und Workshops durch und berät Lehrende rund um den Einsatz neuer Medien. Neben der Unterstützung bei der Konzeption und Umsetzung von E-Learning-Szenarien kümmert sie sich um brandenburgweite Netzwerkaktivitäten. Informationen: www.uni-potsdam.de/zfq/lehre-und-medien.

Sabine Seufert, Professorin und Institutsdirektorin am Institut für Wirtschaftspädagogik der Universität St.Gallen. Arbeitsschwerpunkte sind Bildungsmanagement, Bildungsinnovation, digitale Transformation im Bildungswesen. Dufourstrasse 40a, 9000 St.Gallen, Schweiz, sabine.seufert@unisg.ch.

Felix C. Seyfarth, *Senior Fellow Digital Learning* am *Teaching Innovation Lab* und wissenschaftlicher Mitarbeiter am *Institut für Public Management und Governance* der Universität St Gallen. Sein Forschungsgebiet ist institutioneller Wandel durch emergente Formen digitalen Lehrens und Lernens. Er ist Mitglied der Themengruppe "Marketing und Internationalisierung" des Hochschulforums Digitalisierung und Mitautor des Positionspapiers "Potentiale und Probleme von MOOCs" der HRK-Kommission "Neue Medien und Wissensvermittlung". Felix C. Seyfarth studierte Philosophie, Geschichte und Politikwissenschaft in New York und Berlin und leitet an der Universität St Gallen das Digital Media Lab.

Thomas Sporer arbeitet seit dem Jahr 2015 an der Katholischen Universität Eichstätt-Ingolstadt. Dort ist er für den Auf- und Ausbau von Lern- und Studienangeboten verantwortlich, die einerseits gesellschaftliches Engagement von Studierenden fördern und Studierende andererseits auf den Wandel durch Digitalisierung und Migration vorbereiten. Zudem leitet er das Dialogforum „Campus & Gemeinwesen", das Hochschulen und zivilgesellschaftlichen Partnerorganisationen in Bayern vernetzt. Ein innovatives Potenzial für die Medien- und Hochschuldidaktik sieht er in einem „Blended Service Learning", der Verbindung von technologiegestütztem Lernen mit einen Lernen durch Engagement in gemeinwohlorientierten Projekten.

Daniel Stainhauser (MSc) ist Gründer und seit 2000 Geschäftsführer der ionesoft GmbH. Das Unternehmen mit 10 Mitarbeitern ist heute führend in der Entwicklung von interaktiven E-Book-Plattformen und der automatisierten Konvertierung und Anreicherung von E-Books. 1995 schloss er sein Informatik- und Mathematikstudium an der Universität Bern ab. Durch seine langjährige Tätigkeit als Kursleiter, in der Software-Entwicklung und Beratung entwickelte er ein reichhaltiges technisches und didaktisches Wissen, welches den Grundstein der beook E-Book-Technologie legte.

Asc Prof (FH) Mag (FH) Hans-Peter Steinbacher MA ist Leiter des Kompetenzzentrums E-Learning und stellvertretender Studiengangsleiter für ERP System und Geschäftsprozessmanagement. Als ausgebildeter Wirtschaftsinformatiker betreut er nationale und internationale Projekte im Kontext E-Learning und digitaler Services und sammelte Erfahrungen mit Forschungsaufenthalten im Ausland. Die didaktischen Kompetenzen vertiefte er mit dem MA Studium eEducation der Donau Universität Krems sowie der mehr als 10jährigen Lehrerfahrung.

Mag. Michael Steiner arbeitet am Institut für übergreifende Bildungsschwerpunkte IBS im Zentrum für Lerntechnologie und Innovation ZLI. Er leitet das KidZ Wien Projekt (Klassenzimmer der Zukunft) an dem 6 NMS und 4 AHS teilnehmen und koordiniert die Großveranstaltung eBazar. Sein Schwerpunkt ist die Begleitung von Netzwerkbasierter Prozessorientierter Unterrichstentwicklung mit digitalen Medien. (ZLI-Weblog: http://podcampus.phwien.ac.at/zli)

Dominik Tschopp ist wissenschaftlicher Mitarbeiter und E-Learning-Koordinator an der Hochschule für Soziale Arbeit FHNW. Themenschwerpunkte sind die mediendidaktische Konzeption von Lehr-/Lernangeboten, der Einsatz digitaler Werkzeuge für die Zusammenarbeit und die technologische Unterstützung von Communities of Practice.

Timon Tobias Temps, M.A. ist Wissenschaftlicher Mitarbeiter am Arbeitsbereich Medienpädagogik und empirische Medienforschung am Institut für Medienwissenschaften der Universität Paderborn. Er ist zum einen als Geschäftsführer des „Qualitätspakt Lehre"-Programms der Universität Paderborn und zum anderen als Mitarbeiter im Verbundprojekt „E-Assessment NRW" tätig. Seine Arbeitsschwerpunkte sind quantitative empirische Medien- und Evaluationsforschung sowie Controlling und Qualitätsmanagement.

Dr. Jörn Töpper arbeitet seit 2013 am Präsidium der Dualen Hochschule Baden-Württemberg als Projektleiter im „DHBW eCampus". Er ist Diplom-Psychologe mit Ausrichtung Medienpsychologie und hat am Leibniz-Institut für Wissensmedien in Tübingen zum Selbstgesteuerten Lernen mit digitalem Film geforscht. Neben seiner aktuellen Tätigkeit im Präsidium der DHBW arbeitet er als Dozent für Sozialpsychologie sowie Statistik und Methoden.

Alexandra Totter ist Dozentin am Zentrum für Schulentwicklung der Pädagogischen Hochschule Zürich. Sie lehrt und forscht zum Einsatz neuer Medien und Tools im Hochschulbereich und der berufspraktischen Ausbildung von Lehrpersonen. Weiter entwickelt sie Ansätze und Methoden der Evaluation zur Qualitätssicherung von Lehrmittel und Schulentwicklungsprojekten.

DI (FH) Anton Tremetzberger, seit 2005 Mitarbeiter der Abteilung Neue Medien und Lerntechnologien am Zentralen Informatikdienst (ZID) der Universität Innsbruck. Die Schwerpunkte seiner Tätigkeit liegen im Bereich audiovisueller Medien, Streaming Media, Web- und Videokonferenzsysteme und elektronische Prüfungen.

Timo van Treeck, M.A. Erziehungswissenschaft, ist Hochschuldidaktischer Multiplikator und Coach für systemisches Changemanagement im Hochschulbereich, wiss. Mitarbeiter im Kompetenzteam Hochschuldidaktik der TH Köln. Mitglied der Forschungskommission der Deutschen Gesellschaft für Hochschuldidaktik (dghd) und des Netzwerks Wissenschaftscoaching. Arbeits- und Forschungsschwerpunkte: Feedback, ePortfolios, Flipped Classroom, kompetenzorientiert Prüfen. Seit 2015 ist er darüber hinaus Vorstandsmitglied und Nachwuchssprecher der Deutschen Gesellschaft für Hochschuldidaktik (dghd). Twitter: @timovt

Mag. Hanna Vollmann beendete 2015 das Diplomstudium der Psychologie an der Universität Graz. Direkt danach erfolgte der Einstieg in das Projekt „PädagogInnenbildung Neu – Entwicklung und Durchführung eines einheitlichen Aufnahme- und Auswahlverfahrens“. Durch die Arbeit als Schulassisstentin während des Studiums entwickelte Frau Vollmann einen praxisnahen Bezug zu den Anforderungen des LehrerInnenberufs. Im Projekt liegt ihr Fokus auf dem Gesundheitsverhalten und der Stressbewältigung von (zukünftigen) LehrerInnen liegt.

Prof. Dr.-Ing. Markus Voß, ing. dipl. (EC Lyon), koordiniert als Studiendekan den Bereich Maschinenbau an der Dualen Hochschule Baden-Württemberg in Mannheim. Ebenfalls leitet er den Studiengang Konstruktion und Entwicklung. In der Lehre vermittelt er Studierenden in den Fächern Konstruktionslehre und Entwicklungstechnik, wie Produkte konstruiert werden. Sein Forschungsschwerpunkt liegt in der Entwicklung fachdidaktischer Ansätze für die Konstruktionslehre. Als vorrangiges Ziel baut er in dem Studiengang Lernangebote mit projektorientiertem Lernen sowie Blended Learning aus.

Weitere Informationen zum Autor finden Sie unter www.mb.dhbw-mannheim.de/ansprechpartner/prof-dr-markus-voss.html.

Hedy Wagner, BEd MA, PROvokativpädagogin, arbeitet seit 2011 an der Pädagogischen Hochschule Wien (Institut für weiterführende Qualifikationen und Bildungskooperationen sowie für Berufsbildung) in der Lehrendenfort- und ausbildung als Koordinatorin und Lehrende. Nach Praxiserfahrungen in der Wirtschaft in den Bereichen Informationstechnologien, Personalentwicklung, PR ist sie seit 2005 Lehrerin für Office-Management und Angewandte Informatik sowie für persönlichkeitsbildende Bereiche mit dem Schwerpunkt Integration von körper- und sinnensbeeinträchtigten Jugendlichen. Forschungsinteresse: Blended Learning, Lehrportfolio, Hochschuldidaktik sowie Humor und Schule.

Yvonne Wegner ist Wissenschaftliche Mitarbeiterin am Institut für Kompetenzentwicklung der Hochschule Ostwestfalen-Lippe. Zu ihrem Forschungsinteresse zählen digitale Lehr-, Lern- und Prüfungsformate in der Hochschulbildung, Medienbildung und Bildungsbenachteiligung sowie Bildungsverläufe im Kontext von Transnationalität und Migration.

Prof. Dr. Katja Wengler ist Studiengangsleiterin im Studiengang Wirtschaftsinformatik an der Dualen Hochschule Baden-Württemberg (DHBW) am Standort Karlsruhe und entwickelte gerade eine standortübergreifende Lehrveranstaltung zum Thema „Algorithmen und Datenstrukturen“ an der DHBW.

Gina Wiesweg (Master of Arts in Intercultural Communication Studies) vertritt seit Juli 2015 Susanne Schwarz am Kompetenzzentrum Lehre & Lernen digital (KL^2D) der Europa-Universität Viadrina Frankfurt (Oder). Sie ist dort für die Leitung der E-Learning-Beratung sowie für die Betreuung, Aus- und Weiterbildung der studentischen E-Learning-Tutor*innen verantwortlich. Das KL^2D ist an der Viadrina zuständig für den Einsatz digitaler Medien in der Lehre und bietet Beratungen und Workshops durch ausgebildete, studentische E-Learning-Berater*innen an. Ferner forscht sie im Bereich Kompetenzentwicklung und Employability von Studierenden.

Frau Prof. Dr. Claudia Winkelmann ist seit 2015 Studiendekanin des Studienzentrums Gesundheit und seit 2013 Studiengangsleiterin Interprofessionelle Gesundheitsversorgung an der Dualen Hochschule Baden-Württemberg Heidenheim. Ebenfalls hat sie eine Professur in den Gesundheitswissenschaften mit den Forschungsschwerpunkten Neurowissenschaften Haptik sowie Versorgungsforschung in der Physikalischen Medizin und Rehabilitation inne.

Dr. Sabine Witt ist seit 2012 Dozentin für Kommunikation an der Hochschule Luzern – Wirtschaft. Zuvor hat sie über ein kulturgeschichtliches Thema an der Universität Bern promoviert. Sie verfügt über eine langjährige Praxis als Journalistin, Kulturorganisatorin und Kommunikatorin. Freiberuflich ist sie als Kommunikationstrainerin tätig.

Andreas Wittke ist Technischer Leiter bei oncampus und dem Instititut für Lerndienstleistungen (IDL) der FH Lübeck. Der Informatiker verfügt über langjährige Erfahrung in der Entwicklung und im Betrieb von technisch-didaktischen Infrastrukturen für das Online-Studium. Er ist Dozent für Medienkompetenz und Kommunikationsnetze und hat seine Arbeitsschwerpunkte in Social Media, Open Educational Resources und Change Management Prozessen. Herr Wittke leitet die MOOC-Projekte der FH Lübeck und koordiniert die Plattform-Entwicklung "mooin".

Samuel Witzig, M.A., ist wissenschaftlicher Mitarbeiter an der Zürcher Hochschule für Angewandte Wissenschaften (ZHAW) und arbeitet in der Fachgruppe Blended Learning. Er ist fachlich verantwortlich für die E-Learning-Applikationen der ZHAW, beschäftigt sich mit den juristischen Aspekten des E-Learning/Blended Learning und berät ZHAW-Angehörige beim Einsatz der E-Learning-Applikationen.

Nicola Würffel, Prof. Dr., ist Professorin für Didaktik der Neuen Medien an der Pädagogischen Hochschule Heidelberg. Sie ist Leiterin des Masterstudiengangs „E-Learning und Medienbildung“. Sie studierte Deutsch und Französisch auf Lehramt sowie Deutsch als Fremdsprache und promovierte im Bereich Deutsch als Fremdsprache zum computergestützten Fremdsprachenlernen. Ihre Forschungsschwerpunkte liegen im Blended-Learning, im Kooperativen Lernen und im Fremdsprachenlernen mit digitalen Medien. Sie ist als internationale Fortbildnerin tätig.

Angelika Zagler ist ehemalige Lehrerin für den Fachunterricht Mode, Kunst und Kreativität. Seit 2010 ist sie an der Pädagogischen Hochschule Wien am Institut für Berufsbildung für nachhaltige Fortbildungsangebote im Bereich der individuellen Lernbegleitung und Bildungsberatung tätig. Seit 2011 lehrt sie am Institut für weiterführende Qualifikationen und am Institut für Allgemeinbildung in der Sekundarstufe Textiles Werken. Forschungsinteressen: Teaching Portfolio, E-Portfolio, Hochschuldidaktik.

Gesellschaft für Medien in der Wissenschaft (GMW e.V.)

Medien sind mehr denn je Werkzeug und Objekt der Wissenschaft. So kann die Bedeutung der digitalen und Online-Medien im Kontext des wissenschaftlichen Lehrens und Forschens kaum überschätzt werden. Die GMW e.V. hat sich zur Aufgabe gemacht, diesen Veränderungsprozess reflektierend, gestaltend und beratend zu begleiten. Dabei begreift sich die GMW e.V. als internationales Netzwerk zur inter- und transdisziplinären Kommunikation zwischen Theorie und Praxis im deutschsprachigen Raum. Anwender und Forschende aus den verschiedensten Disziplinen kommen durch die GMW e.V. miteinander in Kontakt.

Mitte der 1990er Jahre begründete die GMW e.V. zusammen mit dem Waxmann Verlag die Buchreihe „Medien in der Wissenschaft“, woraus Ihnen hier ein weiterer Band vorliegt. Im Fokus der Buchreihe stehen hochschulspezifische Fragestellungen zum Einsatz digitaler Medien. Für die GMW e.V. geht es dabei um die gestalterischen, didaktischen und evaluativen Aspekte dieser Medien sowie deren strategisches Potential für die Hochschulentwicklung, weniger um deren medien- und informationstechnische Seite. AutorInnen und HerausgeberInnen mit diesen Schwerpunkten sind eingeladen, die Reihe für ihre Veröffentlichungen zu nutzen. Informationen zu Aufnahmekriterien und -modalitäten sind auf der GMW-Webseite unter www.gmw-online.de zu finden.

Jährlicher Höhepunkt der GMW-Aktivitäten ist die europäische Fachtagung im September. Dabei wechseln sich deutsche, österreichische und Schweizer Hochschulen als Veranstalter ab. Die Konferenz fördert die Entwicklung medienspezifischer Kompetenzen, unterstützt innovative Prozesse an Hochschulen und Bildungseinrichtungen, verdeutlicht das Innovationspotential digitaler Medien für Reformen an den Hochschulen, stellt strategische Fragen in den Blickpunkt des Interesses und bietet ein Forum, um neue Mitglieder zu gewinnen. Eng mit der Tagung verbunden waren die jährliche Ausrichtung und Verleihung des MEDIDA-PRIX durch die GMW e.V. für herausragende mediendidaktische Konzepte und Entwicklungen in den Jahren 2000–2008 unter Schirmherrschaft und mit Förderung der Bundesministerien aus Deutschland, Österreich und der Schweiz.

Seit 1997 werden die Beiträge der Tagungen in der vorliegenden Buchreihe publiziert, seit 2011 wird der Tagungsband zusätzlich in digitaler Form und seit 2014 bereits vor der Tagung in einer kommentierbaren Fassung bereitgestellt.

Die GMW e.V. ist offen für Mitglieder aus allen Fachgruppierungen und Berufsfeldern, die Medien in der Wissenschaft erforschen, entwickeln, herstellen, nutzen und vertreiben sowohl in Form einer individuellen wie auch einer institutionellen Mitgliedschaft. Für diese Zielgruppen bietet die GMW ein gemeinsames Dach, um so die Interessen ihrer Mitglieder gegenüber Wissenschaft, Öffentlichkeit, Politik und Wirtschaft zu bündeln.

GMW-Mitglieder profitieren von folgenden Leistungen:

- Reduzierte Teilnahmegebühr bei der GMW-Jahrestagung sowie Gratis-Tagungsband unabhängig vom Besuch der Tagung,
- Nachwuchstagung einmal jährlich sowie Sonderkonditionen für Tagungen von Netzwerkpartnern,
- Öffentlichkeitsarbeit rund um das Thema Medien in der Wissenschaft über unseren Blog unter www.gmw-online.de sowie die Möglichkeit, kostenfrei Ihre Presserklärungen beim Informationsdienst Wissenschaft IDW herauszugeben

Informieren Sie sich, fragen Sie nach und bringen Sie Ihre Anregungen und Wünsche ein. Wir freuen uns, Sie als individuelles oder institutionelles Mitglied in der GMW e.V. begrüßen zu können!

Für den Vorstand
Thomas Köhler, Claudia Bremer
im Juli 2016

Medien in der Wissenschaft

herausgegeben von der Gesellschaft für Medien in der Wissenschaft

Medien in der Wissenschaft gewinnen mit der Verbreitung neuer Informations- und Kommunikationstechnologien erheblich an Bedeutung. Die „Gesellschaft für Medien in der Wissenschaft" (GMW) hat sich das Ziel gesetzt, diese Entwicklungen zu fördern, sie kritisch zu analysieren und ein Forum für die notwendige wissenschaftliche Auseinandersetzung zu bieten. Es gilt, das Innovationspotenzial der Neuen Medien für Reformen an den Hochschulen angemessen zu nutzen und die Qualifizierung im Bereich der gesellschaftlich notwendigen Kompetenzen zu fördern. Für die GMW stehen dabei die gestalterischen, didaktischen und evaluativen Aspekte der Neuen Medien im Vordergrund des Interesses, weniger die technische Seite. Die Buchreihe „Medien in der Wissenschaft" widmet sich diesen Themen in all ihren Facetten und will zur offenen, interdisziplinären Kommunikation darüber beitragen.

www.waxmann.com/reihe1434-3436

www.waxmann.com